曾哲

1960年出生，湖北公安人。汕头大学法学院宪法研究中心主任，法学教授。先后获法学学士、历史学硕士、法学博士学位。主要研究方向为：宪法学与行政法学。曾在中共广东省委研究部门工作近十年。近年来先后在《江汉论坛》、《武汉大学学报》、《湖北日报》（理论版）等学术期刊、报纸公开发表学术论文四十余篇，出版专著三部、主编一部。

中国法治实践论丛
汕大法学丛书

中国城市化研究的宪政之维

曾 哲 著

武汉大学出版社

图书在版编目(CIP)数据

中国城市化研究的宪政之维/曾哲著.—武汉：武汉大学出版社，2007.12

中国法治实践论丛

汕大法学丛书

ISBN 978-7-307-06017-3

Ⅰ.中…　Ⅱ.曾…　Ⅲ.①城市化—研究—中国　②宪法—研究—中国　Ⅳ.F299.21　D921.04

中国版本图书馆 CIP 数据核字(2007)第 175150 号

责任编辑：胡　荣　　责任校对：刘　欣　　版式设计：支　笛

出版发行：**武汉大学出版社**　(430072　武昌　珞珈山)

(电子邮件：wdp4@whu.edu.cn　网址：www.wdp.whu.edu.cn)

印刷：湖北省通山县九宫印务有限公司

开本：720×1000　1/16　　印张：21.375　字数：306 千字　插页：1

版次：2007 年 12 月第 1 版　　2007 年 12 月第 1 次印刷

ISBN 978-7-307-06017-3/F·1100　　定价：30.00 元

目 录

引　言

一、问题的提出

“千淘万漉虽辛苦，吹尽狂沙始见金。”把中国城市化建设及城市化建设过程中所涉及的社会改造、社会变迁与发展，纳入当前构建社会主义和谐社会、依法治国战略和宪政的视野下，这在中国是一个既有古老的历史意蕴又有其时代崭新格调和活力的研究课题。城市化特别是农村城市化所指涉的现代人权、民主、自由、平等、和谐、均衡和法治等重大宪政问题，在某种意义上说不仅是像中国这样的发展中国家所要面临的，而且是欧美发达国家持续发展所面临或不可回避的理论与实践问题，展开对城市化之宪政问题的研究，具有重大历史意义和现实意义。

美国电影《华尔街》里有这么一句话：“钱这玩意儿永远不会睡觉。”的确，要在华尔街长期立足免予出局，一眨眼的功夫都懈怠不得。近百年来世界各国在工业化城市化道路上你追我赶须臾不敢懈怠与“钱这玩意儿永远不会睡觉”的发展使命有着学理渊源上的统合。有学者指出人类进步活动的“一切真历史都是当代史”①。笔者以为，作为学者，对现实社会的变迁和发展仅仅只是停留在史学思考的层面还是远远不够的，在当下多元文化、多元政

① Benedet to Croce. *History*：*Its Theory and Practice*. New York，Harcourt，Brace and Co. 1923. p. 12. 转引自何兆武，陈启能．当代西方史学理论［M］．北京：中国社会科学出版社，1994：154. 又见于北京师范大学李德芳博士的博士论文《民国乡村自治问题研究》的绪论部分。该著者对乡村自治发展的历史曾有系统研究，有些观点为本书获用，特此说明。

治思潮并存的背景下，对现实社会经济生活的重大转型与变迁，对中国社会由全面小康建设向全面建设社会主义和谐社会发展的感悟和思考应该纳入宪政建设的视野下，才能赋予更深刻的内容和更强大更永恒的生命力。诚如卢梭在《社会契约论》中要阐明的主旨一样：社会不平等的起源及其解决之方略，《宪政视野下中国城市化研究》阐明的主旨是：宪政与城市化起源，相互关系及其解决。从《社会契约论》阐述的主旨中我们获取的价值信息是：国家是社会契约的产物，主权在民，法律面前人人平等，这些思想对广泛而深刻的城市化改造与变革及其宪政建设无不富有启示意蕴。

作为出生在20世纪60年代初农民家庭的儿子，从小就饱受了“三农”不惠的苦难，对“三农”（农村、农业、农民）的根本出路始终葆有特别的情感和无法抑制的深切关怀。细细体悟和考察中国政治动因的历史变革、走向与发展脉络，不外乎会提出三个追问：别国做什么的时候，中国在做什么？别国做了什么而中国又做了什么？别国为什么那样做，而中国却这样做？如果真正回答了这三个问题，历史便豁然了大半。笔者不知道是否回答了这三个问题，或者说能够回答这三个问题，但笔者却能深切感悟融入中国当代宪政历史及现代城市化进程岁月的雷雨。笔者以为在中国真正深刻的法治文化历史（特别是近代宪政文化历史）的悲剧总是饱含着个人献身的努力，绝望的情绪，敢于殉道的勇气，孜孜以求的心理和时间的选择。笔者正是选择了共和国创立特别是改革开放以来中国城市化之路的发展与民主宪政建设风雨飕飕这段特定的历史时段作为本书铺陈叙事的时空维度。

“文章千古事，得失寸心知。”借先贤司马光的话说：“专取国家盛衰，系生民休戚，善可为法，恶可为戒。”笔者就是秉持这一宗旨而撰述的。对中国宪政的研究离不开中国的历史文化与基本国情，对富有深刻社会生活转型及变迁意义的中国城市化的研究，同样不能漠视当代中国城市发展的昨天、今天、明天。哲学家说：中国人多喜欢面朝昨天，背对未来（中国人总是喜欢在历史回想中生活），① 因为一切社会改造活动的历史只能是人的历史，历史的作品也只能是人的作品。今天社会的不和谐现状、城市化现状，今天社会的民主现状与宪政所遭遇的荣辱毁誉与其学术研究的一切成果无疑都将会成为明天的历史，而对今天历史责任的自觉担纲，正是一个宪法学人崇高的使命。笔者正是在这一责无旁贷的使命感召下选择研究这一时代性的课题的。的确，抑或笔者很难将这一课题做得很满意、很周全、很深刻，但至少可以从这里窥测笔者对中国民主宪政与城市化理性的历史拷问和强烈的现实关怀，引发出启人思考的历史沧桑与现世情致……

二、问题的研究现状

中国城市化的强力推进是近代以来中国农村社会变迁和宪政制度发展的重要内容，也是构建社会主义和谐社会其不可或缺的组成部分。但将中国城市化问题的研究放在宪政的视野下展开，传统的学术视域迄今还未引起足够的注意和重视。从20世纪80年代中后期开始的乡村小城镇化（中华人民共和国成立后中国农村为了缩小三大差别，强行将县城以下的城镇改造成农村），此种逆城市化的做法，曾使得当时国外不少学者大为困惑——中国政府的执政者们是否吃错了药，中国的城镇究竟怎么了？“What is Wrong?”，“中国的经济怎么了”等批评性文章不断见诸国外报端媒体。

自20世纪90年代以来，国内学术界已有敏锐的宪法学者、经济学者和城市社会历史学者对此问题展开研究，据不完全统计：以“城市化”为关键词检索出的期刊论文共有3 919篇，真可谓成果累累，一下子成为显学中的学术新贵。关于城市化的研究大体上集中于以下十几个方面：（1）城市化的（含农村城市化）概念的梳理辨析；（2）城市化建设的途径与对策研究；（3）城市化的发展模式研究；（4）中国城市化现状及国际间城市化的比较研究；（5）

---

① 参见武汉大学政治学院袁银传教授于2005年9月14日在2005级法学院博士研究生的专题讲座（稿）：《马克思主义与当代社会思潮》。

城市化进程中的若干法律问题研究；（6）城市化进程中的特点研究；（7）城市化的发展历史、现状与发展趋势研究；（8）城市化的发展条件和机遇研究；（9）城市化的动力机制与滞后因素研究；（10）城市化发展理论的宏观研究与微观分析；（11）城市化的经验教训与启示研究；（12）中国少数民族地区的城市化发展与研究；（13）韩国新农村建设运动对中国农村城市化建设的启示与借鉴；（14）国外城市化进程与问题的比较研究等。而以"宪政"为关键词检索出的论文数亦是高达 3 644 篇（亦非完全统计）。① 可见，宪政学术领域也越来越引起法学者及各级政府部门的高度重视，也成为了法学这一显学中的新贵。关于宪政研究的众多成果主要凸现于以下几个方面：（1）宪政的释义梳理；（2）宪政程序研究；（3）宪政思想史研究；（4）宪政模式及其比较研究；（5）宪政的思想基础及理论探源；（6）各国宪政的历史经验研究；（7）宪政意识的厘析；（8）宪政文化及其精神；（9）宪法与宪政实施有关的机制问题；（10）宪政理论及其变迁；（11）宪政文化比较；（12）宪政与宪法、人权等的关系问题研究；（13）社会主义宪政研究；（14）宪政与发展权的研究；（15）中西宪政的比较研究；（16）社会主义和谐社会与宪政的关系等，其研究的范围与程度均空前提高，可谓是我国宪政研究史上空前的学术研究，似乎这个盛景中最精彩最辉煌的片断多集中于人们普遍关怀的"民主法治与宪政推进及建设"。而笔者着意将愈演愈烈的中国城市化运动纳入中国宪政推进的范式及视野下进行研究，或许会在中国宪政之路与城市化发展路径上带来前所未有的社会政治、经济领域的深刻革命，也一定会在追求建构社会主义美好和谐社会的历史长河中留下永恒的咏叹与劲歌。

---

① 在对期刊网、宪政网的检索中，关于检索城市化和宪政的文章及其成果，不包括近十年来在此领域内公开出版的学术专著和在国外学术杂志上所发表的文章，且网上检索时间截至 2005 年 12 月 31 日。同时说明的是在笔者对"城市化与宪政"关键词作链接检索时，尚未发现有"城市化与宪政"之专著或论文——笔者识。

有人说中国两千多年的学术之变最值得注意之有三，一是晚周，二是晚明，三是晚清。说它们都是“天崩地解、社会转型、传统价值发生危机、新思潮汹涌竞变的时代”①。笔者以为当下的中国之变不仅仅表见于学术思想的竞变，而更注重在整个社会的程序的实体的迁衍，无疑，中国强力推进的现代化城市化民生的深切之变，更是标识了我们这个时代民族独立创新和谐之精神，自由民主公平正义之思想。

作 者

2006年1月1日

于武汉大学珞珈山

① 刘梦溪．梁启超卷［M］．石家庄：河北教育出版社，1996：62．初看起来，明清之易与西周之变大有不同，实际上晚清之际的思想文化裂变的深度和烈度，丝毫不亚于另外两个历史时期，而就法律之学术思想的嬗变而言，还有其他时期所不及之处。晚清的学术思想的变化，特别是法律包括立法与新宪政的变化，更凸现，更尖锐，有时则又显得更隐蔽，更委婉，更悲壮。如果说先秦诸子百家和明清各家是用纸张和笔来表达自己主张与思想，那么，晚清的开明士大夫和知识分子则是用血和泪来书写宪政历史的册页，康有为、梁启超、谭嗣同是也。

第一章 宪政视野下中国城市化的基本理论

宪法不仅是一种名义上的东西，而且是实际上的东西，它的存在不是理想的而是现实的；如果不能以具体的方式产生宪法，就无宪法之可言。宪法是一种先于政府的东西，而政府只是宪法的产物。一国的宪法不是其政府的决议，而是建立其政府的人民的决议。……法院并不制定法律，也不要改法律，它只是按已制定的法律办事；政府也以同样的方式受宪法的约束。

——潘恩：《潘恩选集》

第一节 宪政与城市化的基本语义的演变

一、关于“宪政”

如果说“法”规范的是一个圆，那么“宪政”就只能是这个圆内的一个点。如果说“宪法”有如“圆心”，那么“宪政”则当成为“半径”。如何理解“法”犹如如何理解和界定“宪政”的概念与内涵一样，不仅在中国，而且在世界法学界至今还都是一个颇有争议的学术概念。

“法”在中国的衍生意义甚为广泛。在哲学意义上，“法”与“理”通用，语义指天道常理或常行的模式与标准；在古汉语语义里更是抽象的“礼”、“法度”、“道”、“彝”、“天命”之所在；同时，在古代典章文化中更是与“律”、“法律”、“法制”等律例条文相通释。东汉许慎的《说文解字》将法解释为“灋”：“灋，刑也。平之如水，故从水。”① 法，刑也，这里的“刑”原为“侀”，含有规范与秩序之意。《唐律疏义·名例篇》又曰：“律之与法，文虽有殊，其义一也。”② 直到清末民初，由于受日本法学思想的影响，国法意义上的“法”逐渐为“法律”一词所替代。因此说，我国的“法”字，经历了“刑——法——律——法律”演进的历史过程。③

在“法”子目中的“宪政”又是怎样的呢？学术界一致公认中国“宪政观”的引入酝酿于明末，事成于晚清，且最早实质性谈论的当为封建的保守的皇室贵胄及其文化附庸之辈。自引进“宪政”以来，对宪政概念的内涵与外延就众说纷纭。这是因为“宪政”本身是极为复杂、极为广泛且极为敏感的政治与制度问题，它涉及国家政权组织建构和国民阶层的权力与利益的再分配，直接指涉着行权与控权。而研究和探索“宪政”的个人或组织又是从不同的立场、观点甚至政治偏好去理解和对待“宪政”制度设计与安排，其敏感和深刻及复杂性更使“宪政”引入中国本土后便带上了浓重的个人主观色彩。值得指出的是在当时的知识精英阶层中，诸如康有为、梁启超、严复、谭嗣同、孙中山、宋教仁等辈虽然持有不同的政见，但却持有最基本的宪政共识：即“宪政”应是宪法治国纲领下的“宪治”。认为一国纲纪应以“宪法”为治国之本，宪法为“法之母也”。正如康有为在给清朝光绪皇帝所上的《请君民合治满汉不分折》中所说，“吾辈尚须强力开启民智，仿行日本宪制”……必须早日“立宪法同受其治”④。毋庸置疑，

① 转引自李龙．法理学［M］．武汉：武汉大学出版社，1996：20.

② 法学基础理论·宪法学［M］．北京：法律出版社，1998：1．此处关于法的引论亦为参见所得。

③ 参见李龙．法理学［M］．武汉：武汉大学出版社，1996：19－20.

④ 康有为．请定立宪开国会折［M］//翦伯赞等．戊戌变法：第2册．上海：神州国光社，1953：236，237．又见刘健清，李振亚．中国近现代思想史［M］．天津：南开大学出版社，1993：74.

这在当时确属代表着中国知识精英阶层的主流思想——仿行立宪而同受其治。不过，康梁这些激进的变法思想，仍然是意在不想伤筋动骨（也不敢伤筋动骨），更不愿彻底地改变封建君主专制的前提下实现“立宪而治”。而这时期的变法愿望，在日本“明治维新”能行，在中国“戊戌变法”则不能行！

经过康有为梁启超空前的理论宣传与教化，晚清变法的风雨似乎不期而至。呼请“制定宪法，实现君主而立宪治”是康梁变法维新理论上的两大基石。其明确的政治主张是“君主立宪乃强国之制”（日本是也）。康有为曾十分悲情地指出：国家的盛衰强弱决定于其政治制度和政体是否应于时代的发展需求。综观当今世界，“东西各国之强，皆以立宪法开国会之故”，即实行“君与国民共议一国之政法”的新资本主义制度。然中国仍实行封建君主的专制制度：“专制政体，一孤君与数大臣治其国，国安得不弱耶?”所以，他认为中国如欲使“生机已尽，暮色凄惨”的封建制度再度勃发生机，就必须另谋“图强之计划”，布施“宪政之良方”，即时“行宪法”、“开国会”、“庶政与国民共使之，行三权鼎立之宪制”，使中国能够出现“君民合治”的一种全新的甚为开放的民主法制社会和深度刷新的政治格局。

旧中国宪法的产生和发展表明，由于深刻的社会经济根源、社会政治根源、法律根源和思想文化条件的诸多局限，我们看到一个很普遍性的现象，即不同时期的执政者，几乎都要制定自己的宪法性文件。有学者认为，“中国之有立宪运动，严格地讲，亦仅始于日俄之战以后”①，究其原因，在于这些“宪法”并未能真正成为实际治理国家的根本大法，而是成了专制统治者或者武人集团或者政客们的手中工具与政治玩偶。从清朝末年的预备立宪（1906年下令预备立宪始——1908年9月《钦定宪法大纲》颁布——1911年抛出《宪法重大信条十九条》）——中国资产阶级民主共和国的宪法——《中华民国临时约法》——民国初年的联省自治的“省

① 王世杰，钱端升．比较宪法［M］．北京：中国政法大学出版社，1997：343.

宪运动”以及北洋军阀内部的立宪和以实现新三民主义为宗旨的“五权宪法”（《中华民国宪法》），莫不属此。

就学理而言，宪法与宪政既有联系又有区别。宪法是宪政的前提和必要条件，宪政是宪法的生命和内涵。从法哲学的视角观之——宪法是静态的宪政，宪政是动态的宪法。总之，宪法与宪政都是不断“扬弃”与发展的政治产物、制度产物和法律产物。因此，宪法的内容直接决定宪政实践的内容，立宪的目的便构成宪政的目的。没有宪法便谈不上宪政，而离开宪政谈宪法，宪法就是一纸空文。① 在谈到“宪政”的概念和内涵时，毛泽东早在1940年2月发表的《新民主主义的宪政》的文章中说：“宪政是什么呢？就是民主的政治。”②他抓住了“宪政”的本质在于它是一种“民主的政治”这个问题的核心，而且这个提法颇具灵活性。因为自近代以来，“民主的政治”即带上了多种光环色彩。这多种色彩，不但表现在形式上的丰富多样，而且还表现为实际内涵和价值取向上的重大差异。不过，尽管各种宪政在内容和形态上会有众多不同，但它们相对于封建专制制度来说，都是一种民主的政治，从历史进化的角度观察，它们确属一种进步的文明的政治形态。

学者张友渔先生认为：“所谓宪政就是拿宪法规定国家体制、政权组织以及政府和人民相互之间的权利义务关系，而使政府和人民都在这些规定之下，享受应享受的权利，负担应负担的义务，无论谁，都不许违反和超越这些规定而自由行动的这样一种政治形态。”③ 孙中山先生认为：“宪法者，国家之构成法，亦即人民权利之保证书也。”④ 作为伟大的民主革命的先行者，孙中山不仅重视国家制度建设，而且十分重视和保障人民权利的实施，并将其纳入宪法、宪政的重要内容之中，这不仅反映出他的伟大和可贵，而且

① 参见胡肖华，肖北庚．宪法学［M］．长沙：湖南人民出版社、湖南大学出版社，2001：43－44.

② 毛泽东．毛泽东选集：第2卷［M］．北京：人民出版社，1991：25.

③ 张友渔．宪法论丛［M］．北京：群众出版社，1986：100.

④ 孙中山．孙中山全集：第5卷［M］．北京：中华书局，1985：319.

说明，人权保障，实系为民主政治之所不可或缺。此外，有人将宪法定义为“一国社会政治力量对比关系的集中反映，是调整公民权利之间关系的部门法，是国家的根本大法，具有最高法律效力。”① 凡是实行宪政的国家，都明确规定宪法具有至高法律效力，是国家的最高法规，违反其规定的法律、命令乃至总统、元首诏敕，均属无效。因此，富有近现代意义的宪法在宪政维度下具有四个层面的意义：一是宪法是治国安邦的总章程；二是宪法是各种政治力量对比的产物；三是宪法是公民权利的保障书；四是宪法是国家权力的调配器。诚如法国资产阶级革命的理论家罗伯斯庇尔在《革命法制和审判》中在谈到宪法的“目的”时所指出的那样，“在这种秩序下，公民服从公职人员，公职人员服从人民，而人民服从正义”②。依据卢梭在《社会契约论》中的洞见：国家是社会契约的产物，主权在民，法律面前要人人平等。③ 遗憾的是资本主义上升期立法愿望很难实现这一点，社会主义建设期要实现这一点同样有很长的路要走。为什么呢？边沁在 1789 年的《道德与立法原理导论》中早有预测资本主义市场竞争的激烈使得“利益被提升为人的统治”，“人与人之间的一切关系（个人的或国家的），都归结为商业关系，换句话说，财产、物成了世界的统治者”。在这种情况下，资产阶级为了实现更广泛的自由竞争，以取得更大利润，把功利原则即“最大多数人的最大幸福”奉为最高原则，力图将国家制度与追逐私利的自由市场经济体制结合起来，④ 虽然国家利益与私人利益并非排他关系，但要从此道德与立法的维度中寻找和谐统一的宪政价值支点，无异于缘木求鱼。

---

① 胡肖华，肖北庚．宪法学［M］．长沙：湖南人民出版社、湖南大学出版社，2001：19.

② ［法］罗伯斯庇尔．革命法制和审判［M］．北京：商务印书馆，1979：19.

③ 参见［法］让·雅克·卢梭．社会契约论［M］．西安：陕西人民出版社，2004：3.

④ 参见［法］让·雅克·卢梭．社会契约论［M］．西安：陕西人民出版社，2004：5－6.

故而，在笔者看来，真正的宪政，本应该就是政府服从人民，而人民服从宪法。

二、关于宪政之维的“城市化”

所谓宪政之维下的城市化，就是把当今中国的乡镇、农村不断推进城市化的过程放在宪法与民主宪政的维度内进行立体考察。结合我国宪政实践的现状以及农村城镇化、城镇城市化的发展进程对城市化而加以学理界定。所谓“农村城市化”就是指发展中国家和发达国家由传统的农业经济形态向现代工业经济形态与现代商业经济形态结合体（共同体）的历史转变过程。① 而城市化学理定义(学术界对城市化的研究已经有几十年的历史了，但是对于城市化的定义还是颇有争议，缺乏一个统一完整，让各界都认同的解释。学者研究的领域不同，其视角观点亦不同，有关城市化的界定也就大有差异）大体上比较获得大众及学者认可的是人口学、经济学、地理学和社会学等四个方面的解释。人口学意义上的城市化，是指农村人口变成城市人口，即人口由农村向城市集中定居谋取生计的发展过程；地理学意义上的城市化，是指广阔的农村地域向有限的城市地域的变化，即地域中城市性因素逐渐扩大的渐进过程；经济学意义上的城市化，则是强调农村经济向城市经济转化的历史过程和自然结果，农民或其他阶层的收入处于非农业化的状态；而社会学对城市化的研究不仅仅从人口角度，经济角度，也不仅仅从地域景观角度，还从城市与社会的相互作用中探讨人口集中、地域转化的深层社会原因。社会学意义上的城市化，是指人口、地域、社会经济关系、生产生活方式由农村型向城市型转化的自然历史过程，

---

① 参见曾哲，曾伟东．深圳龙岗城市化与可持续发展研究［M］．广州：广东省出版集团、广东经济出版社，2004：27．该书以深圳特区农村的城市化运动为对象，系统研究了农村城市化的形成原因，内在机制动力，提出了农村城市化应该是农村生态－农村经济－农村社会三维复合形态的社会生活转型和变革，而转型后的城市则应是协调、全面、科学的可持续发展的城市。作者提出了城市化只有形式上的起点，没有实质上终点的观点，因为城市化对任何城市都是一个无限动态的发展过程。

或者说农业型向着非农业型的社会生活形态的转变过程。具体来说，社会学意义上的城市化概念要更为全面科学一些，它从城市化过程本身加以概括主要是以下相互关联、相互作用的四个方面:①

(1) 人口相对集中。城市化首先表现为人口由农村向城市集中的自然流动和形成过程。人口城市化按两种方式进行，一是人口集中场所和规模的扩大，社区空间容量的增量；一是城市每个场所人口集中过程的强化和管理上的紧凑。城市化作为一种人口集中的空间转换过程，应包括两个方面的内容：一是农村人口向城市的自主自然集中，导致城市人口数量自然增加，城市人口占总人口的比例随之不断上升；二是城市人口总量的自然增长与机械增长。作为城市化的表征，人口集中的速度与比例从数量上反映了城市化的发展水平和速度。当然，人口只是考量城市化水平的一个方面的因素。

(2) 地域和空间的有序转化。城市化最直接的表现就是地域地貌及地面附着物或者说地面衍生物的变化。一般而言，城市内高楼大厦，工厂密布，烟囱林立，人口稠密，从地域外貌景观上我们可以轻而易举地判断出哪是城市，哪是农村，固然，从外在景观上我们有时还不可以完全确定，如看到广东、江苏、浙江的部分农村在外貌上类似于城市，甚至比城市还像城市，但是这只是因为城市化在横向上的各个地域发展进度不一样而导致的或误化的。各个地区地域间的城市化的水平不一样。是城市化使单纯意义的地域景观出现了差异，因而使地域性质发生了改变。城市化是一个空间生活位置相对转化的过程。作为城市化过程的结果，地域地貌及地面附着物的变化的速度和规模，从形态和景观上传递了城市化的建设水平。

(3) 产业结构转型。从经济地理的角度观之，城市是第二产业和第三产业构成的特有的经济空间，是农村劳动力涌入城市后从

① 对城市化进行社会学意义上的诠释，此处援引的主要是向道平教授的观点，他在《城市社会学》一书中（武汉大学出版社 2002 年 12 月版）系统地阐明了这四个方面的问题——笔者识。

事第二产业和第三产业的“接待站”，城市化离不开第二产业和第三产业生成、集聚和发展的过程。第二产业和第三产业的发展带来了人口的集聚，带来了生产的社会化和专业化，改变了地域景观，造就出城市性聚落的社区面貌。在城市内部——市区——街道，经济区位的空间配置不断向更高效率的产业形态发展。而在它的外围——郊区，农业区位或者被取代，或者向更加集约化的方向发展。因此，产业转型从经济角度反映了城市化的水平和层次，或者说反映了该城市的科技含量与现代化水平。

（4）人们社会生活方式的转变。从社会学发展意义的角度观之，城市化的过程是新的生产方式和生活方式产生、聚集和扩散的过程。城市是同时代先进的生产方式和生活方式的发源地、配载地、辐射源。随着社会的发展，人们产生了自觉向城市集聚的观念和行为。受城市内在拉力和农村外在推力的双重影响，农村人口不断地向城市集中，由此产生了新的社会结构和新的社会关系，也产生了新的社会观念和社会行为，形成了与农村相对应的城市社会。同时，城市生活方式扩展到农村，导致农村生产方式和生活方式性质发生改变，社会生活向城市性状态转变。① 其最主要的是农民产业与收入的“非农化”。

在不同地区、不同国家、不同功能的城市，其城市化的发展和变革过程就会有所区别和不同。不管国外城市化的过程有怎样的特殊性，在我国它的宗旨却只有一个，就是按照宪法“序言”和“总纲”的要求“不断完善社会主义的各项制度，发展社会主义民主，健全社会主义法制，自力更生，艰苦奋斗，逐步实现工业、农业、国防和科学技术的现代化……把我国建设成为富强、民主、文明的社会主义国家”②，来实现城乡社会的可持续发展，保障全社会和谐稳定的经济增长。如果站在研究问题的角度说：首先，我们要将城市化纳入中国宪政的视野，便可十分直观地审视城市化发

① 参见向德平．城市社会学［M］．武汉：武汉大学出版社，2002：136－138.

② 详见《中华人民共和国宪法》。

展进程中所体现的宪政内容。在宪法指导下的宪政实践规定了国家或者是该地区的组织、经济活动，以及相关的法规和权利义务关系，在动态的城市化的经济发展和建设活动中，宪政惯例、地方性法规与其他政制规范对城市化的制约、推动与激励，将会产生巨大的影响力。在某种层面上说，中国的城市化运动本身就是民主宪政在社会改造与社会全面进步实践中的历史产物。其次，从社会价值取向和发展定位的视角看，近现代宪政发展的基本精神以及政治制度和社会进程程序设计安排，除了始终贯彻人民主权的民主思想外，其内核所体现和追求的就是民生工程良性建设与社会生活的安定有序，诚实信用，使人民的权益得到切实尊重和保障。

对中国城市化问题的研究实际上就是对中国全面步入小康社会问题的研究，对构建社会主义和谐社会的研究，换句话说也就是对幅员广阔的中国农村、农业、农民根本出路问题的研究。从某种意义上说，这一问题本质上就是对日益富余的农村劳动力资源开发研究。国务院总理温家宝曾十分中肯地指出："深入开展农村劳动力资源的开发研究，对于促进农村劳动力有序转移，逐步解决农村就业问题，努力提高农民收入水平，实现农村小康目标，有着现实而深远的意义。研究工作要始终坚持与实践相结合。当前，特别要注意对农民工开展多种形式的培训，提高他们的素质，为他们进城务工提供便利和服务，保障他们的合法权益等关系农民利益的实际问题。"① 那么，在宪政维度下，城市化的推进就是使得城乡、区域发展差距扩大的趋势逐步扭转，合理有序的分配格局基本形成，家庭财产收入普遍增加，人民过上更加富足的生活；同时使得农村富余劳动力的就业比较充分，覆盖城乡居民的社会保障体系也随之建立。

有学者指出，在农村，农民增收的关键是充分开发农村劳动力资源。依托农村城市化的必由路径，将农村富余劳动力向非农产业

---

① 这是2004年4月10日温家宝总理对汇报所作的批示。2004年3月29日，中国农村劳动力资源开发研究会向温家宝总理书面汇报研究会2004年的工作安排。

和城镇转移，开通新的就业和产业管道，可以说既是关系农民增收的“民生”大计，又是关系实现全面小康社会和现代化和谐社会目标的“国计”。当今的中国，虽然已经度过了解决温饱的发展阶段，总体上进入小康，但这种小康还是低水平、低层面、不全面、不平衡的小康。①

不断推进和发展农村城市化是中国经济增长的巨大潜力和希望之所在，国务院发展研究中心研究员陆百甫撰文坦言：中国是一个人口大国，吃饭问题解决之后，就业和收入问题就上升为突出问题。中国的就业问题，关键是解决农村的就业问题。过去吃饭问题没解决，农村就业问题远没有今天这样尖锐突出。近年来，由于国有经济实施战略性的转移改组，经济过热重复建设导致的生产能力过剩，城市职工下岗，高校毕业生就业问题显得特别突出，舆论上一时遮蔽了农村劳动力转移问题的重要性。但事实说明在宪政维度下推进的城市化正是解决这样尖锐问题的必由之路。其实在20世纪90年代，随着农村城市化的推进所引发的中国农村就业试点工作就已经引起了国际组织的广泛关注，并在政治层面和学术层面得到了较为广泛的呼应和支持。国际劳工组织依托日本政府的援助款项，近年在中国部分地区开展了促进农村城市化以提高农村就业率的实验项目，给我们带来了农村城市化的经验和借鉴。中国劳动力供给充裕，乡村城市化可以带来大量低成本的劳动力资源的开发利用，在目前而论，这始终是中国经济增长的动力之一，也是中国与国际社会交往的重要“资源”，因此，解决好中国农村的城市化推进问题，对中国的经济增长，以及全球化市场的拓展，都是一种巨大的潜力和希望。② 的确，农村城市化进一步推动，将使得农村社

---

① 参见邓鸿勋，陆百甫．走出二元结构——农民就业创业研究［M］．北京：中国发展出版社，2004. 邓鸿勋在文中指出，1997年进行的农村发展的专项调查中，对象扩大到38个县市，那些所谓“小康”县市的社会现状是不容乐观的，有些地方对上“报喜不报忧”，实际情况却是堪忧。

② 参见陆百甫的《中国经济增长的潜力和希望》，这是作者于2000年1月14日在“农村促进就业高级研讨会”上的发言。陆百甫为国务院发展研究中心原副主任。

会的基本公共服务体系更加完备，政府管理水平和政府服务水平有较大的提高，有助于社会秩序的良性化，资源利用、生态环境将明显好转，这是惠及十几亿人口的更高水平的小康社会的目标，也是实实在在的宪政之维。

第二节 城市化的分期和标志问题

“城市化”是世界性文明发展、科学进步的趋势，也是任何国家或地区在发展过程中都不可逾越的自然历史过程。从某种意义上说，每个国家或地区都处在不同层面不同推进速度的城市化过程中，所不同的是人们所关心的侧度不同罢了。我们所要探讨的是中国城市化的分期与标志问题，然中国也属于世界，中国的城市化也属于世界城市化的一部分，离开了世界的眼光是看不懂中国城市化的。不同的国家具有不同的国情，理所当然所面临的历史条件和发展起点不同，国际环境和经济发展水平就会有所不同，它们各自选择的城市化建设和发展道路也就自然不同，但这并不意味着城市化的发展过程就无规律可循。① 一般而言，城市化过程大致要经历发生、发展、成熟三个阶段。这三个阶段的发展变化规律是：发生阶段的城市化的速度缓慢，发展阶段的城市化的速度加快，成熟阶段城市化速度又逐渐减慢，整个过程呈“S”形曲线运动。英国是世界上城市化起步最早，并且也是最先进入城市化成熟阶段的国家，其城市化进程比较典型，因此很有代表性。我们以英国为例就可以清楚地看到城市发展的阶段性特征：英国在产业革命前的1700年时，城市人口比重不到全国总人口的2%，到1800年时达到20%。而到1850年时则上升到50%，到1890年时上升到72%，到1939年达到80.4%，自1951年到1959年一直稳定在80%以下，从1959年至今，英国城市人口比重则一直保持在89%左右。由此我们可以看到，城市化水平在20%以下时，城市发展十分缓慢，而一旦城市人口比重超过20%以后，城市化进程明显加速，出现持

① 参见向德平．城市社会学［M］．武汉：武汉大学出版社，2002：167.

续增长的势头；当城市人口的比重超过80%以后，城市化进程将出现停滞或略有下降的趋势。

各国城市化的发展过程表明，英美等传统发达国家工业化起步较早，城市化水平在80%以上，已经进入城市化成熟阶段；俄罗斯、日本等国工业化起步稍晚，但城市化速度较快，已经进入城市化的中级阶段；印度、中国等发展中国家工业化起步更晚，城市化水平较低，处在城市化的起步阶段。1998年，整个世界城市人口比重为46.1%，处于城市化的中级阶段。英美等发达国家城市化速度已经放慢，发展中国家的城市化正处于加速发展前的准备阶段。①

城市化早期发展是在中世纪的西欧国家，它们不仅有良好基础设施的城市，更是出现了适应城市化发展需要而设置的法律——城市法（City Law）。② 城市化过程中的立法，最早在日耳曼人征服西欧后，在意大利和法国南部率先创制。9世纪至10世纪初，其城市法主要是对各城市习惯法的汇编和对罗马法的继承。中国的城市抑或比西欧出现得更早，但从来未有发展到用立法来巩固发展和完善城市文明成果的地步。

城市化的阶段性是由城市建设与城市文明的普及率决定的。城市文明的普及率是指城市居民享受城市文明的数量及程度。城市文明普及率由城市化水平决定，但它并不与城市化水平同步，而是呈现加速增长的趋势，即城市文明随着城市化水平的提高而加快，享

① 参见向德平．城市社会学［M］．武汉：武汉大学出版社，2002：160－168．是此处统计信息的主要来源之一，因为，该书出版近5年了，世界范围的城市化有不少新变化，而笔者信息渠道有限，未能将最新的信息资料出示，定有美中不足。

② 参见何勤华．外国法制史［M］．北京：法律出版社，2003：123－124．城市法（CITY LAW）是指中世纪西欧城市中形成、发展、适用的法律体系，其内容一般涉及商业、贸易、征税、城市自治及城市居民的法律地位等。由于中世纪西欧城市在性质、形成、特点等方面存在着差异，各地的城市法不尽相同，故城市法不是国内统一的国内法。但城市法的出现一般多是与该城市的手工业和商业的发展、城市组织机构的完善、市民的政治经济要求相适应的。

受城市文明的人口数多于城市人口数。一般来说，当城市人口占总人口的10%左右时，城市功能的辐射力很小，城市文明仅限于城市内部居民的享受；当城市人口占总人口的20%～30%时，城市功能的辐射力开始增强，城市文明的普及率在25%～35%；当城市人口占总人口的30%～40%时，城市文明普及率在35%～50%；当城市人口占总人口的50%以上时，城市文明普及率将达到70%；当城市人口占总人口的70%～80%时，城市文明普及率将达到90%，甚至100%，即农村居民同城镇居民一样共享城市文明的先进成果。这就是为什么在城市化发生阶段，城市人口增长速度慢，在城市化发展阶段，城市人口增长速度加快，而在成熟阶段，城市人口增长趋缓或者保持稳定的原因。① 城市人口与城市化文明传播在内在机制上确乎存在着上述关系，但最重要的一点是，在城市文明传播、城市功能性辐射过程中，其结果还是以属地管辖原则和地域上的就近传播原则为优先的。不管是在有城市法的中世纪的西欧城市，还是在没有城市法的东方文化古国的中国城市，都是自觉或不自觉地受“属地法”②的约束。

城市化是提高城市在社会发展中的功能作用的历史性进程与程序，这个进程是与人口在空间上的相对集中相联系的，它受社会经济文化诸因素的影响。在不同的社会生活背景和不同的历史时期，城市化表现出不同的特征，呈现出明显的城市个性和城市发展的阶段性。诸如在城市化初期和中期阶段，大量人口与产业资本涌向城市，导致城市人口数量增加，城市规模与地域空间扩大，这时的城市化以集中为主要特征。当城市人口占全部人口的比重达到70%时，即城市发展到成熟阶段时，城市化则表现为日趋分散的特点，人口向城市集中的势头减弱，人口由城市向郊区，甚至向远郊流

---

① 参见向德平. 城市社会学［M］. 武汉：武汉大学出版社，2002：151－153.

② 城市“属地法”是指“凡是在某城市法律管辖的地方，不管任何人均需接受城市法的约束，城市法的实施范围通常是指城墙内的地区、城墙外受市民支配的公共用地和主要的交通干线等。

动，出现某种“逆城市化”或反城市化方向流动，美国的纽约、芝加哥、新泽西、旧金山等城市，人们的生活工作场景都在改变，由市中心转往郊区化，在心理上呈现一种“逆反城市化”的心态。当然，这里有许多不属于城市化本身的社会或其他因素。

在城市化起步之初，首先表现的特征就是“集中型城市化阶段”。集中是城市化初期阶段最为强烈的一种趋势，集中过程的好处是使城市人口迅速增加，城市数目增多，城市规模扩大，即它把农村变为城市，把小城市变为大城市。属地居民的相对集中，能够使城市成为区域政治、经济和文化中心，反过来这个中心又辐射整个区域和城市化的属地，共同享受城市化所带来的科技文化和商业文明的成果。集中型城市化进一步细化，则包括内部市区的城市化和外围市区的城市化。

何谓“内部市区的城市化”？城市学上是与规划学上的建成区同义的，其包括城心地区（CBD）和中间市区。其实，城市离我们很近也靠得很紧，因为我们每天都生活在城市里，而且还在内部市区。但我们就未必了解和理解它。其实城市也是有生命的、动态的，每个城市都有属于自己的“城心”，有的城市是唯一的，诸如深圳市，城心主要在关内，而且主要集中在罗湖、福田两区的一条街区；有的则是多城心，武汉就是。历史上武汉三镇（汉口、汉阳、武昌）各自形成了属于自己的城心。这里所说的城心，并非指城市平面的几何中心，而是指城市商业服务集中，交通线路汇集，政治文化区域集中，位置大体适中的城市中心区。这里街区繁华，人口稠密，人流拥挤，表现出城市的主要特征。这里既是城市自身的生长极，也是对农村产生吸引作用的磁力源和辐射力源。农村人口在很大程度上受到城市中心繁华气氛的吸引，滋生了进城的自励欲望和内心渴求。

西方城市学理论认为：“城心地区进行的城市化主要是向心型城市化。”在大城市的城心地区，高层建筑林立，基础设施发达，土地利用高效、经济，形成一个密度高、能量大的内核，改变了城市传统的平面景观，表现了城市向三维空间发展的趋势。连萨缪尔·亨廷顿也在他的《文明的冲突与世界秩序的重建》大作中，对向心型城市的历史功能和文化功能对地区文明的传播与辐射作用也极为肯定。①

而中间市区，在城市学上指的是夹在城心与外围市区之间的环状区域。一般来说，中间市区在城市化过程中较为稳定，地域变动幅度较小，变动速度和缓，是传递城市人流和能量的过渡地带。城市化在这个地区的主要表现形式犹如中学生作业“完形填充题”，即较为合理地正确地见缝插针地在空地上建起公寓、住宅、小型工厂等。近年来，一部分从城市中心迁出的业务部门正在流入中间市区，大城市的副城心也正在这里逐渐兴起。值得注意的是在不少大中城市，许多党政要害部门，由于推动副城区的发展需要，将其搬迁到副城区，这是因为一方面副城区空旷，人口相对稀疏，空气指数与环保条件更优，另一方面，党委、政府的实际表率作用，可以促进郊区城市化，提高城市的整体服务功能。

再则是外围市区的城市化。所谓外围市区主要是指靠近市区外围的环状区域。在古代战争中有称它为主城的缓冲带或保护带。如湖北荆州古城的护城河带，这里市区与郊区接壤，街区与田园交错，是城市化近域推进的主要区域。在这里可以清楚地看到城市在前进的业绩，农村农田在萎缩，“广阔天地”在逐步后退。如果说内部市区在向心型城市化的催化下，城市产生了立体的质的充实的话；那么，外围市区在离心外延型城市化的催化作用下，城市发生了平面的、量的扩张。这种平面的、量的扩张是城市化推进的最基本表现，是引起城市外围地域发生量变的逻辑起点，也是城市化最终的必然归宿。

此外，外围市区的城市化是通过内部市区的一些城市设施和职能部门的空间移位来完成的。首先，对外交通设施的伸展促进了外围市区的城市化。城市的对外交通是城市的命脉，城市对外交通决定着城市的发展。世界在工业革命之前，水运是交通运输的基本手段。许多城市因此聚集在河流沿岸和近河平原上。工业革命之后，

---

① See Samul P. Huntingtun. *The Clash of Civilizations and the Remaking of World Order.*

蒸汽机的发明，铁路公路运输取代了水运，城市于是则多沿公路铁路建设。城市的对外交通干线就像动物的触角一样，触角伸展的方向就是城市化的最优发展方向。在城市整体推进过程中，重要交通道路沿线将优先变成城市化之市区。工业的扩展带动外围市区的发展只是城市化推进的传统方式。由于市中心土地紧张，地皮昂贵，加上人们的环保意识日增，工业对环境污染严重，因此工业被迫迁移到外围市区。从投资者的角度说：外围市区地价便宜，工厂的采光、通风、消音、除尘等硬性环境问题容易解决。大量工厂定位于外围市区，带来了人口与资本新一轮地相对集中于外围，成就了外围市区的快速繁荣和经济增长。

同时，外围市区的住宅建设是城市化推进过程中的重要因素。只有建成成片的住宅区，才会组成社区，引来其他城市服务设施。因此，在外围市区的城市化中，住宅的扩散担负着彻底改变地域性质的重要任务。文教与科研院所等单位的独立性强，区位发展自由度大，这些单位为了避开拥挤嘈杂的市区，寻求安静的环境，也迁到外围市区。文教、科研单位为了抵御工厂的侵入，常常聚集成片，形成文教区。在许多城市的外围市区都有文教区，大学城。比如武汉市区近郊的东湖科技产业园区，华中光谷、硅谷，武昌开发的大学城区等。广州番禺的南沙大学城，在过去的边缘郊区，不仅形成了颇具时代特色的城市新亮点，更是建树了提升城市品位的大学产业园，以实现教育资源的优化配置与共享。

当城市化集中发展到一定阶段后，会自然出现另一种倾向——分散型城市化阶段。

一般常识认为，城市本身就是集中的产物，集中是城市区别于农村最突出的特点。但殊不知城市高度集中的人口经济、社会活动、物质财富和精神文明成果，在本质上又要求进一步扩大城市功能性影响。交通及通讯技术材料工具的发展改善，必然促进城市人口及其活动的分散化，在城市模式和城市结构上将有重大改变。同时，高度的集中的产业机制，也给城市带来了日益严重的“城市病”。为了克服城市病，解决城市问题，不少国家纷纷调整城市化战略，这些战略的实施客观上促使城市由集中走向分散。城市化的发展进入到以分散为特征的阶段。分散型城市化最明显的表现是郊区化，卫星城运动和拟城市化，可以视为城市化发展导入了一个新的平台，进入了良性的发展轨道。

在城市化进程中的郊区化是官方政府和百姓谈论最多的话题。所谓郊区化，西方用语为（Suburbanization），亦可谓亚城市化或次城市化。它是指在城市郊区，尤其是西方发达国家特大城市郊区出现的地域职能结构变化的新形式：大城市的人口和各项职能活动，包括具有向心倾向的商业、服务业，纷纷向郊区迁移，使郊区迅速成为一个具有多项市区功能的地域综合体。这个过程被称为“郊区化”。郊区化的本质语义就是郊区城市化，是城市化在地域上的扩展和郊区城市化程度的加强。第二次世界大战以后，特别是20世纪60年代以来，特大城市空间结构的变化以郊区的迅速发展为主线，以市中心的衰落、停滞或发展为标志，分为三种不同的类型。第一种为中心市区衰落类：即郊区发展迅速，中心城区日渐式微。这种情况出现在西欧、北欧、北美等工业发达国家，如英国伦敦和美国纽约的市中心。往往这些昔日繁华鼎盛的闹市有逐渐成为贫民、下层劳工或其他少数有色民族集中地的趋势，而高级别墅纷纷建于郊外，形成了市区“反更新”的特殊城市化现象。第二种为中心市区停滞类：即郊区迅速发展，而中心城区停滞不前，政治经济重心边缘移动。这主要表现在德国、日本、意大利等战后迅速崛起的国家。这些国家的大中城市在二战中均遭遇严重破坏，战败后又元气大伤，出于各种战略考虑，这些国家的旧城市市中心发展相对滞缓，而郊区（或者说新城）发展速度要大大高于前者。第三种为中心市区与郊区同时并发类：这主要表现在中国、俄罗斯、东欧一些改体后的国家，以上海、广州、莫斯科、圣彼得堡、华沙等城市为代表。这些城市郊区建设的速度赶上了市区中心的建设速度，郊区和市区平行平衡发展，两者差距日益缩小，甚至后者赶超前者，诸如上海浦东之崛起，广州天河之后来居上。

总之，特大城市以住宅郊区化为先导，引发了市区各类职能部门纷纷郊区化，使特大城市的经济状态、人口分布、产业结构发生巨大变化，特大城市的卫星城市也是在这个背景下产生的。

关于城市化过程中的“卫星城”，城市学是这样界定的：卫星城是分散化的一种表现形式，也是城市分散主义理论的产物。当城市人口达到特大城市规模时，便在远郊区产生诸多中小城镇，这些小城镇承担着分散和吸纳特大城市人口的任务。它们在职能上与特大城市相联系，在地域上环绕着特大城市分布，故称之为卫星城。① 这种理论最早见于美国霍华德提出的“田园城市理论”。他提出要在大城市郊区建立小城镇，用以抑制中心城市的发展，改善居民的居住环境。美国的泰勒于1915年正式提出卫星城的概念。1924年在荷兰首都阿姆斯特丹召开的国际城市会议提出，把建设卫星城作为防止大城市过大或超级过大的方法，并把卫星城在概念上定义为“既是一个经济上、社会上、文化上具有现代城市性质的独立城市单位，又是从属于某个大城市的派生产物”②。

严格地说，卫星城只能分布在特大城市的周围，其他城市不具备派生卫星城市的人口规模和物质能量以及城市的辐射功能。卫星城既有自然产生的，也有人为规划的。自然产生的卫星城是由于特大城市的作用，使原来处于影响范围之内的村镇演变为城市。人为规划的卫星城，是按事先确定的规划，在郊区主动建造的卫星城。从发生根源来看，两种卫星城都要依靠特大城市的力量来发展，都与特大城市在职能上密切联系，都属于飞地型城市化和他力型城市化。因此，卫星城的发展速度和发展水平，是由特大城市的发展水平和速度决定的。

卫星城与特大城市在职能上紧密联系。卫星城对特大城市的职能，具有较大的依附性，它的职能的形成源于特大城市职能发展的需要。一般来说，卫星城主要承担工业、居住、文教三种职能。距特大城市近的，一般以居住、文教职能为主，依附性强；与特大城市距离远的，工业职能强，独立性也相应强些。

卫星城的发展，大体经历了三个阶段，第一阶段是附属型阶段。即在特大城市周围建立附属的较为独立的居住区，这些卫星城

---

① 参见2002年度《广东省城市年度发展报告白皮书》。

② ［美］泰勒．泰勒文集：序言［M］．北京：中华书局，1955。

主要满足大城市的居住职能。城里只有居住单元和起码的生活设施，没有其他的职能设施，居民的就业和文化生活仍需要大城市去解决，因此这种卫星城也叫卧城（Bedroom City)。美国最早开始了这种卫星城的建设。20世纪初在伦敦郊外建有不少卧城，大约有200万居民居住在卧城中。这种卫星城分散了大城市的部分人口，改善了居住条件和环境，但拉大了人们上下班的距离，增加了时间消耗，也给城市交通运输增加了压力，于是人们意识到要对这种附属型卫星城加以改造。卫星城建设的第二阶段是半独立型阶段。半独立型卫星城是在附属型基础上发展起来的，它是在卫星城中配备一定数量的工厂企业和服务设施，使部分居民就地就业，以减轻城郊间的交通运输压力，这样就把卧城的简单疏散人口变为复合疏散人口。卫星城发展的第三阶段是独立型卫星城，在这种卫星城中，生产功能和生活功能齐备，居住与工业比例协调，能够满足城内居民生产和生活服务的要求。在这种情况下，卫星城已经发展成了一个职能完善的独立性城市。

在城市化的推进过程中，不可回避地要解决“逆城市化”问题，什么是“逆城市化”？武汉大学社会学学者向德平教授在他编著的《城市社会学》中的界定是：“逆城市化是城市化达到一定阶段后出现的城市人口反向流动。”随着小汽车的普及和高速公路的建设，市中心的人口不仅向近郊流动，而且向远郊甚至乡村迁移。逆城市化是城市化发展的一个新阶段、一种新的导向。同时他还认为，逆城市化是指人口由城市向农村地域的迁移。逆城市化是郊区化的发展。如果说集中型城市化是人口向心化运动，那么郊区化则是人口离心（Decentralization)，是城市郊区人口的增长，但仍处于城市吸引力范围内。逆城市化则是人口反向心化（Deconcentration)，是指城市人口向乡村转移，即人口脱离城市吸引力的影响。

在我国，导致逆城市化的因素很多，最主要的是城市的推力和农村的拉力。从城市的推力来看，世界经济关系的变化，引起我国经济结构的调整，传统的产业如钢铁、汽车、化学、建材等必须升级换代，科学技术的进步和交通、通讯的发达，使物质、能量、信息、人员的流动模式发生变化，导致经济活动的分散。人们有可能在比较分散的空间条件下，实现具有良好的经济效益、社会效益和环境效应的生产和劳动。城市的推力还表现在环境恶化，就业困难，生活费用上升等方面。随着人口郊区化，城市病也传播到了郊区，郊区人口为了逃避城市生活及环境的压力，进一步向外迁移。北京、深圳、广州、上海的生活指数已经到了中等发达国家的生活指数，而实际收入与中等发达国家的城市相较却相去甚远。当然，农村的拉力也不可忽视，也是促进逆城市化产生的重要原因。这首先表现在农村环境的天然优势，能够满足人们不断提高的环境要求。其次，农村经济的发展也是吸引人口的一个重要条件。随着农业生产商品化、集约化程度的提高，农村居民的生活方式日趋城市化。这时农村已不再是传统意义上的农村，而是在保留农村自然环境特征的基础上的同时又在生产方式、生活方式以及交往方式均为城市文明所同化的郊区化“农村”。这里，武汉市的餐饮服务业的模式变化和经营转移或可说明这一理论问题。在武昌东湖磨山风景区一带的农村，村民自主开发沿路经济，湖边餐饮吸引了大批的整天在喧闹城市中工作的食客，使本来长期寂静的郊区变得活跃喧腾起来。

不论是郊区化、卫星城化，还是逆城市化，都是城市化发展到一定阶段的自然产物，它们并不是城市化的反向运动，而是城市化扩大外延的表现，是城市运动的一种新形式，是城市化发展的一个新阶段。有人把郊区化、卫星城运动称为“第二次城市转变”，把“逆城市化”称为“第三次城市转变”，不是没有道理的。

综上所述，分散型城市化并不是城市发展的倒退，而是城市发展的一种新形式、新思路、新境界。分散的结果带来城市在更大范围内的集中，城市功能更大范围的辐射和发挥，城市资源更优位的配置和整合，城市化的思路将是建立在更为科学的发展观上的。因此，在这个意义上说，分散型城市化实际上是一个分散与集中相统一的过程，是良性互动的过程，是和谐发展相互促进的过程。

论及城市化时，我们不能不关注一项“特殊的城市化过程”。如前所述，城市化是世界性课题，也是世界性的发展趋势，同时也是任何国家都不可逾越的自然历史河床。每个国家都将会经历城市化的过程，在生活形态上都将或早或迟地要进入现代性的城市社会。所不同的是国家间由于国情不同，所面临的历史条件、国际环境和经济发展水平不同，它们各自的城市化道路选择的模式或起始时间就不同。但这并不意味着城市化过程无规律可循。实际上，城市化是一个不以人的意志为转移的自然历史过程，它有自身矛盾运动的客观规律，人们不能违背这一规律。如果人为地阻止城市的发展或者不切实际地超越城市化的阶段，都要付出沉重代价。下面我们介绍城市化过程中出现的两种特殊情况，实际上就是违背城市化发展规律而出现的反常的城市化即反城市化与过度城市化。

何谓“反城市化”？“反城市化”是国外学者针对中国在十一届三中全会以前执行的城市政策所提出的专有名词。从世界范围来看，全世界都处于城市化的进程之中。1980 年，世界城市人口比重为39%，其中发达国家为69%，发展中国家为34%。在中国，城市人口比重 1958 年为15.4%，此后一直处于徘徊状态，22 年过去了，到1980 年仅为13.6%，不仅远远低于发达国家城市化水平，而且大大低于发展中国家的平均水平。① 在世界城市化进程加快，大量人口从农村涌向城市的时候，中国城市人口比重不但没有增加，反而减少。毛泽东在 20 世纪 60 年代“四清”运动以后制定“重农抑商”政策，实际上就是典型的反城市化举措。在 1958 年大跃进时，大批劳动力涌向城市，在中华人民共和国成立后出现了一次城市化高潮。此后，随着国家宏观政策的调整，大批由农村招工进城的职工返乡；军人复员；知识青年上山下乡；开办各种形式的国营或集体农场；进行“四清”运动；“反右倾”知识分子运动；兴建“三线”工厂……于是出现了城市人口向农村的急遽倒流现象。毛泽东拟订反城市化政策的理论依据是：中国在法律和意识形态上与西方社会是不一样的，中国的青年学生应该到农村广阔天地里去接受贫下中农再教育，“在那里是大有作为的”。那么，中国不应走西方国家的城市化道路，而只能发展“工农结合，城

① 参见世界银行．世界发展指标：2000 年[M]//朱之鑫．国际统计年鉴：2000 年［G］．北京：中国统计出版社，2000：67，100.

乡结合”的新型城市化之路，走城市——农村一体化发展道路的模式，这样即会消灭“工农差别、城乡差别、体脑差别”。于是，在当时有人主张在不发展大城市的前提下，把工厂分散到农村去，建立在山洞、地下、偏僻避战的地方，利用农村劳动力优势，闲时务工，忙时务农，亦工亦农，身份也是亦工亦农者（拿国家工资而不能脱离农村户籍）。这些做法从根本上违反了城市发展的客观规律，阻碍了城市化的正常发展。

何谓“过度城市化”？“过度城市化”对中国的城市化而言还很遥远，但作为研究对象却不能视而不见。第二次世界大战以后，特别是20世纪70年代以来，在一些发展中国家出现的大批劳动力从农村涌入城市，导致城市人口急剧膨胀，超过城市基础设施的基本承载力，超越了地区资源和周围环境的负荷能力，由此而带来就业困难，住房拥挤，交通阻塞，环境污染，治安恶化等一系列社会问题。这种城市化现象，在理论上阐释为“过度城市化”。过度城市化的实质是发展中国家城市化的速度超过了工业化的速度。以巴西为例，20世纪70年代中期，巴西制造业的就业者只占总就业人数的20%，而城市人口已占总人口的60%；截至1998年，巴西工业总产值在国内生产总值中的比重只占到28.8%，而城市人口却已占到全国总人口数的80.1%。①就业人口中非农产业就业人口的比重上升较慢，而城市人口却高速增长，出现过度城市化和虚假城市化现象。墨西哥也出现过类似情况。1950年墨西哥城只有200万人，现在已超过1 300万人，比许多国家的总人口还多，市区面积大大超过目前的首都行政区范围，城市问题非常严重。② 总之，过度城市化也是我们未来城市化设计，包括在宪政实践中不可不考虑如何规避的大事。

---

① 参见世界银行．世界发展指标：2000年[M]//朱之鑫．国际统计年鉴：2000年［G］．北京：中国统计出版社，2000：65，100.

② 参见向德平．城市社会学［M］．武汉：武汉大学出版社，2002：159－169.

第三节 关于中国宪政与城市化的发展方向和基本模式

一、中国宪政的发展方向与基本模式

卢梭曾说："法律乃是公意的行为。"中国宪政的发展道路，就其方向和模式而言，有其自己历史特殊性，无疑也是民族公意的行为。其一，是在"西学东渐，西体中用"的社会思潮导向与规制下，沿着君主立宪制或民主共和制的方向而发展的。这种尝试和努力，发生在中国宪政运动的早期阶段，并且很快就宣告了其终结性的失败。其二，是孙中山创建的五权宪法论的理论与政制实践。这一理论的宣示、教化和实践，本质上开创了中国现代化宪政的理论与实践。无论是在国体上还是在政体上，该理论与实践都是具有中国特色的宪政理论与实践，相比前者具有明显的先进性。其三，是在中国共产党领导的革命根据地内所开始实行的宪政理论与宪政实践。这一宪政理论与实践，可以称为新民主主义的宪政理论与实践。它开始于1927年北伐革命结束后所建立的井冈山革命根据地，经过第二次国内革命战争时期的十年努力，又经过抗日战争时期各个根据地的"三三制"政权建设，再经过人民解放战争时期根据地的人民代表会议制的理论和实践，以后又确认于1949年中国人民政治协商会议之《共同纲领》，到1954年，形成了以人民代表大会制为基本形态的新宪政。在《共同纲领》实施后的几年里，我国人民胜利地进行了土地改革、镇压反革命和抗美援朝的斗争，实现了国家财政状况的基本好转，国民经济建设也初见起色。从1953年3月1日通过新中国第一部《选举法》后到1954年8月，在全国范围内开展了法律规制下的普选工作，除少数地区外，全国各省、自治区普遍召开了普选的地方各级人民代表大会，开始了有步骤地推进地方基层政权的民主化进程。在这种新的历史条件下，完善社会主义法制，制定一部正式的、全面的宪法不仅必要，而且

刻不容缓。① 1954 年宪法除序言外，分总纲、国家机构、公民的基本权利和义务以及国旗、国徽、首都共四章 106 条。其主要内容是：序言部分简要叙述了中国革命的经过、革命的成功和革命的前途，确认了共和国在过渡时期的总任务及其步骤，并阐明了我国对内对外的基本国策和方针。它是我国历史上第一部成文的社会主义类型的宪法。

综上所述，在经历了对西方式宪政的刻意追求、模仿、移植乃至接连失败的痛苦之后，中国人开始了摆脱西方模式的新探索。以孙中山先生提出政权“为一般平民所共有，非少数人所得而私也”② 的五权宪法论的构想为新的起点，又经历了一系列的宪政运动和相应的政制思考与改造，终于归宿为由人民代表会议制奠基而发展为人民代表大会制的结局，这就是中国宪政历史的基本过程及其走向。

在这段历史中，孙中山提出的“五权”宪法论是带有鲜明中国特色的理论创新。就其基本模式而言，可以从以下几个方面看出它的特质所在。

第一，“五权”宪法论摈弃了作为西方宪政理论基础的“天赋人权论”，而代之以革命的中国式的人权观。它把普遍人权与对革命的态度密切联系起来，并采取实际的制度措施，努力把“主权在民”的原则落到实处，以实现政权“为一般平民所共有，非少数人所得而私也”。这一观念，突破了西方宪政所存在的一个实质问题，即政权实际上是被少数人所把持，是为少数人利益服务的。改变这种状况，正是孙中山提出“五权”宪法论的初衷之所在。在政体模式上，孙中山认为，五权宪法论的政权形态，应体现以下几个基本原则，这就是：人民有权；政府有能；权能分治；五权分立。③ 他高度重视作为真正的中华民国“基石”的人民自治，重视人民真正能够正当行使选举权、罢免权、创制权、复决权及其在程

---

① 参见胡肖华，肖北庚．宪法学［M］．长沙：湖南人民出版社 、湖南大学出版社，2001：62.

② 孙中山．孙中山全集：第 2 卷［M］．北京：中华书局，1985：221.

③ 参见王永祥．孙中山五权宪法论内涵辨析［J］．南开学报，1993（2）.

序上实体上的合法性。为此，他主张设立国民大会，主张国民大会由实行了县自治的各县的代表所组成，并由它代表全体国民在中央一级机构中，行使国民的选举权、罢免权、创制权、复决权，行使对于中央政府的控制权。孙中山设想，按照这样一个理论和方法，使国民掌握尽可能广泛的直接的民主权利，使中央政府成为真正能够体现国民意志的、全能的、高效率的政府。① 在国民党“一大”宣言中写道：“近世各国所谓民权制度，往往为资产阶级所专有，适成为压迫平民之工具。若国民党之民权主义，则为一般平民所共有，非少数人所得而私也。”五权宪法论所贯彻的基本原则也与以前有很大的不同。其基本原则，可以称之为新三民主义的集权制，既不是代议制之下的三权分立和相互制衡，也不是苏联式的民主集中、议行合一制，而是一种权能分治的并非完全“议行合一”的民主主义集权制。② 除此之外，孙中山坚持认为，在新的宪政中，中央与地方的关系也不能实行传统的中央集权制，但也不要采取西方流行的地方分权制，而是要实行一种由他所发明、所创造的均权体制。这种均权制，是既要解决中央集权体制下的由中央把持一切权力的弊端，又要解决西方宪政体制之下地方分权制的弊端，解决由于地方权力过大而造成全国不能协同甚至地方割据的弊端。他主张，按照事权的性质划分管理的权限，凡是关系全国一致之事务者，其管理权限应属于中央；凡事务性质只关系地方者，其管理权限属于地方；不偏于中央集权制或地方分权制。孙中山还把这样一种均权的理论置于人民的自治和法制的基础之上，把均权制与人民的自治（凡能由人民自治所能解决的问题都尽可能地交给人民自己处理，而不必使之纳入官治的范围）密切结合，把均权与法治密切结合。这种既以民权为基础又以法治为保障的思维，充分体现了现代宪政发展的方向。

新民主主义宪政的选择，也是在一个较长的历史过程中逐渐发

① 参见王永祥．孙中山五权宪法论内涵辨析［J］．南开学报，1993（2）．

② 参见王永祥．孙中山五权宪法论政体模式辨析［J］．民国研究，1998（2）．

展和成熟的。1927 年至 1937 年的第二次国内革命战争时期，在红色政权地区，其宪政形态简单地说，就是工农兵代表大会制。它是一种全新的制度形态。其新，表现为这种制度的国体与政体完全是为了实现被压迫者和广大劳动群众的解放及其对国家和自身事务的有效管理。因而，把工农兵的全国代表大会作为国家的最高权力机关，试图通过他们去有效地体现工农兵的意志，去实际管理国家。应当说，这样一种理念在当时是包含有很大可取性的。在充分肯定这一点的同时，也应该看到，这种制度形态在当时特别是在它的早期阶段，曾表现为对苏联的苏维埃体制的一种模仿或简单移植。固然，这种模仿或这种移植，有其和当时中国客观形势需要相吻合的一面，但是也存在一些明显的不足。我们通过对革命根据地的工农兵代表大会制度和苏联的苏维埃体制的对照分析就可以看出，两者在政体模式上是相同的。这表现在：国家权力机构体系基本相同；中央政权机构的设置和职能划分基本相同；政权的组织活动原则基本相同。①

在这种工农兵代表大会制度下，政权机关从中央到地方都实行彻底的“议行合一”制度。从主政者的主观愿望来说，是要用这种体制避免三权分立体制下常见的那种相互扯皮和相互推诿的现象，以提高工作效率。但是，完全集议、行之事于一身，则容易发生不完善乃至专擅，其出路在于加强对政权机关的群众监督。当时，在作为执行机构的人民委员会下，设立了工农检察部，其下又设立了控告局，但实践证明收效并不十分理想。在完全议行合一的体制下，如何充分发挥人民群众的监督作用，这是应该引起足够注意的重要问题。

第二，抗日战争时期，在敌后抗日根据地，曾普遍建立了以“三三制”为基本形态和主要特征的政权制度。② 这种“三三制”

① 参见王永祥．中国与苏联（俄）苏维埃政权体制模式比较［J］．历史教学，1994（3）．

② “三三制”是指在抗日战争时期，在抗日根据地的参政人员的结构比例，即党内人士、其他党派人士、地方开明绅士各占三分之一。该政制的颁行，在抗日根据地政府的民主政权的建设中取得了积极效果，在抗日革命根据地的宪政实践上，作出了最初的和有益的尝试和探索。

政权，就其体系的基本模式而言，虽然没有根本突破苏联的苏维埃模式的影响，但在当时的中国历史条件下，它区别于苏联模式的中国特色却也十分明显。诸如：它实行并非完全议行合一的参议会制度；实行各抗日党派“互相帮助，共同发展”的政党方针，这是苏联式的苏维埃体制所完全没有的；它又实行单一制而不是实行像苏联那样的联盟制。特别需要指出的一点是，在抗日根据地“三三制”政权之下，它使抗日民众政治上的解放与经济、社会、文化权利的获得同步进行，这使抗日根据地政权体制的革新与社会结构、阶级关系的相应变动协调发展，从而也使民主的政体获得了较稳固的社会之力量的支持。在宪政话语下，抗日根据地之新民主主义宪政的成功经验仍然值得认真研究。①“三三制”政权形态下的根据地城市建设和发展，也是十分良性的，虽然根据地内城市规模、城市功能、城市容量都十分有限，但城市民主建设、城市管理、城市秩序、城市政府的功能和作用都发挥得淋漓尽致，这一点也是值得我们认真研究和记取的。

第三，在中国的宪政史上，还有一种称为“第三种政治”的宪政理论与实践。这种宪政理论，被它的代表人物称之为“修正的民主政治”。其典型代表是张君劢。张君劢所主张的“修正的民主政治”的内涵，其基本原则是试图在“自由与权力之间，求得一种平衡”②。在强调对国家事务的管理要实行“敏活切实”原则的同时，他们还特别强调了“社会确立平等基础”、“个人保持个性自由”③原则的重要性。他们既不主张单纯强调西方模式的无限制的自由主义个性自由，也不主张因强调集中而牺牲公民的个性自由，而是主张使自由与集中两个方面都得以兼顾，以此作为“中国式民主政治”④ 的基本起点。

---

① 参见王永祥．论抗日根据地“三三制”政权［J］．新华文摘，1992(7).

② 张君劢．立国之道［M］．北京：商务印书馆，1938：1.

③ 张君劢．国家民主政治与国家社会主义：上篇［J］．再生：1 (2).

④ 张君劢．国家民主政治与国家社会主义：上篇［J］．再生：1 (2).

如何评价他们的宪政理论与实践，正在日渐成为学术界的热点问题。笔者认为，以下各点很值得注意：他们主张中国政治的现代化，而不是主张保持和维护旧的封建专制或国民党的一党专制，这是与中国广大先进分子的目标相一致的。这表明，他们不是守旧势力的代表而是进步势力的组成部分。而且，他们所主张的中国现代化的宪政形态，从理论上讲，不是照搬传统的西方式（英美式的）宪政，而是主张建立具有自身特色的中国式的宪政。这种有自身特色的中国式的宪政，主要是吸收了英美宪政中的合理成分，而同时又吸收了中国传统政治中被现代新儒家认为是有价值的内容。在东西方政治文化冲突的关系上，他们主张的是中西文化的合璧，而不是全盘西化，更不是全盘维护中国旧的政治传统。这从“修正的民主政治”的理论脉络和张君励等人在20世纪30、40年代的宪政实践中可以得到充分证明。应该说，这样的出发点和指导思想也是无可厚非的。但是，在30、40年代，中国各个政党派别现实政治实力对比的情况下，作为现代新儒家思想的主要代言人张君励等，未能具体勾画出体现其宪政理论、具有自身鲜明特色、具体而完整的宪政形态和模式，也是在情理之中的。

在争取民主宪政的实践中，他们只能依据现实情况的变化，或搬用英美式的宪政模式，或在不同的宪政主张之间折中、调和。前者的突出例证是在抗日战争中后期民主宪政运动中张君励等人的主张与政治作为，① 后者的典型事例则是在旧政治协商会议中张君励等人的激进表现。“能折中各种不同的主张”已经是他们的长处，但当把各种不同的宪政主张“折中调和”之后，所形成的宪政形态是否还能体现他们所希望的“修正的民主政治”的基本原则呢？显然，他们的愿望是不能如愿以偿的。这说明，中国实际宪政运动的复杂性，因此，张君励之辈每遇“宪政事”他们又不得不掩起自己的宪政旗帜，而戮力于各党派的各种宪政主张的折中活动。

---

①　参见王永祥．论中间党派在民主宪政运动中的宪政设计［J］．南开学报，1998（1）．

二、城市化的发展特点、发展趋势与基本模式

环顾当今世界，城市化已经成为一股锐不可当的社会生活的转型潮流。目前，城市化水平已经成为衡量国家或地区经济社会发展水平的重要指标之一。由于经济社会发展水平的不同，自然条件和自然资源的差异很大，当今世界不同类型的国家和地区城市化水平有很大差距。对现阶段世界城市化的特征进行比较研究并预测其未来发展趋势，有助于进一步揭示世界城市化的发展规律，相信对中国城市化的发展，也具有一定的指导意义。这里着重分析 20 世纪 50 年代以来世界城市化的特征及其发展趋势，我们或可从这些发达国家和发展中国家城市化的比较研究中获取更多的学理启示，①探寻与之同样是世界性话题的宪政的关联之处。

1900 年时，世界城市人口占总人口的比重只有 13.6%，② 到 1950 年时，增加到 29.2%，差不多半个世纪的时间里增加了 15.6 个百分点；而到 1990 年，更增加到 45.2%，40 年间增加了 16 个百分点。③ 可见，20 世纪后半期的世界城市化速度比 20 世纪前半期要快得多。50 年代以来的现代世界城市化发展趋势如何呢？这是中国城市化研究必须要了解的。

第一，城市人口比重迅速上升。从 1950 年至 1990 年，世界城市人口从 7.34 亿增加到 8.75 亿，增长了 0.95 倍，发展中国家或地区则从 2.86 亿增加到 15.15 亿，增长了 4.30 倍，全世界提高了 16.0 个百分点。研究表明，发达地区的提高幅度比发展中地区低。因此，从 1950 ~ 1990 年，发达地区的城市人口在世界人口中的比重从 61.08% 下降到 36.36%，而发展中地区则从 38.92% 上升到 63.37%，也就是说，当前世界城市人口有近 2/3 是居住在发展中

---

① 参见论当今世界城市化的特征和趋势［J］. 南方人口，1994（1）：46－49. 文中在此以下有些资料信息及成果也直接获用，但成果和资料信息已经过去十年，对于今天仍然可作比较——笔者识。

② 参见李旭旦等．人文地理学［M］．北京：中国大百科全书出版社，1984：191.

③ See United Nations. *World Urbanization Prospects 1990.* New York，1991.

国家或地区。发展中国家或地区的城市人口激增，引发了系列的与人口相关的民主宪政问题，如人权问题、机会平等问题、就业保障问题、民生社保劳动保险问题、失地农民的补偿安置问题，还有深层次的人的发展权平等问题等。

第二，发展中的国家或地区的城市化速度远远超过发达国家或地区。中国是典型的发展中国家，城市化的快速发展也只能是近20年间的事。如果从“城市化率”① 来看中国的城市化推进，它仍然是很缓慢的。虽然从1950年到1990年发展中国家或地区的城市总人口增长率快于发达国家或地区，但是由于中国前30年的城市人口及产业政策的偏误，中国与世界相比已经落伍了。城市化率的落伍，首先是城市化速度的落伍。因此，而引发出一系列的落伍，此种落伍具有典型的“骨牌效应”，借用孙中山斥清朝政府的话说就是：“吾族自鸦片战始，延至洋务工业落伍，洋务之落伍又延至政体国体落伍。……城市化从某种层面说，也是国家综合实力的展现。”它不仅比较全面地反映该国家或地区的经济景观和文化景观，还反映它所在政府内在的政治生态景观和人文关怀之景观，更是直截了当地反映市民的民主自由状貌之宪政精神景观。城市化之于宪政，宪政之于城市化“内生外溢”，城市化之新经济增长模式正是《宪政经济学》学理中的罗默模式的理论框架与通道。② 在罗默的关于城市经济长期增长模式中，他认为生产性投入的专业化知识（知识资本）的积累是长期增长的决定性因素，它不但自身具有递增的边际生产力，而且能使资本和劳动等其他要素也产生递增

---

① 城市化率：是指城市人口的年平均增长率和同时期总人口的年平均增长率之间的差额，它反映了城市人口的增长速度和总人口的增长速度的相对快慢，因此，也是标志城市化速度的一个非常重要的指标。

② 罗默是新增长理论的主要创始人之一，他比较全面地继承了亚当·斯密、马歇尔和艾林·杨的经济递增思想和观点，运用并扩展其他学者的动态经济分析框架理论，结合了城市化本身的、外在的、产出收益递增因素，提出了一个在西方城市化过程中比较普遍的具有政策制度技术变化的竞争性均衡长期稳定增长模式。这个模式也是今天东方国家特别是处在发展中国家常常借助的一种城市化建设的专业模式——笔者识。

收益，进而整个城市化经济的规模经济递增，收益保证了长期增长。这就是罗默增长理论的核心内容和主旨。① 值得专门指出的是，罗默在这里讲的其他要素，主要指涉的是非技术性的政制安排，即民主自由的生存环境，开发自由法律规范空间，安定有序的和谐社会基础等，总之，在城市化与城市化经济的递增收益程序上，除去了知识资本、劳动资本外，还有更重要的资本——民主宪政资本的长期增长亦即民主宪政的长期保障模式。

从城市化经济增长模式归位到城市化发展道路的选择，中国与世界城市化发展建设之路差别甚大，分歧甚多，预设的理想目标更不一致，特别是政治水分的挤兑和法治环境的优劣。

综览世界各国的城市化过程大体上有以下几种模式，而每一种模式都有自身的预设前景和预置结局。

第一种模式为同步城市化。同步是指两个以上实体或对象中的无差异同时进行的程序与行为。同步城市化的模式主要预置的是城市化的进程与工业货币经济发展的水平趋于一致的城市化模式。城市化推进与经济发展速度呈正相关联，城市化发展与政府行政体制改革一致，城市化率（城市人口占总人口的比重）与工业化率（工业劳动力占总劳动力的比重或工业总产值占国民生产总值的比重）互相协调，城市人口的增长与人均国民收入的增长比较一致，农村人口城市化的数量与经济发展提供的城市就业量大体平衡，城市化的发展与农业提供的剩余农产品基本适应。这是一种经济发展推动型的比较合理的城市化道路，它能够实现城市化与工业化和社会经济的适度同步发展的预设目标。在第一、第二世界国家中大部分的城市化基本上属于这种模式。选择这种“同步型”模式，是理性预设了城市化的前景，并且充分考虑了资本技术和政治法律方面的预期结局的。尽管发达国家在工业化和城市化的初期也发生过严重的城乡对立和“城市病”，但随着工业化和城市化的发展，现在发达国家的城乡对立的“二元”矛盾和“城市病”均普遍得到缓解、

① 参见曾哲，曾伟东．深圳龙岗城市化与可持续发展研究［M］．广州：广东出版集团、广东经济出版社，2004：65－66.

调和与控制。

第二种模式为过度城市化。哲学意义上的“度”是指事物发展的关节点和临界点，超过这个“度”，事物的发展就会由量变发展到质变。过度城市化语义十分明确，虽然学界有“超前城市化”的另说，但不影响对其本义的诠释：超过工业化和经济发展水平，城市化发展与建设模式超越本国本地区的经济及其他方面的承载力，城市化不是建立在工业化和农业发展的合理配置的基础上，而表现为：在经济支撑上，主要依托传统的第三产业（传统的生活、商业性服务）来推动城市化，甚至是“缺乏工业化积累的城市化”；在政策法规民主秩序依托上，无视民主宪政应有的正义与程序，而依托于上级领导的意图、指示、命令，甚至是酒后饭前的表态与义气。以执政者个人意志来推进城市化，结果使得城市人口过度增长，城市基础设施建设的步伐赶不上人口城市化的速度，城市不能为居民提供必要的就业机会和起码的生活条件。这是一种以牺牲“三农”（农业、农民、农村）发展甚至生存条件为代价的非理性的城市化。笔者以为，中国目前的城市化发展水平从严格意义上说暂时还不存在“过度”城市化，与其说是“过度城市化”，还不如说是“泛城市化”或“泛滥城市化”，这主要表现在城市化的建设和规划中的短见、无序、缺少程序正义，更缺少民主科学决策。这样他们出于自利或者功利的目的，把所谓的城市化运动预置于一个心中只知“唯上”而不“唯实”的环境中，根本不考虑是否有利于长远的经济发展和和谐的社会建构这一城市化的主题。最后的逻辑发展趋向只能是畸形城市化、病态城市化以及在此城市化背景下的病态民主、病态宪政。

第三种模式是滞后城市化。“滞后”的字面释义为“不及不至”，在时空上，指“因受阻却而晚至”的非预期社会行为结局。在这里主要是指城市化水平落后于工业化和经济发展水平的城市化模式。滞后城市化形成的原因很复杂，既有历史的，也有现实的，既有客观的，也有主观的，换句话说，既有经济层面发展落后的原因，也有政治层面保守封闭僵化的体制原因。因此，在实质性的城市化进程中政府为了避免城乡对立和“城市病”的频繁发生，于是就在“不求有功，但求无过”官本主义情绪下而采取了种种措施限制城市化的发展，以免引发足以影响个人政治前程的矛盾和难题发生。其结果是使城市的集聚效益和规模效益都不能很好地发挥，严重阻碍了工业化和农业现代化的进程及城市文明的普及，城市辐射功能的发挥。这是一种违背工业化和现代化发展内在要求和自然生成环境的非理性非递增效益与规模的城市化模式。滞后城市化对中国而言，已经足足影响了半个世纪以上。特别是20世纪80年代以前的中国城市化是这种城市化的突出代表。有据可查的是1980年，世界城市人口的比重为42.2%，发达国家为70.2%，发展中国家为29.20%，而中国城市人口比重仅为19.39%。即使是改革初期城市化的步伐加快，中国城市化的水平仍然十分滞后和落后。按照世界银行提供的亚洲城市化与工业化的相关计量模型评估，1988年中国工业化率仅为22.6%，城市化率应为42.5%，而实际上只有28%～30%，滞后10多个百分点。滞后的城市化，既不利于工业现代化，也不利于农业现代化，更不利于人民生活质量和生活观念的现代化。

第四种模式是逆城市化模式。东汉许慎在《说文解字》中说：“逆，反也。”因此有人将逆城市化又称为反城市化模式。值得指出的是，逆城市化现象在发达国家和发展中国家均比较普遍地存在。逆或反并非是对城市化的反动，而是指特大、大城市城区人口郊外化的趋势，城市布局分散化的城市化模式。“逆”或“反”更不是指城市户籍人口的农村化，下岗工人职业的农民化或城市居民收入的农业化，而是说中心城区人口向郊区偏僻环境的有序迁移，或者是大城市人口向卫星城市区域发生迁移和转移倾向。造成逆城市化的主要原因是集中型的城市化使得城区尤其是大城市的城区人口过于密集，就业困难，居住拥挤，环境恶化，同时地价房租昂贵、生活服务费用指数上扬而实际生活质量下降。内在刺激了市区人口向环境优美、地价房租便宜的郊区或卫星城市迁移。有人这样比喻：人类是最大也是最聪明的“候鸟”。这个“候”不是单一的季节与气候，而是政治、经济、文化生态及人类居住生存空间环境之“候”。

此外，由于城市产业的革命，政府决策和选择作为方式更有讲究。一些历史性的传统工业技术项目被清除至城郊，源自交通条件的极大改善和对新型产业包括信息、精密技改的环境要求，传统产业的转移、新兴产业的发展自然而然地带动了城区人口的外迁增长。交通、通讯、资讯的现代化、自动化，大大缩短了城市与郊外的往来时间和沟通的便利。迁居郊外对人们的工作和生活不会产生较大的不便。在这样的背景下而产生的逆城市化现象，并非是坏事，而恰恰是城市化的正向运动，更不是在实体上对城市化予以否定。

第四节 关于城市化中宪政之维的历史考察

"宪政"一词在中国自近代始就似乎成了一个无须阐释而不证自明的概念，原因是讲得多了人民都已经开始熟稔了。但要对"宪政"这一术语作出系统或部门内规制而明确的定义时，往往又使人感到茫然或者各执一词。个体化而非整体化的整合性宪政概念，对宪政国家建设不仅毫无助益，反而危害至深：如果连宪政的社会功用与历史含义都不能搞清楚，何谈在中国城市化的深刻变革中建构新型的社会主义和谐社会之现代宪政维度?

一、宪政：对城市化引导监督之维的一种阐释

政府只有合于宪法，长年行使实际权力；只有忠实于它必须实施的法律，他才是合法的。国民意志则相反，仅凭其实际存在便永远合法，它是一切合法性的本源（《西耶斯——第三等级是什么?》）。宪政是立宪主义所运用的概念，在全球城市化的推进中，宪政必然会融入其中。对城市化现代化背景下的宪政概念，中西法学家都曾站在各自文化背景下作出过不同的阐释，有的甚至是文化冲突式的辨析。笔者主要引证以下具有代表性的观点。

第一为"要素式宪政"。即认为真正符合现代社会和国情实际的立宪政体应包含的要素是：一曰城市化推进和法规程序上的稳定

性；二曰在城市化中一以贯之地向社区社群向选民负责；三曰城市化推进发展中的监督惯例、人民代表的代议制和城市规划与建设的听证制；四曰城市化推进中政制的分权限制制度，强化法律法规的正确引导和监督，严防政府行政权力的宽泛化与扩大化；五曰政府公权力的诚信、公开、公平、正义与对城市化中城市居民身份社会角色转换之私权利的保护和对腐败丑闻的揭露及其行为对抗；六曰城市化不断推进扩张的“合宪性”审查，特别是农村城市化过程中所面临的诸多司法问题必须要建立在科学的发展观基础之上，即中央建立违宪审查机制包括部门法规或系统规制的监察。监察的目的不是找茬，而是另一种宪政之维语境的包容、完善、均衡、平和、程序与实体的正义。

第二为“权力制约式宪政”。即认为政府和立法机关的权力应该由成文宪法界定和加以限制，同时宪法应享有最高法的地位以及拥有通过不同形式的司法审查实施这些限制性的权威，特别是现行政府行政行为的权威必须通过宪法加以确立和限制。诸如 2004 年 7 月 1 日开始颁行的《行政许可法》和《党内纪律处分条例》及《党内民主监督条例》,① 这本身就是一种以法律为监督规制的宪政引导。在城市化的推进特别是农村城市化快速推进中，中央及各级政府类似政策的出台可以说是“规则发展式宪政”，在某种意义上即认为宪政是对政府最高权威加以约束的各种规则、加以引导、加以监督的发展。

第三为“综合式宪政”。即认为宪政是由用于制定规则的自足或自觉的规则构成的，即宪法是“法之法”，是“元制度”。在中

---

① 参见《行政许可法》、《党内纪律处分条例》、《党内民主监督条例》，2004 年 7 月 1 日正式开始在全国实施。在党内和国家公务员中称为“一法两例”。它们的颁行实施对政府公权力是一种有力的约束，也是对公民私权利的一种有力保障。因为我们对党内的民主监督和党内的纪律处分是对党权滥用防范的保证。当下城市化过程中的宪政或缺之一就是容易造成“以党代政，以党权取代行政权和以党权遮蔽人大权”宪政怪圈——笔者识。

国社会经济变革的深层“侵入与接替”①中，宪政已经由意识形态和文化决定的一系列特殊道德观点，如尊重人格之尊严、承认人生而平等地位、自由生活自主择业并享有个人幸福的权利观念到实实在在的宪政人文关怀。在城市化特别是农村城市化的发展与推进中，所属地方各级政府行政部门颁行的行政法规和地方性政策都必须充分考虑其与宪政概念的合意性，也就是必须考虑到城市化规制的“合法性”。现代宪法之维的三大内容：一为规范政府权力，二为保障人权，三为违宪审查制度，实际是现代城市化发展中综合式宪政大厦的理论基石。而坚持以人为本，坚持科学的发展观，坚持民主法治，则是当代中国宪政最根本的三大维度。

宪政对中国城市化发展和推进过程中的规制，最权威的还是宪法和宪法精神。因为发展中国家城市化是现代化建设必不可少的历史任务和必经过程，而国家立宪的基本任务即在于如何创建一种制度使得多元分散的乡村社会与城市社会利益仍能够凝聚为中华民族整体的政制意志和政治向心力，不然的话，整个民族将出现只有城市化中的离心力而无向心力，只有地方保护主义和条条块块的集团利益而无整个民族和谐持续发展的良性局面。江泽民同志说，创新是一个民族的灵魂，而科学的宪政发展观之创新是现代城市化运动与建设的灵魂。借用亚里士多德的话说：“法律是秩序，但是好的法律才会创造好的秩序。”笔者认为，如果法律是秩序的话，那么对中国城市化而言，必须有好的法律制度和法治环境，才会创造出好的城市化秩序。

宪政一直处于一种动态的发展变迁之中。如何用发展动态的宪政观来理解和阐释中国城市化运动，笔者认为这主要集中在三个问题上。第一，宪政之维下城市化的目的问题。中国的宪法学者多把

① 张鸿雁．侵入与接替——城市社会结构变迁新论［M］．南京：东南大学出版社，2000．张鸿雁为南京大学社会工程管理学院副院长，博士生导师。该书对21世纪以来世界范围内的城市社会结构变迁的基本理论、观念及发展规律进行了全面研究，并在系统总结国内外相关研究成果的基础上，对城市化的社会变迁从理论与实践的意义上进行了论证和阐释——笔者识。

民主作为宪政的落脚点，以保障人民当家作主的民主权利能够在本土本地本城区最大化地实现，诸如城市改造规划的民众听证民主抉择这种形式或其他民主途径的载体形式——形成一种高度“民主推进城市化运动”的氛围，这些都引发了关于宪政的理念在中国整个城市化的发展推进之中该承担起怎样的监督作用规制作用和引导作用的思考，虽然宪法对国家的政体国体及权力义务均有严格的界定，无论在哪个层面上都可保证人民整体上当家作主，但却无法规避或避免“多数人暴政”的现象出现，往往多数人的专制与一人或少数专制独裁并无质的区别，其危害性有过之而无不及。诸如在城市化推进中宏观的可持续发展的“专家型”意见书往往被冠以多数代表人民意见的短期效益和经济指标所遮蔽，并且堂而皇之地加上某些领导“突出”的政绩意识、形象意识和GDP政府的工程意识，换句话说为牢固的官本位意识和升迁意识的支配而表现出敏感的“数字”意识，学者专家型的少数人的科学的东西往往无情地被践踏甚至被多数人在大呼隆式的民主举手表决中所“强奸”或夭折。西方学者在社会经济格局发展变革包括城市化推进中则是始终围绕权利与自由议题展开的，可以这样说，西方宪政是基于反对封建专制下无个人权利与自由的空间和出于对国家权力恶性的羁束而产生的，它自始即把个人权利与自由的最大化程度的实现视为宪政己任。因此西方宪政保有边际化的自由主义即便对民主议会民主决策亦始终抱以高度警惕，以防范民主炮弹对个人权利与自由精神的背叛、误伤和袭击。

再者，关于中国城市化发展推进中所涉宪政理论的核心问题。中国的宪法学者以及城市学者多认为在宪政视野下或者说框架下来谈中国城市化推进发展，其核心是对现行宪法的实施和执政行政行为的违宪审查。中国城市化运动的大推进作为一种社会经济领域里的深刻革命和对几千年来传统农业文明社会的巨大改造，肯定会碰到许多新的问题，出现许多新的压力甚至还会遭遇许多从未遇到的困难，但有一点，值得强调指出的是，无论是谁都不许违反和超越宪法规定而任意行动，滥用行政权力和其他公权力。在经济建设和社会改造中必须强调对宪法的全面而正确实施，不能刻意强调某一方的利益而牺牲某一方。

援引亚里士多德的观点就是：法律在任何方面受到尊重而保持无上的权威，执政人员和公民团体只应在法律所不及的“个别”事例下有所抉择，两者都不应侵犯法律。① 这一点对于城市化推进中的行政方和行政相对方均十分重要。

经济全球化、城市区域一体化是中国城市化发展的主体方向之一。必须把实施宪法作为城市化的必备要件之一来发展和推动城市群、城市圈、城市带，从而来完成城市化过程中的三大转型并以此来增加中国城市化的实力和国际竞争力。在城市化的推进和实践中其宪政观的着眼点同样是实施宪法。在笔者看来，目前之中国城市化运动实则是一项工程浩繁巨大且过程漫长的社会改造和经济生活深刻变革的民生工程，在其变革过程中强调宪法的实施规制的到位是重要的，因为纸上的宪法如果不实施，永远只是一种文字游戏，墙上的规制如果缺少必要的监督和引导执行，则永远是一尊令世人敬而不拜的纸菩萨。但在城市化的广泛发动和推进中仅仅强调宪法内容的实施就以为能达到宪政城市化之目的，那无异于痴人说梦。其一，实施的宪法性质问题并未解决，按照萨托利的分类，宪法有保障性的宪法、名义性的宪法和装饰性的宪法之分。② 如果宪法只是组织性的，即组织而不是约束特定政体中政治权力运转之规则的集合的名义性宪法和由于缺乏保障性的实施机制而被置之不理的装饰性宪法，即使加以实施，其效果亦不得而知。其二，实施的条件问题亦未解决。宪法的实施不是一句空话，其真正实施既需民主政治与经济条件，又需文化条件与技术性条件。特别是在中国这样的社会主义宪政国家，宪政具有极强的地域性，其在社会主义城市化运动中的引导力和兼容性本身就是历史性的贡献。宪政视野下的城

---

① 参见［古希腊］亚里士多德．政治学［M］．北京：商务印书馆，1965．转引自尹晋华．法律的真谛［M］．北京：中国检察出版社，2006：3．

② 意大利政治学家萨托利认为：宪政的保障是有保障性的宪法（真正的宪法），有限政府和基本权利保障，并据此得出结论——所有国家都有一部“宪法”，但只有某些国家是“宪政”国家。转引自程华．宪政的要素及其发展［J］．公安大学学报，2002（3）．

市化或者说城市化中的宪政，指的是“一种关于国家权力良性运作的政治思想、状态或者过程”①。宪政虽然发源于西方这是不争的事实，但可与社会主义兼容，可与中国的城市化建设发展及制度安排和制度设计相吸纳而“共存共荣”。

在中国宪法实施中就缺乏宪法实施的程序性条件与违宪审查的制度性安排，无程序性与无制度性设计的先决条件下来强调宪法的良性实施是极不切实际的幻想。我国著名宪法学家许宗德教授认为：“宪政应是实施宪法的民主政治。”② 西方宪政理念中普遍的共识是对权力的制约，并以此作为宪政的核心，宪政的精髓即在于约束住国家权力以防公权力滥用。在宪政主义者看来，无论一个政府的组织形式如何，制度安排怎样都不能够存在不受限制不受约束的最高权力。而立宪者所孜孜以求的恰恰就是用宪法和法律的利器管束住政治家们扩展权力与滥用行政权力的人性欲望和野心。在宪政主义者眼中，民主管理、民主决策、民主选举、民主议事、民主沟通和民主监督的管道建立，本身就是约束权力滥用的手段之一而非全部。

复次，中国城市化中宪政的精神与宪政的道德问题。民主与宪政在城市化推进和发展中是两个价值取向不同的概念，而且城市化过程中民主制度的设计本身就是多数人对少数人权力进行限制的一种手段。“民主要素的引入是要制约国家权力而不是使国家权力合法化。”只不过是在用民主的手段取代专制手段时，往往不经意地陷入了非民主的陷阱而走向了自己不愿看到的对立面。中国早期宪政史上的民主主义者只看到了一人或少数人给绝大多数人带来的专制而忘记了多数人对少数人的不民主也是一种专制。所以在今天的中国城市化进程中，一定要强调“民主”绝不是无限民主，民主本身仍要受到制度限制。约翰·罗尔斯认为即使是选举产生的政权也很容易成为非正义的，因此宪政理论主张对于通过民主选举产生

① 秦前红，叶海波. 论社会主义宪政［J］. 国家检察官学院学报，2004，12（2）.

② 许崇德. 社会主义宪政的不平凡历程［J］. 中国法学，1994（5）.

的政府也要严格防范，强调对政治权力的制度化的限制。宪政的核心是限权，宪政的精神是建立负责任的有限政府。在关乎子孙万代的城市化进程中相关环保、森林、绿化、耕地、湖泊、河流、山川地理地形的改造与因势利导的经济增长边际化的导入，都要求从宪政的角度把现行国家权力纳入宪制宪政轨道和宪政经济学的分析视野，并使当政者和行为者的权力的运用受到法治应有的规制约束，只有这样才实质性地始终如一地把握住了宪政的基本精神和道德底线。

从以上中西方法学家对宪政核心与宪政精神的诠释比较中，我们得出的基本结论就是，宪政与民主之间存在着深层的、彼此消解的扩张力。因此，整合它们之间的矛盾、平衡其价值冲突是确立民主宪政国家的关键。回归到宪政引导的城市化之路上，中国的宪政与城市化水平的提高还需要一个较为漫长的历史过程，在此过程中，宪政与城市化的形态特征及发展的内在机制动力都将会发生新的变化，呈现出鲜明的时代特点和阶段性成果，但这种阶段性只是相对于中国宪政自身建设和整个城市化过程的监督规制而言的，我们丝毫不能割裂宪政建设与城市化发展这一历史的连续的动态演进过程。

二、宪政：对城市化一种文化历史之维的考察

城市文明与城市文化的兴起在中国古已有之。史载早在夏商青铜文明时期已产生了古代城市或都会。春秋战国时期山东的齐国之都临淄已有20万以上人口。① 到了隋唐时期经济重心南移，唐代长安已经是百万人口的世界级大都市，扬益二州（扬州、成都）当在50万人以上。到了明清两代，由于铁制农具的普遍使用，生产力水平的提高，剩余产品的大量出现，江浙地区出现了早期资本主义的萌芽，城市发展更是布及十八行省，每一行省都建有属于自

① 参见陈艳涛．近代以来中国城市化的发展［J］．嘉应大学学报，2000，18（15）．

己的省会中心城市和管理该城市的相宜的行会制度和工匠制度。① 而在人类法文化摇篮的古希腊，尽管已有崇尚和符合宪政精神的宪政性制度但并非为宪政制度本身建构的。古希腊人实践的是一种直接民主形式，是一部真正的自治史，即古希腊人没有公域与私域的界分——私域公域化与公域私域化了。贡斯当指出："在古代人那里，个人在公共事务中几乎永远是主权者，但在所有私人关系中都是奴隶。"② 在希腊城邦，有的民族和邦国规制到"孩子自由地看望他的亲娘的权利都没有，私人生活隶属于公共事务和公共的善(Common Good)"，个人美德与公民美德是一回事情。国家与社会的融合孕育出的人都是高度政治化了的动物。这种真正自治式的直接民主制度由于缺失了对意见的过滤器与安全防火墙，多数人的意见一旦形成并获通过，就失去了永远纠错的机会，这就注定了古希腊的民主制虽然辉煌得如日中天，但却一经骚乱便会难以持久。因为只要是民众认可的就可能变成法律，而他们行使的这种"认可式的法律"带着几分蛮横任性的火种，没有限度的权力则不受任何限制地蔓延，古希腊的文明虽然闪烁着古代宪政的耀眼之光，但不可否认其宪政推进下的城邦或城堡文明也留下了太多太多的或缺与遗憾。诚如布赖斯所指出的，"他们（人民）作为专制行为者进行统治，不能容忍各种束缚，甚至不能容忍他们通过法律加给自己的束缚"。这就证明了卢梭箴言中"没有人能出类拔萃到被授予绝对权力的程度"③。希腊政治文明，说到底，就是缺乏对多数人的宪政制度性制约。也正是这种宪政意义上的缺失，造成了古希腊精神文明和物质文明的后期凋零而黯然失色。

在古代社会，从政制的安排及建设到反映农耕文明的城市建构，从奴隶制到封建制，由于人从来没有被明确认为是某个个人，

① 元亡，明朝开始加强对全国边疆省区的建设和军事管制，到处建立"所"卫制，同时将全国重新规划为18个行省，直属于中央管辖，清朝基本沿袭了这一行省例制，并在城市中，保留了元朝时工匠（匠籍）制度。

② ［法］贡斯当．古代人的自由与现代人的自由之比较［M］．北京：三联书店，1998：309.

③ ［法］卢梭．社会契约论［M］．北京：商务印书馆，1980：23－24.

社会人与自然人不加以区别。只是到了19世纪上半叶，“人就是个人”这一人性化的原则才获得了普世的认可。古代社会不论是在城邦都会，还是在农耕田野，在缓慢的农业文明的步履中没有也不可能认识到，个人作为一个人，同时作为一个“私生活中的自我”，理应受到尊重，理应有个人价值趋向等，直到中世纪以后才开始产生对于民主政治本质的广泛思考。但在此阶段中有两个观念对宪政观的产生起过重要影响：一是中世纪政治思想对于社会的界定，不过中世纪演化出的对社会的界定则视社会为一个更大的单位，政权只是其中的一个有机组成部分，这种观念最具启发性的意义在于，尽管政权和国王被视为至上至尊，但就自然秩序及宇宙而言，则被视为次要或隶属的，它为近代宪政自由主义有关社会先于或外于国家而在的观念提供了理论渊源。二是世俗社会与宗教社会界分的观念。在欧洲犹太教最早提供了教会与国家、精神领域与世俗领域相区分的先例，一如马太福音中所说，“恺撒的归恺撒，上帝的归上帝”，转至中土大唐（唐僧取经）后，则是“尘归尘、土归土”。尤其是教皇基拉西乌基一世的“双剑观”（Two Swords Idea），即上帝为不同的目的赐予人类两个权力中心，“世俗权威与宗教权威”，这是当时政教双方的基本共识。因此中世纪的欧洲世俗权力与精神权力之间区别的观念亦孕育着国家权力必须受到限制的古典的立宪政府的思想渊薮。

时至17～18世纪，欧洲先进的启蒙思想家在阐明建立政治国家的必要性的同时也提出了对国家权力进行正当限制的三种有效模式，① 但是最具典型和影响力的乃是洛克式的立宪国家思想。洛克认为，自然状态下的社会并非像霍布斯所描述的“人与人之于狼与狼”的关系那样悲观与恐怖，而是和平的、友善的和安全的。但是洛克认为自然状态下的社会次序仍旧存有很大缺陷：第一，缺

① 此处三种模式是指霍布斯、洛克和潘恩的三种模式。不过，也有学者指出，潘恩只是对洛克思想的极端化，划分出来无甚意义，而霍布斯模式因其主权论等观点，也不具有代表性。参见邓正来．国家与市民社会：一种社会理论的研究路径［M］．北京：中央编译出版社，1999：82.

少一种确定的、众所周知的法律；第二，缺少一个按照既定法律裁判一切争端的公允的裁判者；第三，缺少权力来支持正确的判决。为了克服上述缺陷，人们互相协议，自愿将一部分自然权利赋予国家，大事由国家决策而作为，即“政权的一切和平的起源都是等于人民的同意的”①。在洛克看来，政府与国家的目的是保证自然状态下的自然权利的顺利运用并得以具体实现，否则，人们便可以推翻政府而另立新政府。显然，洛克式“市民社会先于或外于国家”的模式意味着社会创造了国家，国家只是服务于社会的一种工具和服务于民众的守望者，从而使市民社会从根本上构成了对国家权力予以限制的否定性力量。不过要指出的是，这种选民享有反抗违宪政府的权利学说，决非是支持无序和暴乱，因为立宪国家的理论依赖于社会和国家的实质性区分，通过合法的抵抗和斗争使违宪政府的瓦解是违宪政策的失败并视其为相当于对自然状态的复归。类似这种“立宪政府观”在18世纪的欧洲占据着绝对统治的地位。即便是在农业文明激励和工业文明的成长过程中人们在文艺复兴之后的几个世纪里强烈地感受到了国家与社会之间的矛盾。人们需要和平、秩序与公共安全，而这种需要与对人性的基本怀疑与对政府的普遍不信任是形影不离的，人容易受感情的左右而抵挡不住权力的诱惑而使权力滥用。因而人们对建立一个权力受到限制、感情受到控制的国家的可能性的呼唤与信心不断增长，这就是那时为什么理论家愿意将精力投入到国家宪政哲学和社会改造、国民性改造研究中的社会基础。② 当时限权的理论倾向大致有二：一是倡议建立以权力对抗权力的混合型政府；二是倡议分权。其目的就是让权力服从法律而不是服从其主子。这一理论与观念正好与我国历史上的帝王之“法术势”相左——让权力服从主子而不是法律。因此，这也构成了近代欧美立宪活动的自发涌动和工业革命的蓬勃

---

① ［英］洛克．政府论：下册［M］．北京：商务印书馆，1982：781.

② 关于这一点，有学者提出了不同的看法，参见［美］埃尔斯特，［挪］斯莱格斯塔特．宪政与民主——理性与社会变迁研究［M］．北京：三联书店，1997：152.

兴起，从而奠定了早期的城市与城市化建设。相比之下，中国皇权持有者和所谓的知识精英们，还蜷缩在北京紫禁城内外，做着中华帝国的千秋清梦。所以，无论是英国经验进化的宪政实践，① 还是美国理性建构式的宪政实践，② 宪政的矛头直指国家权力，不管是谁——君主、国王或是民主选举的国会——都没有绝对支配个人权利的权力，它必须在宪法的约束之下。恰恰相反，中国政制的渊源包括所有法律均在帝王的束缚之下，即便是在清末康有为梁启超可怜兮兮的一点分权愿望和改革主张也不得不仰清朝皇室主子的鼻息。

所以，宪政主义面临的首要问题是对国家权力进行控制。对这种权力不仅要加以界定，而且要使其受一般规范和法律规则的约束，借用卢梭的术语就是：权力是必要的，但无往不在宪政的枷锁中。要使国家权力受现行法律的约束，就有必要设立一种控制性的制约机制，而这正是那些主张分权制、主张权力制约和主张通过民主否决权等各种方式控制国家权力者所追求的宪政理想与目标。所以，在宪政视野下考察城市化，又从文化历史定义上考察“宪政”，意味着一个政治社会的制度框架，它通过宪法并据此束缚住

---

① 在英国，最早以宪章方式约束国王权力的宪政实践始于1215年的“贵族纲领”——自由大宪章，它在世界法律文明史上开创了以成文法的形式限制王权的先河，其中体现出来的法律至上、王权有限的宪政精神为英国经验式宪政理论与实践的形成与发展埋下了种子。

② 美国被称为理性建构宪政制度最早的国家。据当代意大利著名政治学家萨托利考证：宪法一词的现代含义始于18世纪，在其当时概念化的过程中，“宪法”或许是由博林希罗克首先使用的，该词实际上只是在1776～1787年间的适用才真正获得其基础和确切含义。法国人不是直接从英格兰而是从费城会议接受“宪法”一词的。他说，这并不奇怪，因为不是柏克或普通的英国著作家们而是潘恩首先明确而完整地阐述这一现代概念的。他指出，随着王权绝对主义时代的衰落，人们开始寻找一个词汇，以表示用以控制国家权力之运作的种种技术。美国人解决了这一争议，结果这个词就是“宪法”，而美国的整个传统是把“宪法”理解为实现“有限政府”的一种工具，法国的宪政主义从一开始也是如此。参见［意］G. 萨托利. 宪政疏议［M］//公共论丛：市场逻辑与国家观念. 北京：三联书店，1995：113.

国家权力，其目的是为了制约任何形式的绝对权力。在此意义上说，无论是以何种面目出现的绝对权力的国家皆为非宪政国家。据此，我们可以说，以目前中国城市化之建设，最值得警惕的应该是这一点。

历史不断给人类以昭示，古希腊的民主制度和中世纪的公社政制，乃至法国资产阶级大革命和中国的无产阶级“文化大革命”，总是在政治与政制骚乱中很快消亡。当民主的所有条件都已发生了变化时，“民主”一词的现代意义早已不同于它在古代所具有的意义了，民主业已跨越古代直接民主而走向现代高级阶段——间接民主的时代。直接民主解决了权力的合法性问题，但民主的合法性本身却不必然地要求限制权力，相反，可能会像卢梭那样要求社会的每一个主体将自己的权利毫不保留地完全转让给共同体。① 然而，当个人不服从公意时，公意便强迫个人服从，从而迫使个人自由屈从。然而这恰恰是卢梭的“人民主权理论”的一个致命弱点，即他理论上最大的遗憾是“无法区分权力所有者与权力行使者之间的区别”。对人民主权的民主理想极端推崇，只会产生假人民之名而行使的“绝对权力”，而这种“绝对权力”在政府执政行政中时会“强奸”民意且屡试不爽。也最容易感召人们在制度面前丧失了对“人民”这一多数亦会产生专制的应有警惕。似乎一旦贴上“人民主权”的民主标签时，一切就是对的、善的、好的、美的，到头来一切权力属于“人民”的民主理想由于缺乏对人民主权的制度性设计和制约机制安排将会被无声无息地摧毁掉，在民主文明的氛围和方式中侵蚀它宝贵的创造物而走向其对立面——多数暴政的局面，现代性标志的城市化建设也就会不知不觉地步入缺失科学发展观与和谐社会基础的围城。

所以，在当前中国城市化的推进过程中，民主也是一柄双刃剑，一方面它摧毁了领导者个人独权专制，把诸多权力从少数人手中夺回来还给人民；另一方面它又意味着多数人出于自利和短期目标的实现而对政府的决策和行政制度安排需要绝对服从或者否定，

---

① 参见［法］卢梭．社会契约论［M］．北京：商务印书馆，1980：23.

而多数人的绝对权力有时亦必然造成对自由的侵害。① 法学家哈耶克对此意味深长地指出："民主的理想，其最初的目的是要阻止一切专断的权力，但却因其自身不可限制及没有限制而变成了一种证明新的专断权力为正当的理由。"② 可见，民主仅是维护自由的手段而非目的。真正从制度上维护自由的乃是法律所规制和引导的一种权力非人格化的法律统治，即民主、自由须受到法治的限制，否则亦会异化为专制。所以在每一重大的社会变革和经济建设中，民主自身也是要予以限制的，只有有限的民主或法治的民主，民主才是可信赖的，自由才是有保障的，所谓的民主和民主决策也才是真实的科学的。

理性地考察中国城市化进程中的宪政，我们所追求的现代民主乃是"一种基于对权力的监督与限制的代议制民主"③。代议制民主在今天中国的宪政框架下实则是自由理念与民主理想的"嫁接"产物。因为代议制是人民选举"两会"代表以代表人民进行间接统治的，④ 从而为行使权力的少数人进行制度上的防范与制约提供了现实可能性，也为法治和宪政提供了无穷的空间。这既保证了国

① G. 萨托利认为，现代民主并不是古希腊理想式的古代（直接）民主制，而是代议制民主，人们之所以会轻易地忘掉古代民主与现代民主之间的鸿沟是因为为求简洁而只说"民主"，结果人们忽略或轻视了人们没有说出的东西，于是民主变得引人注目，而自由则受到轻视，这完全是对真相的本末倒置。参见［意］G. 萨托利．民主新论［M］．北京：东方出版社，1998：312－327.

② ［英］哈耶克．自由秩序原理：上册［M］．北京：三联书店，1997：130.

③ 最早从理论上对卢梭民主理论进行最有力批判的是法国自由主义思想家贡斯当，1819 年他在巴黎皇家中学所作的演讲《古代人的自由与现代人的自由之比较》中，从理论上表达了对大众民主的怀疑。其后，托克维克则把人民的多数统治描述为"多数暴政"，从而成为第一个阐述自由与民主两种理念可能发生冲突的思想家。

④ 中国现代民主最直接的形式则是在一定的时限内有组织有计划地进行层层选举，依靠所选举的代表来进行民意的传示和表达，进行参政或议政，这种看似民主的制度安排或设计，实则在具体的实施过程中亦有太多缺陷——由于政治或官场的关照，致使许多民意表达为变味了的或扭曲了的民意传示——笔者识。

家权力的最终归属的民主理想的实现，又保障了个人自由和权利免遭权力的非法侵害。从该意义上讲，代议制民主实际上是自由的民主，是自由与民主相融合的理想政体，而连接自由与民主纽带的则是法治，对权力进行限制是法治的真谛，对自由的保障是法治的目的。而宪政则是法治发展的最高形式，人类摆脱奴役的唯一救济途径是法治和宪政。这一救济并成为后来现代国家制宪时的圭臬。所以，从宪政的内在要素上看，自由、民主和法治即构成了宪政的基础因子，三者均不可或缺。自由是宪政的理想和目的，民主是宪政的前提和必要条件，没有民主制的确立，宪政这一大厦就失去了根基；民主好似绿洲，缺少民主的绿洲，就恰似把宪政大厦建立于沙漠之上。因为人类在进行了无数次的思想实验和历史实践后，才发现只有民主之舟才能把人类送达到自由理想的彼岸，舍此，则自由之理想就只能存于一个梦想，终无法实现。法治则是宪政的制度框架与结构，是约束一切权力和公民权利的手段，没有法治对权力和权利的限制，民主就有可能异化而走向它的对立物——专制——一种多数人的专制，自由从此会被专制所埋葬而成为不受限制的民主的牺牲品。所以，在这一意义上，在城市化的进程中我们可以说，无法治即无宪政，无宪政亦无城市化更无现代化。

第二章 中国城市化之问与宪政之维

但是如果伟大的统治者非常地稀少，我们又能对伟大的宪法起草者说什么呢？宪法起草者要勾画出一份蓝图，而统治者不过是亦步亦趋而已。宪法起草者是机器的工程师，而统治者是机器的组装操纵人；孟德斯鸠说，当一个社会诞生的时候，是共和国的领袖建立了机构，其后，是这些机构为共和国产生新的领袖。

——卢梭：《社会契约论》

巴西全球化学者特奥托尼奥·多斯桑托斯曾经在一篇纪念文章中写道："我们肩负的任务如此艰巨，它时常使我们担心，也许我们已经开始的是一项永无止境的冒险工作。"① 关于全球化背景下的国际城市、城市化问题，正是时常使我们担心的问题，也许正是这种担心的思考力、观察力、观念和全部表述的真正融合——宪政精神的融合，使得我们对中国城市化问题与宪政之维的探讨葆有持之以恒的激情……

① ［巴西］特奥托尼奥·多斯桑托斯．依附论与社会变革［M］．圣地亚哥：CESO，智利大学，1970：11．转引自弗朗西斯科·洛佩斯·塞格雷拉．全球化与世界体系（下）［M］．北京：社会科学文献出版社，2003：361．特奥是依附论学派的主要推动者，亦是最著名的全球化问题学者——笔者识。

第一节　大都市与城市、城市化的现世话题

研究城市化，不可避免地要对城市进行研究。城市化的直接比较，最后将归结为城市的比较。世界上许多国家的发展实践证明，在全球化背景下，国家在国际社会中的地位和实力更多地体现为其国际大都市的地位和实力。国际大都市对全球资源的吸引和强大的配置能力、辐射能力为国家发展带来巨大动力和赢得更多的机会，形成国家在国际某种事务中的战略制高点。城市往往成为一个代表国家政治经济文化形象的窗口，一张传示给世人最具感召力的真实性的名片。

经过长期的发展，国际上一批优秀的城市已经达到相当规模。这些城市对于资源的吸引和配置能力，已经不再局限于本地区、本国，而是向世界各个地区发展与延伸。它们跨越洲际与国界，尤其是在其优势方面的影响力，决定着世界城市经济发展的趋势潮流。例如美国纽约在“9·11”事件发生后，股票大幅度下跌，结果引起全世界金融市场的震撼性动荡，有人形象地比喻说：“纽约股市打个喷嚏，全球金融就感冒。”像东京、伦敦、巴黎、墨西哥、香港、上海等这些在国际上具有一定影响力的大都市，无论在哪个层面上都在世界上占有很重要的地位，而且相互之间在交流和合作中，也存有竞争。这些城市的窗口作用、带动作用和国际优势的互补作用，使得其所在国家从中获得大量的国际资源和来自全球的丰厚经济回报。在全球化大为发展的今天，国家间的竞争，也可以简单地描述为国际大都市间的竞争。注意培养自己的国际性大都市，成为国家发展的重要战略选择，发达国家或发展中国家尤为如此。

一、城市化之维的全球城市协作

城市与城市化最显著的特征就是聚集性。人口、产业、科技、教育资源等由分散向城市集中，是因为集中带来规模，规模带来低的成本和高的效率。在丰富的新要素不断聚集的过程中，城市系统内部不断发生冲突，刺激城市不断变革和持续发展，形成越来越强

大的实力、越来越完善的功能和越来越高的城市运行效率，这些又形成更大的吸引力，引发新的积聚。在积聚的循环中，先进代替落后，而且随着扩张和实力的提升，这种变化越来越快，最终形成功能完备的现代化城市。有研究表明，城市人口在100万~1 000万之间的规模范围内，城市运行效率曲线将呈增长的趋势。

城市是本地区经济发展的领跑者和引导者，城市发展有很强的带动作用和辐射作用。这主要是因为城市不仅有对先进要素的吸引和积聚作用，而且还保持很高的流通效率和很大的流通量。在城市积聚和辐射中，拉动本地区的整体发展，这也是城市发展的基本规律。城市发展水平越高，积聚力量越强，辐射面积也越大。这样，城市成为辐射广泛的区域中心。一方面，城市强大的吸引力和资源配置能力，使周边更广泛的区域能够依赖城市的外向性，获得发展所需的要素。另一方面，区域发展并不是齐头并进的，而是呈现发展水平的阶梯性，并以城市为中心呈发射状的，不论在经济增长还是政治文明上都带有极强的辐射性。

当下城市发展的曲线增长规律表明，城市是国民经济增长的发动机，是国家和地区发展的领头雁。在全球化网络中，城市就成为全球生产链的重要环节，并作为连通世界的各国发展链接枢纽，传递着信息、资源等发展要素。城市也就成为本地区全球化发展的核心和原点。

另外，全球化水平参差不齐，根据其发展水平，可以划分为不同的层次。在全球化城市网络结构中，居于相同层次的城市之间更容易出现合作与竞争。层次越高的城市，越有能力获得更多的资源和机会，层次越低的城市，就越难以从全球化的网络中享受到应有的机会和实惠。

因此，应将城市建设与城市化发展，纳入全球化协作的框架下，一方孤城在春秋战国时代尚不能独存，何况是当下人类经过“三次浪潮”冲刷后新的国际政治与国际经济秩序与日趋协作、日趋渗透的城市发展主流社会？在法治前提下，特别是在“以人为本”的宪政精神下，城市与城市化发展的方向必将更为理性、更为科学、更富有宪政的内涵和现代文明的意蕴。

二、当前城市化发展的趋势与宪政精神的融合

所有的法律都为道德的、内在于每个人的自由而存在。因此，人格人和法律主体的原初概念必须与人的概念相一致，并且可以将这个概念的原初同一性表述为：每个人，并且只有每个人，才具有权利能力。① 当前世界城市与城市化发展呈现许多新的趋势，其主要集中表现在与时代宪政精神的广泛融合和深度渗透。

第一，城市发展凸显人本主义之精神化。

以人为本的城市化的发展方向仍是以工业化发展为基础的，在工业化发展进程中，许多国家和城市都出现了严重的趋同化发展倾向，这是工业化带来的副作用。自 20 世纪 90 年代以来，在全球化的经济背景下，工业化向科技知识含量更高，内容更丰富的信息化方向发展，资源禀赋和人力资源自身的独特优势受到格外重视。城市为了获得更高的竞争力，就必须保持、发展和创新城市的个性特征和优势特征，摆脱旧有工业化发展中的趋同模式。只有建设有特色的有自身个性的城市，才能在全球化的城市海洋中受到关注、脱颖而出。城市空间设计，城市的文化定位，不仅要满足个人私密空间的需要，而且也要满足城市居民社会接触的需要以及保持和维护城市空间特色和城市亚文化发展与扩散的需要，即从城市的外貌状况，城市管理与城市经营的内在形式，彰显其城市的法的品位和高尚的格调与个性。

第二，城市生活凸显人文关怀之人性化。

人文关怀，原本是城市缔造者的应有之义，同时，城市原本也是人类聚居、生产、繁衍生息的地方，城市发展应当是源于人、发展于人、服务于人和促进于人类进步的共同事业。按照宪法学理论的“国家要素说”②：人口、土地、政府是城市与城市化发展的三

---

① 参见［德］罗尔夫·克尔佩尔．法律与历史——论《德国民法典》的形成与变迁［M］．北京：法律出版社，2003.

② 参见秦前红．新宪法学［M］．武汉：武汉大学出版社，2005：131－132. 英国学者霍兰和柏吉斯认为，国家应当是人口（人民）、领土（土地）、主权（统一不可分割的最高权力）三者的结合体。笔者认为城市本质上也应该是含有人民、土地、政府三要素的。孟子在论述西周城邦时曾说：“诸侯之三宝：土地、人民、政事。”——笔者识。

大要素。在资本主义工业化发展中，城市变成了工厂集聚、劳动力集中的地方，主要任务就是生产剩余价值，绝大多数人在城市居住的目的，就是为了赚钱。进入工业社会后，人们关心的是挣钱和物质资料的消费，而顾不上对生活质量以及影响生活质量的城市公共政策的选择和公共事业的关心。进入新的发展时期，人们开始珍惜城市的现代价值和意义，更加关心城市的法治环境物理环境、社会环境、文化环境，更加珍惜自己的生活环境和质量，宪政开始重新把城市当成“大家”，开始考虑这个大家之中各个成员的社会收入、地位、个人发展及平等的话语权。同时还开始寻求可持续增长和可持续发展的路径。

第三，城市建设凸显决策之民主化。

应该说，无论在怎样的政制下的城市与城市化之建设发展总是与人们的生产、生活各方面是息息相关的，城市发展方向和战略的制定，城市公共政策的抉择，应当体现为绝大多数居民的利益。在全球化影响下，城市不再是政治斗争的场所，也不再是一个或多个大工厂的代名词。主宰城市的政府从统治、压迫、指挥发号施令的位置上，逐渐退居或转向服务、引导、规范的位置，居民参与城市决策和管理的程度加强。同时，城市从国家行政权力的下放中，获得了自身发展的自由，城市的决策更靠近民主，更接近科学的发展观。城市建设、管理、决策及公共性政策的选择将导入民主化、程序化和公众参与型的宪政机制。

第四，城市管理凸显科学之信息化。

随着经济发展、社会进步和人们对个性化的追求越来越普遍，城市管理及公共事务越来越繁杂，社会对公共管理的要求也越来越高。这就要求公共管理部门在决策和运行过程中，具有高效处理复杂社会信息系统的能力。现代化城市是高效流通的城市，包括物资、人力、资金、信息等的流通。高效、合理、有序的流动，要求在集聚、分配和管理控制中获取充分的流通信息。现代信息技术和互联网络的快速发展，为实现和提高管理提供了技术保障，城市已经迎来信息化革命的时代。城市信息化，包括建立起城市信息基础设施和信息化网络，导入城市管理信息的运行模式，实现全社会信息化的生产、生活方式等。将信息化这种高新技术手段，渗透到民主宪政的政治文明建设中去。

第五，城市经营凸显扩张之多元化。

在工业化发展中，大工业生产要求劳动力集中，于是使得城市居民居住环境过于密集。这种状况下的城市扩张，是围绕中心的平面辐射式扩张——“摊大饼”式地层层向外推移，或者是在确定面积下的空间扩张，高楼大厦成为后工业化的典型建筑。城市发展研究表明，这种扩张模式是引发“城市病”的根源，“城市病”造成交通拥挤、环境污染严重、城市效率低下问题，严重的还可以使城市瘫痪。随着信息、交通业的迅猛发展，尤其在新经济模式的促进下，远程作业和专业集中，使得城市扩张可选择的模式增多，例如功能集中式发展。这就在城市周边区域发展多种工业、科技园区，成套建设综合服务设施和网络，实现城市在空间上的功能和扩张的统一。此外，还有：

区域合作式发展。就是将城市的部分产业，尤其是重化工业、加工业企业，迁移到城市附近更有条件的市镇，形成经济中心，带动周边市镇各项事业发展，并与之建立起战略合作伙伴关系；或以城市为窗口平台，把周边的市、县、镇、行政村的独特资源和产业推向全国乃至全球。

虚拟社区发展。就是利用现代信息技术和远程作业方式，将远离城市的社区作为城市的虚拟社区，完成城市的部分职能，从形式上看，那部分社区并不在城市中，但它们的确负担了重要的城市功能，如科研、教育、金融管理、行政管理、民主法治建设等远程作业，从本质上实现了城市的扩展。这样，人们可以选择不同的生活环境，而不一定都集中在市区，同时还能享受城市带来的应有利益。与此同时，城市的管理者和经营者被赋予更大的自主权和抉择权。

第六，城市产业凸显高新技术之专业化。

在工业经济时代，城市工业，即第二产业的发展成为城市发展的基础。而在知识经济时代，由于发展的目的是人，发展动力机制和依据也是人，从而培养人的个性以及创造力的知识、信息、教育、科技产业，将成为城市发展的基础产业和支柱产业。同时，社会进入到追求生活质量的阶段，从而使提高城市生活质量的环保产业、住宅产业也日趋重要。全球化要求城市配置资源的能力和效率提高，使得新的一轮城市发展必然要求现代金融业、中介服务业、物流业等的发展。未来城市中心区域将成为资金流、人力流、物资流、信息流、技术流等发展要素的集散地，完全是第三产业。城市主导产业的服务化，是未来城市产业结构调整升级的总方向。

第七，城市扩张凸现城市乡村之一体化。

农村城市化的预期结局就是城市乡村一体化，发展的同步化。中国城市化的发展过程，就是打破和结束城乡“二元结构”体制弊端的过程。畸形的工业城市化发展，将产生严重的城乡对立，人的发展与自然环境的对立。新的城市革命，将引导传统的城乡对立关系，人与环境之间的对立关系，向共生化、一体化、和谐化方向发展。即城市乡村将组成一个新的共同体。同时，权力的分散化、经济的自由化、决策的民主化发展进程，使得人与环境之间必须走向协调，城市与城市之间，城市与乡村之间，必然走向资源共生、共享、共荣的优化配置协调发展的城乡体系。① 在“二元经济结构”的体制下，往往一直是政府的一纸决议或文告，就会成为阻却乡村正当发展致富不可对抗的事由，以牺牲农业和农民兄弟利益为代价的工业化城市之发展的战略，却不受任何限制在农民、农村、农业的各个领域侵蚀。只有对城乡“二元结构”体制的深度突破，才能建成具有中国特色的城市化，中国特色的社会主义和谐社会。也只有上述“七个城市化”发展趋势上把握宪政维度，才能巩固改革开放以来的成果，巩固城乡社会和谐的思想道德基础和物质基础，因为它深深关系着十几亿人口的长远生计。

---

① 上述七个方面的问题，主要参引了连玉明．中国城市蓝皮书［M］．北京：中国时代经济出版社，2003：50－55；另外，古波先生在《全球化背景下中国城市发展的十大问题》一文中也阐述透彻：世界城市发展的趋势就是表现在这七个大的方面。在当今城市化的发展过程中，城市发展建设的以人为本主义理念已经深入人心，成为城市扩张或改造以及兴建中规划时就要考量的问题。以人为本建立科学的城市发展观是为世界各国城市化经营者的应有之义务。

第二节　中国城市化的宪政困境与问难

中国加入WTO组织，使古老的中华民族开始真正步入全球化发展的快车道，值得指出的是当下中国城市化建设所凸现的偏离全球化及宪政维度却日趋严重，从既往的城市建设实践中，可概括为以下诸问题。①

问一，城市化建设：重城还是重市？

中国传统城市建设受到早期工业化和计划经济的影响，将城市建设等同于城市建筑，重“城”而轻“市”的传统思想根深蒂固。在我国工业化初期，集中建设工厂、矿山、房屋和道路，形成以生产劳动力为核心的人居、社会服务和城市格局体系。近些年来的改革，也多适用在城市设计、规划和建筑改造方面。这种物化的城市发展观，使人们忽略了城市作为有效资源配置、加速信息、人力、资金、物资等经济要素高效流动的市场属性城市最基本的功能。

实际上，当城市基础设施建设和公共职能达到一定水平之后，对城市发展起决定作用的是城市运行效率和市场化水平。城市运行效率决定了城市的实力和能力，市场化水平决定了城市活力、潜力和城市魅力。有城无市，只是死水一潭、空城一座，根本无城市发展可言。城市的规划和建设是服务于城市运行效率和市场化发展的，是为这些“市”的发展提供物质基础和环境保障的。重“市”是城市化建设的核心，结合当前我国城市化发展的实际，我们应该关注以下几个方面的问题：首先是正确认识城市所承载的经济规模和人口规模。城市规模应当由城市的经济特性和市场要求来确定，不要以领导人主观意志为限制或者盲目扩张，贪大求全都是不对的。唯其如此，才能确定城市建筑、公共设施和住宅等硬件设施等

① 这里主要援引和直接取用了古波《全球化背景下中国城市发展的十大问题》一文中的核心观点。参见古波．全球化背景下中国城市发展的十大问题[M]//中国城市蓝皮书：2003. 北京：中国时代经济出版社，2003：55－65. 本章中引用该文有关成果，特此说明——笔者识。

城市化要素性问题。在科学的城市发展观指导下，努力做到：

(1) 重视产业集群化发展的高效模式。只有产业发展了，城市才能获得生机和活力。产业引进、改造和聚积，要以市场为导向，以追求经济效益为目标，以追求高效模式为手段。

(2) 重视培育良好的市场环境和经济秩序。市场环境和经济秩序是城市的软环境，是城市良好运行的保障，也是城市存在和发展的基础。

(3) 重视提升城市管理能力和公共服务水平。城市政府的各项工作也要围绕市场化展开，要以提升城市运行效率为目标，提高管理和服务水平为宗旨。

(4) 重视运用自身城市的品牌和价值优势，吸引外部资源，扩大对外辐射，形成较高的流通效率和资源配置能力。

总之，要建立起以“市”养“城”，以“城”养“市”的良性发展模式，将城市和城市化的发展纳入科学的发展轨道。

问二，城市化治理：市场还是市长？

众所周知，中国受计划经济体制的影响，长期以来城市运作均是由政府大包大揽：从生产到生活、从工厂到街道、从农业到工业、从交通到环境等，一律管而有加，甚恐疏漏，形成了一套复杂利益关系的网络和稳固不变的运行模式。城市管理的绝大多数权力集中在政府手中。而市委书记、市长作为该城市的中心人物，拥有至高至上的公共政策选择的权力与权威。一方面，大大小小的事情都要找书记拍板定夺，美其名曰加强党的“一元化”领导，实则是不愿承担应有责任的公文流行、行政效率低下表现。另一方面，在程序似乎无瑕疵的运行状况下，最容易使得权力集中，也使城市决策更加依赖于权力人物的素质和能力，决策科学化没有制度化保障。究其原因，一是制度设计问题，赋予政府职能太多；二是机制问题，政府管理系统尚待健全；三是政府与市场关系问题根本没有理顺；四是缺少应有的良性程序和法治监督。

现代的城市化及城市建设要求有先进的城市管理模式。在城市化发展问题上起决定作用的主角，将从政府执行力逐渐转变为市场执行力。市委书记、市长的决策也必须更多地依靠市场规律和市场信息，决策的形成和执行也将在新的城市政府治理结构下，增添更多的基础创新、务实和科学的成分。这不仅是社会主义市场经济发展的必然要求，城市政府改革的必然趋势，城市本身发展的必然规律，也是中国走向世界，履行 WTO 的承诺，遵守国际贸易准则的必然要求。

新型城市与城市化的发展治理模式，要求政府在城市化发展战略上，要充分考虑市场因素，把握市场变化，按经济规律办事；在发展方向上，要以增强城市运行效率和市场化水平为目标；在决策体制上，要充分吸收专家、市民和舆论监督机构的参与；在政策执行上，要彻底打破原有的利益关系网络，建立长效机制；在管理方法上要突出公共服务，放手市场发展，鼓励市场竞争，营造良好的市场环境。

问三，城市化核心：城本还是人本？

我国城市与城市化的发展，是作为城市政府的重要使命和不可懈怠的历史任务而完全由政府包办的，城市化发展选择什么样的战略、什么样的模式、什么样的路径等都是由政府决定的，城市发展似乎与市民无关。当城市运行中出现问题危及部分甚至全部市民的根本利益时，政府与市民之间的矛盾就出现了。而解决或缓解矛盾也是运用行政手段。此外，在讨论城市化建设发展的时候，人们的注意力也总是在资金、土地、建筑、企业家等资源方面，而常常忽视人的因素。政府总是发动市民来支持他们的工作，而很少听取市民的意见。还有许多城市面对新的移民，认识不到这是城市吸引力和集聚作用使然，应该加以利用和引导，依此来改善城市居民结构，反而埋怨他们是来争夺城市现有资源的，给城市带来了麻烦，因而阻止外来人口进入，人为地制造人口歧视和新的身份歧视。应该说，城市始于人也止于人，亦如水能载舟也能覆舟一样的道理。没有人口在空间上的相对集聚，就没有城市，城市建筑与城市市场更是无从谈起，而城市化的建设与发展，原本是为了人、服务人和促进人的和谐均衡发展的。

在市政府和市民关系中，市民往往是被动的、遵从的，而且政府少数人决定城市大多数人的命运的现象仍然非常普遍。城市市民的义务往往遮蔽了他们的权利。按照宪政的思路，城市与城市化的推进发展必须遵循以人为本的发展思路。只有人民满意的城市才是好的城市，城市发展是为人民服务的。注重以人为本，就是要在城市发展中，一切从最广大市民的根本利益出发，以提升市民的物质生活文化水平为目标，以建立起良好的城市运行机制为核心，创造适宜人、激发人、吸引人的良好自然环境和社会文明环境；就是要更多地听取市民对城市发展的意见，政府要诚恳接受市民的批评和监督，创建“人民城市人民建”、“人民城市人民管”的局面；就是要以开放的思想对待市民，鼓励城市化过程中的合理流动，吸引外来人才，更新人口年龄和教育结构；就是要以先进的思想和文化，引导市民、教育市民，提高人口素质。

问四，城市化模式：扩张还是提升？

城市化是走区域扩张模式的发展道路还是价值提升式的发展道路，完全是由城市化过程中城市的客观实际容纳决定的，宜大则大，宜小则小，不能生搬硬套。按照地方城市发展的规律和城市化推进实际，当城市吸引力很强或者产业集聚要求很高时，就要因势利导，实现城市在地域和功能上的扩张。这种城市化的扩张是有出有进的总量扩张，是分片划区的有序扩张，是创新条件下的增长式扩张，不是简单的“摊大饼”式的扩张。其中的关键因素是要提高城市管理水平和能力，引进优秀企业、先进技术和高级人才，以新的机制、新模式代替传统落后的运行机制和模式，改善人口结构，确定高级别的城市发展战略。

当城市吸引力较弱时，且外来资金与城市化资源准备不足时，不要盲目追求城市化的比例和所谓政绩业绩，超越客观条件地搞形象工程，人为地大建特建，造成资源闲置和浪费。要注重调整现有范围内的经济结构和产业布局，注重城市特色和城市价值，以“不求最大，但求最好”的发展思路，完善现有城市功能，提高市民生活质量，培养更多的国内外知名企业和品牌。扩张还是提升的战略决策，不是绝对的，在一定条件下是要相互转化的。因而要做两手准备，顺势而为。农民土地权益的合法保障问题，甚至还直接指涉农民个人生命财产屡遭政府侵权的问题。

问五，城市化发展：内涵还是外延？

实际上城市化的拓展与推进早已形成了内涵式和外延式两种发展模式相互交替适用的态势。理论上内涵式就是要依赖城市和城市化过程中本身特有的资源、产业和文化，重点做大做强地方城市主导的核心产业，特别是自主知识产权的高新技术产业，形成比较优势，是一种主张内生式的发展模式。外延式的发展就是在城市和城市化自然发展的同时，注重引进资金、项目以及优秀企业、人才和文化，嫁接国外城市化优势，从而获得自身的发展模式，有人称这种发展模式为外溢型模式理论。① 内涵式发展是基础，外延式发展是提升，要注重城市发展的自然特点和客观条件，在不同时期选择不同的发展模式进行有效组合。

现在，摆在我们国人面前的不仅仅是学会经营城市，还要学会经营城市化。只有在不断推进的工业化与城市化中，才会大量引进新技术，新产品，也才会理解外溢内生增长模式理论的重要性。在当前新一轮的利益关系调整的关键时期，为适应全球化的新形势发展的需要，我国大多数城市以及城市周边的城市化的选择是内涵式发展模式，建立良好的城市基础，完善城市功能，挖掘自身城市潜力，培养快速增长的能力和良性循环的城市环境。盲目依赖外部环境而不注重内部的转化和提升，是危险的。部分基础条件好的，吸引力强的城市，可以逐步实现从内涵式发展向外延式发展的过渡和转变，在相互刺激下，获得更大的发展空间。城市化知识外溢，是城市扩张和增长的唯一的“增长发动机”。

需要指出的是，我们不能对城市化宏观形势和国际形势的估计过于乐观，更不能错误地理解跨越式发展和外溢增长模式的内涵。近年来，许多城市在制定城市发展战略时，都强调现代高新技术，而把有传统特色和地方优势的产业放在一边，相互攀比，造成同一轮产业雷同和资源的重复浪费，也造成了市场混乱和新产品经济效

---

① 参见曾哲，曾伟东．深圳龙岗农村城市化与可持续发展研究［M］．广州：广东出版集团、广东经济出版社，2004：195－197．值得指出的是经济学意义上的模式理论一般都是假设理论，不是实证理论。

益低下的问题。真正的跨越式发展，是富有长足的眼光，审时度势，选准未来的发展方向和城市支柱产业优势，运用最先进的技术，改造和调整自身的落后部分，达到或接近先进城市化水平的程度。如果只是简单拿来和模仿移植，没有转化为自身的优势，就会“消化不良”，造成城市机体内生“病变”甚至会患上城市萎缩症。

问六，城市化文化：现代还是传统？

城市化的过程，本身就是从传统农业文明形态不断向现代工业文明和商业文明形态嬗变的历史过程。不仅表现在传统意义上农村农民经济收入的非农业化，更多的是表现在农村农民社会生活观念和生产方式的变革与现代化。理论上现代与传统之间是一种承传相生关系，现代农业文明和农业产业商业化属性是从传统中嬗变而来的。当时的现代城市也将随着历史的变迁而成为传统城市，并不断孕育新的现代城市和现代城市化。所谓城乡对立，是指现代城市化中的先进成分与传统农业文明观念及社会功能中的落后成分之间的分歧与碰撞。但在城市化的推进与发展中，尤其是在对旧城市的改造过程中，人们却常常忽略这一点。很多城市的规划者不注重分析和区分传统中有价值的部分和落后的部分，经常采取粗暴的全面否定的态度。例如，传统上居民居住的是低层建筑。在那里，家家都可以种植自己喜欢的植物，邻里之间互相往来，人际关系紧密融合，活动空间大，居住舒适。工业化产生了高层建筑，人们居住得更加集中，以有利于大工业生产的需要。新事物的出现总是让人觉得现代而且新潮，于是以为高楼大厦就是现代化。这些被赋予现代“内涵”的庞然大物，在现代化建设中被作为经典模板到处复制，有的甚至把大厦数量作为现代化的衡量标准和政府的政绩。事实上，城市之现代化首先是经济运行的高效化，政府行政成本低耗化和行政产出的最大边际化。早期出现的高楼大厦由于集中和规模效应，便于服务和统一管理，降低了运营成本，提高了效率。但是，当这些高楼大厦过于集中的时候，由于空间密度过大而对交通、信息流通、物资供给、环境治理、消防安全等多方面提出了更高的要求。当这些配套措施和条件达不到的时候，就会造成混乱，降低效率。近年来，在高度密集的高层住宅居住的人们，已经开始感觉到生活空间的狭小，生活内容机械而缺乏色彩，邻里之间很少往来。人们生活得不仅不舒适，而且孤独、冷漠，社会环境变得逐渐恶劣。与传统居民相比，走进高楼大厦中的生活实际是退步了。随着工业化的不断提升，人们开始懂得现代就是让人与社会，人与自然更加和谐，让自然蓬勃兴盛，让社会平和、高效，让人们生活健康、舒适。这时我们开始反思传统中那些来自自然、来自人性本身和社会伦理道德的宝贵遗产，开始真正体会这些祖宗留下的遗产之宝贵价值。

受现代工业化与城市化冲击而被搁在一边的传统文化和文物应当重新焕发应有的光华。那些灿烂的古代城市文明和建筑文明本应是城市的宝贵财富，是城市文化的厚重底蕴和特色标志。我们谈到杭州，总是能联想到西湖美景，谈到西安就想到唐城、大雁塔的古都风貌，谈到大上海，总是想到黄浦江的钟声与租界。而谈到深圳除了帝王大厦现代风骨却难知它的文化何在？北京的四合院，江南的水乡民居，都能让人有不同的文化感受。城市化的美本身就是丰富多彩各具特色的。城市化的宪政精神应是各具千秋，各领风骚。单调乏味的扩张型城市化不是美，更不是真正意义上的城市化。在某种意义上所谓“现代”的摩登高楼，仿佛为城市戴上钢筋水泥的“面具”。许多城市在追求现代化过程，城市建设相互模仿，百城一面，百市一色。其实城市最有特色的地方，恰恰是那些继承了传统中优秀成分的城市特色。城市化的魅力与城市自身的吸引力就是凸现在其浓厚的文化内涵和民风、民俗之中。从某种意义上说，城市化的发展是利用现代工业文明与商业文明提升传统农业文明的过程，也是展现民主宪政文明的过程。

问七，城市化的推广：是国际化还是国内化？

中国城市化的强力推进与中国正式加入 WTO 组织相得益彰。因此，正确认识中国加入 WTO 给城市化发展所带来的机遇，采取适度的科学的城市化发展战略，是十分重要的。近年来，有一些城市和地区提出要在几年内建成国际化大都市，这是一种带有极左思潮的新一代的“浮夸风”，或者说是政府虚饰伪饰政绩与形象的做法。作为城市向往成为国际性大都市，犹如每个体育健儿都向往能够拿到奥运冠军一样，固然不可厚非，但作为经济发展规律产物的城市变迁和城市化发展却有着内在的规律性和联系性。国际性大都市有许多外在特点和硬“指标”，但更重要的是城市自身的强大的实力和所具有的世界一流物化的及精神的吸引力，有着无可替代的城市运行效率和辐射功能。客观地说，我国现在居榜首的几大城市与国际化大都市之称谓在实质性的应有之义上尚且存在一定距离，其他臆想着“忽如一夜春风来”就能成为国际化之都市，那不是经济推进的功能和法治的保障，而是文学家的贡献。

中国城市化战略优位发展卫星城之国际化，就是要“请进来”，“走出去”，融入国际市场、借鉴国外城市化之经验，积极参与国际事务，就是秉持一种对外开放的城市化心态。国内化就是要建立城市与城市之间、城市与周围广泛地区之间的合作与依赖关系。现实中的问题是，长期以来，国内城市发展是相对封闭的，城市之间缺少相互交流和合作。最典型的例子是北京和天津两个直辖市，虽然相互毗邻，但是却很少往来，合作空间狭窄，内耗很大。就连近年蓬勃发展的“珠三角”城市群，其中城市充分合作与协调发展的进程仍然很慢。为保全各自的利益，各城市间畛域为界，地方保护主义风气盛行，城市间技术保守，导致重复建设投入过多，事实上是国内城市市场开放不足才使得城市之间的对抗和内耗加剧，而且资源的利用效率低下，流动性差，有些毗邻城市之间的矛盾非常尖锐。比如同属广东省政府且在地域上同附东江地缘经济的深圳、东莞、惠州、佛山四市，在资源利用，吸引外资等许多方面，竞争不已，在合作上则形同陌路人。这些都严重阻碍了城市化的良性发展，孤军奋战的城市毕竟很难形成较强的竞争力和持续发展的增长支撑力。

不管在国际政治舞台上还是经济舞台上，没有实力就没有底气，没有竞争力就没有发言资格，没有资格就会丧失许多机遇，没有话语权就无法获得国际社会的公正待遇和获取实质正义。在地位不平等的条件下，国际合作与竞争就缺乏形式程序上的公平。这样，我们自身没有过分指望国际化，只能是像百年前晚清政府一样签订一个个“不平等条约”。尤其对自身发展水平较低的城市来说，不联合起来，就会被各个击破，甚至不攻自破。因此，真正的国际化战略，首先要以充分的对内开放为基础，以自身的强大实力为后盾。美国纽约、日本东京这样的国际大都市，都与周边城市充分融合与合作，建立起相互依赖、相互促进、相互辐射与协同发展的伙伴关系。比如，了解纽约的人都知道纽约实际就是一个庞大城市群的代名词，这一城市群发展得就像一个城市一样。从这一角度看，国际大都市都在四处联合，而我们国内的城市却在互相排斥或对抗，差距只会越拉越大。当前，就我国城市化和城市的国内化延伸发展比国际化重要得多，没有好的国内基础，就不会有好的国际性城市发展空间。

问八，城市化经营：战略还是战术?

中国的城市化发展战略，是对城市整体构建、发展方向、目标、任务、路线、方针和政策的计划和抉择，是立足全局，高瞻远瞩，更加长远的发展战略。笔者认为，城市化战略起码要着重考虑以下 10 个方面的问题：城市定位、城市发展模式、城市治理结构、城市安全、城市产业战略、城市资本（人才）战略、城市品牌战略、城市外向发展战略和城市发展行动计划等。在战略制定过程中，还要充分考虑世界发展趋势以及国内环境和形势。战术是指解决城市中具体问题的方法和实施过程，也指城市中某一方面或领域的发展。战略与战术的关系是整体与部分、长期与短期、立场与方法、方向性与具体化的关系。目前大多数城市，尤其是中小城市，在推进城市化，放大城市功能方面，不能够放眼全局，审时度势，制定有效的发展战略，而盲目追求政绩，讲求形象工程的做法，还相当普遍，问题亦相当严重。

一是在全球化背景下中国城市建设和城市化运动，它的参与全球化的程度是按照城市自身的起始发展水平分等级的。就像一个轻量级拳手和一个重量级拳手根本就不可能在一个拳台上打比赛一样。水平低的城市化国家及其城市，实在难以与城市化发展水平高的国家或国际性大都会有什么实质性的竞争与合作。我们必须知道我们的城市化发展现状与城市品位分别在怎样的层次上发展，并确定有效的发展目标，基于此基础而确定适宜的发展战略。对自身认识过高或过低都是不利的。现实的问题是我们很少这样作判断，而且在战略制定的过程中存在信息不够充分、计划不够科学、目标不够实际、决策不够民主、可依据的法律有待完善等一系列问题，结果使得许多城市发展偏离正确方向，错过良好的发展时机。

二是大多数城市在战略与战术上的认识还存在误区。例如，有的城市在制定战略时考虑的范围狭窄，高度不够，没有深入考虑国际的区位的发展优势、地区优势、特点优势、城乡协作、城市联盟等方面的作用和影响；有的地方政府在制定城市化发展战略时，则过分分布式创新优势依靠长官意志，根据主要决策者的喜好偏爱，而对应有的民主决策程序能够忽视或减免多少就是多少；此外，地区间城市化建设盲目跟风、攀比和趋同现象严重，一大批不符合实际，不尊重科学规律，不讲求长远利益和代际公平的所谓“形象工程”、“政绩工程”、“世纪工程”，使城市在新一轮的城市化扩张中走向新的产业雷同、结构雷同、特色雷同，而整体发展水平却相对落后。

总之，城市化发展和民主宪政，战术不能代替战略，行政长官命令不能替代行政法规，对城市化过程中旧有城市的部分方向的发展，必须服务于整体规划与战略定位。城市化的发展应该是坚实地建立在科学发展观基础上的可持续发展。可持续发展的城市化，应该坚持其应有的原则，即可持续性发展原则、公平性原则、共同性原则和学习性原则。①

实际上，我们并不是也不能否定城市在许多领域发展的成绩。近几年来城市化的推进在一些方面的成绩确实令人欢欣鼓舞，而且

---

① 参见谭崇台．发展经济学［M］．太原：山西经济出版社，2001：548－551．可持续发展城市化的本质含义是：健康的城市经济发展应建立在生态可持续能力、社会公正和人民积极参与该地区城市自身发展决策的基础之上；城市化的可持续发展所追求的目标是既要使人类的各种需要得到满足，个人得到充分发展，又要保护资源和生态环境，不能对后代人发展和生存构成威胁，此三项缺一不可——笔者识。

大大改善了城市环境，促进了城市发展，提高了人民的生活水平。有的城市也因此呈现出强劲的发展势头。例如，城市绿化进展迅速，全国各地到处拆墙透绿，城市面貌大为改善，高新技术产业在城市安家落户，产业结构变化显著等。但从较为理性的角度来看，部分领域的进步不能代替整体产业的进步，短时期内的快速增长并不一定预示着可持续发展，阶段性的成绩所建立起来的优势，并不一定说明在全球范围内具备优势。战略发展取向不清晰，使得城市部分功能的提升和单项成就很难凝合成为城市发展的合力，也很难将城市化导入全面发展的良性循环中。

问九，城市化战略：持续发展还是短期目标？

构建和谐城市社会，实现人类可持续发展和可持续增长，正是当下城市的紧迫性的历史任务。

所谓可持续发展就是要建立良性互动的经济环境、社会环境和生态环境，实现城市永续发展的策略。而短期发展主要是以牺牲自然与社会环境为代价，追求现实利益和短期成效最大化的策略。城市化选择什么样的发展路线。从目前体制设计来讲，主要是取决于执政党和执政政府，换句话说，人民必须仰赖于政府，从法律关系上论，也只有政府能够对此负责。

现实中的城市化问题是，在欠发达的地区推进城市化，由于资金、人才、资源等的相对缺乏，选择可持续发展被认为不如选择短期发展更为“现实”。在许多城市政府中，由于官员任期较短，都希望能够尽快赶超兄弟单位的强烈愿望，这也成为短期发展备受“青睐”的原因。那种耗时、耗财、耗费精力而又不能快速见效的发展思路，很难让“领导们”过把发展瘾。可持续发展作为这种不受“青睐”的发展路线而往往被“敬而远之”或“束之高阁”。

而另有一种对城市化发展战略的误读是来自所谓的“温州经验”。改革开放初期，浙江温州是有名的假冒伪劣生产的“仓库”与“基地”，但是经过早期的经济混乱和“血腥”的原始积累后，温州经济开始发展了，城市化得到彻底改观。现在的温州市，打造的递出的是“诚信温州”的名片和可持续发展的牌子。所以有人认为这是欠发达城市发展的“必由之路”——先乱后治，先无法而后守法。

再则是对城市化“特色经济”的误读，认为城市化依托本地特色经济，就是要靠山吃山，靠水吃水，靠矿吃矿，政府既然没钱，就放任民间粗放经营挖钱找钱。于是“五小”企业乘势而上，有些地方政府还为其撑起“保护伞”。不仅如此，不少地方政府官员还出资入股，与所谓的民营企业家勾结，大肆垄断资源谋取暴利。结果，不言而喻，山西省的多次矿难和广东省兴宁市的特大煤矿事故无不说明之：坏了环境，损了国家，亏了集体，肥了官员，利了老板，最后是毫无保障，害得矿工冤枉丢了性命。

这些问题的根源，主要在于对如何面对城市化而秉持怎样的发展观认识肤浅，对可持续发展的本质认识不清，大局意识淡漠，政府管理水平低下，方法过于简单。首先，科学的发展观主张的是经济、社会、生态环境的有机结合，主张全社会协调有序地稳步发展，反对急功近利、舍本逐末。实际上，只有在科学发展观基础上建立起来的城市化，才能在可持续发展的逐步推进中，各经济要素在良好的环境中焕发活力，城市在守信、有序、优美、和谐的环境中更能吸引外部支持和创新合作，也能够激发本地区的建设热情和创造力，使整个城市进入高效、良性发展和快速增长的轨道。因此，可持续发展的道路是寻求本质上的发展，其效益是长久的、可靠的。其次，可持续发展要达到良好的效果，就要求政府在发展战略的把握上，发展重点的选择上，宏观调控的能力上，工作效率和作风上，以及科学决策和管理创新等方面，都要有较高的水平。过去一些城市在追求短期效益而忽略可持续发展上所走过的弯路，可以给我们很多启示。从现实来看，温州虽然过去获得了经济上的一些进步，但“无序”、“无信用”、“无安全感”的环境状况却严重制约着经济的持久发展，温州人也为此付出了惨痛的代价。再如山西的古交市，素以煤焦资源而著称，本应该十分富裕，但在放任小煤窑、小炼焦的粗放式发展过程中，整个城市污染严重，社会状况混乱，除少数私营企业主富裕了之外，城市没有富裕，人民没有富裕，城市化推进速度有减无增，非但如此，城市还背上了环境治理的沉重包袱。与短期收益相比，山西古交市今后用于自然、社会、环境治理的投入将以数十倍甚至数百倍计。

我国宪政设计上的选举制度的缺失，使得不少乡镇地方官员存有“一年看，二年干，三年等着换”的为官模式，市级政府一届领导班子周期也就是三年，新官上任要观察若干，尔后才会放手一干，可是正到稍有头绪的时候，换届选举来临，又要面对“跑官、要官，甚至抢官杀官”的挑战。故而，真正为官执政的时间是短暂的，但是城市发展却是长久之计，广大市民群众则是没有选择地依靠城市繁衍生息，代代相传。从某种程度上说，城市是否能够持久发展，关乎社稷安危、百姓福祉。因此，用科学的发展观导入城市化和城市建设，必须把城市的可持续发展作为政府官员的首要发展观，作为制定城市发展的战略核心，作为考察政府官员职业水平和为官道德的重要标准。在这个意义上说，城市化与城市发展是否持续取决于可持续发展的科学的发展观，构建和谐的城市社会，关键决定于现行政府官员的思想素质和职业道德水平和民主法治意识。

问十，政府作用：是公平还是效率？

在社会主义市场经济条件下，政府的主要职能一是解决市场调节失灵，另一个就是创造社会公平，保障社会产出资源配置的效率与平等。何谓政府作用下的效率与平等？效率是指社会能从其稀缺资源中得到最多东西的特性；而平等则是指经济成果在社会成员中公平分配的特性。① 换句话说，效率是指经济蛋糕的大小，而平等是指如何分割这块蛋糕。在设计政府政策的时候，这两个目标往往是不一致的。公平和效率有密切的联系，过分公平将导致系统僵化，运行缺乏效率，过分不公平也会使系统面临崩溃的局面，保持适度的公平与效率，对保持稳定、发展和增长来说非常重要。另外，公平是相对的，是根据环境、条件变化而不断变化的。政府原来制定的政策、规则，在原来的环境条件下起到积极作用，是维护

① 参见［美］N. 格里高利·曼昆．经济学原理［M］．梁小民，译．北京：三联书店，北京大学出版社，1999：5. 这里的稀缺性，是指社会资源的有限性，而在曼昆看来，经济学恰恰是研究社会如何管理自己的稀缺资源的学问。

社会公平和效率的，但并不等于长期适用，有的甚至对现实发展产生阻碍。改革就是要根除那些阻碍发展的消极因素，积极寻求变革，找到恰当的方法、路径和方向。在城市化发展中，公平与效率的问题是一个十分值得关注的问题。因为，在曼昆的经济学原理之中，有一条很重要的"机会成本"原理，意即"某种东西的成本是为了得到它而放弃的东西"①。

例如，在城市化推进过程中所发生的城市人口的福利问题。在过去传统的城乡"二元"体制下，城市永久性居民有很多特殊福利，政府财政是提供这些福利的主要源泉。农村村民这方面的福利根本没有，甚至在政策设计上也没有考虑，而且城市严格限制农村人口进城分享这些有限的福利。另外，城市不仅对农村设有体制性"围城"，显得保守与封闭，而且城市之间也是相互封闭的，城市间的人口的流动性也极差。这就造成了在限定区域内的社会公平。从身份上设计了农村与城市户籍的两重天地，显然失去了社会主义法治下公平理论的应有之义。尽管如此，在当时消费品紧缺的情况下，它仍起到了稳定社会、有序发展的积极作用。改革开放后，市场经济蓬勃发展，勤劳致富代替了大锅饭，人们收入水平出现较大差距，社会分配也出现不均衡，富裕生活的诱惑使人们开始选择适合于自己发展的空间，流动人口逐年增加，而且这种趋势总是从乡村到城市，从小城市到大城市。人口流动不仅伴随着产业的流动、技术的流动和消费的流动，为城市发展带来了新的活力和巨大财富，而且刺激城市运行效率提高以应对日益膨胀的人口、产业、流通的需要。从某种角度来说，这种人口流动造成了目前城市高速发展的局面。特别像深圳、东莞这样一批移民城市的示范效应，更加速了农村劳动力的合理流动。

人口流动要求打破原有的社会公平状况。传统的户籍管理制度、福利分配制度和封闭的城市管理体系大大滞后于时代，制度落

---

① 按照曼昆的说法，社会的机会成本，是为了得到某种东西所必须放弃的东西。在当下讲求效率的语境下，过分追求效率和效益，则势必会放弃公平或影响公平原则——笔者识。

后制造出大量的社会问题，严重阻碍了社会公平和效率原则。改革本质上也打破了旧的公平格局，创造新的公平体系，以降低运行的机会成本和提高发展效率。

在我国加入世贸之初，各方面都面临着重大改革，这个时期政府“最有魅力”，也就是说，这一时期政府的作用最大，决策影响最大，同样，责任和风险也最大，而面对的局面也更加复杂。一方面，创造公平社会体系，创造高效率的社会环境，是政府的一项艰巨而光荣的任务。另一方面，政府要鼓励市场发挥作用，人们会对激励作出反应，① 从不该插手的地方全身退出，还要把场地打扫得干干净净。以效率为先，与时俱进，学会用科学的发展观解决问题和弱化矛盾，建立起适合城市发展的新的社会公平机制，是当下城市化迫在眉睫的任务。

全球化作为一种不可逆转的客观趋势，深刻影响着世界政治、经济、文化各方面的发展进程，成为新世纪最重要的发展特征。对中国来说，更好地运用全球化带来的机遇，应对来自世界尤其是发达国家的竞争以及各方面的挑战，需要通过更深入的改革和对外开放，解放生产力，激发创造力，培育竞争力，提升综合实力。当我们把目光聚焦在城市化和城市化后的城市的时候，我们发现了城市在全球化发展中的重要作用，发现了我们的城市力量还相当弱小，发现了城市作为一个特殊的地域、环境、文化、社区系统具有独立的发展规律，发现了城市发展带动整个国家发展的新路径。自从 1982 年我国杰出科学家钱学森同志提出建立城市理论体系，到今天中国加入 WTO 对城市发展的迫切要求，城市发展越来越受到全社会的广泛重视。我们相信，中国城市化的发展必将成为我国新一轮的经济增长和社会进步的中坚力量，并以超前的思想和行动，

---

① 这是曼昆《经济学原理》之四中所反映的学理：由于人们通过比较成本与收益作出决策，所以，当成本或收益变动时，人们的行为也会改变。这就是说，人们会对激励作出反应，中国城市化所显现的积极效益，就是城市化政策激励的结果——笔者识。

引领中国社会生活的深刻变革与转型。①

第三节　21世纪的宪政之维与城市化

一、21世纪的宪政之维

宪法，绝不仅仅是写在羊皮纸上的条文，② 也不是流于口头或高悬于闹市的招徕食客的酒幌旗幡。宪法是治理国家的根本法和基本原则的总体。③ 汉弥尔顿在《联邦党人文集》中也曾坦言："宪法与法律相较，以宪法为准；人民与其代表相较，以人民的意志为准。"而从近代一路走来的中国宪政，在百年风雨的飘零中蹒跚至今，其核心问题是："如何协调作为非人格的、由法律加以约束的权力结构的国家的观念与国民主体的权利义务和责任的新看法。"④ 20世纪的中国宪政之路，实在是色彩纷呈，模式多样，有失败，也有成功。无论是失败或成功都决非偶然，而是内含着一定的历史必然。

20世纪宪政历史就模式上言之，仿效早期的西方君主立宪制、民主共和制，均告失败。究其原因，除却当时新旧社会力量对比与经济基础等直接因素外，还有其他深层的原因。这种本质上属于资

① 上述关于城市、城市化中的十大问题，这里主要参阅或直接引用了北京国际城市发展研究院副院长古波关于《全球化背景下中国城市发展的十大问题》一文的结论和学术成果，而这一成果最初见于连玉明．中国城市蓝皮书［M］．北京：中国时代经济出版社，2003：49－65．即该书第二部分"城市史论"——笔者识。

② 参见潘伟杰．宪法的理念与制度［M］．上海：上海人民出版社，2004：227.

③ 转引自周叶中．宪法［M］．北京：高等教育出版社、北京大学出版社，2000：38.

④ ［英］戴维·赫尔德．民主的模式［M］．燕继荣等，译．北京：中央编译出版社，1998：97.

本主义历史条件下的民主政治，其确立和运行，需要三种必不可少的社会条件，即较为发达的资本主义经济体系和发达的商品经济；资产阶级构成全社会较为强大的社会政治力量；社会自身已发育和培育出较高的政治文化与法制意识。只有在上述条件具备的情况下，这种宪政体制才能得到较为良性的持续运转。否则，即使建立了，也难以长期维持下去，顶多亦只能是昙花一现。中国国民党的“宪政革命”设想和孙中山构建的民主共和制即其例证。中国国民政府时期的宪政运动跌宕折冲，凡三十余载，自孙中山而蒋介石，“播种的是龙种，收获的却是跳蚤”（列宁语），并直接导致国民党政权统治在大陆的彻底覆亡。就其宪政理论和模式而言，他们是自称“忠实尊奉”孙中山先生的五权宪法论的，从表象观之，两者确实有颇多“貌似”之处。① 但孙中山先生的初衷，无疑崇高而伟大，而其追随者却是在“训政”名义下以法律来约束与公民有关的政府正当权力。即便是民族战争到了最危机的时刻，国民党仍然奉行的还是一党专制的“战时体制”，在宪政形式上则更加一党专制化，独裁化。② 1946 年至 1949 年期间，虽有“还政于民”的举措以及“立宪”、“行宪”的实践步骤，但究其“宪政”之实，仍然是在《中华民国宪法》和《动员戡乱时期临时条款》框架下的蒋介石集团利益的法西斯化的推进，是其统治在大陆所谓“民主联合执政”的黄昏绝唱。由此亦可以看出，仅有形式上的相似或新颖（如采取五院制形式等），并不能给中国的政治民主化和社会的进步与发展带来多少真正的新气象。国民党政制的分崩离析和宪政理论与实践的迅速终结，充分表明了中国人民的理性的宪政选择之觉醒。因为，人们已经知道和懂得：对于什么符合（或不符合）

---

① 参见王永祥．析孙中山训政构想与南京国民政府关系［J］．南开学报，1995（5）．

② 参见王永祥．论抗战时期国统区的中央权力结构和运行机制［J］．河北学刊，1995（3）．

他们自己的利益，作为一个整体的人民是最好的裁断者。① 历史的经验表明，真正的宪政，作为“民主的政治”，只有当它得到多数人的理解与支持，获得可靠的社会基础时，才能立于不败之地。

作为对宪政之维的讨论，从西方古典自由主义宪政观始就已经展开过无数次对话，而且是早已有了明确论证结论的一个问题。可以说，一部宪政史，实际上也是一部人权史，一部严肃的人权教科书。如何应对人权问题，往往成为检验真假宪政的试金石。从20世纪清末“新政”时的《钦定宪法大纲》，到南京临时政府时期的《中华民国临时约法》，直至1946年的《中华民国宪法》，对人权，均在成文宪法或宪法性文献的层面操作，真正步入实践操作层面只是一种奢望。应予以肯定的是，这较之封建帝王的专制时代是一个明显的政制进步。但是，问题还有其另一面，即人权实现的实际保障。其要求不仅在宪法文本上，而且在政权实体上与政策颁行中能把载入宪法性文件上的人权规定付诸实施和兑现。法学家说过：迟到的公平就是不公平，迟来的救济就是没有救济。这里需要的不仅是宪法成文的宣言书，更重要的是把对普通人的政治权利的行使与其所必须的经济、社会、文化及人文个性的解放同时并举地导入宪政体系。对21世纪的宪政权利观必须从以下几个方面来认识和厘清。

第一，个人的权利是上帝赋予而先天存在的，是不可侵犯的。在宪政学者看来：“人天生都是自由、平等和独立的，如得不到本人的同意，不能把任何人置于这种状态之外，使受制于另一个人的政治权利。”②自洛克到卢梭到美国和法国的两篇政制宣言书（《独

① 参见［美］阿兰·S·罗森鲍姆等．宪政的哲学之维［M］．郑戈，译．北京：三联书店，2001：5.

② ［英］洛克．政府论：下篇［M］．叶启芳，译．北京：商务印书馆，1964：59.

立宣言》与《人权宣言》)，通篇都标识并兀立着这政治主张。①

第二，个人权利是政府公共权力的基础。个人权利先于政府而存在，对个人权利进行规定的困难，是促使“同等自由的人们”建立社会和政府的关键原因。一般说来“政府的权力是通过个人权利的让渡来实现的，换句话说，政府权威是由社会中的个人赋予政府的”②。洛克对这一点有着更深刻的理解：当政府的权力丧失个人权利这一基础的话，政府将面临解体。天赋人权的主张不仅构建了现代政府的合法性基础，还包含着对现代政府的基本看法和起码的宪政要求，即现代政府必须是共和制的民主的，政府权力是通过自由而定期的选举来维持其合法性基础的，从而从理论上剥夺了政府权力世袭制和终身制的合法性基础。③

第三，政府的目的是更好地维护个人权利的实现。21 世纪的宪政出发点亦不能规避这一点。在现代西方宪政理论看来，政府权力机制的形成并不意味着个人权力的丧失或转移甚至都转移到政治领域。但是从宪政的实施的层面观之——一切有权力的人都容易滥用权力，这是一条亘古不易的经验或理论，有权力的人使用权力一直到遇有界限的“边际地方”才肯休止。要防止权力滥用就必须用权利约束权力。

显然，要真正做到这一点，需要的是整个社会政制体制的重大变革乃至根本革命。我国半个世纪的宪政探索，其成败关键在于何

---

① 美国的政制宣言书，是指《独立宣言》，美国宪法虽然颁布于 1787 年，但美国宪法精神和基本框架的形成却起源于 1776 年 7 月 4 日，在费城召开的北美第二次大陆会议通过的《独立宣言》。法国的政制宣言书是指 1789 年的《人权宣言》，法国是大陆法系国家中制定宪法最早、颁布宪法最多的国家。自 1791 年制定第一部宪法以来至今已有 11 部宪法（不包括 4 部宪法修正案）。这里有书称 15 部宪法，原因是将 4 部修正案认为是 4 部宪法。参见何勤华．外国法制史［M］．北京：法律出版社，2003：188，193，234，235.

② ［英］戴维·赫尔德．民主的模式［M］．燕继荣，译．北京：中央编译出版社，1998：102.

③ 参见潘伟杰．宪法的理论与制度［M］．上海：上海人民出版社，2004：230－235.

者能承担和完成这样一种社会政制的变革。当我们联系革命根据地从半殖民地半封建社会转变为新民主主义社会的巨大转变的历史进程思考时，就会充分体察到，与宪政的实现相伴随的，必将是一场伟大的革命。就是说，宪政是革命性变革的结果。新民主主义宪政根源于新民主主义革命的胜利，这是历史向我们证明的一个真理。历史还告诉我们，宪政作为一种政治文明形态，其发展，都要经历一个过程。不仅要经历一个从无到有的过程，还要经历一个从不完善到逐步完善的过程。如果希冀一夜之间宪政速成，不论在哪一国度都是无异于痴人说梦。

21世纪的中国宪政是对近代以降宪政思想和实践的“扬弃”，是一种不断否定的动态的发展过程。在当代中国宪政道路上曾经有三次理性选择。①

在深入探讨当代中国宪政道路理性选择之前，有必要对宪政基本理论中的一组语词进行厘析。对“依法治国”、“依法行政”、“依法执政”的语义厘析解读，就是对当下宪政理论的准备和完善。

所谓“依”，是指依据、凭借和根据。必须澄清把“依”理解为“以”的模糊认识，不能简单地把法律理解为治理国家，实现党的领导和实施行政行为的工具和手段，而要体现一种法治精神，把法律作为最高权威。“法”，可从不同维度进行理解，首先是指宪法和法律。我国现行宪法明确规定：“全国各族人民、一切国家机关和武装力量、各政党和各社会团体、各企业事业组织，都必须以宪法为根本的活动准则，并且负有维护宪法尊严、保证宪法实施的职责。”这里说的“各政党”，包括作为执政党的中国共产党和非执政党的其他民主党派，“任何组织或者个人”，包括各级党组织和每个共产党员。党章总纲中也明确规定，“党必须在宪法和法律的范围内活动”，这与宪法精神是完全一致的。其次“法”还包括各种部门法以及各领域里的专门法律、法规。地方政府的各种规

① 参见张琪，李国平．论当代中国宪政道路上的三次理性选择［J］．东北电力学院学报，23（3）：12－16.

章覆盖面广，贴近实际，发挥了重大作用，行政诉讼法中关于规章的效力是用“参照”这一词语来表达的。

“依法治国”，“是广大人民群众在党的领导下，依照宪法和法律规定，通过各种途径和形式管理国家事务，管理社会事务，管理经济文化事业，保证国家各项工作都依法进行，逐步实现社会主义民主的制度化、法律化”①。“依法行政”的含义，目前学者们未形成完全统一的认识，如王连昌教授著文：“依法行政的含义是合法设置的组织和个人，在合法的职权职责权限范围内，依据实体法和程序法，行使职权职责，并接受监督，承担法律责任。”②“依法执政”，是实现党的领导的基本方式，是指执政党按照宪法和法律确定的国家政权运作方式来掌握国家政权的执政方式，使党的领导方式和执政方式符合法治原则，使党的执政活动在宪法和法律范围内进行。依法执政要求中国共产党依据宪法和法律而不是执政党的政策执政；要求执政党通过法定的国家政权组织形式而不是直接通过政党组织的形式执政；要求执政党的执政行为必须符合国家政权运作方式的要求，而不能脱离国家政权运作方式。

依法行政的主体有广义和狭义两种解释，广义上其既包括行政立法、行政执法、行政司法等行政主体，也包括权力机关、司法机关以及政党、社会团体、公民、新闻媒体等监督行政主体，狭义的理解是依法行政的主体仅指行政主体，不包括监督行政主体。依法行政是依法治国的重要基础，其内容包括：行政权力的取得必须有法律依据，行政主体的设置、职位、职权与职责权限范围等要合法；行政权力的运行和使用必须符合法律。行政要受到监督，违法的行政要承担法律责任。依法执政的主体是执政党。有学者曾经对党的执政方式进行过专门的论述，他们认为在依法治国条件下，党的执政方式的实现形式应是通过立法和完善相关法律制度，确立共产党执政的法律地位并使党的领导活动纳入法制化的轨道，把某些

---

① 参见《中国共产党第十五次代表大会报告》。

② 王连昌，文正邦，郑伟坤．依法行政研究［M］．重庆：重庆出版社，1998：24.

党规转化为国家法律，把目前党对人大的领导从“外在领导”转变为“内在领导”，同时通过制度创新，使人民代表大会成为名副其实的国家权力机关，通过人民代表大会制度实现党的领导，① 笔者认为上述论断虽没有明确指出党的执政方式就是依法执政，却包含了依法执政的全部要义，那就是确立法律的权威地位，使党在法律允许的范围内活动，可以看做是依法执政内容的一种理解，当然依法执政在执行层面上的具体内容还包括依法决策、依法管理、依法监督等。

那么“依法治国”、“依法行政”、“依法执政”其实就是当代中国宪政道路上的三次理性选择。

在国内外的宪法学研究中，对于宪政有民主政治和法治两种理解，并且越来越多的中国学者认为，应当将两种角度有机结合起来，认为“宪政是以宪法为前提，以民主政治为核心，以法治为基石，以保障人权目的的政治形态或政治过程。②”无论何种理解，宪政都应包括三个基本要素，那就是民主、法治和人权，民主政府理想状态的获得需要得到法治的支撑。具备了上述三个要素，才是真正的宪政道路。通过我们的语义分析，依法治国、依法行政、依法执政完全符合宪政的要义。其不仅标志着新的执政理念的诞生，而且体现了“尊重宪法，维护宪法权威”的法治精神，明确指明了中国要走宪政或者说宪治的道路，甚至可以说这标志着中国人崇尚法律，以宪法为最高权威时代的到来，让人看清了中国宪政道路的脉络和路径。不可否认曾经一度依什么治什么的词语高度泛化，但在此，它们是当代中国宪政道路上的三次理性选择，三者互相促进，共同构筑了科学的民主的中国宪政之路。

21 世纪的宪政之维，仍然可以认为宪政是法治的基本标志，法治是宪政的必然结果。③ 一个国家虽然制定了较为完备的宪法，

---

① 参见周叶中．宪法［M］．北京：高等教育出版社、北京大学出版社，2000.

② 周叶中．宪法［M］．北京：高等教育出版社、北京大学出版社，2000.

③ 参见胡建淼．宪法学十论［M］．北京：法律出版社，1999.

但如果宪法理应具备的基本功能因各种原因的阻碍而无法充分实现时，这个国家就等于没有了宪法，毋庸置疑宪政也就随之灭失，即“无宪法功能则无宪政”①。导致宪法基本功能障碍的主要原因，也是最重要的一点，是国家机关及其社会主体对宪法普遍性的不尊重，即在全社会缺乏严格守宪法的法意与习惯。② 新中国成立 57 年以来，法治建设逐步推进，宪法的权威地位却并没有确立起来，这在一定程度上影响了法治建设的进程，宪政道路的发展也受到了阻碍。法治作为宪政的主要特质，强调国家受宪法和法律的限制，政府权力来源于宪法和法律的授权，集中表现为宪法至上，法律至上。要建立民主法治的现代化国家就必须走宪政的道路。因此，针对“文革”十年浩劫的民主政制所发生的转变，改革开放伊始，邓小平率先指出，“要通过改革，处理好法治和人治的关系，处理好党和政府的关系。③”继而在继承邓小平民主与法制思想，总结改革开放以来民主政治实践经验和前瞻中国发展大势的基础上，将“依法治国”作为我们的治国方略。它的本质意义在于揭示了治理国家的基本方法是运用宪法和法律，崇尚和体现了宪法和法律在国家政治、经济和社会生活中的权威。

笔者以为，宪政之维的基本前提是主权在民，国家的权力来自于人民授予，国家的主权应归属于人民，主权是民众公意的运用。而政府公共权力的恶性膨胀必然导致公民私权利的缩小，所以限制行政权力或公权力的无限制扩大，对国家权力与公民权利的调控与配置，确保公民权利得到最大的实现，是宪政的要求。随着当代中国宪政民主化的不断发展，对公权力或行政主体的权力及行为进行法律上的约束和限制成为必然。当依法治国作为治国方略被写入宪

① 胡建森．宪法学十论［M］．北京：法律出版社，1999.

② 参见胡建森．宪法学十论［M］．北京：法律出版社，1999.

③ 邓小平．邓小平文选：第 3 卷［M］．北京：人民出版社，1993：176－177.

法时，依法行政作为依法治国这一系统工程的子系统逐渐成为国家机关行使公权力的基本准则。依法治国要求各国家机关都严格依法（包括宪法）行使其权力，依法处理国家事务。行政机关是国家机关中对经济和社会发展影响最大且与公民关系最密切的机关，国家所颁布的法律法规 80% 都需要行政机关执行，因而也是权力最大机构最多参与人数最众的一个国家机关系统。因此，行政机关能否依法行政，将从总体上决定我国能否依法治国，建立社会主义民主法治国家。依法治国是当代中国宪政道路上的一次理性选择，也是 21 世纪宪政中国的最科学最理性的选择和路径。

尤其在中国加入 WTO 以后，只有在依法行政条件下，政府的行政能力才能得到提高，更好、更快地与国际接轨。这是一次中国法治进程中的重要选择，是解决政企不分，政事、政社不分的关键，是中国当代宪政道路上的重中之重。因为它是百姓私权利保障，关乎社会的安定有序，人与人间的诚实信用，团结友爱，是和谐社会建构的中心环节。

随着中国的市场经济与城市化建设日益向纵深发展，中国社会和民主状况发生了巨大的变化，建设民主和法治的宪政道路的要求越来越高，新形势和新问题不断涌现，诸如新的利益格局出现，且利益分配与再分配不断分化，特权利益集团阶层出现扩张。新形势要求作为执政党的中国共产党必须考虑中国的宪政民主政治问题，宪政道路发展的瓶颈就是：如何正确处理执政党与宪法的关系。党的领导地位决定了党必须认真考虑如何领导全国各族人民稳妥地实行宪政民主政治，因为这已不仅仅是一般地使中国真正走出社会周期性大动荡的深远的社会历史课题，而且已是如何通过实行宪政民主政治，使中国能够真正从根本上解决好当前的政治社会稳定，处理好当前的政治体制改革、可持续发展与和谐稳定的关系这一紧迫而现实的工作。这就要求我们不断加强和改善党的领导，提出“依法执政”于是成为一个必然，它已上升为当代中国宪政道路上的又一理性选择。1982 年宪法在第 5 条中明确规定：“一切国家机关和武装力量、各政党和各社会团体、各企业事业组织都必须遵守宪法和法律。一切违反宪法和法律的行为，必须予以追究。"① 这里说的各政党，当然包括作为执政党的中国共产党。把党要守法明文规定在宪法之中，是中国共产党对历史经验的反思后，正确处理党与国家的关系，进一步完善自己的例证，"在中国宪政史中是一个值得特别书写的里程"②。1999 年以后，依法治国与依法行政的使用频率很高，而提出依法执政是中国共产党的自觉理性行为，会真正推动中国的宪政化。"政党组织的民主化与否影响民主发展甚巨。民主政治是政党政治，政党组织现代化，运作健全，则政党政治成熟，民主发展也可上轨道。"毫无疑问，依法行政执政的提出，将党的行为限制在宪法和法律允许的范围内，是中国共产党在依法治国条件下执政方式的历史性跨越，是改善党的领导的根本途径，是中国共产党逐步走向成熟的标志。

完善宪法监督是宪政发展的必由之路，确认宪法的绝对权威地位是建设民主法治国家的必然要求。美国政治学家文森特奥斯特罗姆认为，立宪政府的宪法不是道德法则，是真正起作用的、界定政府界限与条件的、实在的宪法。宪法的有无和完善程度，实施状况的好坏是检验一个国家或民族的民主现状和法治水平的参照系。就目前状况而言，我国宪法和宪政的自身完善程度和实施状况尚不尽如人意，根据现代高度文明政府的宪政要求，发展现代宪政的宪法框架，即对现行的宪法作进一步的修正，是中国宪政不断深化与可持续发展的重大挑战，也是中国不断城市化，全面建设小康社会，构建和谐社会不可或缺的核心内容和重要课题。

事实上，只有当政府权力边界得到切实控制的时候，才会培养出政府工作人员的宪政意识。列宁曾说，一切政治冲突无非是利益冲突。因而，要想让政府主动追求立宪政治，关键要让政府感到实

① 参见 1982 年的宪法及修正案，1982 年的宪法在结构上与前三部宪法不同，它将"公民的基本权利和义务"放在总纲之后，"国家机构"之前，这一变化显示了国家对公民在国家中地位的尊重。

② 邓小平．邓小平文选：第 3 卷［M］．北京：人民出版社，1993：77.

现其管理利益的最佳途径是遵守宪法和保障宪法实施，最低要求是让他们感到不遵守宪法带来的利益损失的严重后果和法律责任。将宪政观与利益观相联系的最佳选择，从世界各国的经验来看，莫过于对宪法监督的完善，这是众多学者的共识。

二、21世纪的中国城市化

城市化是近20年来最引人注意的社会发展现象。无论是理论工作者、实际工作者、政府决策者，还是普通的老百姓，都在热情地关注评论或参与经历着城市化的进程。因此，对城市化的研究逐步成为社会科学工作者的热门选题，这也正好说明了全社会对中国未来社会发展态势的现实关怀。学者陈资灿撰文（《21世纪中国城市化的十大特征》）进行了系统研究并形成了阶段性成果。① 通常认为城市的发展水平是一个国家或地区现代化的程度与经济发展水平的标志，而衡量城市发展水平的最主要的标准要件则是城市化推进程度或发展水平。所谓城市化（Urbaniztion），又称为都市化或城镇化，通常是指由于社会生产力的变革所引起的人类生产方式、生活方式和居住方式的良性改变的过程。② 其内含着两种意蕴：一是经济意义的变动，是指一个社会从农村自然经济形态向着城市社会化工业化大生产的转型。其主要参照系数是工业和农业在国民经济中的比例，第一、第二产业在GDP中的比例；城市化的第二种含义是指社会组织结构与性质的变迁，诸如农村城市化的过程就是广大农村及城市周边近郊地区不断“非农化”的过程，即“农业产业结构的非农化，农民居住生活方式的非农化、农民经济收入的非农化”。国际上，通常以城镇非农业人口在总人口中的比例作为衡量城市化程度或水平的替代指标。但这绝不意味着非农业人口数

---

① 笔者在对21世纪的中国城市化思考与展望包括其特征的归结，主要援引了学者陈资灿该文中的观点及其阶段性的研究成果。

② 参见刘志军．论城市化定义的嬗变与分歧［J］．中国农村经济，2004(7)．不同的学者在不同的场合往往分别使用城市化、城镇化、都市化等不同称谓。本书为了保持行文与引文的统一和连贯，视具体情况交替使用上述名称，但仍以Urbaniztion（城市化）为主——笔者识。

量是城市化的全部，评价一个国家城市化绩效还有其他许多指标，如交通、居住、自然环境、人均绿地、城市居民收入水平，居民收入管道等。21世纪宪政视野下的中国城市化发展到底具有什么特征呢？概言之，已经凸现的或即将凸显的特征主要有以下几点：

第一，中国城市化的速度在世纪之初前20年将会大幅度提高。据1999年城市建设统计公报，我国城市人口3.76亿，城市化水平为30.9%，比1998年提高了0.5个百分点。根据国际普遍经验，城市化水平在达到30%之后，城市化将进入加速发展期，城市人口将加快增长；而当城市化水平超过70%后速度又放缓。日本、韩国在20世纪60、70年代的城市化加速发展期间，中国城市化水平年均增长速度可能会低于日、韩两国，但即使只有日、韩城市化发展速度的一半，即每年增加一个百分点，到2020年，中国城市化水平也将达到50%，届时，我国16亿人口中将有8亿生活在城市里。

第二，中国城市化大区域和区位大整合发展倾向日益彰显。中国人的生活习性是喜山爱水，钟情于自然。而中国城市化的历史和发展过程中亦将彰显这一历史的人文情怀。沿海，沿江（河），沿湖边在我国城市化进程中表现出十分明显的倾向性，今后这种倾向性将继续保持。特别是沿海地区，种种迹象表明它将成为中国未来城市化的重点区域。事实上，这也是一种国际性趋势。1992年联合国环境与发展大会估计，全世界距海岸线10公里的沿海地区，居住着占60%的人口：1993年世界海岸大会估计，21世纪发展中国家将有75%的人口居住在沿海地区。大量内地人口向沿海地区聚集的结果必然极大地推动沿海地区城市化的进程。资料表明，美国21 600公里海岸线中，每隔约180公里就有较大城市一座；日本30 000公里海岸线中，每隔约30公里就有较大城市一座。改革开放以来，中国内地人口大量向沿海地区迁移，特别是中高级人才大量涌向沿海城镇，对我国沿海地区的城市化进程起了很大的推动作用。据统计，目前中国海岸城市间距在360公里左右，与发达国家相比，沿海地区的城市化增生空间仍然很大。

在传统上，我国城市大都集中在黄河、长江流域，只是在近代以来，沿海城市才迅速崛起，规模超过黄河、长江流域。但黄河、长江流域地的城市化仍将在中国未来城市化进程中占有重要的一席之地。特别是江河五大水系出口处三角洲地带，将会兴起城市产业群带。

此外，随着我国与周边国家外交关系的改善，睦邻友好战略的推进，外贸的兴起将是必然的，而兴旺发达的外贸势必促进边远地区城镇的悄然崛起，成为我国未来城市化进程中的重要内容之一。譬如2005年金秋时节在吉林长春举行的东北亚博览会，将俄、韩、朝、蒙等东北亚国家圈划在“大图们江”发展战略计划内，曾在国际国内引起了广泛的回应。①

第三，中国大城市的发展速度将快于中小城市，虽然我国曾经长期贯彻严格控制大城市规模，合理发展中等城市和小城市的城市化方针，大城市的发展受到严重压抑，但是，有关资料表明，大城市发展速度快于中小城市是世界城市化进程中的普遍规律。据统计，1900～1980年，全球100万～250万人的城市人口增长了19倍，而同期50万以下的中小城市人口仅增长了5倍。随着科学技术的进步，城市管理水平的提高以及经济的持续稳定增长，世界城市化进程中的大城市病将得以大大缓解甚至完全根除；同时大城市相对完善的社会功能会强有力地带动周边地区经济发展。

第四，中国小城镇的大量崛起成为未来城市化中国的一大亮点。众所周知，中国幅员辽阔，人口众多，大量发展小城镇既符合中国国情的城市化战略思路，同时也是对我国改革开放以来城市化经验与成果的总结，据统计，1978年我国仅有建制镇2 000个，而1998年全国建制镇数量为18 800个。但是，改革开放20多年来，小城镇的发展也存在不少问题，诸如建设起点低，标准低，水平

① 参见《吉林日报》，2005-09-02（1）. 这次发展“大图们江”计划，是中央人民政府国务院振兴东北办公室、商务部、吉林省委、省政府联合主办的，邀请了东北亚和图们江流域许多国家的政府官员，声势空前，5天的时间，提供了吉林、辽宁、黑龙江省政府向世界展示老工业基地雄厚的技术平台，反响广泛，效果良好。未来的规划是将沿图们江而兴建国际化的图们江新型经济带和城市化群落。

低，小城镇规划千篇一律，城镇的基础建设设施滞后，无法适应经济发展的要求；另外，土地资源开发浪费，环境破坏日趋严重也是一大弊病。

因此，中国未来城市化进程中小城镇的大量崛起不仅仅体现在建制市、镇数量的增加上，更重要的是要表现在其质的提升上。具体地讲，未来小城镇的发展将以扩张为主，新建为辅，完善功能，提高效益，并且注重城镇建设过程的环境和生态保护工作。

第五，花园式城市将形成一种中国城市化构建的时代潮流。改革开放以前，我国许多城市都是所谓的工业城市，环境污染极其严重，同时，城市建筑色彩、标志单调枯燥；改革开放以来，特别是20世纪90年代后，城市的环境污染似乎更为严重，同时，城市建筑虽然变得丰富多彩，但仍然缺乏统一规划，建筑之间显得不太协调，导致城市整体形象不佳，品位不高。随着人们对城市认识的加深以及居民收入水平的提高，花园式城市将是人们对花园式住宅需求满足之后的更高更新的需求。在不远的将来，城市的规划和管理将纳入法制化轨道。根据欧美国家美好城市的评价标准，空气质量、水质量、交通状况以及绿化情况是城市自然环境的主要内容，另外，城市的就业与治安状况也是美好城市的评价标准。因此随着国民经济的大幅度增长，城市充分就业工程的实施，花园式城市必将提上议事日程。事实上，广东省提出的城市化思路就是一种类似于花园式城市的发展思路。2000年初，广东省大力提倡青山、碧水、蓝天、绿地工程，就是花园式城市发展端倪初显，如果还能在城市建筑风格，城市文化蕴含方面创新，则令人赏心悦目、心旷神怡的花园式的美好和谐的城市就会诞生得更多。

第六，卫星城都市圈将成为我国城市化类型的主要空间组织形式。卫星城都市圈是城市化发展到一定阶段的必然产物，它是一种以其高密度的城市和一定门槛规模的人口基数为基础的巨大的城市体系，都市圈内城市之间分工与合作非常密切，并且都市圈内的产业结构是综合的、多元的、开放的，与此同时，每个都市圈的产业结构都有自身独特之处，正因为如此，各个都市圈之间的经济既具有相对独立性，又具有一定互补性，成为支撑国家经济命脉的重点区域。

到目前为止，我国城市化都市圈的发展已初见端倪。笔者认为，中国未来将出现8大都市圈：（1）以上海为中心，南京、苏州、杭州为次中心的上海都市圈（有人称之为长江三角洲都市圈）；（2）以广州、深圳、香港为中心的珠江三角洲都市圈；（3）以北京、天津为中心的环渤海都市圈；（4）以沈阳、大连、长春、哈尔滨为中心的大东北都市圈；（5）以武汉为中心，长沙、郑州为次中心的中原都市圈；（6）以重庆、成都为中心的长江上游都市圈；（7）以西安为中心的关中平原都市圈；（8）以福州、厦门为中心的台湾海峡西岸都市圈，即闽东南都市圈。在8大都市圈里，以上海为中心，以南京、杭州为次中心的上海都市圈将是我国经济发展的中心中的重心，也将是我国规模最大的都市圈，它覆盖了我国历史上最富庶的江南鱼米之乡，也是我国海陆空交通最便捷、人口密度最高、文化底蕴科研实力最为雄厚的地区。而台湾海峡西岸的闽东南都市圈的发展前景和进程在某种程度上取决于海峡两岸的最终和平统一进程。

第七，重塑中国国际化大都市并重视城市品位的提升。解放前，大上海素有东方巴黎之美誉，是当时世界上赫赫有名的国际化大都市，由于众所周知的原因，上海一度被排斥在国际化都市群体之外。改革开放以后，特别是在世纪之交，随着经济的快速发展，北京、上海、广州、大连、武汉、深圳等特大城市纷纷制定了建立国际化大都市的宏伟蓝图，精心打造本地城市的精美“名片”。就我国城市化现状来说，建设国际化大都市不是我国城市化进程中的主要目标，因为它的数量将十分有限而且这主要是由于我国都市条件的不成熟。实际上，即使在西方发达国家，其国际化大都市的数量也比较有限，例如，作为世界上首屈一指的经济发达国家——美国，其国际化大都市也不外乎纽约、洛杉矶、西雅图等。在未来30年里，北京、上海、广州、武汉这4个城市最有可能成为国际化大都市。深圳则因毗邻香港、澳门而顺理成章地成为国际化大都市的一部分。①

第八，中国城市化运动在宪政框架下将成为我国经济发展的强力引擎和推动器。一般而言，城市化是与经济社会发展水平紧密联系的一个内在极为丰富的社会现象，近代以来，伴随洋务运动的兴起它通常是工业化的必然产物。根据发展经济学的研究，各国城市化与其自身的工业化基本上是同步的，两者相辅相成。但是，如果城市化远远滞后于工业化，可能会拖工业化的后腿，导致工业化陷入停滞徘徊的局面。

目前，我国城市化水平远远滞后于工业化水平的现状，已成为制约我国经济进一步发展的瓶颈，这是由于城市化水平的提高会创造大量的需求。专家们经过研究后，一致认为城市化需要大量的投资，对工业产品形成巨大的有效需求，以联合国推荐的城市化固定资产投资规模的下限为例，该比例约为一国全社会固定资产投资的9%或一国 GDP 的3%左右，则我国每年城市基础设施建设规模将高达3 000亿元以上，且随着国民经济的发展，这一数值将会相应地增长。另外，由于城镇居民人均消费远远超过农村居民，城市化有利于解决国内需求萎靡不振的局面。以福建省为例，该省城镇居民人均消费约为农民的3倍，城市化水平每提高一个百分点，社会零售总额可增加10亿元左右。可见，城市化的确能够成为我国国民经济增长的引擎，成为现代化建设的发动机。

第九，城市化的推进也极大地推动中国第三产业的极大发展。第三产业的发展需要以一定规模的人口集聚为基础，城市化的发展解决了这个基础问题。目前，我国城市化已进入加速发展期（30% ~70%），部分经济发达特大城市的“退二进三”现象已比较明显，即第二产业在 GDP 的比重相应地稳步上升；同时，城市功能区从市中心向城外逐步呈现出第三、第二、第一产业分布的合理格局。

---

① 参见《深圳特区报》，2006-03-26（1）. 在深圳市长许宗衡代表市政府举行的记者招待会上说：深圳“向香港学习，为香港服务”，深圳亦将伴随香港的发展与繁荣成为国际大都市的一部分。

第十，中国城市户口功能不断弱化，城乡户籍制度日趋平等，城乡“二元经济“结构的壁垒正在逐步打破。过于严格的户籍管理制已成为阻碍我国城市化进程的主要因素之一，为了加快城市化进程，就必须改革现行户籍管理制度。目前，许多城市在户籍管理制度上都有一些灵活或松动的地方，但还不敢放开手脚进行彻底改革，担心会导致人口过度膨胀。为解决这一难题，首先要减少城市户口所带来的利益；其次要缩小国企和私企在社会保障方面的差距；最后还要限定农村户口进程的门槛，例如，规定在城镇拥有自主产权、基本住宿条件和较为稳定的职业的农村户口可以申请成为城市永久户口。基于以上分析，我国要加速城市化，必将采取弱化城市户口功能，实行较为宽松的相对自由的户籍管理制度的措施，户籍管理制度有可能从事前审核批准制向事后登记确认制的国际通行准则改变。在政治经济体制上，农村之于城市那种等级森严的“二元”体制开始被彻底废止，但负面影响力的作用还要相当长的时间才能清除，人们的旧有观念和思维方式的转变更非一蹴而就，还有很长的路要走。

在21世纪的城市化推进过程中，“法律单是以明文规定并加以公布还不够，还必须有明显的证据说明它来自主权者的意思”。的确，21世纪的城市化也许是我们中华民族伟大复兴的表征，在这个“和平崛起”的演进中，一定要深刻知会沈家本的话语：“法立而不行，与法无等，世界未有无法之国而长治久安者。”

第三章 中国城市化之宪政原则

通过宪法性契约，各方同意他们的意见将仅仅通过自由讨论来影响对方，并且，在一种理论赢得多数公民支持之前，放弃执行这种理论，通过宪法性契约，各方同意通过理论支持者之成为多数来决定目标的统一性，但把该理论的宣传归入每个个人的自由的范围；根据显示在投票中的所有个人努力的结果来继续推进宪法和立法。

——哈贝马斯：《作为程序的人民主权》

第一节 中国城市化之人民主权原则

宪政维度下的人民主权理念是宪政主体对宪法本质认识的某种内在要求和期待，它是与一定的社会背景相联系的。国家与公民之间的关系由传统的完全对立到现代逐渐融合而促进宪政理念发展变化，并体现在宪政理念的发展变迁之中。准确把握国家与公民关系的实质，构建合理的宪政秩序，保障法律规范所创制的国家权力与公民权利的关系，要求现代化、城市化的进程，要求体现和坚持人民主权原则，并据此而保障城市化进程中各种政制决策和政治制度被科学合理地设计安排，以推动我国城市化运动中宪政文明建设的顺利进行。

一、人民主权原则问题的提出

中国主权原则的提出是与追求共和国的强大同步进行的。过去长期流行的一个观点是在20世纪头50年的中国社会，现实地存在着三种政制取向，即袁世凯的帝制取向、孙中山资产阶级的共和制政制取向（包括民主党派的中间道路）、毛泽东的新民主主义人民共和制政制取向。这三种政制价值取向长期被人为地区分为民主与专制、进步与保守、唯物与唯心、文明与愚昧的敌对畛域。① 实则不然，学术上作如此意识形态上的对立划分不利于中国宪政理论研究的健康发展。其实毛泽东早在《新民主主义论》一文中就明确指出："宪政是什么？宪政就是民主的政治。"他特别强调了中国人民所要争取的宪政就是合乎中国国情的新民主主义宪政，并告诫我们的共产党人"真正的宪政决不是容易到手的，是要经过艰苦斗争才能取得的"②。中国近现代社会曲折发展的国情决定了中国宪政运动发展的曲折性，它蹒跚的步履总是伴随着中华民族争取独立民主自由富强的伟大斗争和社会改造实践活动而向前进的。而锐意追求的宪政则是整个政制改造进程中一个极为重要的目标，人民主权原则又是这个目标中的重中之重。

何谓人民主权原则？主权往往被称为国家的最高权力，近代政治学上的主权说为16世纪的法国人博丹所立论。③"主权是公意的运用，国家的主权者，只能是由缔约者个人组成的共同体——人民，所以，国家的统治权应该是由君主手中转归人民手中。"这一

---

① 参见周训芳．论20世纪下半期中国宪政思维模式的演变［J］．中南林学院学报，2003，23（3）．

② 转引自李青．中国宪政之路的反思［J］．国家行政学院学报，2004（5）：45.

③ 博丹（Bodan），法国思想家，最早提出人民主权思想，后为克伦威尔所沿用并在英国资产阶级革命中发扬光大，不过他们常把"人民主权"与"人民代表主权"混为一谈。明确提出人民主权并将其系统化为一种理论的，则是法国另一著名的思想家卢梭。

理论是由资产阶级启蒙思想家洛克和卢梭首先提出的，其理论基础是“社会契约论”和“人民主权观”，它成为近代宪法重要的原则之一。一般而言，人民主权原则主要涵盖三个层面的意思：其一，承认主权属于国民全体，而非某一己之私有；其二，主权在一国之中具有至上性，国家权力是其配置或派生而来的；其三，政府为代表全体国民而行使主权的机关，然而政府应是有限政府，其权力应受制于人民的主权且当以实现人民的福祉为基本归宿。① 关于人民主权原则，《中华人民共和国宪法》第2条有明确规定：中华人民共和国的一切权力属于人民。它是中华人民共和国国家制度的核心内容和根本准则，它是中国式社会主义宪政的逻辑起点，也是中国社会主义宪政的必然归宿。

二、中国城市化进程中之人民主权原则的含义和体现

人民主权原则在宪法中的体现不外乎两种形式：一是由宪法规范直接确认，明确宣布主权属于人民；二是间接宣布主权属于人民。在我国的宪政实践中，这两种形式一般会同时采用。

宪政之维的中国现代化与城市化，人民主权原则的体现无疑是我们这个时代的“时代强音和时代精神”。在政治实践领域，它早已是一切民主或自诩为民主的国家用宪法加以确认的基本原则；在理论研究领域，它已成为相关学科的基本理论预设和思维前提。该原则的普遍接受和运用业已达到这样一种程度，以至于绝大多数研究者不再持有或从未具有关于该原则的历史与理论限度的足够意识，此种情形对于中国这样一种“诱致型”民主国家的政治制度建设极为不利，因此，有必要回到产生人民主权原则的历史背景中去，对这一原则的确切思想内涵及其当初所欲达成的制度目标重新

---

① 参见胡肖华，肖北庚．宪法学［M］．长沙：湖南大学出版社，2001：108－109.

加以审视和评估。①

关于人民主权原则的最初思想内涵与理论功用的学理分析。如前所述，我国学界普遍认为，最早提出人民主权原则的是法国启蒙思想家卢梭，而卢梭之所以提出该原则，则是为了在思想上否定博丹的君主主权论。如果我们不拘泥于是否直接使用了“主权”这一名词，而是从思想的整体风貌入手作考察，即可发现上述观点并不确切，此观点所暗含的理论逻辑，即人民主权原则产生于君主主权原则之后，也与历史实际情况大相径庭。

实际上，人民主权原则的提出、传播与确认并不是近代才有的现象，而且，该原则的产生与其说是君主主权原则的否定性产物，不如说是对曾经被君主主权原则僭越的人民主权的重新张扬和阐释。人民主权原则的法律确认，最早可以追溯到罗马帝国开始的年代。罗马法中与“主权”同义的是取自埃特鲁斯王政时期的“治权”观念，所谓“治权”，“具有直接的和原本的意义，具有统一性和不可分割性”，它不仅“在军事、政治和民事上是统一的和不可分的”，而且是其他权力（如执法官的强制权）的来源和根据。② 从东罗马帝国皇帝优士丁尼组织编纂的《法学阶梯》中可见，“治权”具有三重内涵：首先，它由法律确认为全体人民共同

① 参见胡位均．人民主权原则的思想内涵及其合理定位［J］．江淮论坛，2003(3)．作者在本文中重点阐述人民主权原则是近代以来全球范围内民主化浪潮及其所建立的现代民主制度的理论基石，它已为一切民主或自诩为民主的国家所认同，但是，由于人民主权原则的思想发展极为复杂，各国对其基本内涵理解不一，故而相应的制度表现形式也相差甚远。本文的论证旨在表明，人民主权原则即便在其支持者那里也并不具有完全一致的内涵，而是存在着作为“抽象原则”的人民主权原则和作为“具体原则”的人民主权原则的思想分野。对原则采取的不同的理论取向自然是特定历史“情境”下的必然，但是，进入“革命后社会”的国家却有必要对以往非常态下的制度选择重新加以思考。本节不少地方采用此观点。

② 参见［意］朱塞佩·格罗索．罗马法史［M］．北京：中国政法大学出版社，1994：45，52，132.

拥有，①全体人民正是基于该项法权而得以制定法律。②其次，由于罗马人民数量剧增，“以至于难以为批准法律把他们召集到一起”③，因此，人民又通过“王权法”将“治权”（主权）委托给“元首”，使其代表人民行使主权所包含的权力。再次，元首因人民的授权而获得合法权力。“因为人民已以被颁布的关于其谕令权的王权法，把自己的一切谕令权和权力授予给其个人”④，因此，元首或皇帝的决定具有完全意义上的法律效力。罗马帝国灭亡后，欧洲进入由“互惠性”契约关系调节时代，⑤主权观念一度沉寂，直到16世纪下半叶，在法国向绝对集权主义国家演变的过程中，宫廷理论家们为了论证绝对王权，才又再度从罗马法中刨出“治权”与财产“所有权”，将之与王权相结合，至此，人民主权原则完全被君主主权篡改或择用，而由此形成的主权观念则明确具有了作为本源性权力的地位和特征，并被用来表明国家权力的最终归属。至于资产阶级革命时期的人民主权主张，这一时期集中表述人民主权原则的是政治宣言，将《独立宣言》或《人权宣言》与《法学阶梯》的有关论述相比照，可见其基本精神仍然沿袭于罗马法。

从古罗马帝国到近代资产阶级革命政府的政制安排，人民主权原则的外在制度形式发生了根本性的变化，但其基本内涵与理论功

---

① 从历史总体上看，罗马社会主要由四种人构成：一是享有政治权利，免服兵役和纳税义务的贵族；二是既无政治权利又不服兵役和纳税义务的平民；三是被保护人或隶民；四是奴隶。后三类人不享有政治权利，不被纳入“人民”的范畴，但这并不影响此处有关人民主权的论述，因为“人民”自始至终就是一个有着特定政治和历史内涵的“政治概念”。

② 参见［古罗马］优士丁尼．法学阶梯［M］．北京：中国政法大学出版社，1999：17.

③ ［古罗马］优士丁尼．法学阶梯［M］．北京：中国政法大学出版社，1999：17.

④ ［古罗马］优士丁尼．法学阶梯［M］．北京：中国政法大学出版社，1999：17.

⑤ 参见［美］哈罗得·伯尔曼．《法律与革命——西方法律传统的形成》［M］．北京：中国大百科全书出版社，1993：371－374.

用却始终如一。从思想内容上看，此种类型的人民主权原则将国家公权力划分为“国家权力所有权”与“国家权力行使权”两个部分，前者称做主权，归属人民所有（尽管人民的政治内涵及其在全国总人口中所占比例有所不同）；后者则具体表现为由法定个人或机构行使的个别权力形式，它们由主权派生，其行使源于人民的同意和授予，并对人民构成管辖和约束。从理论功用上看，该类型的人民主权原则带有明显的契约论痕迹，所欲实现的目标也与契约论一样，①旨在对国家权力的来源及其合法性基础进行解释②；从其达成的客观实效上看，它推翻了欧洲君主制的思想基础，并为近代以来全球范围内的民主化浪潮以及所建立的现代民主政治体系奠定了法理基础。

关于人民主权理论变迁及其相应的制度表现。为我国的思想家和革命者们所接受的，并不是上述思想内涵和理论功用意义上的人民主权原则，而是该原则变迁后的另一种形态。这种类型的人民主权原则将君主主权理论与卢梭的“公意”思想相嫁接，并通过马克思主义有关巴黎公社以及无产阶级政权建设的宏观构想加以表达。与人民主权原则的最初思想内涵相比，其重大区别与突出特点表现在以下几个方面。

第一，将“主权”视为客观存在的实体性权力，具有绝对、永恒、至高无上的特性，并由一个人格化的主体（整体意义上的“人民”）集中掌有。以博丹为代表的君主主权学说立基于一个基本假设，即存在着被称做“主权”的本源性权力，它是现实存在并发挥着实际功效的“不受法律约束的，对公民和臣民进行统治

---

① 这里需要特别说明的是，本文对社会契约论的界定，是建立在国家的历史形成理论与国家存在的正当化理论的区分基础上的。笔者以为，马克思主义国家学说力图解决的是国家的实际形成问题，而资产阶级契约论则是对国家权力合法来源的一种解释。

② 这里所说的合法性是传统规范意义上的合法性概念，当然，人民主权原则之所以能够成为“不证自明”的公理，与它能够顺利地获得经验意义上的合法性密不可分。有关经验合法性和规范合法性的综合论述。参见胡伟．在经验与规范之间——合法性理论的二元取向及意义［J］．学术月刊，1999（12）．

的最高权力”，只有由一个单一的权力中心拥有，方能保证政令统一和社会稳定。博丹将此单一的权力中心归结为君主，卢梭则通过其“公意”学说将君主替换成人民，从《社会契约论》中可以看出，“人民”与“主权”结合后的人民主权原则，具有五个层面的内涵，即：作为主权者的人民不可能为非；作为主权者的人民不受制约；作为主权者的人民不受反对；人民拥有的主权不可转让；人民拥有的主权不可分割。由于绝对主权获得了“公意”的支撑，因而具有无可争辩的合理性，这当然是卢梭学说得以成为法国大革命的“宗教”的重要原因之一。

第二，认为由人民亲自、直接地参与和决定国家事务是人民主权原则最完善的实现方式。既然主权被视为一项实体性权力，那么，仅仅宣布其归属于人民还只是解决了问题的一个方面，问题的另一个方面，也是更为关键的方面便是这项权力应当如何行使，才能保证原则不至于形同虚设。在卢梭看来，主权本质上由全体人民的“公意”构成，不可能由单一的个体或群体代表，唯有由全体人民直接行使才不至流失或被僭越，依此逻辑，一个真正自由的国度，就必须由公民直接参与政治并决定公共事务。

第三，认为“人民立法——政府执行”的政权组织形式是实现人民主权原则的最佳制度途径。在《社会契约论》中，卢梭一方面将直接民主制提升到至高无上的地位，另一方面又以罕见的现实主义态度论及“我们不能想象人民无休无止地开大会来讨论公共事务”①，为弥合理想与现实的鸿沟，他设计出了介于纯粹直接民主制与英国式代议民主制之间的一种政权组织形式，其基本特征有三：一是将行政权赋予政府行使；二是将政府定位为主权者意志的执行机构；三是主张政府行为须受到主权者的严密监控，主权者

① 这里所说的真正的民主制即直接民主制。参见［法］卢梭．社会契约论［M］．北京：商务印书馆，1980：88．在同一页，卢梭还专门列举了为实现直接民主制所必需而又难以达到的四个条件。参见［法］卢梭．社会契约论［M］．北京：商务印书馆，1980：129，76，51页注释6，77，120．

不仅是政府权力的来源，而且可以直接干预具体的政府行为。① 卢梭有关人民主权原则的论述，成为1871年巴黎公社政权实验的指导原则。此后，马克思和恩格斯又怀着极大的兴趣总结了巴黎公社的经验，并在《法兰西内战》中明确提出建立新型无产阶级国家政权的理论，将人民主权思想具体表达为一套指导现实政权建设的原则，它以卢梭思想为内核，同时又被赋予了鲜明的时代特征，满足无产阶级政权建设实践的需要，故而直接主导了前苏联的政权建设，② 并以此为中介影响了我国对于该原则的理解。出于历史条件、具体国情、政治文化传统等实际因素的差异，这种理解当然不可能达到“镜像”般的一致，但是，从政权的基本结构上可以看出，我国以人民代表大会制度为核心的政权结构，恰恰是这种类型的人民主权原则的具体制度体现：从人民主权原则与人民代表大会制度的相互关系上看，后者作为前者的制度途径而存在；从我国人民代表大会所具有的法律地位看，它是卢梭理想中的“主权者”的现实体现；而我国政治制度中有关人民与国家机关相互关系的制度规定，则又显露了极其浓厚的直接民主色彩。

关于两种原则内涵之理论定位。英国政治学者戴维·赫尔德曾经指出，在对民主的诸多“原则”斟酌取舍的过程中，必须注重原则的“制定条件”，并对所涉及的理论和实践问题予以双重的关注。③ 因此，在对人民主权原则上述两种内涵进行理论评价时，也须深入考察其各自的“制定条件”，并在此基础上兼顾道德的合理性和制度实践的可行性。

（1）两种内涵各自的理论特性。根据上文对人民主权原则前后两种内涵的揭示，可见其各自具有完全不同的理论特性，本文将

---

① 参见［法］卢梭．社会契约论［M］．北京：商务印书馆，1980：129，76，51页注释6，77，120页注释3。

② 1905年，列宁在“革命无产阶级和民主主义任务”一文中，提出党的纲领要用民主主义宪法确保人民的专制制度，即将整个国家最高权力集中在由人民代表组成的一院制立法议会中；1917年修改党纲时又再次强调了上述原则。

③ ［英］戴维·赫尔德．民主的模式［M］．北京：中央编译出版社，1998：384.

之概括为作为“抽象原则”的人民主权原则和作为“具体原则”的人民主权原则。前者所指称的是始于罗马帝国，并为资产阶级政权所采纳的人民主权原则；后者所指称的则是由卢梭所开创的直接关涉权力运行的人民主权原则。之所以将人民主权原则的最初内涵称做“抽象原则”，源于三个方面的理由：首先，就其自身的理论诉求而言，它更多的只是一块用以解释权力来源的模板，并不为现实的权力配置提供任何具体规划；其次，就其理论功用而言，其作用正如狄骥所说的，赋予理想以一种超越尘世的神秘性，以便点燃民众的想象之光；① 最后，就其在资产阶级宪政体系中的地位而言，它在革命获得成功后被自然转化为抽象的宪法原则，而为现实的政权运作提供具体规范的则是该原则主导下的一些“中介原则”②，如普选原则、正当程序原则、平等保护原则等。故此，人民主权原则在英国具体化为议会主权，而在美国则演化为联邦与州共享主权。与之相比，作为“具体原则”的人民主权原则则不满足于对国家权力的合法性来源进行解释，其思想主旨已经从权力归属问题转移到权力的具体行使问题上，其理论功能也相应发生了变化，它不再只是一件任人评说的理论模板，而是一个可欲实现的理想国状态，试图通过对国家权力的组织形式和行使方式的彻底更新，使人民主权不被有别于人民的个人或群体所僭夺。对上述问题的解答，很大程度上建立在对资产阶级议会制度的批判基础上，带有强烈的直接民主和积极民主色彩。

（2）“具体原则”的实践困境。毫无疑问，若以理论的逻辑性和道德先进性为最终诉求，那么，作为“具体原则”的人民主权原则确实体现了民主发展的最高要求，但是问题在于，一旦将该原则投入现实的政治实践，其所带来的危害性不仅远远超出它在理论

① ［法］莱昂·狄骥．公法的变迁 法律与国家［M］．北京：中央编译出版社，1998：25.

② 法国政治思想家邦雅曼·贡斯当将中介原则看做是处于“最高原则”与现实原则之间的一个中间阶段，其作用在于实现从价值诉求到经验实施的转换，让原则的绝对性适应现实世界。参见［美］萨托利．民主新论［M］．阎克文，译．北京：东方出版社，1993：71－72.

上体现的“善”，甚至在一定程度上转而背叛理论变成自己的敌人。考察该原则在我国的实际运行状况即可发现，人民代表大会不仅未能如立宪者们所预期的那样，成为拥有最高权力且不受制约的“主权者”，甚而对于那些理应由普通代议机构履行的一般性职能也难以胜任，这既由人大自身组织结构上的弊端所致，① 同时也表明，赋予任何一个组织或机构以过大的权力，都将造成权力的流失或虚置。当然，我们可以将上述问题归结为人大制度不健全，归结为党与人大的关系尚未理顺，归结为代表素质有待提高，等等；但是，假设现有的一切问题均已解决，后果又将如何呢？毫无疑问，一个拥有并切实履行着至高无上、无所不包、不受约束的国家权力的“权力机关”，将最终成为吞噬人民的“利维坦”。因此，笔者同意有的学者对卢梭之“价值理性”的评价，认为作为“具体原则”的人民主权原则也同样“应该定位于社会，而不是定位于国家，定位于政治批判，而不是政治设计，定位于政治监督，而不是政治操作”②。

宪政“革命后社会”之理论取向。20 世纪 80 年代末，就有学者提出以“革命后社会”这一术语指称“经过革命建立起社会主义制度的社会”③，试图表明经由社会主义革命而诞生的新兴政权体系，其政治发展有自身独特的阶段性发展脉络，因而有必要对所处社会当前以及今后的发展阶段及其相应特性作出明确定位，并由此推动其沿着正确的方向发展。本文借用该术语，旨在表明，尽管

① 各级人大都存在着机关编制不足，领导班子缺乏连续性、“有权的不办事，办事的没有权”等问题，例如福建省人大法制委员会的编制就从 1981 年成立时的 19 人减至不足 10 人，储备的骨干寥寥无几，加上人员素质偏低，实际上难以承担人大的法定职权。参见沈关成．建设人大制度须解决好的几个问题［J］．法商研究，1999（1）．湖北省宜昌市的人大编制情况还要令人堪忧，在宜昌市猇亭区人大专职常委只有 1 人——笔者识。

② 朱学勤．道德理想国的覆灭——从卢梭到罗伯斯庇尔［M］．上海：上海三联书店，1994：279.

③ 王沪宁．革命后社会政治发展的比较分析［J］．复旦大学学报：社会科学版，1987（4）．

"革命后社会"在很大程度上依旧是采用革命的方式非程序性地、权威式地组织和领导社会生活，但它毕竟已经超越了旨在摧毁旧的政治体系的革命阶段，而进入了旨在促进一切人自由、全面和可持续发展的政权建设阶段。该阶段政治发展的总体目标已不再是以社会动员为旨归，而须切实遵循制度发展的自身逻辑，从政治许诺的诗意畅想中解脱出来，代之以对各项政治主张之现实可行性的充分关注。基于以上认识，笔者以为，采用作为"抽象原则"的人民主权原则，可以在最宏观的层面上，以最抽象的方式为国家权力的运行确立民主化方向，从而为具体条件下的现实政权建设留下充足的空间。因此，在现有的物质生产条件下，我国应归复采纳人民主权原则的最初思想内涵和理论功用，将该原则本身定位为抽象的宪法原则，用以说明国家权力的合法性来源，而其所包含的民主精神则通过建立与现代宪政制度相契合的一系列"中介原则"加以实现而又在城市化的进程中加大导入和实质性的应用。

第二节　中国城市化之人权保障原则

一、城市化进程中人权保障的现状与缺失

中国人权保障问题的提出由来已久，从清末的康梁戊戌变法，到孙中山的辛亥革命，再到中华人民共和国 1954 年宪法的诞生，100 年的坎坷艰辛，100 年的豪迈雄浑，中国人民为了追求民主，推行宪政，捍卫人权，实现共和，倾注了几代人的心血，付出了极为沉重的代价。中华人民共和国的建立，这才奠定了中国人真正意义上的可以重新话语人权的"对话框"之界面，也才迎来了改革开放、开创依法治国富有中国人权特色的新局面，依宪治政的现代化城市化运动。今天的我国民主、人权、法治、宪政观念更加深入人心，依宪治国、实行宪政、保障人权成为时代的精神主张中最具穿透力的基点。建设富强、民主、文明的现代化城市化国家成为全

体中国人民的坚强决心和宏伟目标。①

对人权、公民权利的保障体系与宪政关系的正确体认，是城市化推进过程中应注意的问题。随着人权理论的丰富和发展，各国立宪和宪政实践也色彩纷呈。近代意义上的宪政产生的历史表明，宪政是社会在一定政治、经济和思想文化所具备的条件下互动的产物。伴随着近代商品经济和民主政治的发展，启蒙思想家高举理性思考的大旗，运用自然法理论之武器，用科学批判神学，用民主反对专制，使自由、平等、博爱、均衡、和谐、程序正义等思想观念深入人心。人权理论成为近代各国立宪最有力的精神支柱，也成为宪政的核心价值目标。被马克思称为“第一个人权宣言”的《独立宣言》写道：“一切人生来都是平等的，他们都享有不可侵犯的天赋人权，包括生存、自由和追求幸福的权利。”并在1789年9月国会通过的“人权法案”中得到具体体现。法国《人权宣言》则规定得更为明白：“在权利方面，人们生来而且始终是自由平等的。”“任何政治联盟的目的都是保护人的不可剥夺的自然权利。这些权利是：自由、财产、安全和反对压迫的抵抗。”英国于1679年颁布了《人身保护法》，1689年又制定了《权利法案》，这些宪法和法律中的人权内容直接受到了西方思想家人权学说的影响，并使之逐步法律程式化。后来，无论在怎样的社会或政治变革中保障基本人权成为资产阶级宪法的一个基本原则和宪政实践的起码底线。俄国十月革命后，作为在帝国主义链条上松动后建立起来的苏联社会主义宪政国家，标志着以苏联为代表的社会主义宪法和宪政实践，在保障人权方面突破了资产阶级人权理论的苑囿，开创了社会主义宪政与人权观的新时期，在实体上有划时代的进步和本质的

① 参见史凤林．人权保障与我国宪政的世纪走向［J］．山西高等学校社会科学学报，2004（2）．史凤林认为对人权的珍重和保障既是人类文明发展的理性选择，也是近代以来各国立宪的根本目的和基本原则，更是各国宪政的重要内容和核心价值所在。但是，宪政的水平和程度一方面取决于时代精神的感召；另一方面取决于一国的政治、经济及文化的发展程度。通过揭示人权与宪政的本质联系，总结我国宪政建设的经验教训，可以科学地把握我国宪政的世纪走向——笔者识。

飞跃。

在我国城市化建设发展中，充分保障我们国民的基本人权是宪政实践的基本要素之一，也是根本目的之一。宪政是近百年来全世界共同创造的最大政治文明成果，是一种当代公认的比较理想的政治制度设计和政制安排，也是各国人民在充分的物质文明和精神文明建设过程中不可或缺的政治文明内容。确切地讲，“宪政是国家依据一部充分体现现代文明的宪法进行治理以实现一系列民主原则与制度为主要内容，以厉行法治为基本保证，以充分实现最广泛的人权为目的的一种政治制度”①。由此可见民主、法治、人权是宪政视野下城市化运动的三个基本要素。民主是城市化宪政实践的核心，法治是城市化的基石，人权保障是宪政指导下城市化实践不可或缺的目的。

强化对公民基本权利的保护是当代宪法和宪政的基本共识。宪法作为根本法涉及国家生活的各个方面，但国家权力与公民权利的关系依然总是宪法的基本问题，国家权力的正确行使和公民权利的有效保障仍是宪政的主题。就这两者关系而言，公民权利的有效保障居支配地位，是立宪的基本出发点。扩大公民权利的范围，强化对公民权利的保护，成为当代宪法和宪政的一种发展趋势。在城市化推进中，首先把宪法规定的公民权利由单一的政治权利自由，扩展到文化教育方面，使每个人的发展权都得到平等对待。在城市化整体规划和项目的立项审批中，充分考虑城市化后的居民受教育的机会平等，合理配置教育科研资源。再则，把以家庭、婚姻、社会保障为核心内容的宪法权利向社会权利方面伸延。城市化作为社会生活深度转型之中，其长期的生活模式与价值追求会遭遇冲突，甚至会打破现有的宁静。以社区、社群、家庭、婚姻、血亲、血缘、宗族关系等为纽带的关系，则必然会融入更多的法律理性的成分。随着科学发展观的入宪，社区环境指标直接导入城市的起始施工、安检、验收。当然，在城市化社会生活深度嬗变中，如何进一步改

① 李步云．宪政与中国［M］//法理学论丛．北京：法律出版社，1999：58.

善人类生存和发展的环境，使得城市化后的每一实体都有平等的“发展权”亦成为人类对人权内涵揭示的新的重要成果。① 1986 年通过的《发展权利宣言》是这一课题全球性的法律文件，它直接规定了社会高速发展变革后的人在发展权利的背景下的地位。值得指出的是宪法强调公民基本权利的保障即现代宪法在设定公民基本权利的同时，还对权利的实现规定了制度保障措施。如 1982 年的葡萄牙在规定每一种权利时都对该权利的保障作了规定，我国的宪法状况也正在朝着更好进行操作的层面不断努力。

1. 中国宪政之维的历史回顾与经验教训

宪政是建立在宪法基础上的政治状态或制度，人类宪政的历史是人类解放自己的历史。人类数百年的宪政史也是为了防止人类被自己所创造的社会制度所奴役而不断挣脱的历史。因此，民主、自由、平等、人权、和谐成为人类宪政运动的主旋律。

从 1898 年戊戌变法起，晚清政府开始“仿行宪政”。作为辛亥革命后宪政运动成果的《中华民国临时约法》也破天荒地对我国的宪政建设进行了卓有成效的一次尝试。在中国宪政史上留下了光辉的一页。但由于历史的局限，辛亥革命仍然未能使中国走向宪政之路。

中华人民共和国成立以来先后制定了 1954 年宪法、1975 年宪法、1978 年宪法和现行的 1982 年宪法。特别是 1954 年宪法，是新中国宪政建设的开山之作。但是由于受当时苏联国家法的影响，我国也建立了高度集权的政治、经济体制，计划经济体制自上而下地用行政命令管理经济的方式扩展到政治、文化及所有的民生领域，而实质上的宪政不仅没有向纵深推进，反而使刚建立的法制型模式滑向了以个人权威为依托的陷阱。“人治”思想甚嚣尘上，违宪事件愈演愈烈，人民代表大会制度形同虚设，后来干脆撤除，最后导

① 参见汪习根．论发展权的法律价值[M]//珞珈法学论坛：第3卷．武汉：武汉大学出版社，2003：13－51. 在该文中汪习根对发展权的人权价值作出了求证，对发展权的基本人权定位以及发展权的主要价值形式、价值整合功能进行了阐释。

致可想而知的结果。之后的 1975 年宪法作为文化大革命的政治成果,① 更是我国宪政进程中的历史大倒退，使得中国的法制和宪政到了名存实亡的境地。“四人帮”个人集权体系的被摧毁并未从根本上涤荡“两个凡是”的影响，对时下宪政与宪法的误读，致使 1978 年的宪法变革和修改也存在许多严重缺陷，因此，在 1982 年前我国也同样不能步入宪政建设的正常轨道。

具有转折意义的党的十一届三中全会较为彻底地纠正了立宪指导思想上的错误，重新修改后的 1982 年宪法，在 1954 年宪法的基础上鲜明地体现了社会主义建设新时期的时代精神，反映了以经济建设为中心的新思维新思想，并开始了真正恢复正常的法制型治理模式，特别是“依法治国”方略被现行宪法确认后，我国的宪政建设取得了可喜的成就。但是，在现代化城市化之路的进程中，必须更为理性地检讨过去。

首先是注重宪政理论对今天现代化城市化的研究，科学地指导城市化变革中的宪政实践。历史告诉我们，我国的宪政实践和城市化建设都是处于起步晚起点低的状况，对西学中用的有关宪政理论问题还在不断的探求和摸索之中，对于政府公权的执政行政而言，正确把握宪政的概念和内涵显得十分重要。“宪政是以宪法为前提，以民主政治为核心，以法治为基石，以保障人权为目的的政治形态或政治过程。”② 在城市化进程中宪政的三个基本要素即民主、法治和人权，其中民主和法治都要服务于相同的宪政价值——保障人权。还是本书倡导的观点：民主是城市化的基础，法治是城市化的保障，人权是城市化的目的。在我国目前所进行的现代化、城市化的伟大变革中，应持有更为长远的宪政建设观，过去那种忽视法治与人权而错误提倡的“大民主”实则是“多数人暴政”的为政观，必须得到彻底更正。

---

① 参见张庆福，李忠．中国宪法 100 年：回顾与展望[M]∥宪政论丛：第 1 卷．北京：法律出版社，1998.

② 周叶中．宪法［M］．北京：高等教育出版社、北京大学出版社，2000：176－182.

其次，要正确认识在城市化社会变革进程中宪政与宪法、民主与专政的相互关系。过去在我国长期的民主宪政建设中，始终存在着宪法即宪政，专政即宪政的认识误区。在城市化的社会伟大变革中宪政与宪法是相互依存的关系：表现为，一是宪法是宪政指导下城市化推进的前提，而城市化之宪政以宪法为起点，无宪法则无宪政之城市化；宪政实践是宪法实施的生命，在社会变革的现代化城市化中离开了宪政，宪法即会成为一纸空文，宪法指导宪政实践，宪政实践完善宪法。二是宪政与宪法是有区别的，其主要区别表现在宪法属于成文的静态性文书，而处于现代化城市化中的宪政设计和实践则是发展的动态的活动。社会改造和社会变革中的宪政必须充分体现民主法治人权之精神，但由于我们的社会改造包括城市化建设过程中所遇到的矛盾和问题千差万别，故而有宪法则并不一定意味着有民主有法治有真正的人权保障。

民主与集中之于宪政与专政也是一种对立统一的关系。集中与专政之本义是执政者特殊的独立裁决权、裁量权和选择权。列宁曾说，无产阶级专政是不受法律（这里是指资产阶级的旧法律）限制的暴力。因此，可以这样理解——专政就是不受限制的权力和不受监督的强制性工具。前些年我国有些学者一直认为专政等于宪政，是宪政的一种外在表现形式。笔者认为此观点对我国的社会主义新时期的宪政建设是极其有害的，理应彻底摒弃。专政与宪政都是一种统治或治理模式，宪政属于法治模式，是依宪而治。但专政可能超越法治，出现“人治”、“专制”或“集体专制”。因此，坚持“专政论”在宪政建设中往往会出现违反宪政精神、践踏人权的局面，正如“文化大革命”的“大民主”和“全面专政”就是公然违宪甚至是践踏宪法；若宪政等于专政，在现代社会中必然使法律的职能和作用简单化，甚至无法保障“法律面前人人平等”的实现，极易导致法律虚无主义现象出现；宪政的主体是全体公民或国民和代表公民的国家，而专政的主体是人民、代表人民的国家，宪政的内容是依宪法而定，而专政的内容主要是依对象而定。因此，宪政与专政无论从内涵到外延，从内容到形式都不能等同看待，无论在何时何地宪政也不能等于专政，也等于不了专政。

再次，在现代化城市化社会深刻变革中，要重视立宪活动的社会价值和人文价值。宪政是人类政治文明的集大成者，以宪法取代神权与君权，这既是人类共同的愿望，亦是历史发展的潮流所致。历史地看，宪法的产生改变了人们关于国家权力与公民权利相互关系的基本观念，确立了“人民主权”原则并解决了国家权力的归属和行使问题，宪法和法律成为公民权利约束国家权力的武器；在宪政视野下的个人、集体和国家三者利益得到了有机的协调，避免了因利益冲突的无谓牺牲，一切力量被合理保持在制度的框架内。在城市化过程中宪法通过合理界定公民权利与国家权力的界限，一方面使国家权力不得滥用并能有效运转；另一方面公民个人的尊严得到社会充分的尊重，个人价值得到了最大程度的实现。城市化推进中宪法原则和理论意义，是建立城市化有机的长效机制的法律体系的重要保障。

2. 城市化进程中的宪政建设之成果与逐步完善宪法体系

中国的城市化之路经历了极其漫长而痛苦的成长过程，特别是近代以来城市化伴随着洋务运动的成长而成长。而我国宪政观的引进和发展历程表明，它与中国城市化的成长几乎是同步的。在今后的宪政建设实践中我们应把握好以下几方面问题：首先，在现代化和城市化进程中要坚持科学的发展观，结合中国宪政实践树立与时俱进的意识，充分地理解新时代的宪政精神，确立正确的宪政指导思想。其次，是在城市化进程中坚持“可持续发展”的理念。① 大力发展社会主义市场经济和社会主义民主政治，厉行法治，为城市化中的宪政建设创造良好的条件。再次，在充分创建物质文明、精神文明的同时，积极推进政治文明。而政治文明就是要高举宪法旗帜，牢固树立宪政意识，崇尚宪法的最高权威性，逐步完善我国的

① 在《我们的共同未来》一书中，将可持续发展定义为：既满足当代人的需要，又不对后代人满足其需要的能力构成威胁和危害的发展。报告认为，人类社会在以往获得经济迅速增长的同时也带来了生态环境的恶化，从而严重地限制了人类经济和社会的进一步发展。为此，必须改变传统的发展方式，选择一种全新的发展战略，以保证社会发展的持续性。转引自吕忠梅．超越与保守——可持续发展视野下的环境法创新［M］．北京：法律出版社，2003：“导言”部分．

各项宪法制度的设计和安排，为现代化城市化之宪政建设扫清前进道路上的所有路障，厘清政治思想领域的一切极左思潮。最后，把城市化进程之人权保障落到实处，法律的公正贵在落实。宪政视野下的城市化之推进除了现代化目标外就是要建立公民权利的各项保障制度，努力提高宪政建设的层次和水平。

3. 城市化进程中宪政之维的跨世纪走向

城市的产生和城市化的发展极大地推动着社会经济的发展，同时也带来了城镇住房紧张、设施短缺、交通拥挤和环境开始恶化等一系列民生社会问题。而宪政则是解决这等民生系列现实问题的利器。宪政之法度从根本上讲是近代市场经济发展的产物，20 世纪初人类进入了现代市场经济社会，宪法也因此实现了它由近代到现代的转变。20 世纪末，现代市场经济进一步发展，以生产和贸易的国际化、资本集中和运行的国际化、跨国公司的出现、区域经济组织产生为标志，世界经济走向一体化或国际化，同时还带动了世界政治和社会生活的国际化。面对新的国际环境，面对经济的国际化进一步拓宽与加深，21 世纪各国宪政呈现出新的发展趋势，因此我国宪政也呈现出一种新的走向。①

城市化是人类进入工业社会时代后出现的历史发展趋势。简言之，城市化系农村人口向城市人口转移和聚集的现象，包括城市人口和城市数量的增加及城市经济社会化、现代化和集约化程度的提高。一个国家的城市化水平也直接关乎其宪政的水平，城市化水平是目前国际上衡量一个国家城市化程度或水平的指标，通常以居住在城镇的人口总量比例来表示。而宪政水平则很难用具体的指标来考量，但我们可以用一种前瞻性的参照因素来审视。

第一，城市化发展水平与经济发展水平密切相关，而经济发展水平又与宪政发展和建设及现状密切相关。根据世界各国经济发展水平及城市化的发展过程，可以透视出宪政发展和建设的历史过程与现状。一般将城市化过程分为初期、中期、后期三个阶段，同理

① 参见周剑冰，强锦．浅析我国城市化一般规律及其特点［J］．新疆农垦经济，2001（3）：63.

亦可将宪政过程分为初期、中期和后期。就人权保障而言，其宪政意义上的人权和保障规范会大幅度增加与细化，同时，以人权宪法保障机制的创新和宪法司法化为标志各项人权制度进一步完善、科学，更具有人性化。

第二，经济立宪和知识立宪的凸显与政治立宪的相对稳定。21世纪是大发展、大变化、大兼容、大和谐的世纪，也是日新月异、突飞猛进凸显“和平与发展”主题的时代。经济实力的强弱，综合国力的高低对一个国家至关重要。因此用宪法这一根本法来引导、保障和促进我国经济的发展是我国宪法的首要任务；同时，在知识经济时代，宪法和宪政重心必然要从传统的工业经济转向以知识信息为基础的知识经济，要求宪法全面确立知识经济的战略地位为其发展提供法律指引和保障；城市化经济的生成、发育和壮大，必须是诚信守诺，安定有序，人与自然和谐相处，这样才能与宪政建设发展相始终。

第三，目前，世界平均城市化水平已经达到47%，发达国家高达75%，发展中国家则为37%。而我国目前城市化还未到35%，不仅低于世界平均水平，而且还低于发展中国家的水平。一如前文所述，城市化水平反映宪法与宪政建设的水平，城市化讲究国际化与本土化的有机统一，同样宪政的建设实施也要讲究国际化与本土化的有机结合。立宪与宪政水平的程度一方面取决于时代精神的感召，时代主题的鲜明，时代政治文明的教化境界的高低，另一方面取决于一国的政治、经济及文化的发展程度。21世纪是一个经济全球化的世纪，也是一个全球不断城市化的世纪，它使人类的生产、生活直接形成了一个整体，一个日渐不可分离的链条，因此宪法宪政及相关法律的国际化在逐步加强与融合；城市化之宪政既要国际化，但又不可能离开其赖以存在的物质生活条件和本国国情（社会文化基础），因此宪政的建设和发展又必须本土化国情化，且只有本土化的宪政才有生命力。实现宪法与宪政的国际化与本土化的有机结合是我国城市化建设过程中宪政的又一个新的发展趋势。

第四，根据我国政府在1996年6月向联合国提交的《中华人民共和国人类住区发展报告》，2010年我国城市化将达到45%，相应城镇人口将达到6.3亿。① 在该情形下的宪政建设和实施，其模式应该是国家与政府的主导型。从我国宪政建设的历史及现状出发，只有在国家和政府的积极推进下，又充分发动民间城市化积蓄的经济力量，双管齐下，同时注重城市化过程中政府的主导作用、管理作用，才能使我国宪政建设和实施获取实实在在的进展并获得更为明显的让人民满意的建设绩效。

二、城市化进程中人权保障的人本理念

人权保障原则在美国《独立宣言》中最早体现。此后该原则又以各种载体或形式体现出来。诸如法国式的，即以“人权宣言”为序言，同时又规定了一定数量的公民基本权利。我国的城市化滞后已是学术界公认的事实。城市化滞后给我国社会经济带来了诸多的负面影响，其表现在宪政的价值形式上则为国家职能部门对公民可能造成的侵害，因此城市化的建立和运作成本的高昂，严重阻碍了我国的现代化进程，② 也滞后了宪政建设的进程。寻找对策加速我国城市化中的宪政进程已是迫在眉睫、刻不容缓的。

1. 制定出我国城市化进程的阶段性宪政发展目标

我国宪政与城市化自中华人民共和国成立后开始真正起步，历经了动荡、停滞和稳步发展阶段。据中国城市蓝皮书报告，1998年城市化水平首次超过30%，开始进入城市化的加速发展阶段。根据国际经验和我国的城市化现状及独特国情作预测展望，可将我国今后的城市化进程大致分为两大阶段。

城市化的第一阶段（2001年至2030年），为我国城市化的加速发展阶段。经济的快速增长，带来了人们对政治的热情，宪政的

---

① 参见周建冰，强锦．浅析我国城市化的一般规律及其特点［J］．新疆农垦经济，2001（3）．

② 参见秦前红．新宪法学［M］．武汉：武汉大学出版社，2005：150－151．所谓国家的负价值是国家价值的负值，是指国家所发生的实际效应与主体对于国家价值追求相反的情况，即国家非但没有实现作为主体的人的需求，满足其需要，反而对其有消极影响和破坏作用——笔者识。

喜好与追求。我国在此阶段的城市化水平将以年均提高0.86个百分点的速度高速增长。① 这一速度将高于市场发达国家在城市化快速发展时期的年平均增长速度的0.5个百分点，低于日本在同时期的年均增长速度的1.61个百分点，也低于韩国年平均1.71个百分点的速度，接近低收入国家年均增长0.89个百分点的速度。到2030年，我国城市化水平将达58%。如果按照预期的城市化进度，那么宪政的目标便不难达到。援引美国原总统富兰克林说的一句话："如果您能好好照顾您的商店，那么您的商店也会好好照顾您。"如果您能好好建设城市化，城市化也会好好建设您——宪政。总之，"空布袋、立不起"。要彻底摆脱宪政的精神困境，首先就要摆脱贫穷的困境，而对于中国而言，摆脱贫困当自城市化始，亦是城市化之当为。

城市化的第二阶段（从2031年至2050年），为我国城市化将趋于稳步发展的阶段。此时，我国的市场经济体制已经完善，阻碍城市化发展的制度和政策性障碍将会被扫除。社会民主政治生活将会更为清明，人与人之间，人与社会之间，人与自然之间将会更加和谐、平和、融洽、诚信、友爱、均衡、有序。如果到了第二阶段，就理论预期而言，城市化发展速度渐趋平稳，年均增长百分点将降至0.6左右，我国城市化水平将超过70%，完全可能达到当时一个中等发达国家的水平，应该是极具现代化特色的中国城市化社会。

2. 选择正确的城市化道路

如何按照预期目标设置导入，既要兼顾城市化经济层面，又要兼顾体现宪政精神的政治文明层面，是摆在我们未来宪政与城市化之路上必须思考的问题。选择正确、科学的城市化道路，是至关重要的第一步。所谓城市化发展道路，是指城市化进程的途径或方式，或者说是推进城市化进程中所采取的某种模式或战略安排。我国于1989年制定的部门法《城市规划法》第4条明确提出：国家

---

① 参见李京文．中国区域经济教程［M］．南宁：广西人民出版社，2000：210，202.

实行严格控制大城市规模，合理发展中小城市和积极发展小城镇的方针。其或可作为我们城市化思路上的指引。目前，学术界一些学者对我国这一城市化道路的正确性提出质疑，他们认为发展小城镇存在着多种弊病：一是吸纳人口不够多，提供的就业机会十分有限，对城市化推动作用有限；二是整体效益不明显，表现在对土地使用价值不高，附加值小，产出效益不显著；三是扩张辐射能力弱。城市的活力来自内部功能齐全，产业结构合理，政治法律关系即城市居民的权利与义务关系清晰。小城镇的不足是显而易见的。因此，他们主张在我国应走优先发展大中城市的城市化道路。① 笔者认为，城市化道路的选择是关系到能否加速我国城市化进程的重大问题，要做到正确选择首先应确定优先选择的原则。城市化道路的战略选择应坚持两个原则：一是国情原则；二是经济原则一成本一收益原则。所谓国情原则是指应从我国的实际情况出发来确定城市化道路。我国最大的国情是人口多、底子薄，贫穷基数总量大，且大多数居住在农村，转移困难，文化素质与经济基础一样薄弱，外加资金缺乏，人均资源拥有量低下。目前，我国现有的大城市大多数已经面临人口过多、就业困难、交通堵塞、住房拥挤、空气污染等一系列属于城市自身的弊病，不能成为农村大量劳动力转移的主要出路。而中等城市与农村距离依然过远，在城市经济发展缓慢、社会保障机制尚未健全的情况下，同样难以吸纳大量农村劳动力。相比之下，笔者以为小城镇数量众多，分布散广，具有距离农村近，可以兼顾第二、三产业和农业，可以充分吸纳和利用民间投资等优势，可以有效地降低城市化进程中的风险和成本，能够容纳最大数量的农村剩余劳动力并创造就业机会。因此，根据国情原则，积极发展小城镇，仍是我国目前城市化道路的最佳选择。当然，我们同样应考虑经济原则。一般而言，城市规模越大，城市的基础设施和公共服务设施的利用率就越高。其规模经济效益也就越明显。据统计，大城市的投入产出率要高于中等城市，而中等城市

---

① 参见刘艺书．关于我国城市化发展模式的争论［J］．城市问题，1999（4）．

的投入产出率则要高于小城市和小城镇。与之相应的政治文明、精神文明也会提升。因此，根据成本—收益原则，大力发展大中城市才是最为有利的选择。但发展大中城市却存在投入成本大、风险高的问题，在我国目前资金仍很紧缺的情况下，不宜大力提倡发展大中城市。综合以上两条原则，笔者认为我国目前最合适的城市化道路是：大、中、小城市并举，以发展小城镇为主，同时要分阶段、分区域确定我国不同时期、不同地区的大城市化道路。

3. 变革历史的户籍管理制度

城乡的二元户籍管理制度一直是阻碍我国城市化进程的重大障碍之一，改革二元户籍管理制度是加速我国城市化进程的必要前提条件。

从1992年开始，封存多年的户籍坚冰被打破，制度性障碍的根除开始提到宪政实践的日程。首先，有关公民定居落户的规定更加自由。其次，公民迁移的限制在人本主义框架下宽松了许多。然而，要建立与社会主义市场经济体制相适应的户籍制度，需要经历一个艰难的探索过程。已有的户籍制度改革对促进人才合理流动，促进农村剩余劳动力有序转移是有积极意义的，但与建立社会主义市场经济体制的要求相距尚远，需要进一步完善。其中最重要的是要改革户口迁移政策，取消“农转非”制度。① 多年来的实践证明，“农转非”制度在实施过程中弊端丛生，制约了城乡经济的发展。“农转非”制造了权力寻租的温床。改革开放后，随着城乡壁垒的打破，在收入差引力的强烈作用下，农村劳动力蜂拥流入城市，造成一年一度的“民工潮”现象。这一现象虽然给我国的交通、城市的基础设施、劳动力市场、流动人口的管理等带来了沉重的压力，但它反映出农民对城市生产、城市生活方式、城市经济收入的强烈向往与追求。民工潮加快了农民向非农产业化的转化，提醒了我们的政府该想方设法为我国上亿的农村剩余劳动力寻找出路，而这正是宪政社会的应有之义。各级城市政府，应在宪法人权

① 参见万川．当代中国户籍制度改革的回顾与思考［J］．中国人口科学，1999（1）．

原则下进行法律安排：（1）完善人口流动管理法规；（2）依赖小城镇就近就地消化农村剩余劳动力；（3）完善劳动力市场；（4）建立城乡一体化的社会保障体系和劳动者的权利保障体系。

4. 加快产业结构的转换与升级，促进城市化与工业化、非农化的协调发展

城市化与工业化与非农化具有极大的关联性。一般而言，工业化水平和非农化水平越高，其城市化水平也会越高。但在我国却出现了城市化水平与工业化水平、非农化水平不协调的现象，究其原因，是我国的产业结构存在许多问题，产业结构的畸形发展不能形成有效的支撑力，故而不能有效地促进城市化发展。① 因此，加快产业结构的转换与升级，是促进城市化与工业化、非农化协调发展的关键所在。

我国产业结构的调整可分为两个方面：一是产业内部，特别是工业内部技术结构的升级。二是三大产业之间比重的转换和调适。在调整工业内部技术结构时，重点要调整轻重工业的技术结构。目前，我国出现了轻工业的比较生产率高于重工业这一有悖于经济发展常规的现象。1996 年，我国轻重工业比较劳动生产率之比为 1.08∶0.95，与日本 1988 年的轻重工业比较劳动生产率之比 0.74∶1.13 形成显明对比。我国轻重工业技术结构不合理的必然结果是应该实现快速技术进步的重工业没有相应地实现技术进步，劳动生产率低，国际市场竞争力弱，缺乏企业自主的核心技术。本应该大规模吸纳劳动力的轻工业技术进步的却吸纳劳动力能力有限。因此，在大城市和经济发达地区，应努力发展深加工工业和技术密集型产业，加速重工业的技术进步和科技含量，提高工业的整体素质，提高制造业产品的质量和国际竞争力。在中小城市和广大的中西部地区，在努力发展为大中城市重工业配套的产业外，更重要的是要发展轻工业。并且，在轻工业的发展中，可以充分发挥其劳动密集型特性，以丰富廉价的劳动力资源来替代稀缺的资金资源，发

① 参见王一鸣．关于加快城市化进程的若干问题研究［J］．宏观经济研究，2000（2）．

展劳动力密集型的轻工业，扩大就业机会，为更多的国民能够参加到工业化的行列中来创造条件。广东深圳、东莞的城市化经验是值得借鉴和检讨的。

在三大产业之间的比重转换和调整上，要大力发展第三产业，提高第三产业在国民经济中的比重。1994 年我国第三产业仅占 GDP 的 32%，而全世界平均水平达 53%，资本主义发达国家更是高达 59%。第三产业发展迟缓已成为我国城市化发展滞后的重要原因之一。因此，我国第三产业急需有一个宪政上突破的发展，在法律和宪政的层面上确定它的地位。而在发展第三产业时，近期需解决好以下一些问题：一是实现非企业型、行政管理的第三产业向企业型、市场调控的第三产业的转化。二是实现隐性的第三产业向显性的第三产业转化。三是实现投资主体的单一化向多元化的转化。四是实行非平衡发展战略，确定第三产业的发展的次序优先原则，优先发展第三产业中的主导部门。五是通过劳动力的存量调整方式和增量新组方式加快第三产业的发展。六是促进第三产业市场规范化。而这些举措必须在法律制度的保障下才有能力实施。当然自觉自为的宪政程序亦不能置身事外，这些同样是宪政国家、宪政政府的应有之义。

5. 区域协调、优势互补、政策配套，联合互动推进我国的城市化进程

区域协调、诚信联合、优势互补、双赢多赢的城市化宗旨，是我们政府务必一以贯之的城市化原则。中国在经过二十几年不均衡发展之后，东西部地区之间的差距越拉越大。中国地势上是“西高东低”，而在区位发展水平上则是“东高西低”，形成鲜明的对比和反差以及发展权利上不均衡。1998 年西部地区人均国内生产总值仅为东部地区人均国内生产总值的 41.5%，东西部农民人均收入的比例从 1980 年的 1.28:1 扩大到了 1998 年的 1.95:1。① 西部落后城市化或城市化建设不足，不仅造成了西部地区人民的生活水平极为低下，而且也造成了内需供求不足，发展不足，宪政动力

① 参见国家统计局. 中国统计年鉴［M］. 北京：中国统计出版社，1999.

供给不足，障碍和滞后了西部地区经济的快速发展。要实现东部与中西部地区协调发展尽可能的和谐，应从各地区的实际出发，发挥各自优势互助合作。具体而言，是东部地带应发挥区位优势、经济优势、科技优势和人才智力资源优势，重点发展外向型经济和高科技经济，积极参与国际间协作与分工，不断研发核心技术。中部地带要利用其资源优势和产业优势，充分发挥承东启西的作用。西部地带要立足于优势资源的开发，同时也要发展适度加工工业，延伸产业链，提高产品的附加值，并发展同邻近国家的经济技术合作与交流。此外，还要发挥“三线”企业的资产存量、技术优势，加强改造，使之成为高技术产业的生长点和突破口。①

政策倾斜，加速西部城市化进程。西部城市化水平远远落后于东部地区，甚至也落后于中部地区，这已经成了中央领导集体的心病。以 1997 年的城市化统计为例：东部的城市化水平为 34.31%，中部为 30.01%，西部仅为 21.78%。西部城市化水平比东部低 12.5 个百分点，比中部低 8.2 个百分点。② 城市化区域发展的不平衡严重影响了我国城市化整体水平的提高，也严重对抗着宪政文化和宪政精神的实质正义。因此加速西部城市化是推进我国城市化进程的一项重要内容。西部城市化水平之所以落后于东中部地区，有政策因素、区位因素和经济因素等。我们应积极探寻行之有效的对策，加速西部城市化进程，推进我国城市化整体水平的提高。首先，国家应对西部城市建设实行政策扶持和倾斜，在资金、技术、人才等方面实质投入且主要用于西部城市基础设施建设上，以增强西部大、中、小城市的吸纳能力。其次，作为政府，应该正视西部落后的贫穷现状，应视西部历史和自然条件的特殊情况，适当降低设市标准，将一批有发展潜力的城镇培育成新兴城市。同时，应采取积极措施，鼓励农民到城镇安家落户。最后，最重要的是国

---

① 参见曾哲，曾伟东. 深圳龙岗农村城市化与可持续发展研究［M］. 广州：广东出版集团、广东经济出版社，2004：前言部分。

② 参见周加来，杨波. 西部大开发中的城市化问题浅析［J］. 安徽广播电视大学学报，2000（3）.

家应对西部地区实行优惠政策，大力发展非国有经济和私营经济，加速工业化进程，提高工业化质量，为城市化奠定坚实的经济基础。

6. 发展农村经济，实施科教兴农战略，切实提高农民收入，为推进城市化打下坚实基础

农业是城市化发展的第一基础性推力。农业发展不起来，城市化将失去坚实的基础，农业的发展和供给能力的增加是推进我国城市化进程的首要前提。我国是人口众多，耕地资源相对紧缺的大国，又不可能主要借助别国输入农产品来维持城市化进程，而必须在本国农业发展的基础上来推进城市化的正常发展。那么，如何才能发展农村经济呢？其基本对策主要有以下几点：首先，调整和优化农业产业结构。大力发展高产优质高效农业，生态农业，旅游绿阴观光农业，促进我国农业增长由数量型真正转变为质量型、效益型，实现农业产业结构的升级和转换。积极推进农业产业化经营，将生产、加工、运输、销售等环节联成一体，多层次提高农产品附加值。

其次，全面实施科教兴农方针。不断提高科技进步在农业发展中的贡献率，推动我国优质高效农业和农业产业化经营的更快发展。深化农产品流通体制改革，建立以批发市场为中心的农产品市场体系、公司加农户的经营模式。健全市场制度，实行规范运行，使农产品价值和农民收入能够顺利实现。

再次，保持乡镇企业持续快速健康发展乡镇企业是安置农业剩余劳动力的主要载体，也是农民收入增加的重要来源。乡镇企业要适应市场需求变化，不断优化产业结构，把发展农产品初级加工提升为深加工。进一步落实中央减轻农民负担的惠农政策，特别是对农民的保障性收入分配要到位，解决好再次分配公平，不要出现政府对农民的“白条”，实现和维护对农民的正义与公平，它不仅仅是财富分配等经济问题，还涉及公民基本权利、社会地位、民主施

政、公共服务、司法公正等宪政和社会内容。① 要从经济、政治、法治环境全方位出发考虑农村城市化的公平与效益问题，从具体的制度、政策、法律上营造城市化的社会环境。

7. 加快城市经济发展，增强城市吸纳能力，坚持人本主义

我国农村经济体制改革获得了巨大的成就，农村释放出来的大量剩余劳动力，对城市化自发地形成了一股强大的推动力。现在我们所面临的问题是如何加快农村城市化经济发展，拓宽城市吸纳和消化能力的管道。

第一，加快国有企业的改革和乡镇企业的发展 。加快国有企业的公司制改革，使之真正成为市场经济条件下富有竞争力的经济主体。这样，企业在经济效益最大化的驱使下，必然会彻底改变“大而全”、“小而全”的经营方式，大大减少企业办社会的非经济行为。对于乡镇企业，除了资源指涉极强的产业（如小水电、小采矿等）外，应鼓励其尽可能地集中到小城镇发展，以便获取外部规模经济效益，使乡镇企业的发展真正走向正规的工业化之路。从农业国向工业国的转变离不开这样一个步骤和发展历史过程。

第二，确立以人为本，确立人在城市支柱产业和专业化部门的主导地位。大城市在把第三产业作为重要支柱产业大力发展的同时，也要加速大城市制造业结构的调整。在制造业中，可以选择3~4个支柱产业，以若干个大型企业集团为核心加以重点发展。中小城市应集中发展1~2个产业或产品，这些产业和产品的选择可以建立在加工地区优势资源的基础之上，也可以与其附近大城市相联系，加入大城市现代产业的循环，成为大城市发展链的一个组成部分。小城镇经济的发展需要减少“土”味，增加现代经济内涵特别是技术含量。当然，对城市化的经营有如对城市本身的经营。应该建立在以人为本的科学发展观上。城市及城市化的推进或现代

① 参见王伟光．构建和谐社会必须处理好人民内部矛盾［J］．半月谈，2005（4）：4－5. 王伟光为中共中央党校副校长，提出构建和谐社会的关键是要正确处理人民内部矛盾的观点。而农村城市化的推进本身就是构建和谐社会的重要内容，无疑也是人民内部矛盾运动的结果——笔者识。

化关键取决于人的现代化，取决于人力资本的储量。如果将其转化为宪政中一个极为深刻的问题，即对人权本质的尊重与理解。

在城市化的社会转型积累中，始终是一个渐进的历史过程，而推动和引擎之力还是在于人、在于人力。这些表现在资本协调上则为各种知识、技能及体力的存量。如果一个地区或政府人均人力资本积累太少或储存太慢，则一定会拖累经济的增量，更会直接滞后城市化的发展，而且要摆脱城市化被停滞不前的发展困境也是很难的，因为人、人力资本与城市化一样总是呈动态状。有人在点评舒尔茨《论人力资本投资》① 时指出：尤其令人惊讶和感到鼓舞的是舒尔茨的人力资本投资理论对人类的未来持乐观态度。他认为决定人类前途的并不是空间、土地、自然资源，而是人、人口素质、技术能力和知识水平。② 这一论点的传示，对于城市化语境中的宪政观，是一种新的“马太福音”，把人权本义从单纯的狭隘的法理或政治语义里解放出来，放在经济大市场的全球化背景下来考量。按照恩格斯的说法，人，首先表现的不仅仅是自然人，更是社会人的层面，在优先次序上则为经济人。因此，人、人力、人权资本的主导作用是任何资源所无法取代的。对城市化的终极关怀最后必定是对人的关怀，放在宪政的单元里审读，则是对人权原则的关怀。

第三节 城市化之权力制约原则

城市化运动是一项伟大的民生系统工程，必须在宪政指导下，按照科学的发展观来确立城市化的基本原则。权力制约作为对国家行政权力在城市化的具体的推进中进行约束和监督并使之在法定的

① 参见［美］T. W. 舒尔茨的《论人力资本投资》。舒尔茨从人力资本的基本思想出发，阐述了宪政思想中一个重要的原则，即人、人权、人力系统管理与制约原则。他认为在诸如城市化这样的社会生活与经济格局发生变化的过程中，对人权利的尊重首先表现在对提高人口素质、人的文化教育、人的时间价值、人口迁移的合理安顿等问题的人文宪政关怀上——笔者识。

② 参见蒋青．世界一流经济学名著［M］．乌鲁木齐：新疆人民出版社，2000：360－362.

轨道上正常运行的手段，已经成为依宪治国依宪行政的重要内容，为了保障城市化进程加快依法治国的过程，必须坚持权力制约这一基本原则。

一、城市化过程中权力制约原则的提出

法国思想家孟德斯鸠曾经说过："一切有权力的人都容易滥用权力，这是万古不易的一条经验，有权力的人们使用权力一直到遇有界限的地方才休止。"① 19 世纪英国自由主义思想家阿克顿勋爵更为深刻地指出，权力有腐败的趋势，绝对的权力一定会产生绝对的腐败。不仅欧洲中世纪的历史已经证明，而且中国几千年的封建历史也一再证明：绝对的专制皇权，不仅造成了皇族自身的普遍腐败，而且产生了种种因分享这种权力而发迹的贪官污吏。中国宫廷活脱脱的贪官污吏演义史正是由权力制约缺失或者说权力制约缺位造成的。

权力必须受到制约，这是由权力本身的特点和人性的共同弱点所决定的。国家权力具有不可战胜的特殊力量，其在诸如现代化城市化这样伟大而深刻的社会变革之中，主要表现在以下四个方面：(1) 权力具有排他性，也叫独立性。如果社会缺乏对权力的制约，这种独立性就会逐步脱离其宗旨。因为权力的行使者也有其自身的利益。失去制约的权力必然会将其自身的利益置于整个社会乃至全人类的利益之上，从而给人类社会带来无穷的灾难，权力滥用的风暴将会席卷全球。(2) 权力具有强制性，也叫"权力刚性"。恩格斯指出："构成这种权力的，不仅有武装的人，而且还有物质的附属物，如监狱和各种强制机关。"② 这一特性决定了国家权力对于任何一个成员来讲，它总是强大的。有时权力的强制性可导致制约的暂时失控或失败，使得权力使用者采取错误的决策或以权谋私。

① ［法］孟德斯鸠．论法的精神：上册［M］．北京：商务印书馆，1982：154.

② 马克思，恩格斯．马克思恩格斯选集：第 4 卷［M］．北京：人民出版社，1972：167.

(3) 权力具有普遍性，它普遍约束着全体社会成员。因而一旦权力失控，它对社会的危害也是全局性的。(4) 权力具有扩张性。权力是一种支配、控制和管理的力量，当它不受限制地被运用时，往往呈现出无限扩张的异化倾向。权力的无限扩张，必然要打破既定的权力界限和范围，侵犯其他权力，甚至危及公民的正当而合法的权利。①

权力的制约又与人性的善恶有关，特别是与执政行政权者的素质有关。古代哲人亚里士多德认为，人具有善和恶两重性，即使贤良之士也是如此，这直接影响他们掌握权力时的行为，善性抑制恶性时能理智地运用权力，恶性膨胀时，就会造成权力的滥用、恶性对善性之侵略和伤害。因此，在亚里士多德看来，只有用法律的公正性来消除一切情欲的影响而体现神和理智的精神。中国古代思想家荀子主张"性恶论"，他偏激地认为，人性天然，恶是人的本性，善是后天养成的。他还说，人"目好色，耳好听，口好味，心好利，骨体肤理好愉快"。如果对人性的恶不加限制，势必导致社会风尚的恶和社会秩序的乱。②一如西方谚语所云："人一半是天使，一半是野兽。"这就说明，人既有圣洁的一面，又有污秽的一面；任何人无论怎样磨砺，也无法将内心的兽性（恶）完全驱逐出去。即使有人在某一方面达到了圣人完善之境，也很难保证在其他方面不出偏差，不体现出自私和权力滥用的"恶"。正是基于人难以避免的认识与道德发展的局限性，恩格斯在对人性的研究后曾经指出："人来源于动物界这一事实已经决定人永远不能完全摆脱兽性，所以问题永远只能在于摆脱得多些或者少些，在于兽性或人性的程度上的差异。"③列宁也指出："各政党各阶级的任何代表，作为个人是可能犯错误的。"④ 这也就是说权力是在人的掌控中，而人，无论是怎样的人都存在着弱点和"恶性"，不论物质文明、

① 参见王广怀．论权力制约原则［J］．榆林高等专科学校学报，2000(3).

② 转引自陆永胜．论权力制约［J］．东吴法学，1997.

③ 转引自王寿林．权力与权力制约论纲［J］．天津社会科学，1997（6）.

④ 列宁．列宁全集：第13卷［M］．北京：人民出版社，1959：343.

精神文明、政治文明发展到怎样的高度，现代化城市化建设推进到何等层面，对权力的制约是一个永恒话题。

人类几千年的政治史已经表明，权力本身是一柄双刃剑，具有双重性。特别是在当今城市化的进程中它既可以被用于治国安邦造福社稷，又可以用于为权力掌握者谋一己之私利，乃至祸国殃民，十年浩劫中的“四人帮”就是这样。历史反复向人们昭示，凡是权力都应当受到制约，不论在怎样的历史背景下，在怎样的历史过程中，正如没有绝对的自由一样，也不应该存在绝对的权力。由于权力的失控从而导致各种腐败现象沉渣泛起的现实也已表明，权力制约的真理并没有因为特色社会主义制度和理论的建立而失去它的光泽和运用价值。特别是在今天社会主义城市化的宪政之路上，这一点尤为重要。诸如农村城市化是广大人民政治经济生活中本来值得称道的好事，但权力制约的缺位，使得那些被征用了土地的农民陷入了一种群体性的尴尬境地：说是农民，他们早已经无地可耕；说是市民，他们根本不可能与市民一样享有现代市民文明的成果和生活待遇，连起码的最低生活保障线亦未纳入城市化发展的视线，他们成了地地道道的城市之郊区，又郊区之城市的“边缘人”。①

二、城市化过程中权力制约思想的渊源

被誉为美国历史上权力学说之父的汉密尔顿就极力主张权力制约和权力分立，他认为分立的目的在于防止专权暴政，为了防止专权暴政，各权力间除了基本的区分外，更最要的还应相互制衡。绝对的权力导致绝对的腐败，防止把某些权力逐渐集中于同一部门的最可靠的办法，就是给予各部门主管人员抵制其他部门侵犯的必要法定手段和个人的主动（《联邦党人文集》）。在城市化进程中对权力制约的思想和理论的阐释，主要来自西方发展经济学的学术思想

① 参见陈晓煌．城市化进程中的失地问题探析［J］．兰州学刊，2004(2)．作者认为由于城市化进程中地方干部的权力非制约的误用甚至滥用，致使失地农民补偿不到位，而农民出路十分有限，失去土地后的农民处于非稳定性状态，逐渐发育成城市化的边缘群体，一种群体性弱化正在成长——笔者识。

和理论，而宪政意义上的权力制约之思想可以追溯到古希腊城邦时期。亚里士多德曾指出，一切政体都有三个要素作为构成的基础，即议事、行政和审判。这种分权论可以说是一种萌芽型的国家权力制约论。后来，古罗马第一个法律思想家阿利比阿主张建立一种混合政体，即把君主制、贵族制和民主制三种政体结合起来。他认为罗马兴盛的重要原因就在于罗马政体中实行的是执政官、元老院、保民官三者互相配合和制衡的政体，即权力分立与权力制衡原则。他断言，如果国家由各种权力互相帮助，互相牵制，那么，无论在什么危急的时候，都可以成为一种很坚固的团体，除了这种政制之外，再也找不出更好的政制。

近代资产阶级权力制约学说的代表人物是英国的洛克和法国的孟德斯鸠。洛克认为，每个国家都有三种权力：立法权、行政权和联盟权。每种权力都要由一个相应的特殊机关来掌握。为了防止滥用权力，防止专制制度的恢复，保证国家权力的行使不超出人民委托的范围。洛克不仅主张权力分立，而且提出了以人民权利制约政府权力的思想。对滥用职权的纠正方法，是用强力对付强力。洛克的分权制约，其实是二权分立制约，他还没有注意到司法权的独立趋势和制约作用。孟德斯鸠在权力制约的理论方面比洛克前进了一步。他认为，自由只存在于权力不被滥用，最有效的方法就是用权利约束权力。他说："从事物的性质来说，要防止滥用权力，就必须以权利约束权力。"①他指出："每一个国家有三种权力：（1）立法权力；（2）关于国际法事项的行政权力；（3）有关民政法规事项的行政权力。我们称后者为司法权力，而第二种权力则简称为国家行政权力。"②他认为应该把这三种国家权力交由不同的国家机关执掌，通过法律规定的方式，既互相牵制，又互相保持平衡。孟德斯鸠的权力分立与制约理论成为 1787 年美国制宪会议确立三权分

① [法] 孟德斯鸠. 论法的精神：上册 [M]. 北京：商务印书馆，1982：154.

② [法] 孟德斯鸠. 论法的精神：上册 [M]. 北京：商务印书馆，1982：155.

立原则的重要依据，并被法国革命胜利后的《人权宣言》所确认。其后，分权与制约学说成了资产阶级国家宪法所普遍采用的原则。之后，美国政治思想家汉密尔顿、麦迪逊等人不仅继承和发展了近代分权理论，而且还将其融汇于美联邦党人的宪政实践中。① 故而，美国在宪政和城市化的建设过程中，始终注意到了这一点——“当立法权与行政权集中在同一个人或同一机关之手，自由便不复存在了”②。在诸如美国这样把自由视为生命的国度，无论怎样的变革或现代化城市化运动，自由是千万不可以丢失的，对政府权力的制约也是永远不可丢失的。

客观地说，在现代化城市化的实践中实施宪政进行权力上的制约，美国的经验是值得借鉴的。在如何进行权力制约或如何分权的体制建构上，美国的分权与制约制衡模式最富有典型和代表性意义。其特点是：国会、总统和最高法院分别拥有立法、行政和司法权。总统行政权和国会立法权由民众直接授予，最高法院法官由总统任命，参议院批准，但最高法院在行使司法权时独立于国会和总统。立法、行政、司法权独立于国会和总统。立法、行政、司法三权平衡制约。总统对国家的制约手段是对法案的批准权和否决权。总统还可以通过国情咨文等方式，实际享有立法建议权，还可以取得委托立法权。国会限制总统的途径是，总统任命的官员，须经过参议院同意，参议院可对总统的违法违宪行为进行弹劾和审查。总统签订的有关国计民生的条约须经参议院批准，国会掌管钱袋是对行政权的最有效的制约手段。行政权与司法权的制约关系是，最高法院的法官由总统提名认命，但法官在获得总统的认命之后，可能有权利利用宪法最终解释者的地位，以宣布总统法令违宪的方式制约行政权力。立法权和司法权之间也相互制约：法官的认命须经参

① 参见［美］汉密尔顿，杰伊·麦迪逊．联邦党人文集［M］．程逢知、在汉、舒逊等，译．北京：商务印书馆，2004：213，245.

② ［法］孟德斯鸠．论法的精神：上册［M］．北京：商务印书馆，1982：194．转引自胡肖华，肖北庚．宪法学［M］．长沙：湖南大学出版社，2001：117.

议院的同意，参议院也可弹劾法官。司法机关有权进行司法审查。此外，中央与地方也有分权制约关系。美国宪法对联邦政府的权力作了明确规定，并一一列举，而州政府则享有保留权力。州政府也有立法、行政和司法三个子权力系统，并且各州有自己的宪法，对联邦政府保持着一定的独立性，制约着中央权力对地方专有权力的侵犯。

"西学中用"是近代有识之士对宪政努力的一直追求。在发达国家城市化模式的演变中，其宪政思想和宪政实施的核心是从全局和长远的战略高度予以明确的，诸如宪政之城市化的本质特征，主要途径，主导方向和动力机制等。对新世纪宪政下的中国城市化模式的选择，离不开全球视野。

三、城市化过程中权力制约机制的构建

我国是人民当家作主的社会主义国家，实行以社会主义公有制为主体，多种所有制经济共同发展的基本经济制度，从理论上讲，铲除了因滥用权力而导致腐败的经济基础。但是，如前所述，由于权力本身的特点和掌权者人性的弱点，权力被滥用的现象依然普遍存在，而且，我国社会变革时期的客观实践也反复证明，不受制约的权力和制约不力监督不足的个人权力已经在党内产生了方方面面的腐败，在有些地方和部门还相当严重。因此，在建设社会主义法治国家的整个过程中，都要努力寻求和创新建构权力监督与制约的良好机制，以从腐败源头上遏制腐败、消除产生腐败的机制和制度之设计。

城市化的动力机制一方面是经济本身发展的内在要求即由工业经济向知识经济和第三产业转变；另一方面则是来自党内和政府的公共政策抉择包括各级地方政府和地方官员执政行政能力的强弱大小即党和政府官员的资源与素质。因此，在城市化中，构建我国的权力制约机制，实为宪政之城市化甚为关键的一步。

第一，在宪政视野下，依法配置权力资源。依法配置权力资源，即人民以法律形式，尤指以宪法这一根本大法的形式来确立合理稳定的权力制度和权力结构，并依据机构设置和权限划分及其制

约与协调关系来配置权力。具体地讲，包括以下几点。首先，国家的权力要分开。这体现在两个方面，一是在国家机关内部，国家权力被分成立法权、行政权、审判权和检察权，分别由国家权力机关、行政机关、审判机关和检察机关掌握，各个国家机关应该各司其职，各负其责，在宪法和法律规定的范围内严格依法办事；二是中央和地方国家机构的职权要合理划分，属于中央的职权，地方不能越俎代庖，属于地方的事情，中央更不能插手包办。其次，我们在制定每一部法律或法规的时候，都应当考虑该法律或法规赋予某个机构的权力是否恰当，是否实现了权力合理配置。当权力过分集中于某个机构时，最容易导致该机构滥用权力而产生腐败。再次，在一个机构内部，在权力具体分配到个人时，也应注意权力的合理配置。如果当一个机构内部的权力过分集中于某个人手中时，也最容易导致这个人滥用权力，走向腐化堕落。在中国几百上千的大中小城市建设和改造中，总是会因为主管官员的权力失控而滥用，最后不仅仅是个人腐败而遭到法律审判，而且给党和国家所带来的损失将是永远无法挽回的。以沈阳的“牟马案”，厦门的“远华案”，深圳的“王矩案”，广西的“成克杰案”，上海的“陈良宇社保案”为代表，此间的教训不可谓不深，代价不可谓不大。①

第二，在宪政的视野下，以权力制约权力。我国《宪法》第135条规定：公检法三机关办理刑事案件，应当分工负责，互相配合，互相制约。这是我国司法权和行政权相互制约模式的雏形。《行政诉讼法》与《国家赔偿法》颁布实施后，法院通过诉讼程序审查违法的具体行政行为，并对公民或组织因国家机关及其工作人员的违法失职行为而受到人身权和财产权损失时，给予司法救济，以保护公民和组织的合法权益不受国家行政机关的分割，由此受到

① 近年来，城市化运动也给地方政府或官员带来了无限商机，由于党内民主缺乏监督和地方执政行政者权力制约缺位，致使不少高官纷纷落马。沈阳的“牟马案”，广西的“成克杰案”，深圳的“王矩案”，他们一个共同的特点就是在城市化的建设中，这些享有行政权力者非正当性地利用人民赋予的特殊权力，在国家资源的柜台上大搞权钱交易，谋取个人私利，而不顾国家和人民的利益——笔者识。

损害时可以得到合理的补偿。这两部法律确立的原则和具体制度，使我国的以权利约束权力的体制得到了进一步发展。① 特别是新的《行政许可法》和《党内纪律处分条例》与《党内民主监督条例》的颁布实施，② 进一步推进了我们党内的政治文明建设和我们各级政府在宪政维度下的执政行政文明。有学者建议在现代化城市化的深刻变革和广泛推进中，对于代表国家公权力机制的执政行政者要尽快制定《国家监督法》，进一步健全法制监督体系，通过《国家监督法》的预设，更充分地发挥各级权力机关的监督职能，在宪政和法律的框架下更进一步地理顺各监督体制之间的相互关系，从而使我国的监督体系规范化、制度化、法律化和职责化。用人民的权利来制约政府权力，因为法律规范的作用就是一切为了人民福祉。

第三，在宪政视野下的城市化过程中，我们强调要以权利制约权力。马克思主义法学认为，权力是权利的聚合，其力量强于权利，但其合理性来源于权利，没有权力杠杆的保护，权利是软弱无力的，但是，没有权利的驱动和指引，权力会在其社会运行中蜕化变质。民主政治的理想就是使权力服务于权利，使权利有效地制约权力。因为城市化过程，一方面是社会经济重建创新的过程，另一方面也是国家集体与个人利益不断的再分配、资源再配置的过程，免不了存在着各种利益关系和矛盾冲突，从马克思唯物主义原理出发，权利对权力是有极为有效的制约性的。

在城市化的社会改造和建设中，按照我国修宪后《宪法》的有关规定，我国公民享有广泛的民主政治权利，公民可以通过自己所享有的选举权、批评权、建议权、申诉权、控告权、检举权和取得国家赔偿权，来开展对国家行政机关行使权力的监督和公权的滥

---

① 参见汪进元．权力制约的理性思考与模式选择［J］．法学评论，1998（1）．

② 2004年7月1日开始实施，通常称为“一法两例”，一法系指《行政许可法》，两例系指《党内纪律处分条例》和《党内民主监督条例》，它的颁行实施，是我们党加强自身建设，实现民主宪政，推进政治文明的重大规范和文本上的举措。

用与对个人私权的保护。遗憾的是，在城市化建设过程中以及实际宪政当中，这种制约往往流于形式，对于大多数民众而言则起不到真正的作用。这种制约的有效行使，一要靠公民法律意识特别是宪法意识的提高；二要靠制定专门的法律加以制度化监督，形成对权力行使监督和防范滥用的制度化、法规化。

第四，在宪政视野下所推进的城市化建设，要进一步完善社会监督和制约，把党的监督，人民群众的监督结合起来，充分发挥新闻媒体的舆论监督作用。江泽民同志在党的十六大报告中强调指出：中国共产党在我国现实政治生活中居于主导地位，是最广大人民群众根本利益的代表，先进文化方向的代表，先进生产力的代表。因此，党对国家权力的监督制约起着实质性的作用。我国的政党政治制度与西方国家不同，西方国家政党在议会中活动，它制约着国家机关之间的实际立宪与分权。而中国共产党对所有国家机关进行政治思想组织建制实施绝对的领导。因此，党内民主监督的好坏和党内纪律处分的严肃与否直接影响着我国整体权力制约的实际效果，这关系到民族的复兴，国运的昌盛，现代化城市化的成败。党要管官，党要管党，党要管干部，这是我们党的执政之基，城市化之本。为了保证国家权力的正常行使，首先必须保证任用党员干部不滥用权力，以此来影响所有国家公务员正确地行使国家权力。同时，必须充分发挥和高度重视各民主党派的监督作用，它们作为参政党，对国家权力的正确行使也负有重大的责任。人民群众的监督从理论上讲是主权者直接对国家权力的制约。人民主权原则要求完善民主制度，保障人民的民主权利，使人民依法参与国家和社会事务的管理。在现代社会，更要保障人民通过选举这种政治行为，有权选择国家权力的行使者，从而体现人民对国家权力的根本制约。新闻媒体的声像舆论监督对国家权力产生特殊的监督作用，近十年来通过舆论曝光，对权力腐败和滥用者进行有力的揭露抨击达千万条陈，但对整个民主进程和宪政建设而言，还是挂一漏万。

总之，宪政视野下的城市化要实行法治，就必然要有权力的制约，凡是宪政和法治比较成熟的国家，人民的权利肯定会得到更大程度的保障。而我们所进行的城市化建设正是由于对执政者权力监督的缺失和不足，因而在以往的历史中走了许多的弯路，这一点教训是非常值得记取的。

第四节　城市化之法治原则

法治是与人治相对称的一种价值体系、制度体系和运行状态。法治原则又称依法治国，其基本含义是依法办事，按照法律来治理国家，建立秩序，任何组织或个人均不得有法外特权。① 法治原则是为各国宪法认可的一项基本原则。在社会面临城市化的变革和历史转型时期，法制原则显得更具有刚性，更具有普适性。

一、城市化中的法治原则之理论分析

法治思想的兴起与城市化的兴起一样源远流长，其奠基者当属古希腊著名思想家亚里士多德。当古希腊城邦兴起繁荣的时候，他就提出了治理城邦共和国的法治理论设想。他提出："法治应该包含两重含义：已成立的法律获得普遍服从，而大家服从的法律又应该是良好的法律。"② 唯有如此，才能达到至高的"善"。这个善就是良好的法治环境和正义的社会秩序。推动法治思想逐渐成熟的主要是源自对城市或者说城邦共和国的管理与治理。

法治思想在中国古代是否存在有着不同的争论，古代典章典籍中关于法律思想的记录和阐释数不胜数。从李悝的《法经》到法家代表人物韩非所主张的"严刑峻法"，"适法而治，法随世移"，法治成为古代帝王将相治国安邦的原则与利器。法治在伴随我国封建城市的建设历史过程中，有其内在的适用性内涵。纵向看中国历史上之城市化，多是在封建经济制度的更替与兴衰中偶露峥嵘的。就是到了近代社会，晚清皇权的逐渐伤逝外落，法治思想和法制规则的逐渐建树，城市化作为社会生活转型和变革过程中最具表象特征的社会改造活动，无疑会打上社会政制变迁的烙印，彰显其时代

---

① 参见周伟．宪法学［M］．成都：四川大学出版社，2002：40.

② ［古希腊］亚里士多德．政治学［M］．北京：商务印书馆，1965：199.

的发展态势。当然，自清朝灭亡至新中国建立，我国一直处于一种时局的动荡与战乱之中，虽然孙中山与国民党在民主政制上做过巨大的努力，布施教化他们的所谓新政与训政思想，但从根本上还谈不上实质性的新生活新城市化建设。同时，虽然在晚清洋务运动中也兴起了不少的城市及城市周郊的资本主义萌芽，民国年间也曾经有过较大的城市化建设运动，但在法治和宪政的层面，他们要么实行的是"联省自治"，要么是注水打折扣了的"新三民主义"宪政，主体是人治与法治结合的"武人专制"、"军政合一"政治体制。中国这个时期的城市主体的发展就是在这样的法治或宪政背景下存续的稚弱发展的，直到1954年才发生根本性的转变，法治原则与我国城市化建设才有实质性的宪政关联。

第一，我国建设的法治社会是一种形式与内容相统一的法治追求和期许，有别于西方国家的形式法治。形式法治和实质法治是西方法治史上前后相继的两个阶段。① 第二次世界大战后，西方的法治思想得到了新的肯定和发展。资产阶级在实践中感到，光讲政府控制还是不全面的，还应保障国家权力的正常运行，以维护正常的法律秩序。这一观点在1959年印度召开的国际法学家会议所通过的《德里宣言》中得到了充分体现。他们提出法治应贯彻三个原则：一是保障人权，保障人类的尊严；二是法治原则不仅要求为制止行政权的滥用提供法律保证，而且要求政府有效地维持法律秩序；三是司法独立和律师自由。上述的议论主要还是停留在书面和理论的层次上。"二战"结束后，中国暂时进入所谓民主宪政时期，但蒋介石政府并无建构民主联合政府之真实本意，独裁专制、独党为政的本性倒是显露无遗，最后终被全国人民所弃。新中国的成立，1954年宪法的颁行，中国宪政初露晨曦便融入了热火朝天的社会主义伟大建设洪流，与此同时，中国的城市化建设也开始了新一轮的高潮。

---

① 参见高鸿均．现代西方法治的冲突与整合[M]//清华法治论衡：第4辑．北京：清华大学出版社．转引自秦前红．新宪法学［M］．武汉：武汉大学出版社，2005：49.

第二，1954年《宪法》的颁行确立了新中国宪政的基本框架——法治的理论状态呈三种情形：一是法治的理想状态，即法治的价值观，包括法治的原理、原则与基本观念；二是法治的规范状态，即法治理想的法律表现形态；三是法治的现实状态，即法治理想与法治的实现程度。① 法治的这三个理论层次的内容互有交叉但并不重合。法治的理想状态不可完全地表现在法治的规范状态中，这一方面表现是受观念的制约，另一方面是受法治传统的影响。例如在普通法国家，其法治理想并不一定表现为具体的法治规范，但却可能表现为相应法治现实，这一点在英国表现得最为明显。英国没有成文的宪法法典，却有堪称楷模的城市化设计与宪政制度安排。中国有成文的宪法，而城市化设计与宪政状态却令人尴尬 。其原因就在于英国有悠久的法治传统使其法治理想在没有成文规范的情况下，直接表现为法治的现实状态。而中国恰恰相左，行走的是一条“人治”路线，依靠的乃帝王皇权的“法、术、势”。

宪法以根本法的形式确定了国家与公民必须遵守行为规则。然而，法治规范仅仅是纸面上的东西，它能否得到遵守、能否实现，要视当时政治力量对比等客观情况而定。城市化中的法治规范是法治现实和法治观念的交织反映。它一方面反映了部分法治现实的内容，另一方面反映了部分法治观念的内容。城市化法治规范与法治现实之间总有一定距离。要么是法治规范超越了法治的现实，要么是法治现实超越了法治规范的范围。当然，法治规范与法治现实也有重合的可能，但这只是理论上的瞬间。法治现实可能实现了法治规范的内容，也可能没有实现法治规范的内容；同时，法治现实的不断发展，法治规范的相对静止和相对运动，又使两者既相适应又不相适应。城市化中法治观念是公民对法治的评价和要求，包括对法治的认知、态度和价值评判。法治理想是民主政治的理想状态，总是在法治规范与法治现实中有所反映，并指引它们的发展方向。

---

① 参见吴德星．法治的理论形态与实现过程［J］．法学研究，18（5）．

二、城市化中的法治原则之程序正义

古罗马著名法学家优士丁尼在《法学阶梯》一书中开篇语论正义与法的关系，他认为“正义是分给每个人以其权利的稳定的、普遍的态度；而法学是对神和人的事务的认识，关于正义和不正义的科学”。在美国宪法修正案第5条规定：任何人……非经法律之正当程序，不应受生命、自由或财产之剥夺。丹宁勋爵对正当法律程序则说得更为精当：“法律的正当程序，系指法律为了保持日常司法工作的纯洁性而认可的方法：促使审判和调查公正地进行，逮捕和搜查适当地采用，法律援助顺利的取得，以及消除不必要的延误等。”① 毫无疑问，法治原则是宪政的根本要求，宪政本身就意味着法治原则的实施。因此，法治原则都是由宪法确认的。②城市化进程中法治的基本原则主要就是程序原则。由于历史背景、社会现实、法律传统与理论体系的不同，各国法治的理论基础也有不同表现，但不外乎于对程序正当的重视和对实质正义的追求。城市化程序正义论就是指通过正当程序来实现城市化过程中的正义。对此，美国著名学者罗尔斯作了系统论述。他认为公正的法治秩序是正义的基本要求，而法治取决于一定形式的正当过程，正当过程又通过程序来体现。更重要的是罗尔斯把程序性正义作为一个独立的范畴来加以定型分析，于是有纯粹的、完善的以及不完善的程序正义之分。在纯粹正义的场合，一切取决于程序要件的满足，不存在关于结果正当与否的任何标准。其典型事例为赌博，只要游戏规则不偏向某一赌客而被严格遵守，那么无论结果如何都被认为是公正的。在完善的程序正义的场合，虽然存在关于结果正当与否的独立

---

① [英] 丹宁勋爵．法律的正当程序 [M]．北京：法律出版社，1999．此处转引自尹晋华．法律的真谛 [M]．北京：中国检察出版社，2006：139．正当法律程序（due process of law），是美国宪法修正案所确立的一项极为重要的法律制度。正当性法律程序条款实质上对政府的活动施加了两方面的限制，即“程序正当过程（procedural due process）”和“实体正当过程（substantive due process）”。

② 参见周伟．宪法学 [M]．成都：四川人民出版社，2002：40.

标准，但是程序总是导致正当的结果。其典型事例为著名的蛋糕等分问题，只要设定切蛋糕的人最后领取自己应得的一块的程序，就不必担心分割结果的大小不均。即为我们民俗谚语中“分的不拿，拿的不分”，拥有处分权不能优先受偿，这在法律层面还是属于程序正义的。如果在城市化中，在诸如政府开发的“花园小区住宅楼”的处分问题上能够尊奉蛋糕等分原则，那无疑是一件很富有宪政意义的事，但是在现实社会中，此种蛋糕等分原则只能是假想的实例，远不能完全表现在形式正义和程序正义的城市化中。在程序不完善的场合，程序不一定每次都导致正当的结果，程序之外的标准便具有较重要的意义。其典型事例为刑事审判，在城市社区管理所依靠的法制强制性手段中，无论程序要件如何完备，也不能避免错案冤案。罗尔斯认为这三种基本类型在各自的范围内是同样符合正义的。① 为了弥补不完善正义场合不能确保正当结果的问题，便需要借助于程序正义的正当作用，于是追加一种所谓半纯粹的程序，例如人民陪审制度、当事人的参与等保障措施。②

“法律制度是对理性的人所发出的公共规则的强制命令，旨在调整他们的行为，并提供社会合作的结构。”“程序正义的概念，也即公共规则的正规和公正的执行，在适用于法律程序时就成为法治。”③ 罗尔斯又提出了与法治有关的一些正义律，也就是通常所说的法治的基本原则。第一个是所谓“应当的事意味能够的事”的律令。第二个是同样情况同样处理的律令。这显然对法官和行政官员等的自由裁量权起着制约作用。第三个是“法无明文不为罪”的律令。第四个是自然正义律令，包括：必须有合理的审理程序和

---

① John Rauts. The Law of Peoples. Harvard UP, 1999, pp. viii + 199. In 1971 Rawls Published A Theory of Justice (Harvard UP), the most famous and important work of political philosophy in the last century. While that book discusses the institutional order among societies, international justic.

② 参见［美］罗尔斯．正义论［M］．何怀宏等，译．北京：中国社会科学出版社，1988：82，235.

③ ［美］罗尔斯．正义论［M］．何怀宏等，译．北京：中国社会科学出版社，1988：235.

听证规则，法官必须独立和公正；任何人不应审理他本人的案件；审理必须公正和公开但又不为公众的喧哗所控制等。① 这实际上是以程序正义为核心的价值论，体现了法治原则及其具体内在的要求。

在我们社会主义的法治框架下，城市化进程中不可避免地要面临许许多多的法律事务。而法律的正义唯有通过正义的程序才能得到真正的实现。程序的非正义客观上会影响结果或结论的非正义。公正的程序是正确选择和适用法律，从而也是体现法律正义的根本保证。在城市化进程中，首先，程序正义可以排除在选择和适用法律过程中的不当和个人偏向，可以保证执法者在最大可能上选择最贴近事实的法律条文加以适用，或援引最有比照价值的判例作为判决的依据。其次，公正的程序本身就意味着它具有一整套能够保障法律准确适用的措施和手段，并且能够由此形成保障法律准确适用的常规机制。一种经验的事实可以逆向证明城市化程序正义与法律正义的关系。比如，当某一行政诉讼案件的裁决结果符合社会成员的普遍感觉时，那么人们通常认为该案的处理是公正的。反之，则会对该案的处理程序作出否定性评价。如果说法学家对法律公正性评价的依据主要是立法规范内容的话，那么，城市化中其他社会成员对法律公正性的评价则主要是根据由程序所体现的裁决结果。

因而，在城市化过程中，程序正义强调了程序的实体价值。独立的实体价值不仅是实现正义的手段，而且是正义本身。② 也有学者将程序正义等同于形式正义，从而将两者对立起来，认为作为诸如城市化这样深刻社会经济生活转型与嬗变中的形式正义与对特权和权力的现行分配模式相一致。如果一种以充分公正地审理相标榜的体系不能维护实质正义的那些重要权力的要求，那么公平观念就

① 罗尔斯在其正义论中认为自然正义律令是自然正义原则的哲学化，而后者正是英国等普通法国家的基本法治原则，其主要内容有二：一是听取对方意见；二是不能做自己的法官，这里规定的恰恰是程序内容。参见季卫东．法律程序的意义——对中国法制建设的另一种思考［J］．中国社会科学，1993(1)．

② 参见徐友军．比较刑事程序结构［M］．北京：现代出版社，1992：84．

会遭到侵犯。当然，程序正义与实体正义在法律实施过程中确实有一定的差异性，这里就涉及一个价值选择问题，即是通过程序实现正义还是为了正义而漠视程序的问题。如果选择前者，就能够实现看得见的正义，从而取得正确的社会导向和正面的社会效益；如果选择后者，就难免陷入必罚主义的泥沼。城市化中我们的选择当然是前者。不过，值得指出的是，当下城市化话语中的法治环境并不令人乐观，不少握有处罚权力的单位或个人则是选择后者，“法无明文规定照罚”，而且处罚的程序与结果带有极强的个人偏好或长官意志，根本不用考虑“当为与不当为”。

宪政视野下的法治其核心是依法治国。而城市化过程中的法治和司法实践需要严格的程序制度予以保障。程序的实质是管理和决定的非人情和特权化的，其一切设置都是为了限制享有权力者恣意、专断和个人随意性裁量。正如学者季卫东先生所说，“正是程序决定了法治与恣意的人治之间的基本区别”①。美国学者施瓦茨甚至认为，法律就是程序，行政法就是行政程序法。② 在这里，法律被看做是用以解决城市化过程中利益纷争以及通过权利义务的分配创造合作纽带的程序。现代西方立宪主义的核心是“正当过程”条款。按照 W. 道格拉斯的权威性解释：“公正程序乃是‘正当过程’的首要含义。”③ 美国宪法最突出的特征体现在制约与均衡的分权体制上，各个权力之间关系的协调更主要是通过程序进行的。如果把美国宪法发展史看做是“自由进行的过程”的话，那么，该国著名大法官 J. 福兰克弗特的这一命题十分值得记取：“自由的历史基本上是奉行程序保障的历史。”城市化中法治与宪政密不可分。比较而言，中国的宪政研究多注重国体与政体、权利与义务等实体部分，于程序问题则不免有轻视之嫌。特别在以经济建设为中心的工业化、现代化与城市化转型期，对法治程序的忽略已经是一

① 季卫东．程序比较论［J］．比较法研究，1993（2）．

② 参见［美］施瓦茨．行政法［M］．徐炳，译．北京：群众出版社，1986：2－3．

③ 参见季卫东．程序比较论［J］．比较法研究，1993（2）．

个见怪不怪的事了。综观各国法律特别是宪法的实体规范并无原则区别，但其实现程度却多有差异。究其原因，问题多出在程序方面。公法领域的诸种表现已经给我们得出了结论，从中国现行宪法条文上看，需要改进之处不在少数，虽然历经了几次大的修宪，但关于公民基本权利的原则性宣言倒未见得与西方的条款相去甚远。问题在于这些权利义务根据什么标准和到底由谁来确定给付，对于城市化中侵权行为在什么场合以及按照什么方式进行追究等程序性前提的规定却一直残缺不全或没有合适的解释，或者说缺少应有的法律救济途径。仅就对个人私权利的尊重和保护而言，其实既不必强求在我国传统文化中从来无本无源的自然法信仰，也不必援引某种特定的意识形态，甚至无需正当化的复杂论证，只要宪法和法律中规定的权利得到切实施行，也就足够了。就城市化建设来说，程序问题确系命脉之所在。而且，宪政精神以及公民权利的实现和保障更需要程序化法治来实现。20 世纪以来，注重程序立法已成为世界各国法治实践的大势所趋。在现代大工业化、城市化文明强势进程下，美国 1946 年的行政程序法、德国 1976 年的行政程序法、意大利 1990 年的行政程序法和日本 1993 年的行政程序法，都反映了这一特点。全国人大八届四次全会对刑事诉讼法的重大修改和制定颁布的行政处罚法，都说明了对程序问题的高度重视。近年来法学界的研究，也逐渐由实体往程序方面转化。因此，城市化中的宪政与法治程序显得是那么不可或缺。

对城市化中法治的关键问题是程序问题的存疑似乎已经作出回答。但在城市化发展和进程中推行“依法治国”的理念，严格说来应该表述为“依程序法治国”更要合情合理一些。我们可以从以下方面得到论证：

一是程序能够保证政府行为的形式合理性和形式正义性。① 一项规则的实质是否正义合理，常因不同人的道德价值观念、文明进步程度、风俗习惯的不同而在评价上有所差异。而一个社会却不能

---

① 在法理上，从另一方面来看，实体正义和形式正义的统一，也正是通过程序统合而成——笔者识。

等到大家对某个问题在认识上都一致时才去制定通行的规则。尤其在现代所处的多元社会，近期经济利益和未来的长远效益本身存在难以统一的矛盾，个体、社会、群体之间的差异日见其大，制定一项人人都满意的规则日见其难，诸如一个城市的新规划与旧城改造模板，总是在某种利益博弈中进行着。因此，人们对一项规则的合理与否虽寄希望，希望政府更为科学一些、阳光一些，最终的落脚实际上是通过程序达到另一种正义和心理平衡。正如某法学家所言："在探讨通过法律来实现公平时，应当首先区别法律程序和法律本身"；"实体规则可能是好的，也可能是坏的。人们所关心的只是这些规则的实施应当根据形式公平的原则进行"；"人们所关心的还有在适用某条法律规则时，对它所管辖的一切人应当不偏不倚，一视同仁"；而任何做法，"只要与人们认为是正当法律程序的方法——不偏不倚的听证——相违背，都认为是有失公平的"。①与此相联系的，是罗尔斯的"程序正义"观点。可以说罗尔斯的正义理论就是以程序倾向为重要特色的，因为他认为公正的法治秩序是正义的基本要求，而法治又取决于一定形式的正当过程且正当过程又通过程序来实现。

二是在宪政视野下程序使当事人的选择更具有理性。程序为当事人的活动提供了一定的空间与时限，为其提供了一定的行为范围，这就使程序与选择联系在一起，这就决定了程序必然是法治体系中最生动活泼的领域。可以说，程序的本质特点既不是形式性，也不是实质性，而应该是过程性和交涉性。唯其如此，它才能适应社会的变动结构，根据需要作出不同的反应。在现代社会中，法律是可以变化、可以选择的，但这种选择又不是任意、无限制的。而程序使法律的变化合法化，使当事人的选择有序化、科学化。

三是在宪政视野下程序的完成过程亦即法治的实现过程。城市化过程中的法治的目标有二：一是公正，二是有序。程序除了能提供有序的决定过程外，亦能实现相当多的公正。人们通常认为，法

① 参见［英］约翰·香德．西方社会的法律价值［M］．王献平，译．北京：中国人民公安大学出版社，1990：75－92.

律是一套规则和原则体系，如果人们希望其行为合乎正义的要求，就必须按照法律办事。从其实际运作来看，法律从根本上说是保证作出裁决的程序问题或各种程序。人们仅仅在程序结束时才能知道裁决的结果，而在程序开始时关心的主要不是这个问题。一般而言，法学家们所能够做到的是力求完善下列方面的程序过程：涉及裁决者选择的各种规则；当事人的行为；证据的接受与运用等，从而保证在尽可能公正的前提下作出裁决。事先说出裁决的结果既不可能也不必要，只有根据所有事实因素才能作出一项真正公正的裁决。这些事实因素在各个案件中各不相同，而且在程序开始之前并不清楚。因此，正义和社会秩序离不开程序规则。法律关系的确定性要求人们充分了解就有关冲突问题将要作出的裁决，在这里重要的是裁决结果的可预测性。解决纠纷当然需要实体规则，但实体规则也必须关心程序。它不应仅仅是宣示某些权利和义务的内容，更重要的是这些权利和义务以什么标准和由谁去确定，对于侵权行为在什么场合以及按照什么方式、循何种途径进行追究等这样一些问题的程序性前提的规定。这对于法律实际社会效果的发挥同样是不可或缺的。或许这也是城市化中程序矛盾最难以解决的问题的关键之所在。

三、城市化中的法治原则之实证分析

宪政视野下城市化的法治的实现过程实际上也就是法治的三个理论状态转化为社会实践的过程。换句话说，法治的实现过程，就是法治理想的规范化过程和法治规范的现实化过程。在城市化推进过程中法治的纵向深入实现是通过法治规范、法治现实、法治观念的不同理论形态来加以引导的，城市化的理论与实践，法治规范、法治理想与法治现实都有一定的距离。因此，为了保证城市化法治的实现，需要从两个方面做工作。第一，要争取法治理想的规范化、法治规范的现实化。第二，要抓住中心环节和重点涉法程序问题。上述过程实际上反映了城市化进程中实现民主政治的过程。在这个过程中，关键是能够有效地保障民主政治民主决策的实现。城市化中法治的横向内容，则反映了国家权力的内部分工与制约，反映了人民意志、公民权利保障的实施和手段。就此而言，城市化的推进必须包括对公民权利的保障、对国家权力的控制和对代议民主的发展。

城市化法治的实现过程从一定意义上讲，主要的应该是民主宪政的实现过程。而对法治概念理论层次在城市化过程中的具体分析，对我们探讨宪政、人权及法治秩序等范畴的理论形态和实现过程，都具有普遍的方法论意义。①

当然，从另外一个角度出发，也可以把城市化法治的实现过程理解成一个“从实体到程序”的过程。把城市化进程中法治的实现过程理解为一个从实体到程序的过程，这源于学界对私法、公法概念的认知和世界各国的法治现实及中国的法治实践。中国从计划经济体制向市场经济体制的转变过程，如果从城市化社会进步的角度来看，正如梅因所说是一个“从身份到契约”的过程。梅因指的是当时封建社会向资本主义社会转化过程中的从封建身份特权到个人自由制度转变的社会运动过程。从法律上来看其主要是指私法领域契约自由等原则的确定。在这里，我们是借用这个概念。与私法领域“从身份到契约”的运动过程相对应国家公共权力采取自由放任的态度，侧重于从程序角度加强对公民权利的保护。因而，公法领域也存在着一个“从实体到程序”，从“应然”到“实然”的过程。这一点包括在我国诸如城市化建设中和其他领域却未引起足够的重视。事实上，我国城市化之宪政进路从法治的一般理论到法治的具体实践，无不说明这一点。

宪政视野下的城市化过程中的法治实现程序应该具有过程公开性、公众参与性和技术上的可操作性等特点。这些特点却正是中国法治的局限性之所在。法律的程序性要求，一方面是法律的应有之义，另一方面则是法治的现实需要。前者从法治的一些基本原则可

---

① 李步云教授认为，人权可分为应有权利、法定权利和实有权利，此三项权利与本论关于法治理论形态的划分基本一致，但都是由“应然”和“实然”两个范畴演变而来的，同样具有重要的方法论意义。详见李步云．论人权的三种存在形态［J］．法学研究，1991（4）．

以看出法治的原则实际上是程序原则。法学家有句口头禅："看得见的正义才是正义，迟来的正义不是正义，看不见的正义同样也不是正义。"从实体内容上来看，现代中国之法律的很多实体规定实际上与法治的基本要求并无二致，例如宪法关于法律至上的规定。① 但这些为什么没有得到真正的实现？关键的一点，是缺乏可操作性的程序，客观地说是缺乏程序性的操作规范。法律的程序化和程序的法律化发展已成历史发展趋势。为此，我们不妨提出"法治程序化"的口号，以期引起学界对程序问题的重视和深入研究。②"法治的程序化"就是指"法律的程序化与程序的法律化"，从现象上看，它将表现为程序法规范的增加、保证选择的自由与合理性的程序要件的完备、通过程序进行正当化、法律精神以程序为媒介向社会中渗透等具体方式或形态。其结果，在城市化推进中的法治，可以理解为一方面是经历了城市化民主正当过程和结构性选择的结果，同时另一方面又向当事人、律师、法院以及行政机关提供了再进行过程性选择的工具、方式和步骤。"法律的程序化和程序的法律化"具有同等重要的意义。只有两者并重，坚持程序法定原则，才能避免在城市化推进过程中忽视程序和滥设程序的不法现象。当然，"法治的程序化"还可作广义解释，这就是中国的宪政与法治建设过程以及城市化本身也应遵守程序原则。

四、城市化中的法治原则之调适创新

法治原则也是社会主义宪法的一项基本原则，它充分体现于社会主义国家的宪法中。在我国，过去法治原则习惯上被称为法制原则。但是，这实际上却是两个具有不同含义的概念，法制是法律制

---

① 参见《中华人民共和国宪法》之序言部分和第 5 条。《中华人民共和国宪法》第 5 条规定："一切国家机关和武装力量、各政党和各社会团体、各企业事业组织都必须遵守宪法和法律。一切违反宪法和法律的行为，必须予以追究。"这实质上是规定了法律至上的法治原则。

② 关于这一问题，不少学者对此已经开始了理论上的研究并取得了应有的成果。宪政实施与法治推进都要注重程序，讲究程序，在现代化城市化的建设中也应程序化，总之，程序不合法，所有的"判令结果"均不合法——笔者识。

度的总称，法治则是依法治理国家，具体表现为“有法可依、有法必依、执法必严、违法必究”，其核心是依法行政，依法办事。可见法制要通过法治的活动才能实现。正如已故知名宪法学家何华辉教授所说的：“这种由静态到动态的过程，也就是法制的适用过程，即实行法治的过程。”①

对宪政视野下的城市化进程中法治原则问题的提出与研究已经富有崭新的时代内涵，而对法治原则之中国城市化推进中的调适与创新，还需要作系统而深刻的研究，学者赵肖筠与郭相宏在《法治原则述要》一文中颇有创新之论。② 世纪之交的中国，正处在走向中华民族伟大复兴和大力推进由传统的农业文明向现代工业文明转变的历史性阶段。实行何种治国方略使得城市化建设稳健扩张和推进则是我民族复兴的关键。党的“十五大”报告对此作了肯定而明确的回答。

1. *法律至上是法治之城市化的决定性前提*

我国宪法内容充分体现了宪政精神和法治原则。具体地说：第一，宪法序言明确要求“全国各族人民、一切国家机关和武装力量、各政党和各社会团体、各企业事业组织，都必须以宪法为根本活动准则，并且负有维护宪法尊严、保证宪法实施的职责”；第二，在总纲中明文规定：“国家维护社会主义法制的统一和尊严”，“任何组织或者个人不得有超越宪法和法律的特权”；第三，在公民基本权利和义务一章中确认“中华人民共和国公民在法律面前一律平等”，“公民的人身自由不受侵犯”等；第四，在国家机构一章中规定：人民法院、人民检察院依法独立行使审判权、检察权，“不受行政机关、社会团体和个人的干涉”。1999 年《中华人民共和国宪法修正案》第 13 条明确规定：“中华人民共和国实行

---

① 何华辉．比较宪法学［M］．武汉：武汉大学出版社，1988：83.

② 参见赵肖筠，郭相宏．法治原则述要［J］．《法学评论》，1998（4）．作者提出我国要实行法治，法律至上、司法公正和保障人权应是其基本原则。首先，法律至上是实行法治的决定性前提，要确立法律的绝对权威，党要守法，政府也要守法。其次，司法公正是法治的保障。它包括在制度上实现司法独立和在实践中杜绝司法腐败——笔者识。

依法治国，建设社会主义法治国家。”所有这些规定都体现了我国社会主义新时期的宪政精神和法治原则。同样，其他社会主义国家宪法也有类似规定。

党的十五大报告提出，“依法治国，就是广大人民群众在党的领导下，依照宪法和法律的规定，通过各种途径和形式管理国家事务，管理经济文化事业，管理社会事务，保证国家各项工作都依法进行，逐步实现社会主义民主的制度化、法律化，这种制度和法律不因领导人的改变而改变，不因领导人看法和注意力的改变而改变”。也就是说，法治必然在理论上和实践上对抗人治，排斥人治。依法治国要依照体现人民意志的法律来治理国家，要确立法律在国家与社会事务管理中的支配性地位，牢固树立法律的极大权威。它清楚地表明，建设社会主义法治国家的关键是树立法律的至高无上的权威。法律至上是指在国家生活和社会管理中，“法律成为任何组织和个人都必须遵守的不可侵犯的力量，取得高于其他成文规范的效力和支配地位”①。结合我国城市化的现状和国情，法律至上至少包括两方面的内容：一是在现行体制下，社会改造中的社会主体，如公民、社会团体和组织及国家机关等，都必须把法律奉为一体遵行的最高行为准则，严格依法守法，在法律规定和许可的范围内活动，不得违背法律或者规避法律，更不能凌驾于法律之上，否则均将受到法律的制裁；二是城市化过程中各种社会团体和组织，如政党、宗教组织、学术团体、民间机构等，为其自身活动所制定的内部规则、章程以及作出的各种规定、计划、纲领等，都必须遵守、服从宪法和法律并与之保持一致，葆有新的宪政精神，如有与之相对抗或相抵触的东西则必须予以纠正。

城市化过程中法律至上的意义就是最广大人民的意志和利益至上。如果人民的法律没有至高无上的权威，那只能是停留在纸面上的空文，最多只能是留给上帝的权利保障书，所谓法治也只能是停留在口头上的侈谈，人民的意志和利益便无从实现，城市化建设也将无从推进。近十年的城市化进程表明，目前在我国仍然有许多障

① 转引自谢鹏．当代中国的法律权威［J］．中国法学，1995(6)．

碍性因素阻碍着法律权威的确立和在具体行政行为中对宪政与法治权威的挑战和否定。其中最突出的也是老百姓最反感的就是权大于法，人治大于法治。权大于法本质上是对法律至上的对抗或否定，是对宪政秩序和法治规范的侵略与败坏。

周叶中教授认为："法律支配权力是法治的根本。"① 从城市化初始建设的意义而言，法治首先就意味着对政府权力的制约，把权力纳入法律的轨道以有序地运行。将党权、行政权纳入法权的规范下，矫正权大于法，党大于法。否则无论法制如何健全，都不可能是真正意义上的法治社会，那么城市化推进中的法治亦将是一句自欺欺人的空话。对此，党的十二大报告已经明确作了规定："新党章关于'党必须在宪法和法律的范围内活动'，是一条极其重要的宪政原则，从中央到地方基层，一切党组织和党员的活动都不能同国家的宪法和法律相抵触。党是人民的一部分，党领导人民制定宪法和法律，一经国家权力机关通过，全党必须严格遵守。"正确处理党和法律的关系，是树立城市化建设中宪法和法律至高无上权威的关键。邓小平同志也说过："无论是不是党员，都要遵守国家的法律，对于共产党员来说，党的纪律就包括这一条。"②在城市化建设中"我们要在全国坚决实行这些原则：有法必依，违法必究，执法必严，在法律面前人人平等"。这就清楚地表明，是法权大于党权，而不是党权大于法权，我们执政党包括党员个人没有凌驾于法律之上的特权，党的组织章程、规定、决议等也不得同国家法律相抵触相对抗，同时不能把党的政策与法律混为一谈。如果政策上升为法律必须通过国家权力机关的严格的法定程序。当然，这并不等于我们在城市化建设和其他各项工作中修正甚至不去遵守和执行党的政策。

众所周知，在宪政维度下树立法律的权威并不是要否定或者削弱党的领导。中国共产党不仅是最广大人民群众利益的代表，是先进文化方向的代表，还是先进生产力的代表。宪法规定"中华人

① 周叶中．宪法至上：中国法治之路的灵魂［J］．法学评论，1995（6）．
② 邓小平．邓小平文选：第3卷［M］．北京：人民出版社，1993：146．

民共和国的一切权力属于人民”，共产党的利益应当服从于人民的利益。在城市化进程中，按照胡锦涛同志的说法就是，权为民所用，情为民所系，利为民所谋。“执政党的领导权属于治权（管理国家）的范围，而不属于主权（统治权）的范围，即不能把党的领导等同于‘一党专政’。党的领导权绝不能高于人民主权。”①在宪政程序性上，党的领导并不是说党直接享有国家机关的各项权力，也不是将党置之于国家机关和社会团体之上。② 党能够运用法律来管理国家和社会事务，是党领导更加成熟的表现，必将更能充分地实现人民的利益，更能广泛地得到城市化市区人民的拥护。因此，我们要制定政党法，使包括执政党在内的各政党的活动法律化、制度化，特别要强调政党意志上升为国家意志的程序应当经过民主决议和民主监督，未经法定程序或虽经法定程序而未获通过的党的意志（如政策、规定、决议等），不是国家意志，不具有使全社会服从的效力。因此，将政党特别是执政党的活动纳入法律的轨道，是法律至上的必然要求，也是我国实行法治的首要途径。

诚如何华辉教授所指出的，“人民必须有可能影响政府的行为，必要时可对政府的合法性提出挑战。政府机关及其官员违背法律必须受到法律的制裁”③。这也就是说政府权力是人民赋予的，政府理当依法行政，即通过宪法和法律的授权来管理社会。这是法治的鲜明特征，也是民主政治和城市化宪政的根本要求。当下中国城市化进程中腐败现象滋生不止的问题，用法治的观点来检视就是权力的无边界滥用，领导权力不受法律约束。阿克顿有一句至理名言：“绝对的权力必然导致绝对的腐败。”孟德斯鸠也说过，“一切有权力的人都容易滥用权力，这是万古不易的一条经验。有权力的

---

① 郭道晖．权威、权力还是权利［J］．法学研究，1994（1）：78.

② 这里，正如中共十三大报告指出的“党的领导是政治领导，即政治方向，重大政策的领导和向国家政权机关推荐重要干部”。党的十四大报告指出：“党对国家事务实行政治领导的主要方式是：使党的主张经过法定程序变成国家的意志。”

③ 何华辉．比较宪法学［M］．武汉：武汉大学出版社，1988：78.

人们使用权力一直遇到有界限的地方才休止”①。如何使政府的权力有个“界限”呢？学术界认为其法则不外乎有二：即授权和限权的方法。行政法作为控权法，应当从这两方面来规制政府的行为。一方面，通过宪法和法律授予国家机关及其工作人员以充分的权力，保证其依法参与国家管理和社会管理，完成人民的委托，实现人民的意志；另一方面，按照法学家的观点“法无规定即无权”，即政府的权力范围必须由法律明确规定，禁止城市化中政府行政越权和滥用权力，不得为法律没有明文规定或授权的行为，防止和纠正行政机关违法行政，以保护公民、法人和社会的利益。此外，在观念上要破除历史上遗留的“官本位”、“权力本位”等封建思想的残余，摒弃“明君青天”、“为民作主”等传统观念，“使依法行政作为法治的重要环节发挥作用，来维护法律的权威和尊严，使依法行政成为我国行政机关的一项最基本的活动原则”②。

综上所述，在城市化建设过程中，法治国家的决定性前提就是法律至上，这是法治的观念基础和制度基础。只有排除这方面的障碍，解决权大于法的问题，才能树立法律的绝对权威地位，才能使我国在城市化建设的进程中，沿着社会主义法治的轨道迈出最坚实的一步。

2. 宪政视野下城市化的法治保障是司法公正

宪政之城市化的法治，作为一种治国方略不仅要求有一套完整的法律体系作为市民的行为准则或规范，更重要的是，法治的存在以其本身的价值取向为支点，它蕴含着人类对公正、正义、文明、秩序、和平等理想的追求，要求法为“良法”，国家制定的法律应当符合法治的价值取向，体现公平、正义、诚信、自由、民主等现代法的精神，要求法从制定到实施的整个过程中，对任何社会主体都是公正的。司法作为使法治从“应然”走向“实然”的关键环节，是实行法治的保障，要求其公正自然是题中应有之义。因而，

---

① [法] 孟德斯鸠. 论法的精神 [M]. 北京：商务印书馆，1961：152.

② 李步云. 实行依法治国，建设社会主义的法治国家 [J]. 中国法学，1996(2).

司法公正是建设法治国家的必然要求和有力保障。针对我国城市化建设的现状，司法公正应当加强两方面的制度建设：其一是实现司法独立；其二是杜绝司法腐败，提高司法效率。

现行政制下的司法独立是现代文明国家追求法治的必备要素之一，是一项宪法性基本原则。党的十五大报告指出："推进司法改革，从制度上保证司法机关依法独立、公正地行使审判权和监督权。"其基本含义是司法机关独立于政府，只对宪法和法律负责，法院依照法律独立行使审判权，不受任何个人、国家机关和政治势力的影响和干涉。世界各国都将司法独立确定为不可移易的法治原则，不仅在观念上，更在制度上确定了它作为城市化法治基石的地位。

在我国，司法独立原则已经在现行宪法中得到确认，为司法独立提供了最有力的法律依据，而在实践中这一基本原则的贯彻和实施却障碍重重。造成这种现状有历史和现实的诸多原因。在历史上，我国律法从来是行政权和司法权不分，司法权隶属于行政权，被行政权吞并。行政长官同时也是司法长官，掌管刑狱诉讼之事，行政代理、主管司法是中国古代司法制度的特征，在中国人的观念中也是合理合法的。因而历史上鲜有对行政权侵越、吞并司法权而提出任何质疑、抗议的言论和行为。可以说，唐代以来所形成的司法制度，是在行政长官主理下的一整套关于审级、起诉、受理、审判、调处、回避、证据、申诉、执行、狱政管理等相对完备的法律与制度。行政长官要求"判官亲问"、"依状鞫狱"①。时至今日，社会观念发生了重大转变（臣民社会向着市民社会与公民社会转变），但以行政代司法依然占据着一些领导人的头脑，被认为是天经地义、理所当然的。在现实中妨碍司法独立除了这种历史遗留的观念原因之外，从制度上还有两方面的问题：其一，党委和政府的

---

① 参见张晋藩．中国司法制度史［M］．北京：人民法院出版社，2004："绪论"部分．考察中国古代的司法制度史，认为行政长官主理司法刑狱，是千年的祖制和历史传承，是天经地义的，从来未有任何反对和质疑之声——笔者识。

权力过大，高居于司法机关之上，对具体司法工作插手过多，甚至某些领导人出于或公或私的目的直接对具体司法工作作批示、递条子，使司法工作偏离了法律的轨道而屈从于这些掌权者的意志。在城市化过程中所发生的土地纠纷，和政府强行拆迁的矛盾不胜枚举，这可以视为历史上的行政权侵越而取代司法权的现代翻版。其二，我国缺少独立行使司法权的制度保障，保障司法独立的相应配套制度很不健全。司法独立不是抽象的，而是具体的，必须将其从抽象的原则物化为具体的制度，使理论上的司法独立具备实践上的物质外壳，这就要求制定相应的法律，以确保这一原则在城市化社会实践中真正实现。

为了确保司法公正性与独立性，我国制定的《法官法》和《检察官法》（以下简称“两法”）中的许多新规定是有利于维护司法独立的，但法律的规范文本并非指法律的操作层面，很难做到木直中规。在城市化过程中为保障独立行使司法权，还应当特别重视以下几方面的制度建设和创新。

第一，随着计划经济向着市场经济的转型，人们从单一经济体系向着多元经济形态发展，个人、法人及其他经济组织的契约关系和契约意识日益彰显。因此，城市化背景下的契约纠纷、诚信纠纷，或者利益分配纠纷与诉讼，升幅激增，这给我国司法系统带来了新一轮的挑战。司法机关的后勤保障与经费独立是司法独立的起点，在现行体制下各级司法机关的人、财、物均由地方主管，其经费来源由地方财政拨款，受地方的制约性极大。这至少造成了两方面的弊病：一是地方政府凭借自己在财政上“供奶”于司法机关的关系，有一种“施主”式的优越感或施舍感，每遇案件便直接或间接地向司法机关施加压力，甚至直接插手和干涉司法审判程序与结果；二是形成地方保护主义网络。这两者都会对司法独立造成直接或间接的侵害。实行司法机关经费独立，把全国司法机关的活动经费列入国家单列开支的财政预算之内，实行司法系统内部自上而下的统一调拨分配。这样，地方干涉和地方保护等便失去了存在的经济土壤和依赖人事背景，也有利于避免“人情案”、“关系案”、“腐败案”等现象的屡屡发生。

第二，科学建构城市化过程中的“司法免责制度”。也就是说，司法机关及其工作人员在农业文明向着现代工业文明嬗变的过程中依法履行审判、检察等职责过程中发表的言论和当为的一切行为，不被追究法律责任，以保证司法人员对案件的审判和检察时充分发表自己的意见，使司法更加符合立法原意，更能体现公平、正义、诚实信用等法意的精神。这也有利于司法人员排除个人顾虑，排除外界干扰，能够更有效地独立行使司法权。实行这一制度应对“免责权”作适当限制：其一为范围限制。“免责权”的范围应当仅限于其在依法司法即在行使审判权和检察权的过程中，针对其司法活动所发表的言论和当为的行为。对于在非执行公务期间的言论和行为以及虽在公务期间但与公务无关的言行，不得免责；其二为目的限制。城市化背景下的司法实践本就将面临许多新的课题，出现许多从未遇到的困惑与难题，因此，在上述范围内的言论和行为应当是出于依法司法与公正司法之目的，应当符合合法性原则和合理性原则。对于假借公务之名而谋取私利之实以及纯属私意的司法行为，不得免责。一言以蔽之，免责不是绝对的，决不能因为可以免责而遮蔽司法公正、公开、严明的应有之义，更不能遮蔽城市化主体的权利义务的实质性正义之救济途径。

3. 宪政视野下的城市化要杜绝司法腐败

在工业化迅速兴起，城市化大力推进过程中，司法权是用于维护社会正义、保护公民合法权利的，司法机关是制裁犯罪、惩治腐败的最后一道防线。“公正的司法制度是对受到侵害的人民权利给予补救的关键一环，也是维护社会公正、保障法律得以正确实施的最后一关。”① 如果司法者抛开公平正义，自觉或不自觉的泯灭道德良知，漠视法律法规，徇私枉法，肆意裁断，腐化贪贿，那么，无论法律体系如何完备，那么社会公正与正义也都无从实现，良好的法治便永远只是海市蜃楼般的制度设计。因而杜绝司法腐败、整治司法队伍是实现司法公正须臾不可懈怠的重要任务。因为任何法律或律文文本必须通过人来解释或操行。

① 王家福．依法治国论［J］．法学研究，1996（3）．

我国目前法治建设的一个重大难题是司法干部队伍整体素质偏低，司法腐败呈滋生蔓延之势。全国人民对此莫不痛心疾首。十五大报告已把反腐败提高到“关系党和国家生死存亡”的高度来认识，司法腐败是最大的腐败，亦见反司法腐败之迫切。笔者认为在现代化、城市化建设过程中，涉嫌经济犯罪和其他刑事犯罪不论是在数量上还是在犯罪者本身的社会地位身份上都呈上升趋势或者说干部化趋势。故反对司法腐败应从两方面入手：其一，严格执行《法官法》和《检察官法》，实行任免考核制度，把那些法律业务水平差，道德素质低下的无才无德之徒坚决拒之门外；其二，对于混迹于司法队伍中的品行败坏，媚权枉下之辈以及劣迹斑斑者坚决扫地出门。在国家司法系统，绝不能使之成为行业或专业腐败的“集中营”，要彻底改变当下百姓对国家司法公权机关的评价，要使之真正成为社会良性变革，城市化稳步推进的保驾护航的神圣法器。

4. 宪政视野下的人权是城市化法治价值取向的核心内容

2004年宪法修改“人权入宪”并且党的十六大报告明确指出：“保证人民依法享有广泛的权利和自由，尊重和保障人权。”这就把尊重和保障人权纳为市场经济和城市化建设中之法治国家的重要内容。法律至上是实行城市化建设的法治前提，司法公正是城市化现代化建设的有力保障，那么法治的价值取向是什么呢？法治的价值基础和取向至少应当包括：（1）法律必须体现人民主权原则，必须是人民根本利益和共同意志的反映，并且是以维护和促进全体人民的综合利益为目标的；（2）法律必须承认、尊重和保护人民的权利和自由；（3）法律面前人人平等；（4）法律承认利益的多元化，对一切正当的利益施以无歧视性差别的保护。由此，可以得出结论：法治价值取向的核心在于尊重人权，保障人权。特别要保护在城市化过渡之中的社会弱势群体之人权。

在城市化建设背景下尊重和保障人权，有两条基本途径：设定国家权力和具体化为公民权利。所谓设定国家权力，就是指国家机关以实现人民的意志和保障人权为根本目的，从社会公共利益和根本利益的大局出发，使立法、行政、司法等各个机关分工协作，有序运转，通过参加国家管理和社会管理以实现公共利益的途径来保障人民的实际权利。如果国家机关侵犯公民权利（人权）则应予以处罚或赔偿。所谓具体化为公民的权利，就是指法律把各项人权以公民权利的形式充分地规定下来，每个公民都平等地和完整地享有这些权利。换句话说，在非农业化的城市化进程中，任何行政机关或其他社会组织都不得非法侵犯或剥夺农民或市民享有的权利主张和享受的各项公民权利。这样，国家权力和公民权利就构成一个有机统一的“权力—权利”运行系统。“权力—权利”运行系统只有在其成熟状态即达到和谐有序、稳定平衡的状态下才能够充分地尊重和保障人权。在此运行系统中，国家权力和公民权利相互依存，彼此制衡，共同运作，协调发展。但是，“权力—权利”运行系统也会经常发生冲突：一是国家部分权力发生异变，在少数人的掌控下处于失控状态，超越法定界限，借助其本身的优势地位来任意侵犯公民权利，使公民的权利主张受遮蔽。二是公民权利超越法定界限，无限扩张甚至滥用无度，强调“绝对自由”和“绝对利益”，突出个人主义，主张政府虚无主义和政府服从主义，妨碍了国家和政府权力的正常行使，从而破坏了公共利益和社会的长远利益，比如在城市化中的拆迁与旧城改造问题，国家或政府权力与公民权利作为一个系统内的两极，在有些地方是对立的，但更多应该是统一和同一的；任何一方的极端异化和边际化扩张都会直接损害另一方，甚至造成更大的社会危害。湖南嘉禾县拆迁事件所透示的行政侵权问题十分深刻。

目前，在我国现代化城市化的建设中，“权力—权利”运行系统并未能完全正常运行。“文化大革命”便是对国家公民权利义务关系的大践踏，中国人人权的被剥夺和丧失已经到了无以复加的地步。在理论上是义务主体几乎遮蔽了所有的权利主体，甚至将“权力与权利”根本对立起来。党的十一届三中全会以后，“权力—权利”运行系统渐趋稳定均衡，但远未和谐。当前存在较为普遍的问题是国家权力超越法定界限侵犯公民权利，而公民不能得到及时、公正、有效的救济。公民权利受到国家机关特别是行政机关侵犯的现象比较严重。一方面，有的领导人自视高高在上，主宰辖下的市民，视公民为奴仆，视人民赋予的权力为特权的法杖，不把公民当做平等主体来看待，保护公民应有权利的观念十分淡薄。另一方面，公民自身缺乏应有的主体意识和权利意识，长久形成的义务观遮蔽了自身应有的权利观，很多公民没有认识到自己是法律关系的主体以及依法应当享有的权利。相反，把自己视为法律关系调整的微不足道的一部分。观念的滞后导致很多公民不知道依靠法律来享有和维护自己的合法权利，特别是在面对所谓政府权力和公共利益调整时，那种惟命是从的心态与茫然无助的神态，在城市化的推进中随处可见，有很多人甚至不知道自己作为国家公民应该享有的合法权利何在，哪些是被侵占了，哪些还没有被侵占。

从宪法理论上看，在现代社会，人民是国家的主人，国家的一切权力属于人民，人民是国家权力的源泉，是国家权力的终极所有者。通过代议制，人民选举出代表自己意志的人民代表，国家机关及其工作人员受人民委托而行使国家权力。所以，权利是目的，权力只是手段，国家权力应当服从公民权利并为之服务，这样，就是以公民权利制约国家权力。即在“权力—权利”运行系统中实行以权利制约权力将会克服国家权力君临公民权利之上而产生的越权、渎职、腐败等现象，也将有力地保障公民权利能够有效主张，人权正义保障的充分实现。

城市化实践中如何实现以权利制约权力呢？我国现行法律法规曾经作出一些规定，司法实践中也有一些成功的事例，但总的来说还不尽如人意。以权利制约权力的方式和途径有很多，笔者认为最重要的是社会转型过程中要完善民主监督制度。党的十五大报告指出：“我们的权力是人民赋予的，一切干部都是人民的公仆，必须受到人民和法律的监督。要深化改革，完善监督法制，建立健全依法行使权力的制约机制。……加强对各级干部特别是对领导干部的监督，防止滥用权力，严惩执法犯法，贪赃枉法。”① 我国现在的监督机构不在少数，但都未能真正发挥作用。使监督机制充分发挥监督作用，既要切实使监督机构能行使监督职能，更要在制度上保

① 参见《中国共产党第十五次全国代表大会报告》全文。

障公民行使监督权。公民是最广泛的监督主体，在不危害国家安全和不侵犯国家秘密及个人隐私的前提下，应当逐步扩大公民参加政治活动的权利范围，增强国家和政府机关活动的透明度、公开性，使广大公民对地方政府及其工作人员的活动享有较充分的知情权。鉴于城市化推进中政府机构以各种理由侵犯公民权利的现象较为严重和普遍的现状，应当建立完善的行政相对人权利救济制度，建立冤案、错案责任追究制度，通过对权利及时、公正、有效的救济来实现对权力的监督和制约。其他一些重要方面，如树立权利本位的法制观念，进一步改革选举制度，建立举报申诉制度，建立国家机关工作人员财产申报制度，提高公民的法律意识和综合素质等也有助于监督和制约权力，应加强这些方面的制度建设，以确保权利制约权力的实现。

法律至上、司法公正、保障人权作为法治的基本原则，它们三位一体，互为表里，是建设社会主义法治国家的灵魂。党的"十五大"把依法治国作为治理国家的基本方略，是顺应历史规律的抉择，是大势所趋，是人心所向，也必将使中华民族伟大复兴，使城市化的建设创造更多辉煌，迈向新的台阶。

第五节　城市化滞后经济根源之宪政分析

一、城市化滞后之经济根源考察

把宪政理论纳入城市化的实践层面上来考量宪政状况，这不免有些"现实学术"的味道，但学术本身就是这样一种东西——既要前瞻又要后望。改革开放前，我国城市化水平一直在低水平徘徊，发展速度极为缓慢。1949 年至 1977 年的 28 年间的城市化水平仅提高 8.32 个百分点，年平均增长为 0.29 个百分点。改革开放后，我国加快了城市化步伐，从 1978 年至 1998 年的 20 年间提高了 12.48 个百分点，年平均增长 0.59 个百分点，是改革开放前增长速度的 2 倍多。如果片面地认识这种增长速度是够快的话，那么相对于我国经济增长的总量以翻番的速度快速增长作为参数，则我国城市化水平的增长速度已远远地落后于经济增长的速度了。① 综合分析造成上述现状的历史原因，不外乎以下两点：

第一，长期的计划经济体制是我国城市化滞后的根源所在。计划经济作为我国建构社会主义经济制度设计与安排的一个显著特征而长期存在，是有其深刻的历史背景和经济原因的。中国共产党从党治到组织结构，从国体到政体均深受苏联社会主义的影响。其计划经济的源头就来自苏联社会主义模式。中华人民共和国成立后的政策包括外交几乎全部师承苏联"一边倒"，其他大政方针也基本上借鉴和仿行着前苏联的社会主义模式。在经济体制上采用了计划经济体制，并确定了赶超型发展战略（中国发展经济学上称之为社会主义的"蛙跳理论"②）而走优先发展重工业的道路。1958 年的大办钢铁和"以钢为纲"口号的提出就是典型。毛泽东为保障工业化之高速发展便牺牲农业而采取了农业先于支付工业和国民经济迅速发展模式的方式，通过工农业产品的价格"剪刀差"把农业剩余转移到工业中，并且与之相适应地采取了统购统销政策和人民公社化的"大公社"制度。不能不承认，我国在中华人民共和国成立初期的经济政策特别是"一五"期间还是相当成功的，基本实现了中华人民共和国成立后生产力的极大解放和经济总量的新增长。然而这一轮增长未能很好地保持住其持续性，从 1959 年春起经济开始急剧滑坡。因为在农业劳动生产率本来就很低的情况下，农业剩余产品无偿地转移到了工业领域，包括劳动力资源。一方面造成了农业投资的严重不足，另一方面也造成城乡间收入及生活水平差距的迅速扩大化，由此产生劳动者在产业间（城乡间）迁移的离心力，农业劳动者向其他产业的大量转移包括部分非剩余

---

① 参见杨波．我国城市化滞后的根源及负面影响分析［J］．云南财贸学院学报：经济管理版，16（1）．作者在该文中指出：我国城市化滞后已是无可争辩的事实，深入剖析城市化滞后的根源，全面分析城市化后给我国社会经济带来的负面影响，对加速城市化进程，早日实现现代化，具有极其重要的意义。

② 中国发展经济学之蛙跳理论，系由著名发展经济学家张培刚、夏振坤、谭宗台等教授在不同的学术背景下提出，有的针对农业国的工业化问题，有的针对中部崛起问题等——笔者识。

劳动力的转移必然会影响农业的产出，降低整个经济发展的速度。在这种情况下政府采取了西方国家从未使用过的非人权保障的办法——严格限制农村人口向城市流动，与此同时国务院规定了户口登记管理条例，且这个条例以立法的形式规定了户口迁移的手续。在通常情况下农民身份酷似坚冰，严加冻结世袭而不可破。这样一纸户籍制度的设计与安排就把中国人口人为地分成了楚汉不可逾越的鸿沟——两个社会阶层，两个等级社群。城市（含城镇）和乡村两个中心的二元社会结构开始制度化的形成。自以为是的“二元结构”理论发散发酵，其他一系列的政策和制度也不断随之拱卫，包括就业制度和城市补贴制度等。这些政策和制度在城乡间形成了一只看不见的手支撑着一张看不见的网——牢不可破地将农村与城市隔离成几乎无法沟通交流的两个世界，完全阻却农村人口转变为城市人口或城市人口转变成为农村人。即便是通婚也要冲破重重世俗之阻力。① 从1959年到1978年，城市人口增加不超过5 000万，由于总人口的大量增长，城市化水平反而下降了0.49个百分点，而且增加的城市人口主要来源于自然增长，而非机械增长和人为城市化之建设的增长。

第二，长期以来，我国农业基础长期羸弱。“大跃进”、人民公社化运动不仅违背了农村经济的自身规律，也导致了靠牺牲农民利益来实现工业化的强制性积累。在缩减城乡差别的口号下，反而使工农产品剪刀差有增无减，农业的比较利益直线下降，大大挫伤了农民的生产积极性，从而极大地损害了农业作为国民经济基础地位的稳固性。农业的发展是城市化进程的首要前提。农业基础羸弱不堪，犹如“千仞之塔，起于沙丘”，难成气候。没有农业的良性发展和农业资本的原始积累，便不可能有工业化基础，没有工业化

① 当时情景下的城乡婚姻远比当下跨国婚姻障碍大，倒不是法律制度设计或规定之不准通婚，而是婚后男方或是女方的户籍关系没法转移，后代（子女）户籍难有着落；再加上城里人对拥有城市户口的优越心态，很难看上农村的男女，人们对城市的向往多少带有几分神秘和奢望——笔者识。

的基础根本不能有城市化。① 工业对农业的侵害也直接导致了轻重工业比例的严重失调。毛泽东虽然看到了这一点，并在理论上强调了要摆正“十大关系”，特别是农业与工业，轻工业与重工业的关系，但由于宪政的缺失，民主政治的不足，许多正确的理论仅仅只是停留在理论的层面。轻、重工业比例失调，城乡之间矛盾愈演愈烈，对于依附一定资本量和劳动力人力资源的轻工业出现大规模的短缺，因此在一定历史时期内广大人民群众所需要的生活必需品日益不足，根本无法与重工业保持平衡，更谈不上可持续增长和发展了。轻工业严重滞后于重工业的发展，造成了轻工产品供给困难、人民生活物质需要得不到基本保障，不言而喻也就严重影响了我国城市化的进程。

此外，由于忽视人权的保障体系和人民生活质量及生存环境的改善，从大政方针到具体的行政作为均彻底地忽视第三产业的功能，致使中华人民共和国成立后的城市发育极端畸形或者说先天不足。城市结构单一，工业产业产品和行业规划呈畸形发展。诸如在“先生产、后生活”与“先治坡、后治窝”的错误思想指导下，几乎所有城市第三产业都处于停滞不前甚至被取缔的状态，城市功能单一，基础设施落后，公共服务不全，生活质量不高的现象比比皆是。这使城市在初期的建设中就患上“软骨病”和“贫血症”，处于发育不良状态，从而大大削弱了城市自身的辐射力和向心力，丧失了城市应有的功能，即便是地处珠三角龙头地位的广州也丝毫凸显不出其城市功能的应有之义。

二、城市化滞后之宪政分析

文化大革命结束后，政府工作开始步入正常轨道。特别是党的十一届三中全会后，我国经济发展战略作出重大调整，改革的程序

① 参见张培刚．农业国工业化［M］．香港：花千树出版社，2002：42．在书中张先生谈道：关于我的“工业化”定义和含义——包括农业的现代化和农村的工业化，早在40多年前我就说过，工业化一语含义甚广，我们要做到工业化，不但要建设工业化的城市，同时，还要建设工业化的农村。

和实体包括体制性层面已经开始发生根本性的变化。在宪政的框架下开始了以人为本的经济重建工作，较为彻底地打破了以重工业为重点的计划经济的模式，真正开始落实了早已确定的农、轻、重的产业发展顺序。农村经济体制改革促进了农业的大发展。工业化在农业的支持下开始了轻工业优先发展的“补课”，对全国城市的规划与建设在人文主义的关怀下出现了新的生机。由是，我国城市化发展的诸多限制因素亦开始出现松动，特别是劳务用工管理制度的改革以及禁锢农村劳动力剩余资源的桎梏被打开，城市化进程和发展才开始加快。但是，这种松动在早期仅仅局限于有限的范围和领域，主体经济计划体制还固若金汤。城市化发展相对于我国经济的高速增长依然表现得尤为滞后，而且这种滞后程度的趋势还在不断扩大。毋庸讳言，已步入转型时期的我国城市化依然存在着诸多滞后的因素。

其一，城乡隔离政策的惯性效应。中国今天改革所取得的政治绩效与经济绩效同样令世界震惊，中华经济圈与中国综合国力的跨越式增量和创造的经济奇迹是计划经济体制下无法想象的。改革开放后的20余年间，虽然市场经济体制的型塑绝非短期内所能完成，但阻碍宪政和城市化发展的一些制度性障碍却逐渐得以铲除或取消，诸如全国粮油食品供给制度，粮棉订购定销制度，工业品及生活用品计划配给制度等已完全被自由市场所取代，住房分配制度也由福利性分房向商品房发生转变，特别是户籍管理制度已逐渐放松。但是，近半个世纪的体制因素所造成的城乡隔离或二元经济结构之影响并不能由于某个环节、某些制度的变迁取消而立刻灭失，较为长久的心理思维定式与政策的惯性效应依然存在，这种惯性和思维定式的残存势必制约城市化发展，也一定会对新的历史条件下的宪政实施产生一定的负面影响。

其二，宪政视野下的社会根源与经济根源。在城市化进程中其滞后的社会根源是指我国人口总量庞大，流动区域相对狭小，交通条件所限，转移迁徙任务艰巨。2004年，我国人口总量达13亿之巨，超过了世界所有发达国家人口之和，几乎占世界人口的1/4，数理上计算这意味着我国城市化水平每提高1个百分点就将要转移

1 300 万农村人口到城镇，而这个人口数则相当于一个中等人口规模国家的人口总数。其任务之艰巨，困难之大，所费之巨，是无法想象的。另外，封建的生育观念和农村生育环境的相对宽松，使得农村人口出生率大大高于城市，政府所采取的一些积极的转移政策和人口政策，往往被农村的高出生率所抵消。且农村生育高导致文化素质走低，在文盲产业大军所主导的劳动力市场上，实在是很难有民主宪政的空间和城市化推进的成果，从某种意义上讲城乡间执行不同的生育政策，未充分实施国民待遇也是导致我国城市化滞后的一个不可小觑的因素。

宪政视野下城市化滞后的经济根源是指在城市化建设中基础薄弱，城市建设缺乏资金来源。新中国成立 55 年来，经济建设取得了巨大成就，国内生产总值由 1952 年的 679 亿元猛升到 1998 年的 79 395.7 亿元，剔除价格因素，实际增长 29 倍，年均递增 7.7%，大大高于同期 3% 的世界平均水平。然而，由于我国经济基础薄弱，需要投入大量资金的项目太多，在资金不充足的情况下，往往是先挤掉城市建设资金。故我国城市建设滞后于经济发展的局面，大大影响了我国城市化的进程。再则，已经建成了的城市地区，由于种种原因包括思想观念上的原因，第三产业发展滞后，城市吸纳和吞吐能力都不强。我国作为城市化后续动力的第三产业依然发展缓慢，不仅远远低于发达国家，也远远低于全世界平均水平，就是邻国印度在城市化的发展建设中，其第三产业的培育和城市市场的完善远比中国好得多。① 最后，由于体制上多年的积弊，国有企业改革成效极不明显，出现全国性的城市就业困难，下岗工人增多，浩浩荡荡的生产大军由于自身技术能力的局限，无法跟上日益发展的科学技术和信息革命的步伐，只能“望岗兴叹”。从国有企业深化改革分流出来的一部分企业人员和国家政策机关分流出来的一部

① 参见《环球时报》题为“印度的现代化搞得怎样？”的评论，2004 年 12 月 24 日，第 923 期。该文认为中国目前的城市化虽然比之印度有压倒性的优势，但中国城市化后的金融风险要远远高于印度，但是印度的不良资产比重却比中国要小得多，只有 GDP 的 2.8%，这一点就值得中国认真吸纳和学习——笔者识。

分机关人员所汇集成的城市失业大军城市本身就无法消化，就更谈不上富余出就业岗位吸纳更多农村剩余劳动力了。二元劳动力资源市场结构，无疑也是转型时期宪政视野下城市化滞后的原因之一。

综上所述，城市化滞后所指涉的宪政问题主要是体制问题，制度安排和设计的问题。

第四章 宪政之维中的中国农村城市化经济透视

法律是维护社会秩序的最后凭借手段，而社会秩序依赖于一个国家的社会和文化特征。相应的是，一个社会和文化命题越是基本，它与法律和法律文化的联系就越是紧密，不论这一联系是公开的还是隐蔽的。

——哈耶克：《法律、立法与自由》

第一节 经济转轨中的农村城市化

有学者认为中国的农村城市化已经有了很长的历史，应该从最早的城乡分离和农村渡口码头港湾交通要道出现的集市小城镇的出现，视为城市化的开始。按这个理论来判断，中国早期城市的出现已经有几千年的历史了。在封建社会，农村城市的进步与发展十分缓慢。及至资本主义产业革命的兴起，才极大地催生和加速了城市化的进程，现在世界上许多著名的城市都是在早期工业化中成长起来的，比如在欧洲一些古代和中世纪的著名城堡、城邦被时代淘汰或被新起的城市所替代。中国也是这样，作为与政治经济密切相关的在农村地域上兴起的城市，其城市的社会功能、商业地位及建筑群落兴衰有自，峥嵘有时，丝毫不以个人意志为转移。

一、农村城市化之经济转轨

资本主义时代的农村城市化，是靠两种基本力量来发动和加速的。一是工业化。因为机械大工业要求生产的相对集中，以共同利用电力、水利、交通、通讯、物流、零部件配套设施等，以产生聚集效应；同时要求集散商品，发展贸易，以形成市场。这种角色，只有城市才能扮演。二是农业生产工具的改善，大大提高了劳动生产率，农村剩余劳动力的产生，为城市提供了丰富的工业劳动力。农民进城变成产业工人，身份户籍变成城市社区居民。这里的前提条件是，“完全脱离农业的个人的数目，取决于农业劳动者所产生的超过自己消费的农产品的数量”①。在这种情势下，农民向城市的群体性流动就成为城市化的重要标志。20 世纪 40 年代末，第二次世界大战结束不久，全世界就有 10 亿农民涌向城市，形成一个波澜壮阔的在“二战”废墟上重建老城市、创建新城市的造城运动，这个历史性的造城运动本质上就是一次最大规模的城市化。

我国实质性的农村城市化首推新中国成立后的第一个五年计划，那时就开始实施工业化建设的造城运动。按照客观的经济建设规律，伴随早期工业化的就应是早期城市化的农民进城的造城运动。但是我们在理论和实践上却把这个规律给忘记了，似乎走了“逆城市化”的道路。② 这样，就使得我国在中华人民共和国成立后的 30 年内在工业化和城市化两方面都走了很长一段弯路。

中华人民共和国成立后，虽然我们建立起了一个相对独立的比较完整的工业体系和国防工业体系，特别是两弹一星的制造成功，保卫了共和国的独立，提升了共和国的国际地位，但是我们不得不承认，我们也掉入了一个低收入水平的工业化陷阱，陷入了一个以

---

① 林凌．经济转轨中城市化运动［J］．首都经济贸易大学学报，2003（1）．

② 中华人民共和国成立后的工业化，为了所谓战备需要，将工业生产基地几乎完全按照战时经济和战时工业政策，或搬迁或兴建在大山区，依洞傍沟，交通极为不便。诸如大三线建设的工业企业，在经济上发展和城市化功能上并非是农村城市化，而是“逆城市化”——笔者识。

牺牲农业而支撑工业的怪圈。因为这个工业体系是借助工农业产品剪刀差，依靠占人口 80% 以上的低收入的农民建立起来的。他们从工业化中所得实惠甚少，到 1978 年，城镇居民的收入相比于 1957 年反而下降到了令人不敢相信的程度，由于长期的超低水平收入，有 2 亿农民挣扎在饥饿线上。因此，也就限制了工业品的市场供求，为进一步工业化造成障碍，导致农村城市化呈逆向发展。

也正是我们严重忽视了城市的重要性，把城市封闭在一个相对狭小的行政区划范围内，根本不知道城市真正的经济与市场功能，更难理解城市作为一个地区的经济、政治和人民精神生活的中心的宪政意义，也无法理解城市是引领民主法治建设和观念更新最主要的阵地和引擎。相反，将城市视为小资产阶级思想的发源地，将城市所应有的物质生活文明当做修正主义的香花野草加以鞑伐批判。我们实行"一大二公"的人民公社体制，抑制了农民的生产积极性和农业生产力与效率的增长。由此，占全国人口 80% 以上的农民无法提供超过自己消费的农产品数量，因而不得不用种种制度限制农民进城，而且对本已是城镇身份者发起了一波难辨真伪的教化与冲击：在"不在城里吃闲饭"，"上山下乡，接受贫下中农再教育"等政治口号或者行政命令下，把城市居民尤其是青年学生送到了广阔天地农村改造，参加农业劳动，这在理论和实践上都走了一条有违民主宪政精神的逆城市化的道路。

由于这些原因，到改革开放前的 1978 年底，我国工业在 GDP 中的比重达到 48.6%，而社会劳动者在农业领域就业的比重高达 70.5%，在工业领域就业的比重仅为 17.4%，城市化率只达到 18%。直到 20 多年后的今天，这种畸形工业格局遗留下来的历史矛盾，对我们的发展仍然是一个不容忽视的障碍。

以市场经济体制为核心的经济转轨，使我们逐步提高了对城市化和城市功能及作用的认识，经过 20 多年的市场化体制改革，中国的城市从一个封闭、半封闭的经济区变成了区域的、全国的、国际的经济中心，城市的数量也从改革开放前的 80 个，增加到近千个。列宁所说的城市是经济、政治和人民精神生活的中心地位，前进的主要动力的地位，都明显地体现出来。城市经营，城市化道路，城市规划、城市建设和管理也成为一门学问进入高等学府，列为大学学科，研究城市经济、城市科学、城市规划、城市管理、城市经营的民间团体和研究人员越来越多，20 多年前还不知城市化为何物的人，现在已成长为中国城市化的积极推动者。中国终于回到了人类共同前进轨道的正常态。

现在中国城市化正进入一个高速发展期。在境外资本和民间资本的合力作用下，近年来的城市化呈现出的三大趋势颇值得引起政府重视。

1. 沿海三大经济圈城市化发展迅速。北京完成了包括京、津、唐、冀在内的大北京规划，2000 年申奥成功带来了巨大的发展机遇。在浦东开发取得骄人成就的上海，现在正在建设洋山深水港，向国际航运中心迈进；世博会申办成功，又给上海带来巨大商机，上海基础建设的投入，达到每天一个亿的惊人水平。广州港要向南推进 53 公里达到珠江口的南沙，海港、临港工业和物流业的建设，使广州真正成为珠江三角洲城市群的龙头老大。特别要看到的是，发达地区成熟产业向东部沿海地区的转移，将大大促进这一地区城市化水平和城市化质量的提高，到 2020 年，这三大城市的人均 GDP 都会达到 1 万美元以上，它们的目标已不是建设小康社会，而是率先基本实现现代化了。

2. 江苏、浙江等发达省份在当地党委、政府的领导下正在构建城市圈、城市带、城市群。江苏省政府已规划了三大城市圈：南京城市圈、苏锡常城市圈、徐州城市圈，还建立了城市研究院。在苏锡常城市圈中，苏州城市圈发展势头很猛，经济规模逼近天津。浙江省的城市化率 1998 ~ 2001 年每年增长 2%，总体水平已达到 42%，主要动力是分散在乡村的小工业向城市的工业园区集中，不但提高了聚集效应，而且使农民由工人转化为城市居民。在东南沿海地区还出现了人口达数十万的小城镇，聚集在那里的绝大多数是外来务工的农民。在中西部地区，以武汉、重庆、成都、西安等特大城市为中心的城市群正在形成；昆明、乌鲁木齐等城市已成为我国沿边开放的前沿阵地和边关重镇。

3. 小城镇建设以空前的速度在全国兴起。在走过一段盲目扩张的弯路之后，我国农村城镇化建设的重点正在向县城和有条件的建制镇转移。在一些地区已形成特大城市、大城市、中等城市、小城市、微型城市（小城镇）组成的宝塔形城市网络体系。

根据全国第五次人口普查提供的数字，2000 年我国的城市化率为 36.2%，与 1978 年的 17.9% 相比，年均增长 0.75 个百分点。据有关部门估计，今后每年有可能增长 1 个百分点，到 2020 年，全国城市化率可达到 50% 以上。①

二、城市化过程本身就是经济转轨过程

中国农村城市化出现的这种加速趋势，根源于中国经济转型中工业化过程的加速，广大农民从农村涌向东南沿海地区和全国大中城市的群体性迁徙运动。这里先看工业化进程的变化。计划经济体制下的工业化是政府为主体的工业化，可以称为狭义的国家工业化。经济转轨中，工业化的主体多元化了，政府资本和民间资本，国内资本和国际资本，城市资本和农村资本，都加入了工业化的行列。新兴工业、传统工业、乡镇工业同时兴起，并在同一市场平台上竞争。第三产业蓬勃发展，在短短十余年内，从根本上消除了生活必需品急剧短缺的现象，大幅度提高了城乡人民的物质生活水平，工业增加值以年均两位数的速度增长，使我国工业化由初期进入中期阶段。从钱纳里等经济学家提出的经济增长模型看，第一阶段的人均 GDP 为 140 ~ 280 美元，我国 20 世纪 80 年代初为 150 美元左右，属于这一阶段；2002 年我国的人均 GDP 为 930 美元，属于钱氏模型中人均收入 560 ~ 1 120 美元的阶段，是工业化阶段中的第二个时期。党的十六大提出 2020 年实现工业化，按钱氏模型，实现工业化的人均 GDP 为 1 120 ~ 2 100 美元，而那时我国的人均 GDP 是 3 000 美元，实际上已进入钱氏模型的发达阶段（人均

① 参见林凌．经济转轨中的城市化运动［J］．首都经济贸易大学学报，2003(1)．值得指出的是在对城市化率、城市增长数据的统计中有些出入，这主要是引用或作者查阅的资料不一。笔者在对相关材料的引述中基本尊重原文本意，未作变更改动——笔者识。

GDP2 100～3 360 美元）。①

我国工业化速度之所以这么快，经济转轨中的政制设计与政策导向起了巨大作用。

1. 工业化的政策从优先发展重工业出发转变为满足城乡居民最终消费需求出发。世界各国的工业化经验表明，工业化是与城乡居民收入水平的不断提高密切联系在一起的。收入的提高引起消费结构的变化，消费结构的变化带来需求结构的变动，需求结构的变动，带动产业结构的转变。工业化水平就在产业结构不断转变中得到了提高。因此，工业化在其发展的起始阶段，一般都是发展消费品工业，生产最终产品，提高居民的生活水平，同时进行原始积累；尔后是发展重化工业，其中又表现为以原材料加工和加工组装型工业为不同重点的发展阶段。我国 50 年代进行的工业化，是在计划经济体制下，以发展重工业和中间产品为主的工业化，那是一个特殊时代，完成特殊使命的工业化。在那个时代，无论出于客观条件或者出于主观条件，我们只能这样做，但它是不能持久的，也不可能持久。改革开放后，我们改变了这条走到尽头的工业化路线，采取一系列政策、措施提高城乡居民的收入，从居民的消费需求出发，大力发展消费品工业（即过去我们常说的轻工业）。从废除配给票证到购买高级住宅、汽车、手机、电脑，中间经过自行车、手表、缝纫机、电风扇老四大件，又经过电视机、洗衣机、电冰箱、收录机新四大件。随着居民消费需求的不断变化升级，家用电器制造业、电脑制造业、通信设备制造业、光盘制造业、新型办公用品制造业、汽车制造业、软件业、房地产业等新兴产业蓬勃兴起，为这些产业提供原料和中间产品，配套产品的上游产品，如钢铁产品、石油化学工业、通信和电子设备制造业、大规模集成电路制造、新材料工业，以及为这些需求提供服务的第三产业也相应发展起来，这就大大加速了整个工业化的过程。我国改革开放以来的实践，充分说明了工业化必须从满足城乡居民的最根本需求出发这

① 参见［美］H. 钱纳里等．工业化和经济增长的比较研究［M］．上海：上海三联书店，1989：1，3.

一规律的正确性。

2. 从摆脱“低收入水平的工业化陷阱”出发，采取家庭联产承包责任制形式，发展农业生产，提高农民收入，为工业化提供丰富的食品、原料和劳动力。我国所以出现“低收入水平的工业化陷阱”，除了优先发展钢铁重工业、抑制消费这样一些不顾国情的政策因素外，在农业农村发展上实行人民公社体制，搞“大呼隆”式的集体主义，严重挫伤了农民的积极性，也是一个根本性的原因。在人民公社经济体制下，我国80%以上的人口从事农业，不仅不能满足仅占总人口20%的城市人口吃饭穿衣的需求，而且连农民自己的温饱问题也不能解决。因此，不得不实行粮棉油等农产品统购统销政策和生活必需品供给购买的票证政策，在这种情况下，根本无法把农业劳动力解放出来从事工业生产，而且还必须用一系列强制手段（如户口、粮票等）限制农民进城。由于农民收入微薄，进而购买力十分低下，农村工业产品市场不断萎缩，使进一步的工业化难以正常推进。改革开放后，我们首先打破人民公社体制，实行家庭联产承包责任制，解放农村生产力，提高粮食和农产品收购价格，增加农民收入，开放市场，允许农产品自由贸易，使粮食和其他农产品的生产率大幅度提高。20多年来，中国的农产品和食品从严重供给不足到丰富多彩，不仅从根本上解决了城乡居民的温饱问题，总体上实现了小康，而且回应了世界上某些人所持的“谁来养活中国”的醒世预言。特别要提出的是，由于农业劳动生产率的提高，从农村释放出了数以亿计的富余劳动力，从事农业的劳动力减少得越多，农业劳动生产率就会越高，农民就会越富裕，这样就使中国第二、第三产业所需的劳动力几乎达到无限供给的程度，这既增加了就业压力，也为工业化提供了充足的廉价的劳动力保障，更使我们不必再担心工业化进程中吃饭穿衣的基本保障问题了。

3. 城市化从封闭、半封闭到对外开放，从片面强调独立自主、自力更生到立体利用两种资源、两个市场，发挥后发优势，加快城市工业化进程。在改革开放的前30年间，我们是在发达国家封锁和自我封锁的半封闭的条件下进行工业化，甚至是“去城市化”

的。我们在自力更生的条件下取得许多骄人的成就，并引以为豪，但是我们并不知道外部世界发生的惊人变化和中国在世界上所处的怎样的落后地位。邓小平倡导的打开国门对外开放的政策，警醒了每一个中国人，使我们认识到，当我们还在进行“文革”时，世界经济已进入了与国际市场经济接轨的轨道。国际经验证明，在经济全球化越来越扩展的情况下，工业后起国家与先行国家相比，在相同的发展阶段，经济增长速度完全可能更高，城市化、工业化所需时间完全可能缩短。“二战”后一些实行了正确的经济政策的后起工业国家和地区，如亚洲“四小龙”，其经济增长速度就比先行国家要快得多。其所以能快，最基本的共性因素，就是充分利用了先进国家政制设计、民主宪政理念，另加上其预期的国外资金、科学技术、先进管理经验和发达的市场，加快了自己的发展。这就是我们所说的后发优势，后发效应。中国是一个地域辽阔、人口众多的大国，城市化初始发展就很不平衡，如何有效借鉴国外民主宪政经验和城市化成熟的模式，如何发挥后发优势呢？我们从中国的实际出发，在对外开放中，采取了由沿海向内地逐步推进和吸引外商直接投资为主的方针，首先实行沿海发展战略和出口导向战略，发展外向型经济，让一部分地区、一部分人先富起来，然后向全国纵深推进，达到共同富裕、均衡发展的目的。

过去，我们之所以选择沿海地区特别是东南沿海地区首先实行对外开放，一是因为这一地区毗邻港澳台和东亚、东南亚，是我国与世界经济重心对接的前沿阵地；二是因为这一地区是心系祖国的数千万华侨、华人、华裔的故乡；三是因为这一地区的广大人民群众有较强的市场经济和对外开放意识的历史承传；四是因为这一地区长期处在所谓战备的第一线，国家重点投资的建设项目很少，国有企业基础相对薄弱，为港台资本、外国资本、民间资本发展非公有制经济提供了广阔的发展空间；五是因为国家在这一地区开辟了五个经济特区，为外资的进入创造了特别优惠的政策环境。由于充分发挥了这些优势，仅在20世纪80年代初期，澳门、香港就有8万家企业迁到珠江三角洲，1987年海峡两岸关系解冻后，台湾陆续在沿海和内地开办的企业达5万家，现在已近10万家。在广东仅用了10年左右的时间，就使珠江三角洲地区在工业化、城市化进程中实现了质的飞跃，1994年的经济总量（GDP）占到全国GDP的65%。① 加入WTO后，我国对外开放进入了新阶段。到2002年我国工业化的速度和质量得到大幅度的提高。实践证明，我们的政制安排和公共政策的选择是十分正确的。在对外开放的条件下，利用后发优势，加速工业化与城市化进程，是完全可以做到的。

4. 农业国的工业化都将面临从单一的城市工业化到城乡双轨推进的工业化的历史转型问题。② 世界各国的工业化都是农民脱离农业，走出农村变成工人的城市工业化。细分一下，又可以分为两种模式：一种是以英美为代表的西方资本主义国家的工业化。它是一个使农民失去土地变为无土地者，而后进入城市成为工业雇佣劳动者的过程。至今许多发展中国家走的仍然是这条道路。一种是以前苏联为代表的工业化。它是国家利用工农业产品价格的剪刀差，靠工农业产品不等价交换进行原始积累，开办国有企业，让农民进城当工人，使农民变成国家职工的过程。我国在中华人民共和国成立后前30年的工业化几乎完全照搬了这种模式。改革开放后，我们探索了第三种模式——城乡双轨推进的工业化模式。一方面，继续在城市推进工业化，另一方面，采取开办乡镇企业，发展农业产业化龙头企业等方式，推进农村的工业化，构建小城镇。

按照我国农业发展经济学的奠基人张培刚先生的观点概述，城市化与工业化对农村劳动力的影响主要在两个方面：第一，当城市工业化进展到一定阶段时，农业或农村的剩余劳动力就将受到城市的吸引而转移到城市工业或其他行业。当然，这样的劳动力转移是

---

① 广东省委党史研究室编．广东改革开放20周年纪念文集［M］．广州：广东人民出版社，2000：前言部分．

② 参见张培刚．农业与工业化［M］．香港：花千树出版社，2002. 该书是张先生1945年在哈佛大学用英文写成的博士论文，鉴于它是第一部从历史上和理论上比较系统地探讨了贫穷落后的农业国家如何走上工业化道路的初步尝试之作，因此该文获得了1946－1947年度哈佛大学最佳论文奖和威尔士奖金（David A. wells prize）。

以市场机制的作用为基础或前提的。第二，最先能被城市现代工业所吸收的劳动力，将是城市的手工业者或工场劳动者，这是因为一来“近水楼台先得月”，二来这些劳动力多少有点新技术。然后能被城市吸收的将是乡村手工业者，最后才是农村的一般劳动者。① 事实证明了这一点，我国城乡双轨推进的工业化模式，的确在城市化发展历史上收到了前所未有的政治与经济绩效。

在我国工业化进程加速的同时，一个中国历史上前所未有的、波澜壮阔的农民造城运动在中国大地上形成高潮。

制度规制下的这个造城运动是在冲破传统体制和政策的束缚下形成的。它动员了全国2亿以上的农业劳动力，涉及6亿以上的农民家庭，遍及全国30多个省市，从两个主要方面展开：

一个方面是，有1亿多农民冲破了不准他们在农村开办工业和其他非农产业的束缚，采取“离土不离乡”的形式，离开农业，就地从事第二、第三产业，即我们上面所说的乡镇企业。乡镇企业发展初期，在江苏、浙江、广东等省的一些地区，曾出现“村村点火、户户冒烟”的工业化景象；随着乡镇企业的快速发展，对供电、供水、供气、交通、通讯、金融信息、物流等提出了集中供给的要求，农民用自己的积累加之外来的资本展开了造城运动，一大批小城镇在政府的非科学规划中迅速崛起，开始了乡镇企业向小城镇集中的转移。到1997年，我国的建制镇发展到18 402个，是1978年的5.5倍，约1.5亿农民居住，由农民身份变为工场工人、商人，变成了城镇居民，有力地促使了我国农村城市化的进程。现在我国发达地区的农村，已经形成一个以县级为单位的小型国民经济体系（深圳的宝安、龙岗地区）。它像全国的国民经济体系那样，由第一、第二、第三产业构成，一些县城地区，如苏南地区，从事二、三产业的劳动者已达到80%左右，从事第一产业地劳动

---

① 参见张培刚．农业与工业化［M］．香港：花千树出版社，2002：49－50．张先生认为，农村剩余劳动力向城市转移，根据发达国家城市化与工业化的经验，有两方面的作用：一是城市工业或其他行业“拉”（pull）的作用；另一为农业或农村“推”（push）的作用。推与拉这两种力量，总是在一起发生作用。

者不足20%；县城和一批乡镇构成了小城市和微型城市。这是中国农民农村城市化运动取得的重要成果和特殊景观。

另一方面是，有1.2亿农民冲破了不准他们进城的地域限制，远离家乡，托亲靠友，自发地涌向东南沿海地区和全国的大中城市，形成全国性跨省际流动的浪潮。这1.2亿人，约占全国总人口的1/10，占农村人口（7.5亿）的16%，占农村劳动力（3亿）的40%。他们不是迁移定居，而是每年进行一次大规模地往返流动，形成中国特有的，由中央政府调度的“春运”景观。这种独具特色，受到全世界关注的经济社会现象，比“二战”后全世界10亿农民向城市的大流动还更为壮观，也形成了中国工业化与城市化运动的特殊景象。

这1.2亿农民进城所从事的是相对现代化的工业、建筑业和其他非农产业的劳动，但是没有取得合法的工人身份，而是约定俗成地称他们为农民工，意即外出打工的农民。按广东的带有歧视性的称呼，男性叫打工仔，女性叫打工妹。这些称呼的背后隐藏的是，他们和城市的其他白领劳动者不同，是一个用工非正式的、非固定的、收入低廉的、无城市户口、无城市居民待遇和社会保障的，多数还要随时可能返回农村去的劳力人群。但他们并没有在乎这些称呼与待遇，而是年复一年地走他们自己的路，搬迁自己的家。

不少人认为，特别是外国的一些经济学者认为，中国之所以出现民工潮，是因为中国农村太穷，农民是没有办法生存才背井离乡谋求生计的。其实并不然，一位研究中国民工潮的美国夏威夷大学教授周晓说：“民工是农民中的精英分子，他们没有多少知识，但却有着宝贵的冒险精神和吃苦精神。我们觉得农民都是穷得没有办法才出来的，其实这种想法是错误的。真正从农村出来的都是农村的中产阶级，他们有一点能力，有一点信息，也有一点亲戚关系，才有胆量出来。”①

也有学者认为，现行户籍政策的宽松，导致了这一场延续20年的人口大流动，它带有很强的自发性、革命性和建设性。所谓自

① 转引自许知远．评论中国［J］．新经济，2002（9）．

发性，是指这一场牵动全国数千万人的大流动，不是政府发动的，也不是像20世纪60年代大“三线建设”那样，在毛泽东、党中央的号令下有序推进的，更不是像过去山东人“闯关东”，山西人“走西口”，广东人“下南洋”，在当地活不下去，或逃荒、或逃难而外流的，而是为了实现自己的人生价值，为了自己的权利自发采取行动的。他们没有要求也没有取得政府的任何资助，完全依靠自己的积蓄和借贷，甚至冒着很大风险到特区和其他地区去闯世界。从这个角度看，这场流动又是自觉的。有些人曾批评说这是一场盲流，应当阻止；实际上这是一场中国工业化、城市化的历史潮流，是根本无法阻挡的。①

学者林凌认为，“所谓革命性，是指这一场大流动，是数千万人起来挣脱传统体制和制度的束缚而采取的改革行动”。我国传统体制造成的严重后果之一，就是用人身依附所有制，户籍制，口粮制等强制性制度设计，把劳动者（包括脑力劳动者）束缚在一个狭小的区域和企业天地里，使他们不能自由流动，不能自由择业，不能经风雨、不能见世面，从而也就不能充分发挥他们的聪明才能和智慧。东南沿海率先改革开放，实际上是给了国人一个展示自己才能的平台，提高自己地位，增加自己收入的大好机会，于是传统体制和制度设下的堤坝，就再也不能阻挡有识者对东南沿海地区的向往，而一个个被流动的大潮所冲决塌陷。现在，对流动者来说，户口在哪里已没有什么重要；口粮房子有钱就可以自由买卖，这些早已不再是迁移的制度性障碍；对所有制身份，是全民，是集体，是私营，还是个体，年轻人已不再那么讲究；就业的双向选择已开始形成习惯，打工仔一样炒老板的鱿鱼的现象也屡见不鲜。这一社会观念和社会功能性的历史变迁，如果没有民主法治和宪政思想的传播与张扬，这场旷日持久的城乡群众性的大流动是不可想象的。

“所谓建设性，是指数千万人流向东南沿海和全国其他地区，

---

① 参见林凌的《中国东南沿海经济起飞之路》一书，在此书中作者表述了上述农村农民自主流动、自发谋求新的生活方式的观点，对于笔者有很好的启示与借鉴作用。

不是流窜，不是觅食，不是简单的淘金，而是建设。”深圳由一个边陲小镇，仅用20余年的时间就变成一座拥有近500万人口的大城市，其完全是靠移民建设起来的，如果弃用建设性城市化人口流动，还有什么更好的解释呢！连续十余年的华东铁路大会战，是靠民工来建设的；发达的东南沿海其水、陆、空交通设施和网络，是由民工修造的；大批工厂是由自发流向东南沿海的打工仔、打工妹建设起来并从事基本生产劳动的；上海浦东这个开发区的后起之秀，同样凝聚了大批农民工大军的心血，人们从实际中认识到，从沿海地区建设的资金积累来看，民工是原始积累的重要提供者；从城市化的角度来看，民工是大、中、小城市的重要的缔造者；从体制改革来看，民工是旧体制的冲击者和新体制的建设者；从法制上看，民工是过去法制关怀的盲区和现在法制关怀的重点；从对内地发展的影响来看，民工是开放意识、市场观念、技术和管理经验的传播者和最原始的载体，也是内地发展资金的供应者。甚至完全可以这样说，没有民工潮，就没有“孔雀东南飞”的人才流动潮，也就没有东南沿海地区工业化和高速兴起的城市化。

此外，今天中国的民工潮还有一个最显性的特征，就是对外国投资者的吸引性。当前中国又像20世纪80年代初那样，面临一个世界性产业转移的重大机遇期。许多发达国家和地区的成熟产业，如IT产业、家电制造业、汽车制造业、石化工业等，都在向中国大陆转移。它们转移的重要原因之一，就是要利用中国廉价劳动力继续制造这些终端产品，既在中国市场销售，更为重要的是，以低成本的产品从中国向国际市场出口，获取巨额的劳动力成本的差价，攫取更多的利润，而核心技术则牢牢地掌握在他们手里。在20世纪80年代初，香港近8万家工厂迁往珠江三角洲，前店后厂（香港视为商店，东莞、深圳、顺德、广州等地视为工厂）的格局使珠江三角洲经济飞速发展，而香港投资者的所得，仅工资差价一项，每年都在2 000亿港币以上，给港商带来了前所未有的喜悦和成就感。而奋战在中国东南沿海地区的外来民工的基本月平均工资仅为450元人民币左右，约为日本的1/20，香港的1/6，墨西哥的1/4，波兰的1/2，德国的1/40。其所以长期保持这样低的水平，是因为中国的民工处于无限供给状态，尽管农民工素质有了很大提高，但由于劳动力市场竞争激烈，工资水平难以提升；即使雇用大学本科毕业生，近年来也由于供给过剩，工资也颇为低廉。中国劳动力市场的这种供需状态，对外国投资者形成巨大的吸引力，加上近年地方政府对外来农民工政策的改善，从而也成为民工潮持续高涨不下的一个新的重要因素。

在构建中国社会主义和谐社会，基本实现工业化和大幅度提高城市化水平质量的过程中，在农村发展基础性工业，建设小城镇，农民到外地打工，继续建设新城市，将是中国长期存在的社会现象。这种现象将延续数十年或更长的时间，直到一座座特大城市、大城市、中等城市、小城市、微型城市及其网络在全国大地上密布起来，直到大多数农村人口成为城市人口，农村居民的生产和生活方式也实现现代化，从而把现在存在的巨大的城乡差别和工农差别消灭在城市化进程之中。如果这种判断是正确的，那么我们现行的政府政策与法规就需要不断改进，有些规制还需要大刀阔斧地废弃，使民工潮和民工进城的种种问题逐步得到解决，一切歧视民工的现象都得到纠正，把中国的城市化运动健康地向前推进。现在北京、上海、广州、深圳等大城市都曾经在媒体上公布自己的人均GDP已达到几千美元，并预设2020年将达到1万~2万美元，我们没有理由怀疑这些数字的准确性，但从宪政的角度论，我们似乎更应该记住，创造这些高水平GDP的究竟是我们的政府，还是在那里长期或短期打工的农民兄弟及其他外来工的功劳；还应记住，这些城市在计算人均GDP时并没有把没有正式市民户口的民工计算在内，这种统计理据是否科学已是一个不辩自明的话题。在深圳，2003年的年度政府报告中就公开提出“要以人为本，不做GDP政府”①，即使要做，也应该加入对生态、环境、自然资源破

① 参见《深圳特区报》，2003年12月31日。此后《南方日报》记者对市长李鸿忠进行了采访，在访谈中李鸿忠市长对城市化推进要转变三个观念：一是发展观的转变；二是文明观的转变；三是政治观（含政绩观）的转变——参见《不做“GDP”政府》一文。

坏掠夺的机会成本以及外来工等流动性劳动力的成本，这才是我们政府的应持的GDP观念，遗憾的是这些要素往往被政府官员人为地忽略不计。

第二节 农村城市化的历史滥觞

一、城市化进程中的滥觞——"城中村"改造

城市化（Urbanization），我国学者一般认为是一个变传统落后的乡村社会为现代的城市社会的自然历史过程。① 中国城市化已经进入了快速发展时期，随着城市数量的增多，规模不断的扩大，城区日益吞并附近的一些郊区和农村，郊区和农村的城市化成为引人注目的社会新现象。与此同时，都市里的村庄——"城中村"亦成为眼下一道独特而与现代城市格调极不吻合的风景线。随着中国城市化水平的不断提高，城区市场容量的大大扩展，"城中村"已有了相当规模。如何进行城中村的改造，提升城市发展的总体实力与品位，增强城市发展力的后劲，成为当下中国城市发展中最为紧迫的问题。

所谓"城中村"，是指在城市里仍然保留和实行农村集体所有制和农村经营体制的农村社区，并以村民组织为主要社群，它是改革开放以来中国城市化进程的产物，是城市化初期发展阶段的特殊现象。目前，中国城市人口比例约占30%，按世界城市化规律来看，正处于快速城市化的起点上，因此"城中村"改造已经是迫在眉睫了。在华南几个重点城市，现代化程度高而城市化中的"城中村"改造现象亦尤为突出：珠海市以"政府决策、政策推动、市场运作"为总体思路，实行对旧城区的开发与改造并举，诸如老城香山区以出让地价的方式吸引房地产开发商，通过市场运作加速了"城中村"改造进程，减轻了政府财政负担；同时，以

---

① 参见胡澐．试论近代美国城市化迅速发展的原因［J］．philosphy & social science，1994(2)．

提高准入门槛的方式加强监管，有效防止了承建商烂尾楼的出现。在深圳，除了老东门街市外，还有属于原来村庄或渔村残留的痕迹：罗湖区“南村”、“鹿丹村”、“蔡屋围村”原本是小渔村，随着深圳特区建设为市，他们扒掉渔村的窝棚，拔地而起建成现代楼宇，遗憾的是当时一无统一的规划设计，二无标准的城市布局，大家在权力所及的范围内，争相抢占地盘，结果是城中村的村中路路基狭窄，户距密布，就是偶发火灾，消防车亦无法进出。而在广州则另辟蹊径，由于广州历史悠久，古代建筑特多，保留旧式的建筑风格建筑群体，内部交通领域，有顶街道、步行街、各种入口和有屏蔽的停车场，在对旧城的改造中，广州以发展公共设施为龙头，打出了绿色广州的生态旗号，虽然遇到了不少阻力障碍，诸如对东风路、荔湾、越秀、东山等老城区的改造，既保证了对古代建筑和文物的完好保留，又使之符合现代城市化的新要求。同样，华东的南京，西北古城西安，东北的沈阳，包括首都北京亦无一能够例外，随着城市化的推进，对旧城中历史遗留下的林林总总问题和城中村的改造而言可以说是任重道远。①

1. 农村城市化的历史滥觞

在城市化进程中，“城中村”成为城市发展的瓶颈，制约着城市现代化的步伐。“城中村”基础设施建设薄弱，卫生状况相当恶劣，社会治安复杂，严重地影响到城市整体功能的发挥和城市化对社会受众的实际福利经济，影响着我国城市化的总体进程。因此改造“城中村”不是城市建设中的一个孤立的经济或市政问题，而是推进我国城市化进程中民主宪政的政治问题，是宪政经济在城市现代化进程中的有机组成部分。“城中村”改造是社会发展的必然要求，是城市现代化的必然要求，势在必行。

---

① 参见陆伟芳．城市化进程中“城中村”改造的思考［J］．扬州大学税务学院学报，2003(9)．陆伟芳认为随着城市化的进程，“城中村”的改造成为刻不容缓的大事。在改造过程中由政府起主导作用，启动市场机制，注意利益兼顾，保障村民利益，从而转变城市整体物质环境，提升城市综合竞争力。“城中村”改造的总体改造思路应为：“政府主导、市场运作、生态旗帜、品牌效应。”

美国建筑学者 C. 亚历山大、S. 伊希卡娃等曾在《建筑模式语言》一书中指出，“城中村”是现代城市化中最难以接受的模式①。首先，改造“城中村”是推进一个国家一个地区城市化总体进程的迫切需要。美国城市社会学家帕克说，城市“是一个更广阔的活动范围的核心，它从这个广阔范围中吸取自己所需的各种资源，同时以自己的功能影响着广阔的地区”②。城市对周边地区有较强的聚集力和辐射力，城市化是衡量一个国家或地区经济发达和文明程度的重要标志，而城市却是政治文明、宪政文明的窗口。目前，我国城市化水平不仅大大低于发达国家水平，也明显低于世界平均水平和发展中国家的平均水平。以 1996 年世界银行统计资料显示为例:③ 1996 年，全世界城市化水平已达 45.5%，发达国家城市化水平一般都在 70% 以上，发展中国家的平均水平也在 40% 以上，同期我国只有 29.4%。④ 有专家认为实现城市化的梯度标准依次为：城市化水平 30% 为进入城市化快速发展阶段；城市化水平达到 50% 时，进入基本实现现代化的历史阶段；城市化水平达到 70% 时，才能真正消除“三大差别”。我国现在是刚刚接近快速城市化起点，那么，在宪政的视野下城市化主体内容之一，就是要求尽快实现农村剩余劳动力向城市转移，即把中国约 70% 的农村人口转移到城市，不仅仅是要实现地域空间的转移，实现对过去那种桎梏式的户籍、组织和管理体制的根本性突破和转变，更重要的

---

① 参见［美］C. 亚历山大，［美］S. 伊希卡娃，［美］M. 西尔佛斯坦等. 建筑模式语言［M］. 王听度、周序鸣，译. 北京：知识产权出版社，2002.

② ［美］R. E. 帕克. 城市社会学［M］. 北京：华夏出版社，1987：194. 背景连接：世界主要国家或地区的城市化，美国为 76.3%，英国 89.3%，法国 74.9%，德国 86.7%，日本 78.3%，俄罗斯 76.3%，加拿大 76..8%，意大利 66.7%，巴西 78%，阿根廷 88.4%，澳大利亚 84.7%，新西兰 86.1%，韩国 82.3%，朝鲜 61.5%，菲律宾 54.9%，新加坡则为 100%。参见刘洪. 国际统计年鉴［M］. 北京：中国统计出版社，1998.

③ 参见［美］R. E. 帕克. 城市社会学［M］. 北京：华夏出版社，1987：194－195. 背景资料，世界银行统计资料，仅仅是 1996 年的城市化与城市人口情况。过去近十年中，该数据已经有很多变动，只能作研究参考——笔者识。

④ 参见刘洪. 国际统计年鉴［M］. 北京：中国统计出版社，1998：194.

是要实现思想观念、人本素质的提升，以及生活工作方式等的更新，实现生产技术和业务能力的更新，即从个人和社群的文明观、政治观、人的全面发展观深刻转变，这样外在表现为从单一的农业社会更新为复合性的新型城市社会，否则就不是真正意义上的城市化。而对“城中村”的改造，就是实现把过去城市建设中历史遗留的问题和城市化初期的滥觞加以涤荡，使农民完成的不仅仅是身份户籍的变更，更是使之真正地变为相应城市化文明的“城市人”的重要举措，完成“村民—市民—公民”的历史嬗变，为城市的可持续发展打下坚实的基础，从而更好地实现城市的辐射功能，适应城市化中经济发展和居民生活水平提高的变化。总之，较为彻底地改造“城中村”既是实现城市现代化的最终需要，也是城市可持续发展的战略要求，更是现代城市化所必尽的历史之功。

以社会主义的宪政观审视“城市化中的城中村”改造，除了“二元经济”滞后的因素外，更多的是城市乡村对建设现代化城市、营造良好发展环境、提升城市竞争力的滞后。现代化城市应当是物质文明高度发达、城市功能齐全、环境优美的生态城市与文明城市，由于历史与客观条件的局限性，城市发展进程中难免会留下各种隐患，所以历史上有欧洲城市19世纪进行的大规模改造工程，从英国工业城市的环境改造，使得城市更富有人文关怀。① 到法国拿破仑三世时赫斯曼对巴黎进行的城市更新改造更是成绩斐然。那么今天中国城市化问题中的“城中村”现象已经成为城市提升改造中的重要的不可或缺的一个环节，几乎所有大中城市中的“城中村”，都是在杂乱的建筑和品质不良的生活环境中，那里的城中“村民”缺少城市社会生活应有的程序正义和实质正义。依靠强力推进城市化过程中很大程度上破坏了城市的整体形象，降低了地区和城市的文化品位与质量品位，极大地削弱了城市的竞争力和发展后劲，成为城市现代化的一大功能性障碍。总之，在改造“城中村”过程中所进行的城市局部重新规划，就是为城市营造经济发

① 参见陆伟芳.19世纪英国工业城市环境改造［J］. 扬州大学学报，2001（4）.

展、文明法治、生态平衡的良好环境。我们要建设现代化城市，提高城市的品位和竞争力，必须从建筑形态、管理体制上改造“城中村”，结合地方实际，统一规划和管理，发挥城市整体功能和改善城市景观，提升城市综合发展实力与竞争力。

以城市经济学的观点来看待城市化推进中的“城中村”问题，对于这个问题的研究，在城市经济理论中是有了结论的——当农村人完成了向城市人社会角色的转变后，所面临的是这些人的根本性出路和如何提高“村民”的生活质量问题。城市化要求不仅实现基础设施等物质形态的城市，而且也要实现人的城市化与城市中的现代化。一方面，由于村民生存与竞争能力相对弱化，其综合素质有待提高，通过有关的就业培训与教育，使他们具备重新就业的素质与生产技术能力，成为具有一定竞争力的新型的城市居民；另一方面我们将“城中村”纳入城市的统一管理和规划中，采取有力措施综合整治，提高工作社区和生活社区居民的生活质量，使城中村民不仅在户籍上和居住上实现城市化，而且在物质和精神生活上实现真正意义上的城市化，不要从做城市亚文化区边界的拥趸，慢慢堕化为城市化中的弱势群体或者说是群体性弱化，得不到城市发展权利的平等和正义价值。

2. 城市化中城中之村改造的现实难题

中国的户籍管制在法律层面相对放松后，与“城中村”相应问题相伴随的是我国城乡间人口流动将由单向流动转向双向流动的发展过程，这一过程无疑亦将放慢我国城市化的进程。

户籍管制放松后，一小部分进城农民经过努力实现了身份自然转变，成为城市居民。但是大多数进城农民仍然奔波于城乡之间。过去是户籍制度的严格限制，现在是就业收入和住房条件在制度上的双重限制，这些因素将成为今后阻碍我国城市化进程的重要因素。我国每年净增人口接近1 000万人，其中近80%的净增人口在农村。这种净增人口不合理的比例结构也增加了中国城市化推进的难度，同时无疑也会加大我国社会主义宪政实施的难度。

我国人口流动即将进入第二个历史的高峰期阶段，形成城乡双向流动或者说对流。在这一阶段，不仅农村人口向城里转移，还有城里人向乡下自然流。这种双向流动在一定程度上将影响我国城市化进程和速度。目前我国城乡双向流动的特点是：农村中有文化有知识的年轻人向城市流动，城市中四五十岁的技术工人特别是下岗工人自然向农村流动。农村的年轻人到城里后可以从事建筑、制造、饭店一类的服务业。一些身体尚好、精力犹存，又有一技之长的中年人到城市之外开辟生存发展的第二战场，寻找新的发展机会和空间。

此外，当户籍樊篱逐渐消失之后，劳动力的自由自主性流动将创造出许多新型社会生活模式，国家劳动人事制度上的安排与改革已经标识了这一点：哪里能够实现自己的自我价值，人们就将向哪里流动。此外，当城市变得过于拥挤和污染的时候，一些富人阶层包括中产阶级将会转移出城，进入城市近郊或乡间，此类社会生活模式的变更情况不仅仅是在美国常见，现在也已经在我国不少地方发生。基于以上种种分析，全面推进我国城市化进程和发展的步伐最终将会有所放慢。①

在法治原则指导下的“城中村”改造，是个现实性的难题，它不仅影响城市的整体形象，还涉及治安、消防、环境、环保、卫生等多方面的民生问题，还有拆迁补偿、户籍制度、土地利用制度、财政体制、投资融资体制等诸多宪政经济学所指涉的复杂情况。“城中村”改造的制约因素多在土地方面，由于我国实行的基本上是城乡分割的二元土地管理模式，国家对农民宅基地的征用成本高，代价大。为满足利益，放大自己的权利，农民极力抢建空间最大化的私宅，突击装修，为旧城拆迁工作增加了诸多社会成本，所以“城中村”改造必须协调好各种法律关系，社区居民的利益关系，并注意以下原则：

第一，国家利益与群众利益兼顾的原则。在“城中村”改造中，处理好各方利益尤其是村民的利益，解决好农民变市民、村委会变居委会过程中所涉及的剩余土地和集体财产的处置问题，解决

---

① 参见仲大军．人口双向流动制约城市化［M］∥北京国际城市发展研究院．中国城市蓝皮书．北京：中国时代经济出版社，2003：228.

好村里拆房建房、就业养老、社会保障等一系列民众生计问题，以维护人民利益为出发点，进而实现城市化发展中良好的经济效益和社会效益。保障村民的实际利益，妥善处理拆迁利益补偿，返还拆迁期间旧村民的安置费及原有房屋的出租收入，可以考虑由开发商和政府协同补偿；原村集体在旧村改造范围内的留用地、工业用地允许免交有关费用，纳入统一规划改造，土地升值的收益归集体经济组织；集体经济组织改为股份合作公司，股份具体量化到旧村村民个人，解决旧村村民转为居民后的后顾之忧。充分发挥各级政府职能部门的作用，各级政府职能部门应积极配合，发挥各自的职能效用。在符合“城中村”改造补偿政策和标准的前提下，改造后原村民依法取得的房屋按照城镇房地产权属进行登记和管理。

第二，实施新的行政许可法，提倡政府主导与启动市场机制并用的原则。“城中村”改造项目要充分依托政府的平台，巧用市场之手，通过“定原则、定规划、给政策”，引入市场竞争机制，吸引房地产商投资“城中村”改造（深圳市龙岗区龙岗镇城市化旧城改造是较为典型和成功的）。在政府方面，通过对房地产商在改造中的监管，实行房地产商准入制，从而实现政府的主导作用，保证开发的成功。给房地产开发商一定的优惠政策，从而激发开发商的积极性。对于参与“城中村”改建的开发商，通过“公开、公平、公正”的方式进行公开招投标，吸引外地开发商，尤其是实力雄厚、信誉良好的开发商参与“城中村”改建项目的招投标，对其资金实力、改建规划方案、拆迁安置方案及商业信誉等方面进行科学的量化评估。

第三，以提升城市品位和城市综合竞争力为口号，取信于民，赢得人民群众的理解和支持，充分体现人民主权原则。在城市化推进中民心不可小觑，“城中村”改造本是一项民心工程，政府其主要功能是为市场营造一个公平、公正的竞争环境和发展建设平台，为城市发展腾出新的空间，丰富城市的特色和内涵，提高城市品位，提升城市的竞争力，实现城市整体良性发展而赢得民心，为旧村居民赢得良好的生活和居住环境，让开发商赢得合理的利润回报，使社会和政府赢得良好的投资环境。

第四，坚持科学的发展观，促进城市环境的转变。旧的城中村改造本身就是“扬弃”，旧城中人们的传统思想观念较重，不愿割舍生于斯长于斯的街巷环境，城市化之推进势必将“城中村”的混乱分散、设施不足的建设形态和环境转变为运作有序、设施完善、环境宜人的现代化文明社区和文化区界，切切实实改善人居环境，提高生活质量。按照城市规划的要求和标准进行规划设计，使“城中村”从城市的瑕疵疮斑转变成为城市新的亮点和生活的新片断。提高“城中村”改造的规划设计水平，利用好原有的人文资源特别是历史故迹，重点要保护好历史文化街区及古迹等资源。搞好与城市周边环境和设施的衔接，与现代化城市融为一体，发展之中有保留，保留之中有创新。在“城中村”改造规划中适当“留白”绿荫，以科学、合理的规划作指导，着眼长远，为未来城市的进一步发展留下宝贵的发展空间，在现代建筑理念和自由民主的思维模式下，立足高品位、高起点进行科学规划，把整个改造当做一次大幅提升城市形象、修补过去城市建设遗留问题的良好机会，利用难得的空地来完善基础设施，缓解城市建筑密度，增加绿地面积，着力塑造精品建筑，打造各级城市特别是重点城市的新形象。①

3. 城中之村向何处去

城市化中的“城中村”改造其实是一个世界性的问题，几乎所有发达和发展中国家都难以回避或跨越。因为城市化的现代性机制是过去城市功能所难以具备的，因此在城中村的改造过程中首先必须考虑城市的功能分布状况，从城市经济的角度考虑，城市的发展，必须要考虑城市各功能区适当的分布。由于过去我国城市发展水平不高，城市功能分区不系统不健全，而城中村改造，就为进一步完善城市功能分区创造了一个条件。

在“城中村”改造的文化品位方面，抓住当代人追求健康时

---

① 参见陆伟芳．城市化进程中“城中村”改造的思考［J］．扬州大学税务学院学报，2003（3）．此处关于“城中村”改造的思路之研究成果，主要参阅该文所得——笔者识。

尚的特点与国际生态城市接轨，进行大规模的绿色城市建设。以基础设施建设为主干，在原城中村区域建设大规模的自然景观。有条件地划出批量土地，建设大型停车场，建设“都市山地森林、都市草原、都市沙漠、都市湖泊等”，以庞大的气势塑造生态区，挖掘湖泊泥土堆积山地，遍植以树木成林，使巴黎的布洛涅森林重现，使意大利威尼斯水路再显。再以草地、湖泊、沙地景观，使城内出现庞大的自然景观，超越目前中国城市建设中的以小片绿地点缀、克隆城市广场为主的千人一面的城市面貌。深圳市在这一方面的经验是值得借鉴的：深圳市委、市政府提出了“文化深圳、绿色深圳、温馨深圳、和谐深圳的国际海滨休闲性城市，重点强调打造城市文化品位和舒适品位。

城市化的深入离不开资金硬件投入，在资金方面，公共设施建设的部分资金，可以考虑用拍卖出售停车场、都市森林、湖泊等的冠名权来筹集，也可以通过自来水公司、电力部门、电信部门参与基础设施的建设，建成后不允许再开挖路面铺设管线，这样，一方面利于长期发展，另一方面减轻了政府机会成本。居民拆迁安置可以考虑给予开发商开发商业用房的优惠政策，让开发商获得开发机遇的同时，相应负担部分居民的拆迁费用，从而减轻政府运作成本和财政负担。

应该说，在具体操作方面除政府决策、市场运作外，还可利用媒体和网络进行大力宣传，吸引社会各界闲散的资金参与。在城市利用各种传媒等宣传改造事宜，号召热心市民献计献策，为城中村改造支招。在全国和全世界，则利用网络手段，实行有奖征集建设方案，既吸引国内外专家学者的参与，也借机扩大城市的知名度，也为改造工作找到最佳方案。众所周知，美国的世贸大厦重建的设计方案就是向全球社会公开征集的，几经比较，几经淘汰，最后才确定下来的。例如，福建省漳州市的城市设计就是用网络向全世界公开招标，经反复论证后确定下来，这些也许可以给我们的城中村改造规划和方案的制定提供一点有益的启示。

社会主义的宪政思想仍然是城市化不可或缺的主题，在决策主体和决策程序方面，“必须使民主制度化，法律化，使这种制度和法律不因领导人的改变而改变，不因领导人的看法和注意力的改变而改变”①。由政府部门制定和颁发“城中村”整治建设方案，确定整治建设“城中村”的目标，按照城市管理模式规范“城中村”的管理，促进农村与城市的融合，实现城乡一体化。在规划方面要以政府为主导，对“城中村”所在地进行重新规划，划定新的街道与公共设施用地规模，确定用地的基本性质，从城市全面发展的角度考虑局部规划问题，从而对“城中村”的土地进行有目的的开发。在开发方面应以开发商为主，由开发商筹集资金进行相应项目的建设，用相应的配套政策，使开发商在开发过程中，获得某些开发利益，也为原村民负担部分动迁成本。总之，民主程序和民主思想是现代城市化所必须重视的。

综观国外的城市化经验，结合我国“城中村”改造的现实难题，城市化过程中“城中村”总体改造思路应该是：“政府主导、市场运作、生态旗帜、品牌效应”16 字方针。② 在城中村改造中，充分体现政府的主导作用，主要体现在为城中村的改造进行全面的规划，规定公用事业及基础设施建设的规模与标准，对市场运作进行监督和规范，保证生态建设要求，指导城市生态建设。强调法律权威，运用政策杠杆，确保城市的传统优势得以集中在改造区内，从而显示品牌效应。为此在民主决策中要注意以下问题：一是政策配套。改造工作，政策先行，妥善处理好村社改造与老百姓利益之间的关系，维护社会稳定，在不违反国家法律、法规的前提下，本着尊重历史、面对现实的原则，根据当地的社会经济发展水平和市场条件，制定出切实可行的配套政策。二是规划调控、科学抉择。用科学的发展观来构建和谐的城市社会，即选择最优公共政策，从道路系统的改造、绿化条件的改善、公共服务质量的提高以及市政设施建设的完善等方面着手。三是因地制宜，多元化、多渠道地解

① 邓小平．邓小平文选：第 2 卷［M］．北京：人民出版社，1994：146.

② 参见龙岗区龙岗城市化《简报》2003 年第 28 期。该《简报》是在深圳农村城市化运动中，由龙岗区委宣传部主办。在深圳推进农村城市化过程中，主要是宝安、龙岗两区，当时各镇党委政府均办有简报之类。

决“城中村”改造的资金问题。改造“城中村”的大量资金投入，不能单靠政府财力的支持，应走资金多元化的道路，形成政府、村集体、开发商、民间等多渠道的资金筹措格局。发展才是硬道理，“城中村”的改造与建设也一样，需要持续稳步地增长与发展。这些举措在资本主义国家城市化用过，我们社会主义国家的城市化之“城中村”改造也可以采用。按邓小平的说法，不存在姓资姓社的问题。因为它是人类管理城市社会和经营城市的经验总结，是城市进步的一种标志，是现代文明在政府活动中的体现。

但是，当它被采用时，诚如有些有见地的专家所说：改造“城中村”，要坚持以人为本，依法行政，因村制宜，注重实效，不断研究解决新的问题。① 改造“城中村”不是城市建设中的一个孤立问题，而是与推进城市化进程、实现城市现代化的战略目标紧密相关的具有重大意义的工作。对于“城中村”实行改造是社会发展的必然，其终极的目的是促进三个文明的建设，在理论上表现为以下三种需要。

一是实现农村城市化的需要。工业化和城市化是推动现代化的两大基本动力。国际城市化进程历史表明，当一个国家城市化程度达到30%时，也就是这个国家加速城市化的时期。统计显示，目前我国国民收入的50%、工业产值的70%都产自于城市，90%以上的科技力量和高等教育集中在城市，我国城市化水平达到30.4%。但很多经济发达的省份如广东的城市化进程已经明显滞后于工业化，滞后于经济发展。“城中村”是城市的重要组成部分，在加快推进城乡一体化进程中起着重要作用。因此，加快改造“城中村”步伐既是这些地方中长期可持续发展的战略要求，又是

① 参见《武汉晚报》2004年9月13日第1版。武汉市市长李宪生曾说：改造城中村涉及的六项指标及任务，即：1. 转变管理模式，使之成为符合社会主义市场经济体制和现代企业制度要求的企业。2. 改革户籍管理制度，“城中村”村民农业户口改为城市居民户口。3. 依法撤销村民委员会，组建社区居民委员会。4. “城中村”村民改为城市居民后，逐步纳入城市社会保障体系。5. 按城市规划和建设的标准要求，改善“城中村”环境，建设文明社区。6. “城中村”纳入城市统一规划管理。

缓解当前政府与“城中村”村民对立情绪，调动人民群众和基层单位积极性的有效途径。

二是提升城市竞争力的需要。城市竞争力是城市化的重要属性，在传统上，由于历史的原因和管理体制的不同，“城中村”建设和管理甚为混乱，“脏、乱、差”现象比较普遍，卫生条件恶劣，生态环境质量不高，更有甚者成为犯罪或藏污纳垢的场所，可谓现代文明城市的肿瘤，既有碍城市观瞻，又发散盲流犯罪，因而必须结合当地实际，彻底整治，才能发挥城市整体功能，改善城市景观，提升城市竞争力。

三是解决“城中村”农村人口长期出路的需要。由于经营资产的风险性和村中既有的当权经营者的趋利性，总会有一些集体资产无法保值、增值，那些基本没有土地又没有多少劳动技能的村民就会沦为贫困弱势群体，生活将没有保障，最终的负担也会落到政府头上。因此，必须从长远着手，提高村民素质，逐步将村民改造成为富有竞争力的城市居民，切实解决“城中村”农民出路问题。①

二、农村城市化进程中之“都市村庄”重建

城市化是一个世界性的社会改造和经济运动过程，在其发展的历史进程中，无论哪一个国家或地区都会经历“城中村”和“都市村庄”的历史滥觞。从这两种对城市化（城镇化）的解释中就不难看出：the course of changing some place（esp. a rural place）into a town - like area，在《美国世纪词典》里的解释更为明白：the course of making urban，esp. by destroying the rural quality of。意思是“使……都市化的过程，尤其是都市化通过消除农村特质”②。我国

① 对于“城中村”改造的村民而言，在基层组织形式上和户籍上的变化，使得农村城市化过程中享有从未有过的喜悦，“村民农业户口改为城市居民户口，村民委员会改建社区居民委员会”，但农村城市化亦绝非是换块牌子，变个本子，改个称呼那么简单，而是要对农民进行不断的投入和再就业技术培训方为出路——笔者识。

② 参见秦华．对城市化科学内涵的思考［J］．探索，2001（6）．

改革开放以来的快速发展取得了举世瞩目的城市建设成就。而城市的快速发展也使传统的农村进入了快速的城市化轨道，出现了所谓的“都市村庄”现象。所谓“都市村庄”，是指在农业经济时期，就是一定区域中的农村居民点，或在一定地域范围内的“中心地”，是与农业经济时代相适应的农村聚落形式。① 在工业化、城市化到来之前的漫长时期，各地村落的形成建设与发展均有其相适应的营造方式和社区文化氛围，呈现多样化的空间结构形态与环境特征。随着改革开放的深入和真正工业化、城市化时代的到来，大中城市的建设区日益膨胀，发达地区的一系列新城迅猛崛起，大片农村地区被征用而纳入城市建设区范围，原来点状分布的农村居民点则成为淹没在城市建设区中的孤岛似“都市村庄”。“都市村庄”与“城中村”既有区别，又有联系，同样是城市建设中普遍存在并亟待解决的问题之一。在经济快速发展的同时，都市村庄建设和管理等方面的问题也日益突出，如土地开发无序、失控，规划管理薄弱，资源浪费，生态破坏等一系列问题。“这些问题在很大程度上已经成为其所在地区社会经济进一步稳定发展的重要制约因素，并且将对城市的整体协调发展产生不利的影响。”② 为此，针对“都市村庄”在建设过程中存在的负面价值形态问题，诸如城市中市民与村民的公平、效益、平等、安全、秩序等，因此，只能有取舍地选择一些问题来加以解决。

1. 城市化进程中“都市村庄”的重建价值

自20世纪90年代以来，随着地方经济的快速增长，城市化进程明显加快，“都市村庄”这种现象越来越普遍。但由于缺乏与之

---

① 参见崔玲．城市化进程中“都市村庄”建设存在的问题探析［J］．焦作工学院学报：社会科学版，2003，4（3）．作者对“都市村庄”这一经济现象研究颇深，该文从分析“都市村庄”建设的现状入手，指出“都市村庄”在建设中存在的问题，并提出了从“试点村”到“规划全覆盖”的解决思路——笔者识。

② 蔡克光．有选择的保留与分类整理——“城中村”改造利用的方法与措施［J］．规划师，2000（6）．在该文中，蔡克光对“都市村庄”问题研究颇深，并提出了富有建设性的解决这一问题的四条建议——笔者识。

相适应的法规有效的引导和规划机制，这种任意发展的城市化在一定程度上也就不可避免地呈现出无序与恶性攀比的状态，宪政视野中的城市化的法律价值形态，则无法具体实现，“都市村庄”重建的问题探讨也只能在理论的框架内展开。

第一，城市化推进中村庄开发规模失控，占地用地规模盲目扩张。由于中国长期的计划经济体制在市场经济大潮的冲决下被撕裂后，“传统计划经济”的领域无孔不入地被迅速挤占。以社会经济结构变革为主体的中国城市化，其初期的粗放式开发和外延式扩张便直接导致村庄建设规模盲目扩大，土地利用效率低下，尤其是乡村非农建设用地严重超标以及非法占地和乱堆滥建等现象屡禁不绝，这种以局部和短期利益为中心的过度开发将导致区域土地结构的失衡，并造成土地资源的严重浪费。土地闲置和低效利用的现象重点反映在城市化过程中对都市村庄的重建和扩大上。其结果是使我国新增无地和失去土地的农民累计多达1.8亿以上。①

第二，低水平的重复的村庄建设，虽然处于环城市带，但基础配套设施仍然严重不足。村庄建设水平与经济建设发展速度未能取得同步同比例增长，村庄建设布局混乱，各村庄工业用地和住宅用地比重偏高，而公建服务、市政设施、公共绿地等配套设施远达不到国际规定的起码标准，城市化进程一度呈低水平的快速扩张态势。

第三，都市村庄的重建和扩张，致使环境问题日益突出。按照一般常理，在城市化进程中加大庄园经济和都市郊区的村庄建设必然会对城市环境有百益而无一害，但在中国的城市化中的村庄建设中，其环境和自然生态均付出了极大的代价。诸如“都市村庄”面貌外观粗糙雷同，缺乏起码的时代感和地域文化特征，环境污染和水土流失问题尤为突出；同时，一座座在岁月的风雨中伫立百年的传统民俗居和小区被越来越多的现代化楼宇所替代、包围、遮蔽和蚕食，传统文化特色和历史建筑遗迹在现代推土机的轰鸣声中轰

---

① 参见中国政务信息网：http：//www.ccgow.org.cn，2005年10月6日访问。

然倒地而迅速消失。都市缺少历史的沧桑感亦就少了它应有的厚重感和沉淀特色，当然也就无争地失却或遮蔽了都市重建的宪政意义上的应有价值与该城市的亮点。

第四，由于城市化中地方政府法治观念和宪政精神的缺失，致使城市化过程中规划管理不力，违法违章建筑屡禁不止。如深圳市城市化中的违建抢建现象在全国可谓十分突出，特别是龙岗、宝安两区的农村城市化在推进不到一年的时间内违建抢建包括抢种的事件多达万宗以上。① 由于地方利益的保护甚至个人短期利益的驱动及规划控制不力，违法建筑行为总是在土地物业收益高而规划实施管理弱的地区无限期蔓延，从省会大都市到县域中心城镇大凡如此——拆除后重建，重建后再拆除……公平、效益、平等、正义的价值成了建设者手中的砖块，予取予弃，无须考虑地方法规的规范与许可。

然而，以上矛盾仅仅只是问题的表象，隐藏于表面矛盾之下的深层次问题才是问题的关键。首先是现存制度的设计和体制的制约。"都市村庄"目前基本上是以区、镇（或乡）、村三级构架为主体的发展模式，由于每一级行政主体均拥有较大的行为自主权包括对集体土地和国有土地的使用报批权，这样必然会在各自权力范围之内形成"以我为主"的发展态势，并且形成了与之相适应的投资机制和某种"庄园经济"现象。

另一个根本性的问题乃是技术操作的问题，即科学整体规划本身的缺位。决策或规划者常常抱怨农民素质太低，基层各级政府又无视规划文本的存在，殊不知大多数村庄到目前为止，基本上没有在管理操作层次上经过法定审批程序的规划依据。一方面由于目前的经济发展和城市化进程远远超出常规的速度；另一方面也反映出过去城市规划控制依据的基础相对薄弱，程序烦琐，由于缺乏基本的规划控制的法律依据，在短期的市场利益和地方利益的驱动下，

---

① 在深圳市推进农村城市化初期，深圳市人民政府对于打击违建抢建的力度是历史上少有的，笔者所知深圳市龙岗、宝安、南山等区都设有"打击违法建筑办公室"简称"打违办"，其声势甚为浩大。

"村庄重建"建设逐渐走向无序化，因此导致了以上所出现的各种各样的趋法律价值化的社会现实问题。

2. 城市化过程中怎样建设"都市村庄"

既然民主宪政的基本原则是尊重人权、保障人权，或者说人权原则是民主宪政的出发点和归缩，城市化过程中的"都市村庄"建设本身就直接指涉着当事人（或者说行政相对人）的人权保障与尊重问题。因此，借鉴国外成功的经验，在民主法治的架构下探索快速城市化地区都市村庄怎样规划编制和建设，我们有必要作出实际性的尝试。现在，从珠江三角洲的广州、深圳试点经验观之，其主要做法是选定一个区，在区辖地各个镇各选一个典型行政村进行试点，深入了解和剖析其发展中存在的主要问题及其成因，结合各地实际制定"都市村庄"发展及其规划，其经验是较为成功的。无疑这种"摸着石头过河"的精神为城市化进程中"都市村庄"建设路径和制度上的创新提供了十分有益的借鉴。

确认城市化中都市村庄试点规划预期达到评价体系。在城市化过程中，都市村庄建设中之试点村规划除了按常规调查分析村域现状、社会、经济、乡村建设及土地资源等基本情况和存在的主要问题外，还可"以农村经济可持续发展为目标，在深度和广度上进行拓展"，其预期的成果体系主要包括二个部分：规划研究报告；村域规划（说明书、图纸）。在具体的规划编制中要特别突出以下内容：

其一，民主决策农村城市化的村庄发展战略。结合当地城市总体规划民主决策及所在城市城市区域规划，按照不同村镇的现状及其发展条件，分析论证其发展方向、经济与产业发展思路，村庄建设原则及规划控制策略。

其二，科学规划和充分利用自然村域土地。划定城市建设区与非城市建设区的边界，确定城市建设用地，农村居民点用地，独立工矿用地，交通能源用地及其他各类非城市建设用地（农业用地、旅游用地、组团隔离带用地、林地、水域等）规模与布局，实现村域土地的协调配置，实现土地效益的边际化。规划中要侧重考虑高科技的农业用地、绿色农业、三高农业地的存贮，明确永久或临时性耕地、菜地、果园和畜牧用地的规模与布局。

其三，村域城市建设用地规划。“都市村庄”根据科学的发展观来规划，对规划期内村域城市建设用地进行统筹安排，将分布零散的居住用地、工业用地进行归纳调整，落实市、区级公共及市政配套设施，深化调整城市道路网络的功能、布局、竖立及市政管网的规划，使之能与区域大网络良好衔接。

其四，严格控制都市村庄建设的空间范围。为土地用途管制创造条件，划定不准建设区、控制发展区及近期建设区边界，提出控制引导的方向、措施及建设区边界的具体要求，为下一步非农建设用地的划定提供依据，同时控制农村都市村庄建设的无序蔓延。

其五，都市村庄住宅建设与环境整治的民主宪政化。我国农村的组织法仍然还是以行政村为基本单元，决策者应该充分调查村民生活现状和村民住宅用地面积实情，新建住宅（以建设年代与结构分类）数量与分布、旧房数量与分布、未建新宅村民户数及其建房意向等，并按照“集中布局、加强配套、改善环境、提高质量”① 的原则编制村庄居住区详细蓝图，同时向村民提供多种不同的村民住宅设计方案以备选择。

其六，城市化中的规划实施策略。为了确保“都市村庄”编制的实施，在编制规划的同时，由规划编制部门、各区分局共同制定与规划相配套的实施策略和管理办法。在民主决策的基础上，有步骤地稳步推进都市村庄的再建。总而言之，上述行政行为的发生必须是在充分尊重人权、反映民意的基础上达致。

此外，构建和谐社会是“都市村庄”规划实施策略永恒的主题。为了确保规划的有效实施，针对城市化中的各村镇现状实际和规划落实中可能遇到的问题，制定系统的规划实施策略，应对规划建设的时序及解释权限等作出明文规定，让民众有更多的知情权。同时，还要强化法治程序意识，建立“都市村庄”规划实施的问责制。“都市村庄”规划的实施需要规划管理部门和地方政府的密

① 参见隆少秋．增加城市农民建房及规划管理探讨［J］．规划师，2000（6）．

切配合和敢于承担责任的勇气，为此，在规划管理部门内部各级地方政府之间建立规划实施的协调机制，建议区镇之间、镇村之间签订“都市村庄”规划落实协议。这样从“试点村”到“规划全覆盖”通过对传统规划体系的反思和检讨，完善现阶段“都市村庄”的建设与管理的有效规划编制系统，由点至面地加以控制与引导、探索土地集约利用与建设用地分区控制的具体做法是实现保障农民权益双向互动的良性机制，以建构一个和谐的农村城市化文明社会与富有宪政价值蕴涵的“都市村庄”。

第三节　城市化中“城乡二元经济”结构厘析

一、城乡“二元经济”结构的宪政追问

“城乡二元结构”已成为当下中国城市化经济和社会转型发展的一个严重障碍，这似乎已经成为一种共识。因为“城乡二元结构”的问题如果不解决，不但会造成城市化进程中一个城乡断裂的社会，甚至连城市本身的发展也会失去应有的支撑和依托。从“一五”计划到“八五”计划连年困扰我国经济的“内需不足”和“市场疲软”就是一个很好的实证说明。

城市化进程中的“城乡二元结构”究竟意味着什么？在宪政的视角下该作怎样的追问和思考呢？支配了中国社会几十年的“城乡二元结构”就是以户籍制度为基础构建起来的。① 正因为如此，在社会各界千呼万唤之下，户籍制度的改革终于开启了松动的闸门。在一些中小城市，甚至包括像石家庄、深圳这样的省会大城市与计划单列市，户籍制度的改革有了相当实质性的突破。过去户籍制度人为地将本应同属国家公民的全体，制度性地分为“农村”和“城市”两大板块结构，犹如佛经所云的“尘归尘、土归土”。事实上是以户籍制度为基础形成了两个在政治、经济、社会基本权

① 参见孙立平．“城乡二元结构”究竟意味着什么？［M］// 许知远．评论中国．北京：机械工业出版社，2003：119－120.

利和义务上有重大差别的且又极不平等的社会等级分层，同时，通过严格的户籍制度管理，来达到限制“本本”上的居民对于居住地和劳动地点的自由流动或职业的自主选择权。因此，制度创新或革命当从“户籍”始。遗憾的是我们认识到了但并未能很好做到这一点，纠正这一点。客观地说，至今的户籍制度改革仍然滞后于我国其他经济制度的改革，这无疑与根深蒂固的“城乡二元结构”传统有着非常久远的社会经济乃至政治的联系。我们知道也应该知道户籍制度改革并非最终的目标，户籍制度改革的终极关怀是消除“城乡二元结构”以及由这种“二元结构”所造成的社会分裂和身份歧视以及长久以来对农民所造成的正当权利的无形侵害。

历史上“城乡二元结构”不仅仅是经济制度的设计，更多的是政治制度的安排。在目前城市化运动和社会生活转型的体制下的“城乡二元结构”，至少有这样几个非理性因素值得厘析和追问。

第一，在新中国被视为最得意之作的城乡壁垒政策且神圣不可动摇的户籍制度，成为毛泽东时代修理中国农民阶级强大的制度利器。建构了多年的城乡之间的户籍壁垒，始自 1951 年中华人民共和国公安部公布的《城市户口管理暂行条例》。这一部关乎中国公民户籍管理的法律法规，几乎遮蔽或者说剥夺了中国农民阶级最基本的公民权利，包括宪政价值形态中自由、正义、平等、民主与其他人权保障。到 1957 年中国完全实行了控制户口迁移的政策，更让农民深陷“二元结构”制度下的泥沼之中。1958 年 1 月，全国人民代表大会常委会第 91 次会议讨论通过了《中华人民共和国户口登记条例》。该条例第 10 条第 2 款对农村人口进入城市作了带有明显歧视性的约束规定：“公民由农村迁往城市必须持有城市劳动部门的录用证明，学校的录取证明，或者城市户口登记机关准予迁入的证明，向常住地户口登记机关申请办理迁出手续。”这一规定标志着中国以较为烦琐严格的制度程序，限制农村人口向城市流动为核心的户口迁移制度的彻底形成。值得注意的是，该条例在此使用了“公民”的概念，但是公民最基本的流动和迁徙自由都没有，更不论择业的自主与自由权利了。天赋之自由权却在初次使用“公民”概念的《中华人民共和国户口登记条例》中被轻松地剥夺了，并且是那样堂而皇之。新民主主义革命时期最有吸引力的标语是“人民打江山、人民坐江山”，新中国最富感召力的一句口号是“人民当家做主人”，连1954年宪法也是如此规定。我们不知当时的制度设计者是否知晓“公民”涵盖和指涉着哪些对象，还是人民不是在其规范文本指涉的“公民”之中呢？残酷的事实是，过去这些“打土豪、分土地”英雄们，那些推着小车支援前线的农民兄弟们——当为之奋斗的新中国建立后，却不能在自己“家”自由地“走动”徙居。主人连在自家自由“走动或挪移”的权利都没有，何来真正意义上的当家做主？可见，“二元结构”制度通过国家公权力对国家公民私权利的侵害有多深重！20世纪80年代初，中国从阶级斗争、路线斗争、思想斗争、反修防修的漩涡中开始回归到以经济建设为中心的正确轨道上来，在农村真正修正了“以阶级斗争为纲”，先抓革命，后促生产的法理上的逻辑错误。开始了以农村联产承包责任制为模式的“先生产、不争论”，效益为先，只要有利于解放发展生产力就要敢试敢闯，姓资姓社试错纠错，只有“发展才是硬道理”的改革开放之路。农民被开始允许进城经商或打工，但是仍然没有在城市定居的权利，而是对其实行一种带有另类歧视色彩的“暂住证”制度，对进出深圳、珠海特区的劳工与商者而言，又设计出了近似保守与缺乏正义底气的“通行证”制度。千万不要小看它，它与暂住证制度意义一样，既可以看做这种城乡壁垒的继续存在的标志，也可看做是弱化这种壁垒的一种软着陆措施。但这两种不同颜色的“权利纸”，给多少人带来了腐败寻租的机会，又给多少不法分子带来发财的梦想，同样又给我们的农民兄弟为了生计正常进出城陡增了多少负担和打工的机会成本？①“暂住证”之于历经劫难进城务工的农民工，祸兮福

① 机会成本：是指为了得到某种东西必需投入或放弃的东西。农民为了进特区谋生，找份工作，则必须缴纳或购买“通行证”费，一些不法分子在通往深圳的几大关口，内外勾结，层层设卡，变造伪造假通信证，骗取财物，国家通过此过程亦获取印花税，至少每年深圳、珠海进关“通行证”的印花税所得，基本上是从农民身上得来。

兮各持一说，但至少看到了户籍松动的一线曙光。

第二，从宪政经济学的理论考察和追问城乡二元经济结构，其长期存在着两种不同的资源配置制度。新中国成立后的前 30 年，中国社会中的所有的资源配置市场失灵，完全是由政府行政性的指令再分配，而非市场规范运作来进行再配置。政府权力在实行这种资源和社会福利再分配的时候，城乡之间截然不同。诸如对教育和公共设施的投入，城市中教育和基础设施，几乎完全是国家财政投入的。而农村中的教育和基础设施，国家的投入则相当有限，其主要是来自农村村民的个人劳动积累，几乎完全依靠农民自己的田亩承担。改革前，农村小学的相当一部分开支要人民公社或者生产大队来负担。民办教师的报酬也是农民承担（其支付方式主要是抵扣提留或换取农民水利工分）。目前，国家每年几百亿的教育经费几乎全部用在城市，城市学校的一切开支都是由国家财政来拨款的。1985 年以前，国家财政每年还有对农村每个中学生 31.5 元、小学生 22.5 元的教育拨款。1985 年国家取消了这笔财政拨款，改由农民自筹经费办学，乡村两级教育经费由农民上交的教育附加费提供，农村学校改扩建也是由农民集资进行的，实际上这一切均摊派在农民的田亩之中了。仅农民每年负担的教育经费就达 300 亿～500 亿元。公共设施和其他基础性建设就更是如此。国家每年上千亿元的财政开支用于城市基础建设，而农村的基础设施建设的经费不得不从农村企业、农民头上摊派、集资、收费甚至以罚款来获得。难怪有人惊呼现在的农村情况是“十几顶大圆帽（象征公权力），管一顶破草帽（暗喻农民私权利）”①。一些工程本来应该由国家财政出资的，却采取“钓鱼”的办法，上级拨一点，地方财政挤一点，剩下的大部分由乡村自行解决，结果只能是一次一次地

---

① 李昌平．我向总理说实话［M］．北京：光明日报出版社，2000．该书作者以湖北监利县某乡镇为例，深刻而尖锐地提出了“三农问题”的严重性，并带有警世性地提出“还农民以正式国民待遇”的口号，同时附言“农民真穷，农民真苦，农民真累，农民真难”上书给国务院朱镕基总理，并引起总理的高度重视。笔者曾经专访《我向总理说实话》的作者李昌平，就“三农”问题与其进行了较为真切的交流和对话——笔者识。

向农民摊派集资。这也是为什么万事总向农民兄弟伸手摊派，又为何总是那般难以禁止的深刻经济根源、制度根源和社会根源。

第三，按照詹姆斯·布坎南的观点，宪政经济学的基础就是制度经济学，他认为“制度是最重要的”①。曼昆也说：“一个社会的兴衰在某种程度上取决于政府所选择的公共政策，理解、赞成或反对某项政策的各种意见是我们研究的一个理由。”② 以户籍制度为基础的城乡壁垒政策，恰恰就是非理性宪政经济制度的杰作。事实上“二元结构制度”所折射的是两个圆心，是将城乡两部分居民分成了两种不同的社会身份和身价的政治城邦或社群。这两种不同的社会地位不是虚的，而是由一系列的现实制度安排所支撑的实体。比如，在资源配置上，就物资供应方面而言，1953 年以后，随着粮食统购统销政策的实行，中国开始实行粮油棉票证计划供应制度。这一制度原则上规定国家只负责城市非农户口的粮油供应，而不负责农村户口。这项制度基本上排除了农村人口在城市取得口粮和实际居住的可能性。在就业制度方面，国家只负责城市非农业人口在城市的就业安置，顶班或招工，或推荐上大学、中专；很少有农村人口能够进入城市寻找职业、谋求生计的，即使偶有为之的，亦是有家世或其他背景作交换条件的，但也只能背负着带歧视性的“亦工亦农”米袋（当时戏称之“背背粮”）。在社会福利方面，在颁布的《劳动保险条例》中，详细规定了国有企业职工所享有的各项劳保待遇，甚至职工供养的直系亲属享受半费医疗等。国家机关、事业单位工作人员的劳保待遇，国家是以病假、生育、退休、死亡等单项规定的形式逐步完善起来的。至于城市集体企业，大都参照国营企业的办法实行劳动保护福利政策。即使到今天，国家为城镇人口提供上千亿元的各类保障（养老、医疗、失业、救济、补助等），而农民的生老病死除了依靠子女，政府难能

① 盛洪《宪政经济学与宪政改革》——《宪政经济学》的中文版序。他认为，法学从公正出发，经济学从效率出发，它们殊途同归。

② [美] 曼昆．经济学原理 [M]．梁小民，译．北京：北京大学出版社，1999：前言．

问津，根本上谈不到有任何实质性的保障。相反对村民而言每年还要上缴乡村统筹的五保户、烈军属的补助救济金若干。据统计，1999年全国社会保障支出1 103亿元，其中，城市社会保障支出977亿元，占88.6%，农村保障支出126亿元，占11.46%，城市人均413元，农村人均14元，相差29.5倍。农民没有社会保障，土地就成了农民唯一可作生存保障性的资源，于是国家又出台了一个农村土地延长30年不变的土地政策。① 然而，这一政策与农业规模经营和农村现代化及农村城市化相左，将不可避免地阻碍农村的现代化城市化进程。诚如是，上述问题得不到根本解决，“城乡二元结构”就不会从形式和实体上消失，户籍制度改革所要达到的目标也难以真正实现，这也就意味着农村城市化将无限期地停留在某种纸面上的制度安排设计之中。法学家说过，救济应在法律的前面，救济滞后于法律，被救济者已经没有权利可言了。

故而，城市化进程中的中国，这个问题最后还是回归到布坎南的宪政经济学理中来——法律从公平正义出发，经济从效率增长出发，两者殊途同归于制度创新。

二、“二元经济”维度下的农村城市化模式创新

在宪政视野下对城市化的城乡“二元结构”维度加以分析，从而探索出我国农村城市化的创新模式是目前大力推进我国农村城市化的刻不容缓的大事。国内不少法学者和经济学者对此作了努力，并取得了阶段性成果。②

---

① 参见孙立平．“城乡二元结构”究竟意味着什么？[M]//许知远．评论中国．北京：机械工业出版社，2003：119－220.

② 如：唐文进，李峰峰．城市化的二元结构框架与我国农村城市化的模式创新[J]．经济评论，2004(3)．作者指出：二元经济结构理论和二元区域结构理论是城市化问题研究中的两个重要基础理论。在这两种理论模型的基础上，将两者结合在一起评述西方城市化研究中以二元化为特征的若干主流理论，发现其在研究发展中国家人口城市化问题理论上和实践上都有局限性，中国城市化道路并非完全依照传统的乡城迁移模式，城市化的实现并非一定要以城市一元取代农村另一元——笔者识。

城市化作为一个社会经济生活进步的重要转型过程，包括人口流动、地域景观、经济领域、历史文化等诸多内涵形式与实体性的变革。而且随着经济社会的发展其内涵也在不断发生变化。当今理论界颇为流行的城市化基本内涵是指一个以人为中心的、受众多因素影响的、极其复杂多变的系统转化过程，包括硬件结构和软件结构两大系统的更替和提升，是一种从传统社会向现代文明社会的全面转型和变迁的历史的动态过程。城市化不仅是农业人口转化为非农业人口，并向城市（镇）集中和聚集的过程，而且是城市（镇）在空间数量上的增加、区域规模上的扩大、功能和设施上的完善以及城市（镇）的经济关系、居民的生活方式以及人类的社会文明广泛向农村渗透的渐进过程。城市化过程既是越来越多的农民从土地上解放出来的过程，同时也是广大农村居民物质生活、精神生活质量得到极大改善提高，逐步实现城乡协调发展，最终实现消除城乡差别和工农差别的建构理想的和谐社会的历史过程。

作为一种对“二元经济结构”否定的社会经济发展模式——城市化，目前主要涉及两个问题：一是城市化本身的产生与发展，即“人口城市化”。这种观点理论上将城市定义为农村人口转化为城市人口或农业人口转化为非农业人口的过程。埃尔德里奇（H. Eldridge）认为“人口的集中过程就是城市化”的过程，克拉克（C. G. Clark）将城市化视为“第一产业人口不断减少，第二、第三产业的人口不断增加的过程”。二是城市化在区域发展和空间规划上的特点和意义，即“空间城市化”。该观点认为城市化是指一定地域内的人口规模、产业结构、管理手段、服务设施、居住环境条件以及人们的生活水平和生活方式等要素由小到大、由粗到精、由分散到集中、由单一到复合的一种转换或重组的动态过程。与此相对应，西方的有关城市化理论也可分为两种类型：一是从经济发展和结构转变的角度研究人口迁移和城市化的“二元经济结构”模型；二是从区域发展的空间过程的角度研究城市化的“二元区域结构”模型或模式。

西方城市化理论研究中的二元结构分析框架主要涵盖了以下几种学术观点。

第一，经济结构转换的二元模型与人口城市化。关于城市化产生和发展的理论模式，最早可追溯到19世纪西方一些经典论著中的推拉模式。譬如，恩格斯认为曼彻斯特作为英国历史上的纺织名城的繁荣和人口增长源于其工业化迅速发展所产生的拉力，而威廉姆森（Jeffrey G. Williamson）则认为将农村向城市的人口迁移归因于马尔萨斯式的人口与就业理论中的自身压力、土地稀缺及英国早期发起的“羊吃人”的圈地运动，这是一种社会转型变革的内在推力。在此，恩格斯和威廉姆森分别从城市的拉力和农村的推力两个方面阐释了当时的城市化进程，仔细分析，这其中已经隐含着二元化的分析框架的学理基础。

在美国，作为诺贝尔经济学奖得主的刘易斯（W. Arthur Lewis）① 于1954年创立了经济发展的二元结构模型。这一模型将发展中国家经济划分为农业和工业两个部门，同时将经济发展的过程归结于经济结构转变的过程即农业比重逐渐下降而工业比重逐渐上升的过程。按照这一模型，在广大发展中国家的农村里存在着大量的剩余劳动力，农业劳动力的边际生产率几乎为零，农业部门的工资水平很低，而工业部门代表着先进的生产力，工业劳动力的边际生产率明显高于农业部门，其工资水平也必然高于农业，在市场作用下，这就促使农业劳动力源源不断地从农村流向城市。这一过程将一直延续到农村剩余劳动力被城市完全有条件地吸收，农村工资和城市工资趋向一致，城乡差别逐步消失，国民经济实现现代化为止。

刘易斯二元经济模型的提出不仅对发展经济学的创立和发展中国家经济政策的制定产生了重要影响，而且对此后许多人口城市化

---

① Lewis, W. Artur. *A Model of dualistic economics.* American Economic Review, 1954, Vol. 36, pp. 46 – 51.

研究，尤其是通过乡村——城市人口迁移而产生的人口城市化研究奠定了重要理论基础。由拉尼斯（G. Ranis）和费景翰（J. Fei）等人加以修改和扩充的二元经济理论提供了分析农业—工业间劳动力转移的理论框架。① 其最突出的贡献在于认为农村剩余劳动力并非是无限供给的，当农业劳动力减少到一定程度时，农业总产出开始下降，引致农产品价格上升，现代工业部门利润减少，从而农业劳动力平均工资水平和工业部门平均工资水平持平，此时，劳动力向工业部门的单向转移将停止，农业、工业间劳动力的再次流转将由市场机制决定，不由政府配给，这样的话，政府主导下的市场失灵状态开始消灭，二元结构所带来系列负面功能也开始弱化。

而1969年提出的在乡村—城市人口迁移和人口城市化研究中产生重要影响的托达罗模型也是以二元经济模型为基础的，其不同之处在于引进了“期望收入”的概念来取代城市的实际收入，从而较好地解释了当时在发展中国家普遍存在的农村人口向城市大规模迁移与城市高失业率持续并存的现象。托达罗模型的核心思想在于：（1）农村劳动力的城市转移取决于在城市里获得较高收入的概率和对相当长时间内成为失业者风险之间的利弊权衡；（2）发展中国家二元经济结构决定了较大的城乡收入差距，而这又导致了农村人口源源不断地涌入城市，造成城市劳动力市场严重失衡，使失业问题日益严重；（3）注重农业和农村自身的发展，鼓励农村综合开发，增加农村就业机会，缓解城市人口就业压力。

应当指出，上述理论模型虽然揭示了经济结构转换过程中农业人口转向工业部门的必然性，但将其单独用于人口城市化研究是不完整的，因为这并未能说明为什么工业要集中分布于城市。集聚经济理论弥补了二元经济模型的这一缺陷。根据这一理论，城市经济

① 参见谭崇台. 发展经济学［M］. 太原：山西经济出版社，2001：278－286. 详见此书第七章：人口流动与经济发展之第一节“刘易斯模式”。在发展经济学文献中，关于乡—镇城人口流动（rurai_urbanmigation）or（labor transfaer）主要有四种模式：刘易斯模式、拉尼斯·费模式、乔根森模式和托达罗模式——笔者识。

具有规模递增的特点。具有一定规模的城市可以提供较好的基础设施，较完善的生产、金融、信息、技术服务，较集中、有规模的市场以及较大的劳动力市场，因而有较高的经济效益。这种聚集效应会吸引工业向城市集中，这种集中还会进一步加强城市的集聚效应，从而促使城市规模扩大，整体提高城市的实力。

由此可见，上述二元经济模型和集聚经济理论一起为从经济发展和结构转变的角度分析农村城市化的产生提供了一个更为便捷或更为简化的理论框架。

第二，区域发展的二元结构理论与空间城市化。从刘易斯理论模型经由拉尼斯·费模型到托达罗理论模型，主要是将城市化作为一种历史发展的动态过程来看待的，虽然也涉及经济活动和人口的聚集这一空间物移现象，但城市只是作为这一过程中的一个点来对待的。然而，城市是区域发展的产物，城市化过程中并未说明的问题是不同规模城市之间以及城市与其所处区域之间的关系。这一问题在当今发展中国家的城市化研究中显得尤为突出，因为发展中国家城市化的一个重要特点是高度集中的空间模式。有资料显示：1950～1990 年期间，发展中国家城市人口中居住在百万以上人口城市的比例从 22.5% 上升到 35%，至 2000 年，全世界 24 个人口超过 800 万的城市中，18 个位于发展中国家。① 这种高度集中于大城市的发展模式往往直接造成区域之间和城乡之间发展的极度不平衡。这种现状仅用经济结构的转变以及经济发展过程中城市发展的集聚效应已不足以解释，因为这些理论并没有把城市放在它们所处的法律制度区域中来考察。

因此，许多发展经济学和区域经济学文献从区域发展的空间过程的角度提出了与城市化有关的理论和模式，且这些理论和模式也是以二元结构为特征的。弗里德曼（John Friedman）的“中心—边缘范式”在综合许多相关学说的基础上描述了发展中国家城市化过程中中心与外围的空间关系，是二元区域结构学说中最广为人

① 资料来自唐文进，李峰峰．城市化的二元结构框架与我国农村城市化模式创新［J］．经济评论，2004(3)．

知的代表性模式。根据这一模型设计，产生在经济发展的早期阶段是为服务和管理的目的而出现的，此后由于工业化的发展，人口、资本、技术、制度技术创新以及权力都向一个或两个具有高生产力的城市集中，从而逐渐形成以最大的城市为中心区，小城镇和乡村为边缘区的二元空间结构。这种区域差异在工业化过程中还会随着资源不断地从边缘区域向中心区域转而扩大。当工业化进行到一定阶段而趋于成熟时，上述过程就会向边缘区扩散，使边缘区也得以发展。这时通过国家中央政府的干预，地方政府的主动行动，以及整个国家整体经济实力的提高，区域差异得以缩小，空间平衡得以扩大，最终将形成仅有最低必要限度区域不平衡的完全一体化的空间经济。这种模式的另一特点是将区域发展看做是一种创新和现代化在区域聚落体系中自上而下、自中心向外围扩散的过程。在这一过程中，中心地区尤其是大城市是创新性变化的中心，因而起着至关重要的作用。上述理论与其相关的观点一起被称为“自上而下”的空间发展理论，它一直是许多发展中国家空间规划理论和实践的主流指导思想，也为从区域空间过程的角度研究城市化过程提供了重要理论框架。

第三，城市化二元分析框架的政策含义特点及其局限性。“在西方经典的二元分析框架中，虽然在西方相关学科的城市化和区域发展研究中有着重要影响，但也存在着缺陷。”① 目前发展中国家城市化和区域发展研究中的一些问题与二元分析框架的局限性有着比较密切的联系。

首先，城市化二元分析框架中的显著特征。城市化二元分析框架的一个显著的学理性特征是将城乡划分为截然不同的两个对立部分。在这种概念框架之下，乡村被等同于传统的农业部门，城市被

① 刘易斯、拉尼斯·费和乔根森模式的政策含义是加速城市化和城市工业部门的快速发展，控制人口增长，加快城乡间的人口流动和劳动力自主流动，尽快把一个落后的农业国变为先进的工业国。与这三种模式不同的是托达罗模式，其政策的含义是如何阻止乡村—城镇人口流动的规模和速度，以解决日益严重的城市失业问题——笔者识。

等同于现代非农业部门，经济发展过程即是乡村劳动力通过乡—城迁移转移至城市的过程。这一过程已为发达国家的发展历史所证明，因而，也必然为发展中国家所重复。① 而乡村非农活动在整个经济发展过程中的作用往往被忽视。事实上，在经济发展的过程中，乡村并不仅仅被动地向城市释放劳动力。哈佛的教授们根据其对东南亚国家所作的长期研究，指出在这些国家乡村劳动力中从事非农活动的比例在不断增加，致使他们收入的非农化增加。这种现象在改革开放后的中国则表现得更为明显。由农村工业化所推动的农村城市化，无疑是这一时期中国城市化最显著的特征之一。广东省深圳市宝安、龙岗两区和东莞市诸镇的农村城市化完全符合哈佛学者的预设。哈肯伯格（Robert A. Hackenberg）早在 1980 年也注意到在发展中国家一些乡村地区的这种城市化方式为分散式的经济发展和新型的空间和社会变动带来了新的机会。20 世纪 80 年代末期以来，麦吉等人还提出了“扩展大都市区”的概念并刻画出亚洲国家一些大都市周围地区在过去 30 年里所出现的农业和非农业活动并存，非城非乡，但又表现出城乡两个方面特点的地域类型。这种地域类型虽然在统计上常被官方划分为乡村地区，但其劳动力密集型工业、服务业和其他非农产业产业却相当发达②。麦吉和金斯伯格等学者根据这种现象提出了乡村“聚落转型”的概念，并认为在亚洲国家那种认为在城市化过程中城市和乡村的差别将持续存在的传统观点必须加以重新评价。因而，二元化分析框架不仅不符合当前许多发展中国家乡村的实际情况，而且导致城市化研究中的一些不当的偏向或误读。③ 这种偏向的一个显著例子是将城市化简单等同于乡村人口向城市的迁移，忽视乡村地区本身转变为城市在城市化进程中的作用，或将其与人口迁移、户籍变更混为一谈。

① See Todaro, Michael. *A Model of Labor Migration and Urban Unemplinless Developmented Countries.* American Economic, 1969, Vol. 59, No. 1, pp. 138-148.

② See Mcgee, T. G. *An Examination of Urban Development in East Asia urban studies.* 1991, OL. 36, No. 3, pp. 431-437.

③ See Mcgee, T. G. *An Examination of Urban Development in East Asia urban studies.* 1991, OL. 36, No. 3, pp. 431-437.

其次，城市化二元分析框架的理论假设缺陷。当把托达罗模式引入宪政视野下的中国城市化运动的分析框架后，也曾招来了经济学者的一些唏嘘之声。根据二元经济结构理论和聚集经济理论，有学者认为，“托达罗模式假定农村不存在剩余劳动，这是难以想象的”①。城市化的一个主要机制是经济发展和经济结构转变所带来的经济活动和人口在城市的聚集。实际上农村人口的增长快于城市人口的增长，在有限的土地上就必然存在一些劳动生产率颇低下的剩余劳动者。作为一种对经济发展过程中城市化总体趋势的反映，这种理论无疑是正确的，然而，一旦落实到具体的国家和地区，城市化和经济结构转变之间的关系并不如想象中那样严格。盖文·琼斯教授和他指导的博士研究生曾对 10 个亚洲发展中国家和地区 1946～1980 年间就业结构和城市化水平数据进行了分析，结果发现，不同国家和地区在这一时期的发展过程中，城市化水平和就业非农化水平之间的关系是十分不同的，非农化水平与城市化水平之间的比值有着一个较宽的幅度。这表明在经济发展过程中，城市化与经济结构转变间的关系具有一定的灵活性。② 这种关系的灵活性显然与前述城乡差别趋于模糊、非农活动在农村地区越来越普遍有关，因为农村非农活动使得经济结构转变的过程无须通过传统的乡—城迁移即可在乡村地区就地实现。麦吉和金斯伯格等学者在提出前述乡村“聚落转型”的概念时，即指出亚洲国家正在经历一场没有大规模乡村迁移的乡村城市化过程。城市化和经济结构转变的这种灵活关系还与许多发展中国家和地区前所未有的高人口密度和不断改善的交通通信条件有关。麦吉等人提出的“扩展大都市区”的重要特征中有两个“类似于城市的人口密度”和经济方便的交通通信条件，两者在这些地区的“聚落转型”过程中都起了关键性的作用。上述研究的重要意义在于它们表明，在当今许多发展中国家经济发展和结构转变所需要的空间聚集并不一定需要通过

---

① 谭崇台．发展经济学［M］．太原：山西经济出版社，2001：321－322.

② See Jones, GavinW. *A Guide for Accelerating Urbanization in Developing Countries*. American Economic Review, 1991, Vol. 76, pp. 279-312.

传统的乡—城迁移模式，以一元取代乡村另一元的结局来实现。因为在许多乡村地区，前所未有的高人口密度已使许多乡村聚落具有近似于城市聚落的人口规模和密度。而交通通信等条件的改善，尤其是成本较低的两轮摩托、客运汽车、卡车等交通工具的日益普及，又极大地方便了人员货物的流通。这一方面使乡村劳动力可以进城工作而不必永久性地迁往城市；另一方面使乡村地区易于接近外部市场和资源，从而为非农活动在乡村进行铺平道路。这种情况与发达国家工业化时期城市人口增长主要依赖于人口迁移，而在城市内部由于汽车交通的普及，企业和人口必须密集分布于市中心及其附近以利于人员和物流的情况迥然不同。上述经济发展和城市化过程中人口和企业集聚条件和方式的改变，传统的二元分析框架不再适用，需要用新的理论框架来加以解释。而事实上，由于不少劳动力盲目地涌进，城里失业率提高，有些在城里找不到工作的迁移者将会感到失望，又返回到农村。此外，有些迁移者本身在城里也只是临时性地工作，一旦挣到了一定数量的钱，他们就会返回农村，把这些收入投入农业之中，提高农业生产率。①

第四，在城市化推进扩张过程中我国农村城市化的若干非二元化特征及表现。站在发展经济学的角度对二元经济结构和二元区域结构理论进行回顾和评述的基础上，我们可以宪政经济学这一新的角度对改革开放以来中国农村城市化的特点进行考量。从这种分析中我们可以看出，中国农村城市化的一个主要特点就是其对二元化发展根本性模式的突破和人格化的提升。因此，加强对我国农村城市化的理论研究将会在突破城市化的二元化理论框架局限、丰富和发展城市化和区域发展理论上发挥重要作用。

其一，乡镇企业特别是民营企业的发展壮大对城乡二元结构的实质性突破。

乡镇企业，特别是民营企业的异军突起是我国农民企业家的伟大创举和创新精神的充分展示。它的产生与发展已使我国许多地区，尤其是沿海经济发达地区城乡界限日趋模糊，甚至城镇为乡村

---

① 参见谭崇台．发展经济学［M］．太原：山西经济出版社，2001：322.

所兼容或涵盖。乡村地区已具备越来越多传统意义上的城市功能和特征，从而突破了传统的城乡二元结构。1999 年我国农村劳动力中在乡镇企业就业的人数已从 1978 年的 2 830 万人增加到 1.35 亿人，占农村劳动力总数的近 30%。乡镇企业的发展使中国成为发展中国家中通过发展农村非农产业吸收劳动力最为成功的国家。① 伴随着乡镇企业的发展和劳动力从农业向乡镇企业转移，各类乡村城镇也呈迅速发展之势。1996 年全国县建镇的数量已从 1998 年的 2 850 个增加至 1999 年的 10 871 个，县镇人口 1978 年为 5 316 万人，1996 年增至 3.48 亿人，其中非农业人口 6 879 万人。这种以农村非农化为主要推动力的农村城镇化过程不仅在大城市地区，诸如在长三角、珠三角等地区十分突出，而且在一些大城市影响较小的地区，如温州、闽东南等地也相当发达。农村农民收入的非农化、城市化的结果不仅使相当一部分农村人口就地转化为城市（镇）人口，而且使部分由于城乡迁移政策而未彻底实现地域转移的农村人口在从事职业、生活方式和居民点形态上也已具有相当的城镇特性，成为准城镇人口，② 成为地地道道亚城市化文化区或文化带。

其二，相对人口密度提高和交通通信条件的改善对二元分析理论的现实性突破。

对学理的框架分析如同市场经济一样，资本主义国家可以采用，社会主义国家也可以采用。因为它是人类管理国家、社会的经验总结，是人类研究成果的学术传承。经济发展和结构转变与城市化之间的关系与许多发展中国家和地区前所未有的高人口密度和不断改善的交通通信条件有关。对我国农村城市化的研究可进一步丰富在这方面的认知。就人口密度而言，中国不仅是世界第一人口大国，其人口密度之高在世界上也是十分突出的。中国有 10 亿人口分布在仅占国土面积 30% 的土地上，这一部分的人口密度高达每

---

① 资料来自陈吉元，庚德昌. 中国乡村—城市转型的动力和类型 [J]. 经济地理，1993(7).

② 参见崔功豪，马润潮. 论城市化模式与途径 [J]. 城市研究，1999(4).

平方公里354人，比人口集中的比利时人口密度还高。有学者比较过福建省沿海地区和与之面积相近的比利时、荷兰时发现，福建省沿海地区1996年的人口密度达每平方公里595人，分别3倍和4倍于比利时和荷兰工业化时期的人口密度，许多村的人口规模和密度均与发达国家历史上的一些城镇聚落不相上下。这些地区的交通通信也十分发达，公路运输尤其方便，因而虽然远离上海、广州、深圳等大城市，却通过公路交通与它们有着密切的商业联系。其内部也由于公路交通高度发达，使企业布局分散的缺陷在一定程度上得以克服。上述例证说明，我国高人口密度和较好的交通通信条件下的乡村城市化方式具备其自身的国情和特色，尤其是在一些与大城市距离较远的地区可进行这方面的有益探讨。

其三，“自下而上”推进城市化的模式对二元区域结构理论的历史性突破。

笔者曾经对广东省深圳市龙岗区的农村城市化作过专题研究，世纪之交以来的深圳城市化的重要特征之一就是“自上而下”的推进模式。其次才是“自下而上”的促进模式，再次才是“双管齐下”的互动模式。① 这种城市化所造成的一个重要后果即区域城镇系统重要程度的降低。如在珠江三角洲地区和福建都表现得十分明显。这种在发展早期出现的非极化现象不仅是对传统二元区域发展理论的挑战，而且对进一步论证本章节前面所涉及的极化在区域发展过程中的作用和效果等问题有重要作用。

农业国之工业化发展大量的事实表明，工业化发展的主要动力不是来自城市化，而是来自农村本身。中国农村工业化的主要动力同样毫不例外。从发展权的价值追求和法哲学的观念来考察，外因只是变化的条件，内因才是变化的法理根据。无论是从中心边缘理论中十分重要的创新的来源和传播来看，还是从资金来源来看，位于“边缘”的乡村地区从发展早期就扮演了主要角色，而不像传统二元区域结构理论所认为的那样要在工业化进行到一定阶段后再由核心城市的扩散效应所带动。无论是远离大城市的温州模式、晋

① 曾哲．深圳龙岗城市化发动问题研究［J］．珠江经济，2003（5）．

江模式，还是受大城市影响较深的苏南模式，地方社区主动性和农民群体或当地社区的资金都起了主导作用。农村边缘地区在区域发展早期的这种积极作用突破了极化发展的模式，具备了我国农村城市化自身的主动性特色。

同时，我国农村城市化可为“自下而上”的城市化和区域发展理论提供新的内容。从前面的论述中可以看出，我国改革开放以来的农村城市化带有许多“自下而上”发展战略的烙印。由此，我们可以得出结论：

城市化的实现按照传统的西方二元结构分析框架是通过简单的乡—城转换模式而实现的，即以代表先进生产力的城市一元取代经济现状与生产力落后的乡村另一元。然而，在分析研究二元经济结构和二元区域结构这两种理论模型的基础上，却发现其在研究发展中国家城市化问题上存在着一定的局限性，尤其是通过对中国城市化在改革开放后的历程研究（主要是指通过农村工业化所推动的农村城市化）发现：中国的城市化发展已经具备若干非二元化的特征和因素，突破了传统的二元结构分析框架和传统法学学理因袭，且完全具备丰富多彩的自身国情和特色，省情与市情之状貌。

第四节　宪政之维中的农村城市化进路

一、农村城市化进程中的主要问题及其历史原因

1. 当下我国农村城市化存在的主要问题

一是表现在城市化规划水平低，空间布局混乱。改革开放后的中国城乡社会，不少地方其实早已开始了农村城市化的建设，特别是1984～1989年可以说是第一次高峰，1992～1995年是为第二次浪潮，世纪之交至今（也就是亚洲金融危机后到今天乃至还有一段时间）是第三次浪潮，这次浪潮来得更汹涌澎湃，影响更深刻伟大。在前两次的农村城市化的启动过程中，缺乏科学合理的统一规划，各自为政，往往大兴工业小区、商业区，在建设上带有很大的盲目性和重复性，缺乏各自应有的特色，有的地方虽作了规划设

计，但标准定得过高，造成资金和用地的浪费；有些地方的规划设计内容不全，缺乏与所在城市以及各城镇之间的整体协调性，低水平重复建设十分严重。最具有代表性的例子是，如深圳关外一些城镇已连成一片，但由于不属于一个行政区（宝安、龙岗），而在交通、电力、教育、医疗、供排水等公共基础设施上各作各的投入，加大了行政管理和政府运作成本，降低了社会资源配置和政府行政效率；有些地方对社会经济发展估计不足，使许多新的建筑建了又拆，拆了又建，造成资源的极大浪费和能源损耗，而现在查违章建筑最多的也是誉为“深圳速度”的建筑标的物，其法理上的讽刺意味比经济上的讽刺更深刻，更痛苦、更是耐人寻味。

二是表现在推行农村城市化起点水平低，质量差，片面追求所谓的速度进度，有的地方出现以农村城市化的推广速率作为政绩考核的指标甚至是地方官吏升迁的主要参数，这也就不难理解为什么我国农村城市化起点低，绩效差了。在世界范围内以人口城市化的水平来计算，我国城镇人口只占39%左右，低于世界46%的平均水平，更远低于发达国家70%以上的水平。即便在城镇居民中，农业人口也占很大比例，使农业剩余劳动力无法快速向城市人口转变，这无疑将会本能地减缓了城市化进程。同时，许多地方的农村城镇建设规模小、基础设施远未完善，难以发挥对周边农村经济的辐射功能。而且，多数城镇的医疗卫生条件差，环境脏、乱、差，低水平和低环保条件的乡镇企业是对城镇环境造成严重污染的罪魁祸首，从系统的发展的角度看，这也自觉不自觉地阻碍了农村城市化的发展进程。造成的整体印象还是我们所常说的“城市像乡镇，乡镇像农村”。即便是改了称呼，换了牌子，变了本子（户口簿），还是少有真正城市化的实质性秩序与正义。

三是表现在城市化推进中建设资金紧缺，建设动力不足。这些年来，在全面建设小康社会的生活主旋律下，各省区都加大了基础设施的改造与重建。随之各项建设所需的资金越来越多。据估算，按2万人的小城镇基础设施投资人均1万元计算，建设1万个小城镇，所需资金即为2万亿元；住宅建设按3亿人口计算，所需资金估计为4万亿元，若把建设周期定为15年，这样仅此两项资金平均每年就需 4 000 亿元。而小城镇建设的资金来源在制度上仅有城市建设维护费，这显然是远远不够的。另外，由于现在的城镇规模小，城镇财政来源少，加之金融贷款额小，民间和外资投入少，致使我国现在的农村城市化建设资金缺口很大，建设动力严重不足，这已成为我国农村城市化发展的“瓶颈”。关于这一点，温家宝总理在全国人大十届三次会议上的政府报告中有明确的指示，虽然不是针对农村城市化存在的难题问题而言，但却表明了中央在“扭转财力过分向上集中的态势，加强转移支付力度，缓解基层财政压力的困难”问题上的态度和立场。①

四是表现在农村城市化进程缓慢且东西部地区差距明显扩大化的态势。客观地说，过去我们国家所采取的一系列限制第三产业发展和农民进城的政策是极为有害的伤农政策，长期以来它严重地阻碍了农业人口向非农业的逐渐转移，实质也就是减缓了农村城市化的发展进程，使城市化的理念和农民的世界观从 20 世纪 80 年代中期农村经济体制改革以来一直滞后于农村经济的发展。自由、民主、正义、秩序、开放、安全保障等社会主义宪政理念还停留在 20 世纪 70 年代的标尺刻度上。特别是开放稍晚的西部省区，除了大自然的偏好和恩赐赋予不同外，还有更多的传统保守势力的积淀，与生俱来的发展权的不平等实使西部发展处在劣势起点上，那么，这些年来东部省市的快速崛起则使得西部发展显然处于下风，

---

① 参见《2005 年社会蓝皮书》：和谐社会总体目标七大措施。十六届四中全会提出构建和谐社会的战略目标，《2005 年社会蓝皮书》以《构建和谐社会下的中国》为题分析了 2004 年的社会发展状况和 2005 年若干社会发展趋势，提出了构建和谐的七大措施，而这些措施在温总理的报告中亦得到不同程度的体现。诸如在基层财政困难问题方面：目前我国县乡两级的财政收入约占全国财政收入的 20% 多，而县乡两级财政供养的人员却占到 70%。中央财政收入和省级财政收入占全国财政收入的比重从 1994 年分税制以来计算，全国乡镇要支付的乡公务员工资，村干部补贴，公用设施的维护建设等约 2 500 亿元，而乡镇能够合法获得的收入还不到 1 000 亿元，所以只能靠搞所谓的创收（实际是靠对辖属农民和其他行业部门不合理收费）来维持政权运转，结果不言而喻，造成干群关系日益紧张，对抗性愈演愈烈。

东西部地区不仅仅是农村城市化的差距在逐步增大，就城市与城市之间来说也呈现东部沿海地区城镇比西部数量多、水平高、效益大的发展态势。

2. 当下我国村城市化存在的主要问题的原因分析

厘析我国农村城市化存在主要问题之原因，可谓是智者见智，仁者见仁。学界与政界有别，学界内部也是独说自见，难能一统。归纳地说，导致我国农村城市化进程中存在上述问题的主要原因无非两个方面。

第一是法哲学上认识论方面的原因。这一原因来自内心的认识世界和对客观事物理智的感悟水平。长期以来所约定俗成的观念和思维模式的定型化，使得许多地方政府部门的领导对农村城市化重视不够，对农村城市化是一个受政治、经济、文化等因素综合作用的协调发展的过程认识不足，而往往贪图政绩，只顾眼前利益，对农村城市化缺乏系统的规划和功能定位，搞盲目建设，贪大求全，缺乏科学的发展观和可持续增长的理念；农民本身对自身的价值认识和对社会发展的观念偏误，也是农村城市化进程中为何“只闻雷声，不见雨点”，只见形式、不见实质内容的重要原因。农民阶级是当今最现实的阶层，“口惠而不实至”的法则和管理在本身就缺少长远眼光的利益群体中间推行，本身就是一种挑战，一种对农民人性弱点的改造与跨越，而实现这种跨越往往实属不易。

第二是现行政策和体制及制度设计方面的原因。新制度经济学认为，现实的人是在由现实制度所赋予的约束中从事经济社会活动的，土地、劳动和资本这些要素在有了完善的制度时，才能充分发挥其功能。我国现行的城乡分割制度和户籍制度设计限制了农村劳动人口向城市的有效转移；在行政管理体制和财税制度方面，城镇的政府管理权大都集中在上级的垂直主管部门，城镇政府自身预算内资金严重不足；土地制度、规划制度等的不完善也导致了土地资源、建设资金的严重浪费。这些都严重地制约着农村城市化的健康、快速发展。体制变革和制度创新之不足，是诱发城市化推进过程中固有问题的一个内在的普遍的原因。

二、当下农村城市化发展与实现的路径选择

全国人民代表大会第十一届第三次会议，再次把“三农”问题提到重要的议事日程。一般来说，农村城市化就是以农业为主的农民居住较为分散的农村，转变为以加工业和第三产业为主的农民相对集中的城镇，从而实现农村生产力结构、生产经营方式以及从业人员的思想观念、生活方式、个人素质、收入水平等逐步与城市文明接近并最终走向城乡一体化的过程，这是当下我国经济学者、社会学者和法学者所共识的观点。在21世纪，农村城市化的进程关系着我国如何由一个落后的农业大国走向一个工业化、现代化的强国，关系着制约我国经济发展的“三农”问题的解决，也关系着我国全面建设小康社会的成败，中国特色的社会主义和谐社会的建构一定离不开农村城市化的推进和农村社会的和谐发展。因此，我们必须对当前农村城市化发展中存在的问题加以认真研究，积极而努力地探索加快农村城市化的实现路径，推动我国经济社会的全面进步与发展。

1. 促进农村经济的全面发展，是建构小康社会与和谐社会的经济基础

陈伟、费广胜在《中国农村城市化现实路径选择》一文中，①认为将人权理论和发展的平等观贯穿于农村城市化与农村经济发展是一个相互促进、协调发展的过程。其本质的表现主要在：一是农村城市化的发展能带动城镇商业、交通运输业、旅游业、饮食服务业等第三产业的快速发展，并为我国第三产业的进一步发展创造良好的条件和环境；二是农村城市化的发展能吸引分散在乡村的家庭工业以及其他乡镇工业向城镇聚集，并能克服乡镇企业原有的分散性、封闭性和重复性以及技术设备的落后性，减少其生产中的浪费和环境高污染状况，降低乡镇企业的生产成本，提高其竞争力，从

① 参见陈伟，费广胜．中国农村城市化现实路径选择［J］．许昌学院学报，23（1）．作者从农村城市化的主要作用，农村城市化存在的现实问题入手，提出中国农村城市化是其未来发展的必由的路径选择。

而促进乡镇企业的优化升级，并催生我国新型乡镇企业；三是农村城市化的发展，能形成较大的投资和消费需求，推动社会生产的发展，同时也有利于形成农村商品流通市场，推进农村商品经济的发展。而只有经济的发展和增长，才能构成社会和谐因素的因子，换句话说，把社会主义和谐社会视为社会主义宪政的核心内容，经济的发展增长与农村城市化的大力推进是不可或缺的经济基础。

2. 改变多年城乡“二元结构”的历史现状，实现城乡一体化是农村社会和谐建构的利器

中国计划经济时代所形成的历史现状有若一条有形无形的网罩着城乡两个社会化的利益集团并形成国民人权待遇反差极大的社会板块。长期以来，我国的城市与农村之间形成了制度性的城乡分割的二元社会经济结构，它既限制了城市的健康发展，也阻碍了农村的快速进步。而农村城市化的实施，一是能发展起大批新型小城镇，形成以大中城市为中心，以小城镇为纽带的城乡网络体系，促进城乡经济相互交融，逐步打破城乡分割的“二元结构”之坚冰，实现生产要素在城乡之间的有效配置；二是能逐步改变农村在交通、商贸、通信、文化、教育、科技、卫生等方面的落后状况，从而能改善农民的生存环境，提高农民的科学文化素质，形成农村丰厚的人力资本，实现经济、社会、环境的协调与持续发展；三是能有效转移农业富余劳动力，缓解农村劳动力过剩的压力，提高农业的劳动生产率并增加农民的有效收入，从而逐步缩小城乡居民存在的巨大收入差距并提高农民生活水平，实现城乡一体化、区域一体化的发展。还给农村“农民真正的国民待遇”，让所有惠农政策实现从应然到实然，从形式正义到实质正义的历史性突破和转变。诚如柏拉图所说：荣誉应该给予那些守法的人，规定的惩罚则应该强加给不服从法律的人。

3. 改变传统的农业种植观，加快农业现代化进程是农村城市化的逻辑起点

著名农业发展经济学者夏振坤教授在他主编的《农业发展经济学》一书中指出：“农村城市化会反哺农业的发展，促进农业现代化的建设。其主要表现在‘一是农村城市化的发展能吸纳大量

的农村剩余劳动力向非农产业转移，并促使农村土地的集约化经营，使农村土地逐步向种田大户集中，从而为现代农业的适度规模经营、集约经营创造条件；二是农村城市化能使城市工业和乡镇工业为农业现代化提供所需的农机、化肥、农药、燃油、电力等，并能为农业现代化提供大量所需资金，从而为农业现代化提供丰裕的物质技术基础和资金来源；三是农村城市化的发展，使城镇成为农村地区的技术、资金和信息的聚集地，能发挥城镇连接大中城市与辐射广大农村的功能，引导乡镇企业和家庭工业以市场为导向组织生产，从而有力地推进农业产业化的发展'。"① 从而完成农业国向工业化的转化，没有工业化的改造与建设，事实上是根本不可能实现真正意义上的城市化的，更不可能建成富有和谐价值的农村社会和城市社会。

从一些专家学者对城市化发展的建言来审视，我国农村城市化发展道路上的诸多问题，除了要改变人们主观世界认识的短缺与不足外，最主要的就是要树立科学的发展观，从我国城市化客观实际出发，从立法和行宪的角度还需要不断进行制度创新。因为，在农村城市化的特定阶段，完全能够依据产业技术创新的需要，通过制度创新来消除阻碍农村城市化进程的制度因素或通过制度创新来弥补农村城市化机制的不足，以达到加快农村城市化进程的目的。而实现农村城市化的必要条件就是在保障其健康发展的政策制度从无到有、从不成体系到体系化的创新过程中，逐步消除农村城市化的制度障碍，化解其阻力，凝聚推动力量。现阶段，作为政府职能的引领者应重点加强和努力地做好以下几个方面的工作，而这些实际的工作决定着农村城市化发展未来的前途和命运。

其一，在法制指导下提高基层组织和干部群众对农村城市化建设意义的重新认识。

---

① 夏振坤．农业发展经济学［M］．武汉：湖北人民出版社，1992：序言．农业发展经济学是我国发展经济学的重要组成部分，中国发展经济学的奠基者张培刚教授、谭崇台教授均有专题论述，是张培刚和谭崇台《发展经济学》与《新发展经济学》的核心内容之一——笔者识。

近年来，对于指涉“三农”问题的报道负面性的东西过多，虽然各级政府已开始广泛关注我国农村城市化问题并付诸不同层面的实施，但对其重要性还未给予应有的重视，也就是说还未有给老百姓讲深讲透建设农村城市化相关的宪政意义和实际提升生活品质的意义。反映到具体的职能部门则是制约性体制多、涉政性改革创新则或缓慢或受阻，涉农政策明显不合理、各项监督管理工作缺位，等等。当前，各级政府和社会各界必须树立以下观念：一是树立“小城镇，大战略”思想，把农村城市化放在我国推进城市化、实现现代化和城乡一体化的重大战略高度加以认识，以现代化标准来建设小城镇；二是要认识到加快我国农村城市化建设是刺激我国总供给和总需求快速增长，促进农村产业结构和劳动力结构调整的有效手段，是城乡资源优化配置和可持续发展的必然要求，是我国经济社会全面发展的客观需要，也是解决今后相当长时期内经济社会主要问题的关键环节；三是必须认识到农村城市化建设是一个政治、经济、社会、文化综合作用的系统工程，是实现社会公平的重要途径，必须高瞻远瞩，有规划、有重点地分步实施；四是构建社会主义农村和谐社会最核心最本质的内容，没有农村的城市化推进，就没有城乡和谐社会的构建。

其二，变建设大国为管理大国，特别是城市化初步建成的地区。

有人在媒体上十分坦言地说，要实现城市化的社会目标，就必须将过去的“七分建设三分管理”倒置过来为“七分管理三分建设”，这一点建言对于大力发展城市化的国度来说十分重要。建立新型城镇管理体制，搞好城镇管理是保证我国农村城市化健康稳步发展的关键之所在。离开政府的管理是无法想象的，而政府若仍沿用以往的行政管理模式，农村城市化也是不可能成功的。面对新的形势和任务，各级政府应重点做好以下几方面的工作：(1)积极探索我国农村城市化的规律，不断总结国内外的经验和教训，制定正确的法律、法规以及方针、政策，注重东西部地区以及区域内各城镇的综合协调性，引导我国农村城市化健康发展，并走集约化的内涵式发展道路；(2)尽快改变以往城市事务由政府统一包办的做法，积极发挥市场机制在农村城市化中的作用，并不断改革和完善城镇的社会保障制度、劳动就业制度、教育制度、公共财政制度等，合理划分城镇政府与上级政府在城市化中的职责；(3)努力提高公务人员的科学文化水平和业务素质，增强服务意识，由过去的指挥、管理工作方式向服务、协调的方式转变；(4)各城镇政府应不断加强自身廉政建设，提高政策的透明度和工作效率，优化投资环境；(5)应结合目前正在建设的电子政务工程，搞好城镇信息基础设施建设，加快城镇信息化步伐，提升城镇的建设、管理、综合竞争和发展实力。城市化所蕴涵的意义不是一般建设上的意义，它是农村社会和农村人全面发展的以及各项管理水平提升的代名词。

其三，在宪政视野下完善城镇发展规划，科学合理地布局城镇发展空间。

用科学的发展观来统领城市的规划建设，是当前农村城市化的必要前提，它能减少建设资源的浪费，加快农村城市化进程，具体来讲需做到以下几点：(1)健全城镇建设规划体系，做好总体规划的编制，各项规划必须在得到有关部门和专家的可行性论证后方可实施；(2)城镇规划应具有超前性、科学性、合理性和可操作性，遵循城市发展的一般规律；(3)各城镇的规划应因地制宜，建设有自己特色的城镇，突出民族特色和历史传统，并注重分阶段地逐步推进城镇健康、快速发展；(4)城镇规划应注重与周边其他城镇及所在区域内中小城市的协调发展，做到资源共享；(5)对城镇的供水、供电、绿化等要编制专项规划，加强土地资源的合理利用与开发，加强环境保护，促进城镇可持续发展。而这一切离不开资金的支持。在大量的城市化推进实践中，资金短缺的现象十分严重，特别是中部和西部地区，其民营企业和民营资本的孱弱不堪与长江三角洲和珠江三角洲比较起来更为突出，因此，多元化筹措资金，为农村城市化提供充足的建设资金才是农村城市化快速发展的一种有效保障。目前在提高资金利用效率的前提下，必须主要从以下几方面来广泛融资：(1)鼓励企业和个人投资基础设施建设，并允许其以一定的方式收回投资和获益；(2)金融机构要向城镇建设提供中长期的信贷，并把其作为一项长期项目来支持城镇基础设施建设；(3)抓好农业产业化、乡镇企业、城镇第三产业的发展，努力培养城镇市场体系，为农村城市化培育起经济支撑体系；(4)地方各级财政要逐年加大对农村城市化建设的资金投入；(5)搞好城镇经营，推进基础设施建设的市场化，对供水、供电、交通等基础设施建设可运用拍卖一定期限的经营权等方式来筹措所需资金。另外，还应创造有利条件广泛吸纳区域外和境外资金，为当地经济建设服务。对于什么是外资要重新厘析，还是河北一位县委书记说得好：在本县外所引入的投资都是外资的引进，环境特别是软环境是吸引投资人眼球的名片。

第五节　少数民族地区农村城市化问题的宪政思考

一、我国少数民族地区城市化滞后原因的宪政思考

中国是个幅员广阔且民族众多的国家，民族地区间的发展不平衡既有历史的原因，亦有现实规制下的局限。对中国农村城市化大浪潮下的少数民族的农村城市化的宪政思考，也就自觉成为法文学者和经济学者自愿倾情研究的地带。成艾华的《关于民族地区城市化建设的几点思考》① 正好言中了我国近年来少数民族地区农村城市化相对滞后的问题焦点。自国际政治新秩序中二元世界被打破，“和平与发展” 成为永恒的时代主题，“南北合作，南南发展”已经成为世界有识者的一致共识。中国是典型的发展中国家，发展是我党执政兴国的第一要务。在当今语境下中国已步入国民经济区域化和城市化的活跃期。有关专家预测，到 2010 年中国的经济城市化率水平将达到 40% 以上，2020 年到达 50%，这意味着在今后 20 年左右的时间里，我国将有 4 亿农村人口就地或是异地转化为城市人口，21 世纪农村的发展就是工业化、城市化并进，并走向

① 参见成艾华．关于民族地区城市化建设的几点思考 [J]．科技创业月刊，2003 (8)．

现代化的历程。① 但是就我国广大民族地区而言，农村城市化发展基础薄弱，系统不完善，并将在一定程度上制约我国民族地区全面走向现代化，这就决定了目前探索民族地区合理提高城市化水平道路的重要性。

研究民族与民族地区的问题似乎主要是社会学者的任务，但当将民族地区农村城市化发展与建设纳入中国宪政的框架下，则是我们法学者特别是宪法学者的任务。

我国民族地区特别是少数民族地区城市化水平极低。就国家范围而言，我国城市化水平低于世界水平，而集中于西部的广大少数民族地区城市化更是发展滞后，占全国国土面积近 60% 的西部地区，只有全国 17% 的城镇人口和 24% 的城镇数量，不仅数量少，而且整体规模小，市场辐射窄，服务功能十分有限。由于地理环境因素的影响，在民族地区的城市之间联系显得相对薄弱，各级城市功能不齐全，分工不明确，专业化市场不够健全和开放。具体而言，在西部五省区的民族地区除各级省会城市化较发达外，很少有与其相配套的中等城市和卫星拱卫的城市群；各城市间在人才、信息、资金流、物流诸要素方面缺乏应有的畅通渠道。作为地区性的经济文化政治中心的城市，其功能也不健全，大多乡镇、县城中主要为行政办公而设的专署地点，没有实际意义上的工业化、市场化、城市化的集结与发散中心。因此，这些相对中心的城市对乡村也就缺乏应有的中心区位扩散与辐射作用的优势，形成非农经济的城市化经济，即在城市及城市周边由传统农业文明的农村与现代工业文明的城市相互并存并渗透，在资金、物流方面基本上都是内部循环的。

在宪政的语境下来考察民族地区农村城市化发展问题与成因分析，是一件十分严肃的学术任务，中国宪政之建设刚刚处于破土而出的新生期——在中华悠久的政治制度文化历史中。

综观近代以来的民族地区社会经济发展的历史，其核心问题之

① 参见成艾华．关于民族地区城市化建设的几点思考［J］．科技创业月刊，2003(8)．

一乃是发展权的平等，而发展权的平等实质则是人权的平等，而“民主问题和人权问题始终是宪法的出发点和归宿”①，但在不同时代（或地区）其基点和重心各不相同，它所反映的宪法变迁的内在规定性亦不相同。当然，根据城市及城市化的建设的历史的考察，除了政治因素外更多应该是经济方面的历史原因了。

从唐朝经济重心南移开始，我国的主要城市发展的空间大部分建构在东南及沿海一带，在时人的视野中认为城市需要有广阔的相对较发达的农业平原腹地，而少数民族地区大多地处边远，山地面积多，这就造成了自唐朝以来历史性的基础薄弱。新中国成立初期，我国城市大多集中于东部沿海一带，而内地只有武汉、重庆、西安、成都等有限的大中城市，使之形成先天发育不足的空间和城市布局不平衡的格局。国家在三线建设时期，基于城市平衡分布和所谓第三次世界大战战略上的考虑，从沿海搬迁了大量的企业到内地，使民族地区的工业化水平暂时性有了很大的提高。但在计划经济体制作用下，这些企业生产与周边地区的经济联系缺乏系统而深刻的互动，全部生产都是围绕国家计划而非市场进行，城市功能不健全，工业呈畸形发展，造成只有工程项目而没有相配套的产业，只有工业和分散的工矿区而没有适当的城市与市场，应有的第三产业和服务业更是缺乏，再加上国家投资重复建设多，从而造成了产业单一，技术老化落后等。改革开放后，随着国家投资重点东移，大多数企业由于效益低下而关、停、并、转，使东部地区城市化平均速度比西部快15%，使得民族地区城市化发展并在改革开放后20余年的时间里又拉大了东西部巨大的发展距离。以1998年的贵州省与广东深圳比较，时年深圳人月均收入二三千元，而贵州人年均收入还很难达到这个数，收入差距扩大到10～20倍。

从生产力与生产关系的调整因素来考察民族地区的经济发展和城市化建设，或许能够洞察其间滞后的一些端倪：客观地说，广大

① 李龙．宪法基础理论［M］．武汉：武汉大学出版社，1999：278．此书第13章“宪政规律”为李龙教授与汪习根教授合写，他们认为人类经历了人权立宪—政治立宪—经济立宪的漫长过程，并正在向知识立宪过渡。

民族地区城市化发展受生产力因素的制约，农业技术进步速度较慢，目前大部分农村仍沿用2000多年前原始的犁耕肩挑的农业耕作方式，农业仍沿用劳动密集型经营方式，这样就使大量的人口滞留在农业生产中。而城市要发展，农业劳动生产率的提高是其必要因素，只有通过农业生产率的提高，才能解放更多的农业人口，促使其向工业社会的转变，富余劳动力向城市及城市近郊转移。与此同时，一定的城市化会反过来造成生产力因素的进步，提高全社会的劳动生产率，从而形成一个良性循环，而广大民族地区却陷入了农业劳动生产率低下，工业化程度差，城市化水平低，从而社会生产率低下的一个恶性循环的系统中。从历史的渊源来看，二元社会经济结构的影响对民族地区城市化的发展影响颇深：广大西部民族地区由于信息、文化、交通等因素的制约，加上农村地区的相对贫困，使城市和农村系统处于比较隔离的状态。小城市缺乏发育的良好土壤与市场，农业产业结构单一，轻工业不发达，城市化水平低，因此，西部民族地区是传统农村与个别现代化城市并存，传统农业文明与现代高新技术文明交会于二元社会经济结构之中。一元是发展条件相对优越的，享有现代生活方式和品质的，具有现代生活观念的比较发达的城市地区；一元是发展条件相对恶劣的，因袭传统生活方式和习惯势力的，保持传统生活观念的落后农村或边远地区。两者代表着中国宪政文明视野下的不同发展水平和不同城市化发展的建设价值取向，在社会经济发展和宪政建设的大系统中基本上都是内部自然循环的。遗憾的是在目前这种政策和发展模式下城市对传统农村的扩散作用、引领作用、刺激作用则相当有限。

二、我国少数民族地区农村城市化的路径选择

关于中国城市化的发展建设的路径选择问题本书前章节已有详述，如何加快民族地区农村的发展，增强其发展后劲为农村城市化积蓄力量，并适时有效地推进农村城市化则是我国城市化运动研究不可规避的问题。

民族地区如何走农村城市化的道路？从上面的分析中我们知道，民族地区二元经济社会结构明显不合理。而发展农村城市化，

应在传统元中孕育现代元，并不断壮大现代元。从城市化发展的一般规律来看，城市的发展需要农业劳动生产率的提高，从而释放大量的农业剩余劳动力，这是城市发展的一种自下而上的力量。而民族地区农村农业作为一个弱质产业（很大部分依托畜牧业或其他非农产业)，基础薄弱，从而限制了农村城市化的发展。因此，民族地区政府应在政策、资金、人才、技术、信息、物流等方面给予倾斜支持，采取各种措施尽快消除人为的工农业产品价格的剪刀差，取消各种对农民的不合理摊派，减轻少数民族农民负担，把中央的各项惠农政策落到实处，从而提高农民收入。同时调整农业产业结构，加大农业综合开发力度，因地制宜，改变过去单纯发展种植业的产业结构，大力发展林牧副渔林业以及农业社会化服务体系，以民族地区自身潜在的资源为基础，大力发展立体农业和绿色农业等特色产业，最后，以特色产业为基础，发展独具特色的拳头产品，以商业名牌带动农业产业发展。总之，发展民族地区农村经济，引导农民尽快致富，为民族地区农村城市化集聚能量和应有的科技投入。

创新是中华各民族的灵魂，城市化过程中要不断加大制度创新力度，与时俱进，厘析路径上的依赖关系，理顺城乡间的流动渠道与制度设计，从程序和实体上获取向城市化过渡和转变的正义价值。

首先，少数民族农民的包袱来自于“二元”户籍管理制度的设计与安排，多年铁桶般的农村“丁亩”制使得在出世的户籍簿上烙下的农民的印记则永远无法摆脱户籍制度的世袭性。民族地区这种世袭基因更强，因此，制度和观念的创新显得尤为重要。民族地区可以规定，凡在中小城镇有合法固定的住所、合法稳定的职业或生活来源的公民，均可申请在中小城镇落户，因为对一个农业人口能否迁入城市，应完全取决于他本人的社会经济能力，以及他对迁入不同城市的成本效益状况的预期，而不能以行政手段规定谁能进，谁不能进，政府应该对此采取鼓励措施，使得更多的农业人口生而农户而非农籍，离土背耕完全视其自身的技术和对生活本身的承受力，无论如何地方政府和官员不能人为地制造门槛抵拒农民自发向非农化之城市化方向转变。

国有矿产与土地资源的充分整合利用，是农村城市化过程中制度创新、观念革命的关键点之一。改革应实现土地的适当集中，形成一定的规模经营，同时，针对民族地区交通不便、消息闭塞的特点，可试行一家两制、一户两居的构想来加快民族地区农村城市化的发展，即在一个家庭内部以农业为基础，同时大力发展多种副业和非农产业；一户农民除在以农业为主的地方安家落户的基础上，允许其适当向小城镇集中，原因如下：一是无工商不富，以工兴农，是民族地区乡村摆脱贫困增加收入走向富裕的道路。对于民族地区，大量亦工亦农的两栖生活造成了农民的兼业性，他们一方面以农业作为基础，同时在农业产业化过程中以小城镇作为桥头堡和窗口，大力发展工业和农村服务业等非农产业。目前，在民族地区已经形成了向国道两边集中，向小城镇集中的配套设施健全、服务化体系齐全的新景象，这对加强城乡之间的联系，提高农民收入是非常必要的。不过由于他们又不具备彻底脱离农业的条件，民族地区工业发展速度较慢，很多小城镇甚至于一些县城没有一家实际意义上的工厂和大公司，因此农业也还要作为必要的生活手段。这属于暂时的过渡阶段。随着经济发展将逐步在小城镇中积极发育农产品加工工业、专业市场、中介组织等多种类型的产业化龙头，尤其是要健全和完善农产品产前产中产后全程配套的服务体系，把小城镇建成农副产品加工和销售中心，农业产业化的信息和服务中心。二是对沿海地区制定的有关农村人口迁到城镇对其原宅基地、住房处理实行土地置换办法以使其获得城镇住宅的优惠鼓励政策要区别对待。因为民族地区非农化水平较低，地广人稀，应允许并鼓励农民的两栖生活状况存在，这对发展民族地区城乡协调发展有其现实的意义。我们要分步骤引导农村中一些能人向小城镇集中，通过在民族地区新建扩建一些有潜力、信息流畅的小城镇，加快农村城镇化步伐，促进民族地区城乡协调发展。

其次，加强小城镇的城乡纽带作用，带动民族地区农村城市化的发展，这是民族地区城市化发展的一种不可逾越的发展模式。

在民族地区农村经济发展到一定阶段后，城市化的因素就会自然增长，或者说在以后的城市生长和市场发育的机理中，一定会伴随着大量出现的小城镇，也将由此发展城市型的物质文化条件进而生长成新的城市。改革开放以来小城镇的大力发展，形成我国城市化广阔和坚实的空间基础，这将成为我国城市化运动中一种自下而上的力量。同时中心城市，特别是大城市、特大城市在我国仍然处于城市体系中的核心地位，在城市化进程中发散着巨大的辐射力，这是一种自下而上的力量。两股力量互相推动将进一步促进民族地区城镇体系的发展和完善，形成以农户—小城镇—中心城市—大城市为链接的，民族地区城市化道路。

少数民族地区在小城镇建设中，面临最严重的是资金问题。小城镇投入问题的根本途径在于依靠市场法则，运用竞争机制建立多层次市场化运作方式，投资主体应从主要依靠国家投资向多元化投资格局转变。按照谁投资，谁所有，谁受益的原则，加大开放力度，从多方面融资，形成包括社会资本的新型多元化的投资机制。一方面，现阶段政府资金以营运环境、筑巢引凤为主。由于一般性的基础设施建设全靠集资建设，垄断收费，容易提高入镇门槛，将部分企业和农民拒之门外，所以应集中有限的资金重点建设小城镇的基础设施，特别是在农村电网改造、公路、广播电视、通讯方面给予支持。对有效益的基础设施，可合理地确定服务价格，实行有偿使用。另一方面，在市场经济体制下，小城镇发展的手段和途径应该是多元化的，政府应学会用民间的钱，办政府的事。改变过去直接投资办企业的做法，制定相应的投资诱导政策。政府应采取担保、贴息、补贴的办法，积极开展招商引资，动员和鼓励金融机构、各类开发公司和其他工商企业以及城乡广大居民，尤其要依靠进镇农民筹集城镇建设资金，促进企业、个人共同投资小城镇建设，并保证其有利可图，逐步形成国家、社会、个人等在内的多元化投资格局。

城市化是我国少数民族地区全面奔小康的必由之路。走中国特色的城市化道路，消除不利于城市化发展的体制和政策障碍，是党的十六大提出的重要任务，也是保障城市化进程健康、顺利发展的关键性因素。关注城市化进程中的农民主体性问题对于科学制定城市化政策具有重要的理论和现实意义。

对于我国这样一个农业人口占大多数的国家来说，依法对农民主体性问题的充分重视是现代社会对政府职能的新要求，是关系到中华民族兴旺与否的关键性因素。胡锦涛同志在2005年春节期间所论述的构建社会主义 和谐社会时反复强调的一点就是协调中央与地方、广大群众与地方政府的利益，在城市化的推进过程中，政府不但要尊重农民这一主体所具有的自觉主体意识，必要的时候还要通过政策等形式激发其自我认识的意识，提高其自我维权的能力。① 探索发挥民族地区农民主体性的途径和方式，还需要进一步深入地研究，以获得富有实践意义的建设性成果。

第六节　农村城市化与宪政之维中的村民自治

村民自治，是一个划时代的概念，是一个全新的制度设计。它是在中国共产党领导下亿万农民的伟大创举，它联结着中国政制文明史，联系着当今世界各种先进的自治制度。② 它是独具中国特色的农村治理模式和基层民主政治建设的法律制度，它的产生和发展，为农村政治经济和社会发展注入了新的生机与活力，推动了农村现代化建设，推进了农村城市化的发展，为国家的政治民主、经济民主和社会生活民主提供了宝贵的经验支持。

一、农村城市化与村民自治的历史变迁

自治一词源于希腊语 autonomia，它有两层含义：一是独立自主，人民自己管理自己的事务；二是国家的某部分独立自主地进行管理，意味着一定的国家集权与分权。而村民自治则是一种理念性

① 参见张友琴，李一君．城市化政策与农民的主体性［J］．厦门大学学报：哲学社会科学版，2004(3)．

② 参见何泽中．当代中国村民自治［M］．长沙：湖南大学出版社，2002：362. 该著作作者认为村民自治是中国农村宪政精神的核心，中国之大，尤其农村之面大，农村基层组织覆盖了几乎全国城乡。在农村城市化进程中，农村法理的法治基础牢固，村民自治的有序推进，整个国家依法治国就能得到提升。

概念、一种基层制度概念、一种治理模式概念、一种活动方式概念。①

在宪政视野下的中国城市化运动与中国村民自治的内在变迁究竟存在着怎样的学理关联呢？中国社会科学院政治学所学者宋月红在《城市化与村民自治的变迁》② 一文中对此作出了较为全面的回答：当下语境中的农村自治，无论是从人口比例，还是从产业结构及其分布来衡定，当代中国仍然是一个农业社会、农业大国，农业、农村和农民问题具有重要的战略地位与意义。改革开放以来，农村社会由传统向现代转型，实行家庭联产承包经营责任制，发展乡镇企业，开展村民自治等，农民从中获得了生产经营自主权和对公共社会事务的知情权、参与权、选择权、管理权和监督权，农村社会自主性意识增强，社会政治日趋民主化；而且，随着市场经济的培育和发展，城乡市场一体化，城乡人口迁徙、流动频度加大，城乡分治格局逐步被打破，农村城镇化或城市周边乡村被纳入城市管理体系之中。这样一来，村民自治，既表现为农村社会政治民主化的发展，又面临农村社会城市化的机遇与挑战。就村民自治外部环境而言，村民自治作为一项基层社会民主政治制度，运行于整个社会的城市化和现代化进程中，乡村民主的发展受到城市民主和现代民主的影响和制约；就村民自治内部而言，村民自治在其内部结构要素，如农民的非农化，产业结构的工业化，社区环境的城镇化，乡村都市化，以及社会关系、组织形式、生活方式和分配方式多样性的变动中生成、推进与发展，出现了农村社区向城市社区部分或整体转制、村民自治向城市居民自治转制的现象。

1. 城乡社会变动与村民自治的兴起和发展

中国当代行政区划体系可分为以下几种基本类型：一是直辖市制型，其行政体系为：直辖市—区（县）—乡（镇）—村（居）；

---

① 参见何泽中．当代中国村民自治［M］．长沙：湖南大学出版社，2002：1－28.

② 参见宋月红．城市化与村民自治的变迁［J］．北京行政学院学报，2002（1）.

二是省制型，省—地级市（行署）—县级市、区（县）—乡（区、镇）—村（居、牧）；三是自治区制型，自治区—地级市（州、行署、盟）—县级市（县、区、旗）—乡（区、镇）—村（居、牧）；四是副省级市制型，市—区（县）—乡（镇）—村（居）。从中可以看出，各种类型的区域行政均将农村社会纳入了其各自的行政区域和行政管理体系之中。不仅如此，农村社会在乡与村、镇与村的对应系列中，划分为一个个行政村和因血缘、地缘、历史所形成的一个个自然村落，其中，一个行政村或者就是一个自然村，或者由两个以上的自然村合并而成。①

村民自治起始于20世纪80年代初中国农民的自发创造。随着家庭联产承包经营责任制的推行，土地等生产资料的所有权与使用权分离，农村社会经济利益关系发生变化和调整，农民有了生产经营自主权，并成为资源和价值分配的主体。而人民公社解体时，一些地方的基层组织体系功能弱化甚至失去效能，村级公共事务的管理一时出现权威缺失或真空，村务管理的实际状态与村民的乃至社会的期许之间产生较大差距或反差，形成一种政策问题。这种政策问题，需要公共权力机关制定和实施相应的公共政策来解决。但这一政策问题首先进入的是公众议程。最初在广西壮族自治区的罗山、宜山一带，农民通过召开全体社员大会，以无记名投票的方式，直接选举产生了名为“村管会”、“议事会”或“治安领导小组”等村务管理组织，这是村民委员会的自治雏形。② 村务管理组织的创新，为加强基层组织体系建设寻找到了一种适应农村社会经济和社会关系变革的思路。村务管理的政策问题由公众议程提升到政府议程和政策规划，1982年宪法确认农村设立的村民委员会是基层群众性自治组织。

法随世移，随着农村村民委员会组织在宪法意义上的确立，城

---

① 参见宋月红．行政区划与当代中国行政区域、区域行政类型分析［J］．北京大学学报，1999(4)．

② 参见李宝库．村民自治：亿万农民当家作主的伟大实践［N］．人民日报，1998-11-10．

乡分割、分治的界阈壁垒亦随着农村和城市经济体制的改革逐渐被打破，城乡人口自主性迁移，尤其是农村剩余劳动力向城市转移，造成农民在新旧观念碰撞和城乡生活方式冲突中寻求自身发展的机会，这一时期的农民群体或阶级也发生着深刻的分化与变化。这样一来，原本缺乏民主或民主程度不高的社会管理方式已经满足不了农民日益增强的对其自身利益和愿望的表达，促使一些地方的知识分子和半知识分子的农民自发探寻实现自治的方式与途径。吉林省梨树县北老壕村村民以“海选”的方式选举村民委员会“竞选”由黑龙江省青冈县、辽宁省铁岭市、开原市农民率先搞起来；“村民代表会议”是河北省正定县、赵县和山东省招远等地农民搞起来的；依法治村、民主管理是山东省章丘市农民所首创；直接提名、差额选举以及“双过半”的经验则是福建的农民在村民委员会选举中创造出来，① 而“村官直选”则由紧靠海滨的深圳市龙岗区大鹏镇率先创新的。② 这些做法都直接指涉到宪政建设精神与村民自治的基本领域，包括民主选举村民委员会、村务民主决策、管理和监督等宪政民主原则。大胆提出或尝试这些做法的，既有远离中心城市的农民，也有特区城市近郊的农民。可以说，村民自治在中国历史上的底蕴由来已久，不论是民国时期的南京国民政府的乡村自治制度，③ 还是1982年宪法所确立的村民委员会基层组织制

① 参见姜春云同志在学习普及村民委员会组织法座谈会上的讲话［J］. 乡镇论坛，1999(8).

② 参见曾哲，李才雄. 深圳龙岗镇村民自治的现状与对策分析［J］. 深圳宣传，2003(3). 对此，笔者曾经专访在深圳市龙岗区大鹏镇率先“村官直选”的党委书记纪志龙，纪志龙书记对“村官直选”这一举措，针对特区农村的情况有较为中肯的评价：“村官直选”形式上是保障和扩大了村民的自治权，但实质上却削弱了农村党支部的权力。农村城市化推进过程中，深圳特区农村中村民委员会与村党支部的权力“博弈”相当普遍。

③ 参见李德芳. 民国乡村自治问题研究［M］. 北京：人民出版社，2001：118－162. 该作者认为这一时期的南京国民政府，面临着一个如何实现国家对乡村社会有效治理的难题，它已经无意于传统的政治哲学，而是钟情于国家整合社会的现代政治观念。于是，它打着三民主义的旗号，以法律形式将乡村自治确定为国家政治制度，试图寻求国家与社会的平衡点，包括走第三条道路的政制尝试。

度，都是处于城市化进程中不同状态下的农民所共同需要的，他们共同推动了村民自治制度的创建，对中国农村宪政实践和理论建设有着重要的历史和前瞻性意义。

国家对村民自治立法，无疑推进了村民自治的基层组织在全国的普及和规范发展。但在村民委员会组织法试行初期，据统计，至1989年底，只有广东、福建、浙江、甘肃、湖北、贵州和湖南制定了村民委员会组织法（试行）的贯彻实施办法，一些地方为强调村务管理，设立村公所，作为乡镇政府的派出机构，村民委员会则设立在村公所之下。在1988~1998年村民委员会组织法试行的10年间，有5个省、自治区、直辖市没有制定实施办法，21个省、自治区、直辖市没有制定选举办法。① 村民自治发展不平衡，即使是在直辖市和沿海地区，村民自治也不因其城市化水平高而发展迅速。一些地方村民自治的发展则明显受制于乡镇宪政管理体制。诸如北京市，农村改社建乡镇时，公社生产组织改建为乡镇农工商总公司，公社行政组织改建为乡镇政府，乡镇农工商总公司代行乡镇政府的部分经济管理和服务职能，村有经济联社（合作社）与村民委员会分设并行。广东省在乡镇以下设立的是管理区办事处。而且，这一时期的村民自治的内容和宪政实施主要集中于村民委员会的选举、民主决策、村务公开的层面，而真正的依法管理与监督并无多少实质性结果。

但到了1998年11月以后，《中华人民共和国村民委员会组织法》（以下简称《村民委员会组织法》）正式颁行。一些地方为适应该法的要求和维护法制的统一，亦作为宪政实施的重大举措，开始调整或消除与该法不符乃至相悖的矛盾关系，进行了乡镇机构及管理体制改革。如北京市的一部分区县撤销了农工商总公司，将其管理经济的职能交给乡镇政府；广东省1998年下半年开始理顺农村基层管理体制，撤销管理区办事处，设立村民委员会。北京和广东实施的乡镇管理体制变革，基本消除了本地区村民自治组织建设

① 资料来源于国家民政部《关于村民委员会组织法贯彻实施的情况报告》，以下相关数据皆来源于此——笔者识。

的体制障碍，也利于村民自治法制和国家法律体系的统一。《村民委员会组织法》正式颁行，地方立法进程也随之加快。在《村民委员会组织法》实施的第一年，10 个省级人大常委会通过了《村民委员会组织法实施办法》，14 个省级人大常委会颁布了新的村民委员会选举办法。在村民自治实践的基础上，国家民政部在 1999 年命名了 95 个全国村民自治模范县（市、区、旗）。民政部命名村民自治模范县（市、区、旗）的核心尺度是依村民委员会组织法的执行和民主制度的建设情况。这些主要受制于村民委员会组织法的执法环境和村民自治的主体条件。一般而言在城市密集地区、城市行政区域内，在城市示范、辐射和城市行政管理的作用下，农民收入主要不再依赖于土地，而是依赖发展乡镇企业，或城市化服务体系；同时，城市空间结构的郊区化发展，使乡村与城市融为一体。这样的双向沟通和对接，使得农村冲破其自身的分散性和封闭性，日益受到城市现代文明的影响。较之偏远或远离城市的乡村，农民在国家九五、十五普法背景下自主性逐渐增强，民主与法制意识日趋浓厚，经济生活方式日益都市化，家族、宗族在社会政治生活中的影响渐趋式微。而在一个传统的或城镇化迟缓的乡村，由于村民在经济社会生活中往往不能不依赖亲戚或乡邻形成较为紧密的血缘—地缘关系、家族—宗族性自发组织力量再生往往干扰甚至左右村民自治等的实行。因此，城市化的推进发展有利于《村民委员会组织法》执法环境的改善，有利于村民自治的要求相适应的宪政环境与预设条件。

2. 村民自治主体在城市化进程中的变动

在城市化进程中，农村非农化产业的发展，关联着产业结构和经营方式的变化，使得村民自治主体——村民构成渐趋复杂化、多样化。“本村村民”，在传统乡村与城镇化程度较高的现代意义的乡村是情形不一的，以农业户口这一单一标准来界定村民已不适应村民自身的变化；村民在其权利与义务的具体履行方式上也在发生变化，开始趋向多样化。在“公司加农户”的经济模式运作中，村民对其合作经营的公司有了更多的依赖性；在土地经营活动中，一些地方的村民雇用外地村民，有的出让土地经营权而经商或出外务工。处于不同经济状态的村民与村集体利益的关系发生了不同程度的变化，出现了一定收入与经营上的巨大差异。与此同时，城乡藩篱的拆除，使人口从农村流向城市成为可能和现实。但是，农村劳动力季节性流向城市，造成劳动力输出地的村民自治主体人户分离，村民自治的日常工作参与率下降，村民自治偏重于村民委员会换届选举，而疏于对村民委员会的经常性监督。同时外出务工村民与村民委员会成员之间、村民委员会内务工与务农者之间收入差距的拉大，使得一些村民委员会成员心理上发生不平衡而不理政事甚或腐败堕落；外出务工和社会化人才的合理流动，使本就不足的村民委员会成员后备资源流失严重，在任村民委员会成员的素质不高，结构不合理，这就直接影响到村民自治的能力与水平的发挥。一方面，由于受过较好教育的有为的青年外出发展，留下较低文化、理论和政策水平者在村里当家，一般他们对村民自治政策和制度认识不深、理解不透或根本不理解，常常使一些村民委员会成员对村民自治政策执行不力，或执行有误；另一方面，由于村民与村民委员会之间存在利益和行为取向的差异，造成抵触、冲突或内耗，他们的实际行为都有可能偏离村民自治的目标与本意。这两方面的情形都会导致村民自治的政策失真，其具体表现为：（1）村民自治表面化，即村民自治流于宣传或形式，实际不按村民自治行事；（2）村民自治扩大化，村民自治范围、职责和目标超越村民自治应有规定；（3）村民自治缺损，村民自治是民主选举、民主决策、民主管理和民主监督的有机统一，但在实施村民自治过程中，偏重一隅，或顾此失彼；（4）村民自治被替换，打着村民自治的招牌，行背离村民自治精神和原则之实。民主表决导致的举手暴政在村民自治中时有发生。

合理界定村民之间以及村民与村集体之间的权利与义务关系，并建立与之相适应的乡村治理结构，不断完善村民自治的运行机制，这是村民自治适应城市化发展的必然要求。为使村民自治能够应对乡村社会经济关系和政治生活的变化，应逐步理顺和规范农村生产经营关系，明晰产权。对城市化进程中村民自治主体——村民的界定与识别，国家应根据行为主体在社区权利与义务相统一的原则，在明晰产权的基础上合理规范村民经营权与所有权。农村税费改革旨在进一步规范乡村经济管理活动，理顺国家、村集体和村民之间的收入分配关系。在这一基础之上，村民的权利与义务，村民与村集体和地方行政的关系也就能够得到更加合理的规范、监督与约束，这就为村民界定的统一化，以及为适应村民在城市化进程中社会角色的变换提供逻辑的与现实的基础。面对城市化对村民及乡村社会的牵引作用，在实施村民自治的具体工作中，我们应根据人口流动的规律与特征，合理有效地安排村民自治的日常工作，加强村民委员会与出外务工村民的联系，建立沟通彼此之间关系的中介组织，发挥在家和在外村民的各自优势，运用多种工作方式和实现民主选举、决策、管理、监督的各种形式，以推进村民自治的整体发展和可持续运行。

3. 城市化对村民委员会和乡镇行政关系的影响

1918年孙中山对即将赴日本考察的李宗黄说："政治的基础，在于地方自治。日本的市、町、村都很健全。日本之强，非强于其坚兵利甲，乃强于其地方组织健全。要看，最好看看他们的地方自治。不过他们这种地方自治，官治气息很重，是不符合吾党民权主义全民政治的要求。"① 陈独秀也明确指出，"我们现在要实行民治主义，是应当拿英、美作榜样，是要注意政治和经济两方面，是应当在民治的坚实基础上做功夫，是应当由人民一小部分一小部分创造这基础。这基础是什么？就是人民实际的自治和联合。……这种联合自治的形式，就是地方自治和同业联合两种组织"②。乡与村或镇与村，是行政区划中最基层、最普遍的对应关系，对于一个乡村来说，无论其是否已城镇化了，都以乡或镇作为行政建制的基本单元。因此，村民委员会与乡镇行政的关系，对于城市化进程中村

① 《在上海与李宗黄的谈话》[M]//孙中山．孙中山全集：第4卷．北京：中华书局，1985：491．转引自李德芳．民国乡村自治问题研究［M］．北京：人民出版社，2001：11－12．

② 陈独秀．实行民治的基础［J］．新青年，7(1)．转引自李德芳．民国乡村问题研究［M］．北京：人民出版社，2001：12．

民自治的规范与制约，是直接和持久的。村民自治处于政府主导性发展阶段，是政府指导下的基层社会自治，政府的职能、行政方式与手段、行政效能等，不可避免地影响着村民自治的内涵、进程、发展水平以及作用的发挥。

《村民委员会组织法》规定，村民委员会是村民自我管理、自我教育、自我服务的基层群众性自治组织。村民委员会实行民主选举、民主决策、民主管理、民主监督。村民委员会其职能有：政府反映村民的意见、要求并作为村民权益的保护者和代言人，村民委员会成为村民与政府沟通的桥梁和中介、协助乡镇级政府开展日常行政工作。乡镇政府对于辖区内的村民委员会来说，（1）对村民委员会的工作给予指导、支持和帮助，但是不得干预依法属于村民自治范围内的事情；（2）村民委员会的设立、撤销、范围调整，由乡镇级政府提出，经村民会议讨论同意后，报县（区、市）级政府批准；（3）不得指定、委派或者撤换村民委员会成员。乡镇政府与辖区内村民委员会的法律关系是指导与被指导的关系，在施政过程中，乡镇政府直接面向村民，对各村行使行政管理权，村民委员会接受乡镇政府的行政管理，对乡镇政府作出的行政决定，有权依照法规提起行政复议和行政诉讼。

但在基层社会政治生活中，村民自治群体居于弱势群体，乡镇行政则处于强势，村民委员会与乡镇政府之间存在着事实上的角色支配冲突。这主要表现在：一是乡镇政府由领导向指导角色转变不到位，仍习惯于对行政村及其村民委员会采取行政命令，居高临下指派、委派或撤换村民委员会成员的现象时有发生；二是村民委员会在村民自治中管理角色行政化，间或以村政府首脑自居，或挟村民自治自重，不服从国家管理和党的领导。

从宪政的角度考察在城市化进程中的农村基层组织，一是组织载体既有农村村民委员会，又有城镇居民委员会，而且随着城市化进程的加快，农民产业非农化发展，城镇居民比例越来越大，乡镇政府的管理对象将发生结构性变化，政府职能也将随之转变。二是在农村向城镇转制工作中，乡镇政府与村民委员会责权利不甚明晰，法律程序不健全。三是在城市近郊区，一些村民委员会成员由村民转为了城市居民，有的甚至成为了乡镇政府的工作人员，但其离土不离乡，仍然担任着村民委员会的委员甚或主任的职务，出现城市居民参与、主持村民委员会工作，或乡镇政府工作人员兼村民委员会职务的现象等。为全面实施《村民委员会组织法》，并适应城市化发展的实际需要，乡镇政府应正视村民自治的存在与发展，转变行政方式及手段，依法行政。不仅如此，村民委员会自治组织的角色定位也需在政府机构改革和职能转换中加以强化，村民自治行为和运行机制要依法进一步规范，以使自治与行政主体各就其位，各司其职，进而将村民委员会与乡镇行政关系纳入法的范畴。一方面要防范乡镇政府干预依法属于村民自治范围内的事务，另一方面，也要克服村民委员会自身的行政化倾向，以防止村民委员会对乡镇政府行政权力的侵蚀和对行政权力运行的阻遏。在乡镇政府与村民委员会的关系问题上，对“村民自治范围内的事项”应法定明确，除乡镇政府对村的行政管理权、法律规定的执行权和执法监督权之外，本村的公共事务和公益事业均应属于“村民自治范围内的事项”。

整体看来，乡镇政府依法应需指导、支持和帮助村民自治，为村民自治提供政策扶持，创造法治环境。但村民自治的发展更有赖于乡村社会政治生活的民主化，以及作为自治主体的村民素质的改善、参与能力的提高和自主性的增强。

二、村民自治的变迁对自治权实质正义的追求与关怀

不论怎么说，这场挟带风雨的城市化带来了中国农村村民自治主体条件、自治环境、自治方式与手段的深刻变迁，从而亦赋予了城市化中村民自治崭新的时代内涵与宪政形式。在一定意义上说，村民自治就是对村民自治权利的终极追求与关怀。城市化制约着村民自治的心理走势，随着乡村设镇建市，村民自治逐步向城市社区居民自治过渡的开始，自治组织就顺理成章地由村民委员会转向社区居民委员会。法学家说，自治权的救济应当走在法律的前面，没有救济就没有权利。

据国家民政部有关方面统计，在改革开放初期，中国大陆拥有

100 多万个自然村，80 多万个行政村。但在各地的分布是不均衡的，尤其是非农化、城镇化、都市化发展不平衡。中心城市密集或城市辐射功能较强的行政区域，农村城镇化速度快，城乡融合区扩展势头强劲。诸如在首都北京市，1984 年建乡时有 350 个乡（含 70 个小乡），15 个镇；小乡撤并后为 282 个乡，15 个镇。1990 年以后，开始建镇和乡镇合并，又有 57 个乡撤并。至 1999 年所辖 12 区 6 县，120 个乡（含 5 个民族乡），105 个镇，20 个地区办事处。山东省作为东部经济较发达地区，1983～1985 年，乡 1 837 个，镇 800 个；至 1998 年底，全省共有乡镇 2 296 个，其中，乡 905 个，镇 1 391 个，乡镇之比由 229.6% 降到 65.06%。① 但在西部省份，尤其是民族自治区域，城镇化不及东部沿海。如甘肃省，1999 年 1 月统计，乡 1 352 个，镇 205 个；② 宁夏回族自治区现辖 3 个地级市，1 个地区，24 个县（市）区，69 个镇，230 个乡。③ 尽管如此，其城镇化也在以不可抵挡的潮流逐步扩张。

在珠江三角洲行政村的集镇化、县乡的市镇化，以及小城市的都市化都十分明显，在近十年的时间里推动了乡村的城市化以前所未有的速度发展。在乡村向城镇转制的过程中，原来实行的村民自治是否要转制？如果不转制，村民自治能否适应城镇化或者说城市化的发展，还需要做哪些法律规制上的调适？如果要转制，那么又如何过渡？对这些问题的解决现行的基层组织法中没有明确而具体的规定。尤其是在村民与其他居民杂居的社区或城乡融合区、结合部，村民自治与居民自治的分解、过渡和衔接显得相当滞后，面临着对自治适用法规的选择问题而无所适从。《村民委员会组织法》

---

① 参见《山东省民政厅关于乡镇规模的调查及调整意见的报告》。转引自宋月红．城市化与村民自治的变迁［J］．北京行政学院学报，2002(2).

② 参见《甘肃省民政厅关于乡镇职能任务、机构设置及人员编制情况的调查报告》。转引自宋月红．城市化与村民自治的变迁［J］．北京行政学院学报，2002（2）.

③ 参见《宁夏民政厅关于乡镇职能任务、机构设置及人员编制情况的调查报告》。转引自宋月红．城市化与村民自治的变迁［J］．北京行政学院学报，2002(2).

只是规范了村委会这种村民自治组织形式，村委会、村民代表大会和村民大会的权能划分较为模糊，而且村民委员会作为一种基本组织形式，并不等同于村民自治本身，它们与社区党支部或村支部的关系也实难处理。而且，由农村改制而来的城镇社区，又不同于纯然的城市社区，直接套用《城市居民委员会组织法》，则需要考虑《村民委员会组织法》和《城市居民委员会组织法》的同步一致性问题。因此，为适应乡村社会城镇化、都市化变迁的要求，调节基层社会在城市化中所出现的自治主体之间的矛盾关系和自治适用法规的冲突，应完善有关《村民委员会组织法》和《城市居民委员会组织法》，并在此基础之上建立一套具有起、承、转、合功能的基层社会自治基本法规体系，协调《村民委员会组织法》与《城市居民委员会组织法》在村民向居民过渡中法规制度设计安排上的冲突，化解不适感以保障村民自治向居民自治的有序过渡和衔接，从整体上维护城市化进程中基层社会自治的稳定发展，推动基层社会自治可持续发展和宪政建设的良性推进。

城市化发展与村民自治的宪政价值的实现是有着内在的本质联系的。在农村实行村民自治，由村民群众依法办理自己的事情，体现了人类发展权的平等和人权的平等观，这一深刻而鲜明的人权价值特征就是宪政价值所赋予的村民自治价值追求的核心。村民自治组织代替原有的村落松散之组织，村级干部（村长、主任）也由过去的上级任命制转而由村民直接选举，村中公共事务和公益事业实行民主决策、管理和监督，村务、政务、财务实行三公开，让村民拥有更多的知情权和参与权。

总的说来，我国的村民自治自兴起开始，就伴随着城市化运动的发展而发展。也就是说，村民自治的价值体现主要在于农村基层政治生活的民主思想和宪政实践的发展，而这一民主价值的实现则受到城市化推进的挑战与考验。乡村民主不同于城市民主，甚或可以各自独立发展。正是由于城市化的发展，乡村城镇化，城市郊区化，城乡一体化等，加之城镇管理体制和户籍制度的改革，使得城市与乡村呈双向融合之势，乡村民主与城市民主已不可分割。两者相比较呈现如下关系：一是相互依存，一方的发展越来越有赖于另一方的发展，乡村民主政治和宪政主义的实践则更多地有赖于城市民主和城市宪政实践的发展和实力壮大。城市化为村民的政治参与提供、创造了新的空间、渠道、方式和手段，改变着村民旧有的社会经济生活和政治文明观念。城市宪政民主精神对于乡村民主宪政有着积极的导向和示范作用。二是相互促进，一方的发展有助于另一方的发展，形成双向促进的发展态势。这说明，乡村民主宪政的建设可以借鉴城市民主宪政建设的一些方式、方法和手段，城市民主也需要乡村民主宪政的发展来捍卫其成果，壮大其声势，它们相互联系，并与工厂企业的民主宪政建设一起构成中国基层民主宪政建设最基本的核心内容。①

城市化中的宪政意义与村民在自治中对民主价值的追求所揭示的时代课题是深刻的。中国农村是个“半熟人”社会，家族—宗族—乡里乡亲等传统关系、观念和情感维系着社会的基本稳定，又作用于村民自治的非法治规则，因而不可避免地造成传统与现代、民主法制与宗法族规的矛盾冲突，现代的宪政理念和政治文明与保守的乡村民规民俗相排斥的现状。在城市化进程中，城市文明波及农村，无疑会带来村民观念的更新和社会关系的改善，形成有利于村民自治的执法环境和社会氛围，并为村治引入先进的管理手段。而且，在社会主义市场经济条件下，农村人口流向城市务工，他们在参与城市文明建设的同时，又成为城市文明的受益者，成为乡村与城市联结的纽带。城乡一体化推动村民自治走向开放而非自闭，使得村务决策和管理面向更广阔的市场而非狭隘的村落。这种决策过程中的民主化和科学化能够在一定意义上保证政策的合法性、权威性以及政策执行效率的提高，进而实现民主与效率在村民自治中的统一。

农村是中国社会的基础，村民自治在实现农村民主发展的同时，也为城市民主乃至国家政治民主的发展提供了广泛的社会基础，为国家的民主政治建设准备了现代主体条件。广东省深圳市在1997 年最早提出了乡镇长直选动议；四川省遂宁市市中区在 1998

---

① 参见李鹏同志在考察福建工作时的谈话［N］. 农民日报，1999-02-12.

年底至1999年初进行了步云乡乡长直选；深圳市龙岗区在1999年大鹏镇换届选举中率先推行“两票制”（一是选民提名推荐候选人的推荐票，二是人大代表正式选举的选票），让选民提名推荐镇长候选人。① 村民对村民自治的社会参与，是与村民对地方政治生活的参与、对国家政治生活的参与相互依存和促进的。通过乡镇长的民主选举来推动所在地民主政治发展，在一定意义上改变了由选民直接选举产生的乡镇人大代表选举乡镇长的“代议”制做法，进而尝试由选民直接参与或直接选举乡镇长。这些做法的制度意义在于创新了将直选制度由村级提升到乡镇级，由直选人大代表扩展到直选乡镇级地方政府组成人员，扩大了选民直接参与地方和国家政治生活的广度和深度。在乡镇这一行政层级进行的选举尝试，选民主要是来自农村的广大村民。村民既参与地方和国家的政治生活和民主管理，又在参与的实际过程中提高了民主意识、人权意识、宪政意识，增强了民主与法制观念。由此也可以说，村民自治的价值和功能得到了实质性的提升或延伸，为我们建构社会主义和谐社会提供了宝贵的精神财富和历史性的经验与教训。

① 参见史卫民．公选与直选——乡镇人大选举制度研究［M］．北京：中国社会科学出版社，2000.

第五章 宪政文明：中国城市化的灵魂

一个时代的法律精神是这一个时代一切社会制度的价值基础，任何法律制度一旦权威性地形成之后，人们必须以宗教式的虔诚去捍卫它，任何非正统式的否定、修改、曲解法律的行为或动议都是对社会正义的直接危害。

——庞德：《普通法的精神》

第一节　宪政文明在城市化进程中的地位和作用

宪政文明是特定社会政治生活的进步状态，是人类社会在发展过程中不断追求的目标，其本质在于先进的制度，特别是民主政治的制度文明。以民主、法治、人权为基本要素的宪政，是人类政治文明发展的成就。① 深刻认识和准确理解政治文明在宪政与城市化进程中的历史地位和作用，对于有效推进城市化建设，建构社会主义和谐社会，具有重要的现实意义和长远的理论意义。

一、宪政文明在城市化进程中的地位

物质形态的文明——精神形态的文明——政治形态的文明这三

① 参见刘叔君．宪政在政治文明中的地位和作用［J］．甘肃政法学院学报，2004(4)．其成果本章节多有引用，后不一一作注——笔者识。

种形态可以同时存在于同一社会制度之下，统一在同一社会文明的形态之中。社会存在决定社会意识，社会意识对社会存在又有积极的能动的反作用。文明相对于蒙昧、野蛮而言总是人类社会发展的进步状态的标志。文明“是一个多层次、有机联系的整体，是增进文化创造的社会秩序。它包括四大因素：经济的发展，政治的组织，伦理的传统，以及知识与艺术的追求”①。社会文明作为一个整体，“它们的局部相依为命，而且都发生牵制作用。在这个整体里，经济的、政治的、文明的因素都保持着一种美好的平衡关系”②。正是汤因比所说的这种平衡关系的葆有，才能促进社会有序渐进，丰富和创新各种各样的文化和文明；城市化进程中的文化所要求的政治文明的必然性，诚如马克思在《〈政治经济学批判〉导言》中指出那样，“人们在自己生活的社会生产中发生一定的、必然的、不以他们的意志为转移的关系，即同他们的物质生产力的一定发展阶段相适合的生产关系。这些生产关系的总和构成社会的经济结构，即有法律的和政治的上层建筑竖立其上并有一定的社会意识形式与之相适应的现实基础。物质生活的生产方式制约着整个社会生活、政治生活和精神生活的过程”③。按照上述论述，人类社会生活划分为物质生活、精神生活和政治生活三个方面，而与之相应的文明形式即为社会的物质文明、精神文明和政治文明。物质文明是精神文明和政治文明的基础，精神文明和政治文明对物质文明有着重大的促进作用。它们在一定的社会条件下，总是不可分割地联系在一起而相互作用，共同推动社会文明程度的不断提高。其中“政治文明是社会文明系统中不可或缺的一个部分”，能为物质文明和精神文明建设提供基本的政治方向和民主与法治的政治制度保障，反映着特定社会的物质文明和精神文明建设的制度化、规范

---

① ［美］威·杜兰．世界文明史：第1卷［M］．北京：东方出版社，1998：3.

② ［美］汤因比．历史研究［M］．上海：上海人民出版社，1986：463.

③ 马克思恩格斯．马克思恩格斯选集：第2卷［M］．北京：人民出版社，1972：82.

化水平。政治文明从内容上讲，包含政治思想文明、政治制度文明和政治行为文明三个要素。政治思想文明包括政治理论、政治思想、法治观念、政治道德等，是政治文明中起决定作用的因素，它往往决定着政治制度文明和政治行为文明的性质与程度。政治制度文明是指政治与法治规范、政治与法治程序的文明程度，是政治文明建设的基本成果，是以法律制度为核心的上层建筑领域的各项制度建设为基本形式的，具有代表国家意志的特定表现形式。政治行为文明是人们政治生活、政治活动方式的文明程度，是政治思想文明在人们行为上的反映。人们的政治行为必须在政治制度的范围内进行，受政治制度文明的约束，与政治制度文明相吻合。政治思想文明、政治制度文明和政治行为文明是不可分割地联系在一起的，思想文明和行为文明是制度文明的基础，制度文明是思想文明和行为文明的保证。

现代宪政文明是资本主义社会贡献给人类文明的最大成果，它具有极强的兼容性。在政治思想、政治行为和政治制度方面，人类社会经历了一个从君主专制到君主立宪再到民主共和制这样一个系统的进化过程。资本主义构筑的以自由、人权、民主、法治为核心的政治思想体系，发展出以民主政治制度为核心的、与市场经济相适应的政党制度、选举制度、三权分立制度、代议制度、违宪审查制度等一整套政治制度，推动了人类政治文明的发展。可以说，现代文明是以民主政治制度为核心，以实施宪法、实行法治、限制和控制政府权力为保障的文明体系，维护民主政治制度的合法性，必须要实行法治，实行法治的关键在于实行宪政。宪法至上，是中国法治之路的灵魂。宪法至上，是法治精神的最高体现。① 宪政是宪法规范与实施宪法的政治实践相互结合而产生的政治制度。对于宪政的含义，学界还没有完全一致的界说。有的认为，“宪政是国家依据一部充分体现现代文明的宪法进行治理，以实现一系列民主原则与民主制度为主要内容，以厉行法治为基本特征，以充分实现最

① 参见周叶中．宪法至上：中国法治之路的灵魂[J]．法学评论，1995(6)．

广泛的人权为目的的一种政治制度”①；另有学者李龙、周叶中则认为，“宪政是以宪法为前提，以民主政治为核心，以法治为基础，以保障人权为目的的政治形态或政治过程”②。上述表述虽然有一定的差异，但都从民主、法治、人权三要素高度概括了宪政的内涵，揭示了宪政之由宪法所确认和规定的民主政治制度及其实现的根本特征。宪政作为一种政治制度，是在民主与法治的基础上发展起来的，是民主与法治的最高层次，蕴含在政治文明的范围之内，在政治文明中居于极其重要的地位。首先，在资产阶级“人民主权”、“天赋人权”、“三权分立”等民主政治理论指导下，诞生了资本主义宪法，形成了以民主政治法律制度为核心的政治制度文明。实施宪法不仅是政治文明的要求，而且是一项根本的政治原则，并要求建立一系列与之相适应的制度规范，使宪法得到真正的实施。宪法作为建立在经济基础之上的民主政治的制度化和法律化的表现，是宪政的前提条件和法律依据，宪法的实施是一个法治的过程，宪政则是宪法内容及其实施并对具体的政治和社会生活产生现实影响的产物，是宪法所确认和规定的民主政治和法治的实行和实现，是民主政治与法治的统一体。其次，民主政治是宪政的核心，民主作为一种制度形式，其本身不是目的。宪政具有监控公共权力，防止独裁专断，以保障和推进民主的基本职能，能够实现平等、自由等民主的内容。再次，法治是宪政的基础，属于政治文明的重要组成部分，是政治文明的国家意志化，宪政作为法治的最高层次，必然要求政治文明在法治的轨道内运行。所以说，宪政是政治文明的成就，是宪政文明进步的结果和重要标志。反之，宪法未能至上，那便是中国法治之路的根本症结，当然，也就成为城市化进程中宪政建设的最大障碍。依此推演，在城市化进程中，宪法未能至上，国家权力机关就没有应有的权威，也就不能十分有效地监督和控制政府工作人员的权力滥用或误用，这样，法律对权力的制

---

① 李步云. 宪政与中国[M]//法理学论丛：第1卷. 北京：法律出版社，1996：589.

② 李龙，周叶中. 宪法学基本范畴[J]. 中国法学，1996(6).

约也就无法真正实现，从而使法律对领导者或那些手中握有权力的个人在现实生活中的制约不能不大打折扣。由是，德沃金在他的《认真对待权利》一书中指出，在一个民主制度之下，或者至少在原则上尊重个人权利的民主制度之下，每一个公民都负有必须遵守全部法律的基本道德义务。

二、宪政文明在城市化进程中的作用

城市化推进中的政策与法律之关系，人们的基本认识和观点在于：政策是法律的灵魂，法律是政策的具体化。尽管在一定的情况下，这一观点有其合理性，但在各级政府出台的政策中，假若宪法没有应有的权威，那么各种短期的利己的“土政策”就会乘虚而入，从而出现“政策优于法律，政策取代法规”① 的非宪政文明状况。

经典的宪政理论认为，宪政是对专制的扬弃，是专制政治和专制政体的对立物，是资产阶级民主政治和法治的产物，是制度化的政治动态过程，是宪法的实施和实现。宪政的性质特征，决定了它在政治文明建设中将发挥极大的作用。此作用主要是指通过宪法的有效实施，对社会政治制度、社会政治生活、社会改造和社会变迁所产生的影响效用及带来的有益结果。在城市化进程中其作用主要表现在以下几个方面。

第一，宪政文明对宪政框架下的城市化具有提升和促进作用。宪政文明的重要表现是政治制度文明，是政党执政的文明，良性的制度建设和制度创新是政治文明的核心和关键之所在，而文明的政治制度首先需要通过法律权威来加以确认。宪法作为国家的根本法，规定了基本政治制度、经济制度、依法治国原则、民主原则、公民的基本权利及公民在立法、执法、司法中的法律平等原则、司法独立原则、违宪审查原则、分权制衡（权力制衡）原则等政治制度。宪法的这些内容体现了人民主权原则，具有明确的规范作用和社会作用，对国家权力运作、公民权利保障、国家基本制度的稳

① 周叶中．宪法至上：中国法治之路的灵魂［J］．法学评论，1995（6）．

定和法治秩序有积极有效的调整作用，宪法规定的这些制度是宪政的必要前提，是宪政的法律形式和依据，属于相对静态的制度。宪政作为宪法规范与实施宪法的政治实践相结合的产物，在具有宪法的静态依据后，更以动态的政治实践为中心环节，以宪法的有效实施为重要条件，在实施宪法中将宪法确认和规定的制度具体化为一系列与之相适应的制度规范，使宪法确认和规定的制度得以实行和实现，使维护公民权利与国家权力动态平稳的宪政功能得到充分的发挥。所以，当宪法规定和确认的制度被有效实施时，这些制度则实现了从文字上的制度向现实中的制度的过渡，唯有当制度对具体的政治和社会生活产生了现实影响时，才能体现政治制度的文明。有了良性的政策及制度的安排，城市化才能在高效、可持续增长和可持续发展的基本点上扩张推广。如果没有，只是将政治文明流于某种形式上的正义，造成一种“工具主义”的态势，那么国家法律就不会凌驾于社会生活之上，所谓的宪政定然也就得不到实质性的保障了。

在实际的城市化运动中，站在政治文明的角度观之，“工具主义”的法律观甚为流行且适用，认为宪法包含宪政仅仅只是国家和社会管理过程中诸多手段中的一种。“工具主义”的法律观强调的核心就是，“法律只是实现一定社会目标的工具和手段”，这种观念并与中国古已有之的传统法观念——“法即刑论”有着精神上的契通，① 其结果使得城市化进程中由于法治的缺位，宪政文明的推进也受到极大的阻滞。

第二，宪政能够保障民主政治制度的运行。民主政治既是宪政文明的核心，也是宪政的基础，宪政是民主政治的理想状态，是民主政治的最有力的保证和最高的制度体现。民主政治，其本体意义是人民的统治，即只有人民才有权力支配国家权力，主治国家政治生活及其权力运行，民主政治只有得到法治的保护才能实现为宪

---

① 参见周叶中．宪法至上：中国法治之路的灵魂［J］．法学评论，1995(6)．周叶中认为，宪法未能至上，使“工具主义”法律观颇为流行：既然法律只是“治国一器”，那么法律就绝不会凌驾于社会之上。

政，民主政治制度是由内含一系列制度、程序和功能的宪政来体现和保障的。首先，宪政是法治的最高层次，宪政以法治方式维护运作状态中的民主政治。近现代国家在国家体制上基本采用的是间接民主即代议制民主，与代议制相伴随的普选制已成为现代宪政制度中的重要民主内容。公民通过法定程序的表决和选举，使被选出的代表组成政府，负责制定法律和管理公共事务，对全社会进行公正合理的管理。人民是通过其选举出的代表进行统治的，而不是直接进行统治。为了防止代表背离人民的利益行使权力，保证公民权利和人民利益不被侵犯，就要重视和强调制约和规范权力，要求通过监督机制和措施，实现公民对代议制政府的制约和监督防范。其次，宪政强调民主政治在结构、功能上的制度化建设，然而民主终归是一种制度形式，并非是防止专制的最佳途径，民主的滥用也可能产生专制，难以避免侵犯公民权利行为事实的发生。宪政的最终目标不在于民主形式，而在于民主的自由、平等等实质性内容。宪政通过对参与机制、竞争机制、法治机制的确立和完善，将间接民主或代议制民主所形成的权力置于特定的运行规则当中，将权力配置与权力运行规范化，使民主政治有规则、有秩序地运转，并由于公民参与政治的广泛和深入而更加广泛、廉洁、高效，实现民主的自由、平等等内容。再次，民主政治本身也是一种程序政治，保护民主与人权是民主程序的主要手段，但民主的程序并不能绝对保证人民的实体权利不遭受侵犯，不能完全地保证民主实质内容和结果的实现。宪政使民主程序建立在法治基础上，使各政治主体都有依照代表公民意志的民主程序规则参与政治，使政治权力的产生、交替、运行、监督和制约等公开化、有序化，从而预防因权力的过分集中和滥用而产生的对公民实体权利的侵害。权力是柄双刃剑，运用得当造福人民，使用不当不仅祸害百姓，而且殃及自身。① 在城市化过程中，对于政府执政者手中的权力而言，使之异化的元素就是贪婪与自私，从以往的历史教训中可以看出：绝对的权力和过度的贪婪终究不会使城市化步入健康发展之道。

---

① 参见《检察风云》总第188期，第26页。

第三，宪政文明的实施对于实行法治、限制和控制政府权力被滥用是一种制度性保障。众所周知，法治的核心和重点在于依法约束政府权力，防范政府权力的滥用而造成对公民权利的损害。实行法治的关键是要实行宪政，宪政要求把法治落实到权力主体的职责之中，所以宪政是法治的最高层次，是政治文明的成果和标志。应该说在社会主义的民主社会，政府权力是人民主权意志实现的社会手段和工具，但政府权力的行使者在行使和支配权力时有可能脱离人民这一主权者的控制甚至违背人民这一主权者的愿望。若缺乏强有力的约束机制，就会使政府权力行使者背离人民的意志，侵害人民的利益。为了防止权力的滥用，必须对政府权力的行使过程进行监督和控制。特别是在社会处于某种诸如城市化的变革之中，宪政能够建立和完善政府权力的监督和制约机制，预防和制止政府滥用权力的行为。从宪政的角度来看，人民赋予政府行政职权的目的是为了使其能够有条件地履行其相应的行政职责，以保障和实现公民权利和人民利益，包括本区本土的可持续发展和可持续增长。再则，城市化过程中应坚持以法治为基础的宪政观，要特别重视对政府权力行使者的监督和制约。一方面通过监督机制，将政府权力的运作纳入由程序、制度和国家强制力保证的法治范围，便于人民对法定民主监督权利的依法行使。另一方面通过建立权力制约机制，规范政府机构及其相互间权力的合理配置和分工、行使、运行来依法制约权力并以权利制约权力，这也是一种有效的“对国家权力执行者的一种制约和限制”①，近年来在城市化推进中往往对权力过于集中和不受约束而导致专制主义与官僚主义现象视而不见，最终造成对人民私权利极大的侵害。

第四，城市化中的政治文明是保障人权和实现人权的手段，也是人的发展权得以实现的必要保证。对于社会主义国家来说，人权是民主政治的要求，人权的保障和实现程度影响着政治文明的发展。法国1789年《人权宣言》序言指出：“不知人权、忽视人权，

---

① 吴撷英．欧美国家关于宪法约束力的理论研究及司法实践[M]//法学论文集：续集．北京：光明出版社，1985：158.

是造成公众不幸和政府腐败的唯一原因。”人权是构成公民权的基础，公民权是人权的法律表现。而人的发展权则是人权本质的核心内容。① 我国的宪法在确定人权原则的同时，对本国全体成员即公民权利的基本内容和发展权也予以确认和规定，赋予了人权以最高的法律意义，使公民权成为一种法律化的人权。宪政以人权为出发点和归宿，以保障和实现人权为目的。长久以来的城乡差别，实质上已经形成了一种世俗的发展权不平等。首先是长久以来的“二元经济结构”和城乡户籍制度设计，对两种公民权利义务的规定就赋予了其在国家中的政治地位和法律地位的不平等性，个人发展和发展权与生俱来就没有平等可言。虽然在以后的宪法规定和宪法实施过程中，通过一系列权利保障的宪政手段，建立健全与公民权利配套的制度，完善程序性规则，使公民的权利得以实现，但在现实中，还有许多问题尚待解决。其次是城市化运动的长久性和任务的艰巨性，如何加强公民权利的立法、司法、创设公民权利实现的重要条件和公民权利救济的有效途径是宪政的重要任务之一。宪政通过违宪审查、宪法诉讼等宪法救济制度等一系列严密的制度设置，能够有效地保障人权和公民权利免遭侵害，一旦遭到侵害也能通过法治的渠道获得救济，从而维护法律面前人人平等的原则，保证人权和公民权利的真正实现，并不断推进民主政治的进程。

三、宪政文明建设在城市化进程中亟待解决的几个问题

政治文明建设的重要作用和历史地位，决定了城市化过程中必须重视政治文明以在以宪政精神指导下促进城市化运动的深入。

第一，要把政治文明建设纳入新时期宪政精神培养过程中。很明确，未来城市化的社会必然是法治社会，而法治社会必然是充分体现宪政精神、宪法意识、民主意识、法治观念的最高层次的社

① 参见汪习根．论发展权的本质［J］．社会科学战线，1998(2)．“发展权”作为所有个人和全体人类享有的自主促进其经济、社会、文化和政治全面发展并享受这一发展成果的人权，最初是由塞内加尔第一任最高法院院长、联合国人权委员会委员凯巴·姆巴耶于1970年正式提出的——笔者识。

会。宪法规范的实施过程、宪政制度的具体实行和展开，体现和贯穿着一种以人为本的宪政精神。宪政意识的高低反映着政治文明的程度高低，也可折射城市化及经济发展的本相。公民的整体宪政意识在一定程度上代表着政治文明建设的水平，政治文明建设必须重视宪政意识水平的提高。培养宪政精神首先要培养公民的宪政意识。在一个缺乏宪政意识的社会里，不可能建立民主政治并使之有效运转，也无法兑现宪法对民主和保障公民权利的许诺，培养公民的宪政意识和宪政精神，必须在立宪中体现民主政治制度、充分体现对人权的重视和保护、利用现代化的宣传手段和组织形式，增强公民的宪政意识和精神，只有这样才能确保民主政治的良性运行，形成公民特有的政治态度和行为方式，使宪政意识和宪政精神融入社会心理之中，反作用于社会政治，为政治文明建设奠定坚实的社会心理基础。

第二，将实行法治与不断改革和完善党的领导方式和执政方式、实行依法执政结合起来。依宪治国是法治国家的最高层次。法治的基础是以一系列基本原则体现和支持宪政的主要内容和精神，并通过宪政得以不断地加强。法治的核心是依法约束政府权力，保障公民的权利和自由。实行法治和建设法治国家首先要依宪治国，这不仅是一种政治意向，而且是一项根本的政治原则。因为宪法是国家的根本大法，具有最高的法律地位和法律效力，是确保民主政治制度、公民权利等具有合法性的根本法律依据。党的领导是我国社会主义民主政治发展和政治文明建设的根本，党的领导的宪法地位，决定了它必须依法执政。依法执政是现代法治对执政党领导方式和执政方式的要求，执政党在国家政权的组织运行方面，以及以此为基础管理国家和社会事务时，其权限、程序、实施方式等必须有宪法和法律的依据，必须按照宪法和法律的规范，不允许有超越宪法和法律的行为。改革和完善党的领导方式和执政方式，对于实现宪政、推进政治文明建设具有全局性的作用。实行依法执政，至少应考虑三个方面：一是树立依法执政的意识。在我国，宪法把党的主张经过法定程序上升为国家意志，它是党的主张、人民的意愿和国家意志的集中体现。维护宪法的权威是党必须遵守的一项基本原则。在一个法治社会中，如果执政党不遵守宪法，不承认宪法的权威，没有依法执政的意识，就会失去其存在的法律基础。因此，树立依法执政的意识，保证党的活动在宪法的控制之下，是实现党依法执政的根本点。二是要求党的执政活动本身法制化，即党对国家权力进行领导的内容、方式和程序要通过立法具体化、规范化、改变党与国家权力机关在重要权力上的重合或替代作用。在坚持党的领导的前提下，支持并不干涉国家权力机关、行政机关、司法机关对各自职权的独立行使，充分发挥其职能作用，进一步完善党的领导体制和工作机制，改进党的领导方式和执政方式。三是以宪法和法律规范党的行为，使党的执政行为具有合宪性和合法性，即通过宪法和法律程序，将党对国家政权的领导纳入程序化、制度化和规范化的范畴，使其行为规范要有具体性和透明度，以便执行和监督，从而改变个别层面存在的不依宪法办事的不法状态。只有这样才能使党的领导的权威有法律保障，使党在宪法和法律的范围内活动，这是宪政的基本要求，是依法治国的应有之义。

第三，将各种形式的社会监督和建立行之有效的违宪审查制度和宪法诉讼制度结合起来。城市化运动作为一项深刻的社会改造和社会变革，从立法和法律实施方面予以充分保障是十分必要的。在我国现阶段，公民的宪政意识宪政理念以及政治文明程度还相当有限，对国家权力的外部监督力度和方式也相对滞后，当下的监督渠道主要有新闻舆论监督、民主党派监督和公民的申诉控告监督，但这些监督方式或监督的渠道尚处于相当不畅甚至弱小的状态，从过去的实际绩效来看，也还存在许多不尽如人意的地方。违宪审查和宪法诉讼制度是公民权利实现的重要条件和公民权利救济的有效途径，也是我国社会主义宪政的重要要素之一。我国的违宪审查体制采用的是代表机关审查制，主要是由全国人大及其常委会监督宪法的实施。全国人大是非常设机构，其常委会虽是常设机构，但却实际担负着最高国家权力机关的职能，行使着诸多重大职权，可以说基本没有时间和能力对国家机关的立法行为和行政行为的合宪性进行违宪审查，在制度设计缺位的情况下难以有效地防止国家、公共权力对公民基本权利的侵害，因此，应根据我国的国情，在借鉴世界各国特别是发达国家城市化社会变革过程中的违宪审查制度经验的基础上，单独设立违宪审查机关并以立法的方式规定具体的实施违宪审查的程序。我国目前法制尚不健全，公民的基本权利还有一部分只在宪法中予以规定，而无其他部门法的细化规定。当公民的这一部分宪法权利遭受侵犯时，司法实践的通例是不能直接援引宪法作为诉讼和判令的依据，从而使公民的宪法权利得不到实质有效的保护。宪法作为根本大法，其本质特征仍是法律，理应具有司法适用性。在城市化推进过程中，扩大和强化宪法的直接效力和适用性，完善宪法诉讼制度，是公民基本权利在宪法上得以实际保障的重点，是以民主政治为核心的政治文明的客观要求。

所以说，宪政是民主政治的辉煌结晶，程序宪政范式则是宪政理论的高级阶段，沟通形式理性与实质理性的"实践理性"是其不易的本性。① 在城市化与政治文明的反复融合与促进过程中，"检验一个国家是否真正文明，不是看它的人口有多少，也不是看它的城市有多大，更不是看它的收成有多好，而是看它造就出了什么样的人民"（爱默生语）。因此，宪政视野下的城市化，最重要的并非城市建设本身的现代化，城市本身规模的日益扩大化，而是这个城市日益"现代"，日益扩大过程中的人的现代化，人的观念的现代化，人本身发展的现代化，人与自然和谐统一的现代化。借用孟德斯鸠的话说，"从最广泛的意义来说，法是由事物的性质产生出来的必然关系"②，那么，当下中国的城市化还是这种必然关系下的产物。

---

① 参见徐亚文，廖奕．政治文明与程序宪政——社会变革的法律模式［J］．法学评论，2004(3)．在该文中，作者对"实体宪政论"和"程序宪政论"均有指涉，认为"法律上的制度"成为文明进化的承担者。从程序的意义上讲，所谓民主政治，就是全体公民广泛分享参与决策的机会，就是对政治权力的制约和政府决策过程的控制。民主政治与正当程序的结合，正是"程序宪政"的雏形。

② 转引自尹晋华．法律的真谛［M］．北京：中国检察出版社，2006：12.

第二节　城市化中的宪政秩序构建

制定宪法的目的在于实施。宪法的价值、功能和作用，只能在宪法实施中体现出来，因此，宪法实施就是指宪法规范在现实生活中的运用与体现。① 城市化过程中的宪法实施的过程，我们谓之宪政规范在这一社会变革中的运用与体现。

一、城市化时期宪政秩序的构建

由于宪法规范本身具有“根本性、最高性、纲领性”三大基本特征，因而作为宪法实施之载体的宪政秩序便显得不可或缺。学理上的宪政秩序主要表现为宪法所规定的公共权力和公民权利在实践中的有序运行状态。人类宪政发展的历史表明，在不同国家乃至同一国家的不同时期宪政秩序构建的理论与操作模式均存在差异性。目前，我国社会主义社会正处于深刻转型变革时期——从国民社会生活观念到政府组织行为无不如此。为卓有成效地建设社会主义宪政，并在这一特定的历史时期加速宪政和谐健康地发展，我们对城市化过程中宪政秩序的理论探讨和研究就尤为重要。

华中科技大学学者王三秀曾对我国转型时期宪政建设的特殊性进行了专题研究，他认为：十一届三中全会后，特别是党的十四大明确提出建立社会主义市场经济体制目标后，经济立法步伐大大加快，行政法规及地方性法规的数量也迅速增加。但是作为国家根本法的宪法发展则相对不足，以致有的宪法学者提出当今中国宪法仍属于建立在计划经济基础上的宪法。至于宪法的实现及运行形态，宪政秩序的构建更加滞后，这体现在保障宪法实施的一些重要法律（如宪法程序法）、制度（如宪法解释制度、监督制度、适用制

---

① 参见李龙．宪法基础理论［M］．武汉：武汉大学出版社，1999：第11章．

度)，或者处于缺位状态或者不完善。① 1998 年 12 月北京发生了 16 名女工要求维护宪法权利，但无法通过正常诉讼程序主张权利的安全就是典型例证。②

对因城市化社会转型变革时期的利益调整而诱发的社会不稳定因素，宪政具有根本性的稳定保障作用。“稳定”已经成为中国政制的一种深入人心的观念，社会长久而持续的稳定是社会成功转型和城市化实现的基本前提。正如邓小平所指出的：“没有稳定的环境，什么都搞不成，已经取得的成果也会失掉。”③江泽民同志反复强调，中国不能乱，这是改革与建设的前提条件。但是我们必须认识到，在城市化推进和建设时期，随着一系列改革措施的出台，某些社会利益必然重新组合与调整，而新的利益关系难以很快形成，因此，各种利益关系的冲突和摩擦难以避免。而社会改革作为一个摸索实验过程很可能犯错误，会进一步加剧社会不稳定性。美国著名政治学家亨廷顿认为，落后国家不稳定不在于其落后，而在于其由落后向发达的历史转变。“不仅社会和经济现代化产生政治不稳定，而且不稳定程度也同现代化的速度相关。”④城市化过程的持续稳定在根本上依赖于良好宪政秩序的构建，没有了这一点，胡锦涛同志所说的“和谐”社会也就无从谈起。首先，宪法作为根本法规定着国家根本制度，这些根本制度如人民代表大会制度，只要在实践中得以落实和有效运行，国家就能在根本上保证有序和稳定状态。否则，社会不稳定因素必然发展为无序与混乱。其次，公众特别是城市化过程中所指涉的对象对转型时期的改革措施和政策的见解多元化，甚至存在抵触心理都是正常的，只要能通过合法途径加以表达都不会导致社会不稳定现象的发生。而宪法以及宪法性法律

---

① 参见王三秀．社会转型与宪政秩序的构建——我国转型时期宪政建设特殊性研究 [J]．当代法学，2001(7)．

② 参见晓黎．16 名下岗职工为选举权打官司 [J]．民主与法制，1999(11)．

③ 邓小平．邓小平文选：第 3 卷 [M]．北京：人民出版社，1993：284．

④ [美] 亨廷顿．变动社会的政治秩序 [M]．上海：上海译文出版社，1989：49－50，64．

为公民不同意见表达提供了合法依据，反之，无序局面则可能出现。美国当代著名法学家罗尔斯认为，社会有许多要解决的问题，如协调问题，效率问题，稳定问题，但是“正义是一个社会首先要解决的问题”①。“社会正义，即社会的基本结构问题，也是社会制度包括政治体制和社会制度，用什么方式分配基本权利义务等。”②这些显然只能体现在宪政秩序中。

1. 对于城市化过程中公共权力失范现象，宪政秩序具有根本性的引导和抑制作用。众所周知，权力失范是公共权力违背公共准则而被加以滥用的现象，其直接表现是政治腐败和行政腐败。虽然权力腐败是当今许多发展中国家所面对的共同难题，但在城市化这样的社会转型时期更为严重，正如亨廷顿所分析指出的：“感性认识表明，腐败程度与社会经济现代化的迅速发展有相当密切的关联。”③他从政府权力的随意扩大与集中，社会财富增加与政治制度缺陷等方面进行了分析。在城市化时期，除了权力失范，官员腐败的根本原因则在于改革打破了原有的权力运行机制，新的机制尚未建立完善，从而有可能形成权力制衡真空。亨廷顿称这种现象为公共权力偏离固有的行为模式，对此问题必须从根本制度上加以解决。正如邓小平深刻指出的：“领导制度，组织制度问题更带有根本性、全局性、稳定性和长期性。”④他还指出：制度好可以使坏人无法任意横行，制度不好可以使好人无法充分做好事。从宪法发展看，当代宪政已由近代意义上的限权法发展到现代意义的控权法，宪政控权功能日益加强。美国学者丹·莱夫认为：“宪政意指法律

---

① ［美］罗尔斯．正义论［M］．美国：哈佛大学出版社，1971．转引自张宏生．西方法律思想史［M］．北京：北京大学出版社，1990：470－471．

② ［美］罗尔斯．正义论［M］．美国：哈佛大学出版社，1971．转引自张宏生．西方法律思想史［M］．北京：北京大学出版社，1990：471．

③ ［美］亨廷顿．变动社会的政治秩序［M］．上海：上海译文出版社，1989：49－50，64．

④ 邓小平．邓小平文选：第2卷［M］．人民出版社，1994：333．

化的政治秩序，即限制和钳制政治权力的公共规则和制度。”①通过刑法打击和惩治腐败，虽然也能收到一定成效，但治标不治本，而且往往代价高昂，因为对腐败分子绳之以法往往以国家巨大经济损失为代价。如缺乏宪政基础，其他控权措施也会因为缺乏坚实根基而动摇，并最终走向崩溃。

2. 对于城市化过程中所需要的公众基础，宪政秩序具有根本性政治动员和参与保障的社会整合作用。城市化是社会处于转型期的一项艰巨而复杂的事业，并非一蹴而就。尽管我国社会转型的原动力主要来自上层推动，政府决策，② 但各种广泛参与和支持是转型成功的必备条件。历史充分证明，任何社会变革缺乏公众支持都不可能成功，特别是诸如城市化这样涉及民生观念、思想和组织行为的变革。我国宪法序言中明确规定：“社会主义建设事业必须依靠工人、农民和知识分子，团结一切可以团结的力量。”由此可见，只有在宪政秩序下，人民主权原则得以真正落实。邓小平曾明确地把“人民拥护不拥护，赞成不赞成”作为制定各项方针政策的出发点与归宿，就是充分考虑了民众的积极性和创造性，在社会主义事业建设中的重要性。宪政秩序下的人民代表大会制度、公民权利行使制度等为公众合法参与提供了根本法律依据。只有在良好的宪政秩序下，人民才能成为城市化时期的真正主人，同时在和谐社会语境下的社会转型才有可能获得成功，达到预期目标。

二、城市化时期宪政秩序构建的困境

在城市化建设时期，作为民主政治与法治核心有机结合和高度统一的宪政秩序构建绝非易事。我国目前所进行的城市化与西方从近代市场经济向现代市场经济的城市化转型相比，无论在其深度、

---

① 转引自张文显，信春鹰．民主＋宪政＝理想的政制［J］．比较法研究，1990(1).

② 包括城市化在内的社会转型和变革力量主要来自三个层面：一是自上而下，二是自下而上，三是双管齐下，此三者的力量缺少任何一个，城市化都不可能成功，这是被世界历史反复所证明了的——笔者识。

广度、复杂性、艰巨性上都是罕见的。我们必须认识到城市化对宪政秩序构建在总体趋势上起推动作用的同时，也使之面临许多现实困境与矛盾冲突。

从经验的事实看，在当下语境中其困境之一是城市化时期社会应然变动性与宪政秩序的构建基础——宪法稳定性存在矛盾与冲突。

宪政秩序首先是一种法律秩序，但是由于宪法的根本法地位，因而应当具有更强的一致性、连续性、确定性的特点。① 这就必然要求作为起构建依据与基础的宪法保持较强的稳定性。但在城市化时期，随着一系列社会变革措施出台以及改革探索性试验特点的凸现，社会各种利益关系都将呈现出频繁的变动性和趋利的快捷性、不确定性甚至非理性的特点，这也是渐进式的城市化社会转型由量变到质变的一般规律和内在联系。而这势必与以至上性和稳定性为显著特点的宪法发生矛盾和冲突。尽管宪法不是一成不变的律文，它也具有回应性、动态性和发展性的特点，但往往仍难以满足日新月异的社会前进和城市化进程的需要。换言之，改革可能违宪，出现宪法危机，而守宪则使改革难以深入，使城市化裹足不前。这就使宪政秩序的构建者处于满足城市化现代化社会转型时期变动性需要还是满足宪法稳定性需要的两难困境。从20世纪90年代初邓小平南巡以来，我们的执政党和执政政府似乎更注重满足于前者，“要适时修改和废止与建立社会主义市场经济体制不相适应的法律与法规”②。作为根本大法的宪法在近20年的时间内，已经四次修改。可以预见，随着我国社会城市化的进一步深入推广，特别是几千年的农业和农村社会的变革，必将在宪法与社会发展变革之间出现更突出的矛盾和冲突。当然，从法理上解读此现象并不难，因为任何法律都是调整一定的社会关系的，社会关系处于不断变动之

① 参见［美］博登海默．法理学—法哲学及其方法［M］．北京：华夏出版社，1987：87.

② 中共中央关于建立社会主义市场经济体制若干问题的决定［M］．北京：中国民主法制出版社，1997：251.

中，法律随之作出相应调整是正常现象，这也正是法律历史功能的体现。对此，我国古代法学家韩非子早就提出了“法随时转，治与世宜”的著名论断。① 管子亦认为，应在保持相对稳定的同时，必须“随时而变，因俗而动”②。南宋理学的代表陈亮、叶适针对北宋法制的弊端明确提出了“法随时转，须变通之”③ 的著名法治改革思想。综观中国古代的法理典籍，法既贵稳定又需灵活的论断不绝如缕，它从一个侧面反映了我国古代法文化重实际尚人伦的实践理性精神，就是在今天城市化进程中的宪政也颇有值得借鉴的一面。

此外，这些中国杰出思想家们也同时特别告诫人们一个法治程序和秩序中与西方法学家契合的观念：“法贵遵守，天下共之。”亚里士多德的论断更具有前瞻性：“变革实在是一件应当慎重考虑的大事。……法律之所以能见成效，全靠民众的服从，而遵守法律的习惯需长期培养，如果轻易对这种和那样的废改，民众守法的习惯则必然消减。”④ 作为根本法的宪法如果频繁修改就会使人们认为，宪法并非神圣不可侵犯。或者认为宪法只是服务于某种目的的工具，宪法至上的信仰难以形成。伯尔曼说过，在法治社会中，法律必须被信仰，否则它形同虚设。

从立法重实际的角度看，其困境之二是城市化社会转型时期政策凸现性与宪政秩序构造的基本前提——宪法权威至上性存在矛盾与冲突。

潘恩曾经指出：宪法是政府的政治圣经。宪法的至上权威性是宪政秩序构造的首要条件。因为“宪政作为静态宪法规范与动态政治实践的统一，在法治状态中的最高表现就是宪法至上”⑤。换

① 《韩非子·心度》。

② 《管子·正也》。

③ 《陈亮集》卷一，中华书局邓广铭点校本。转引自陈景良．人文精神与中国传统法律的历史借鉴［J］．河南省政法管理干部学院学报，2000（2）：35.

④ ［古希腊］亚里士多德．政治学［M］．北京：商务印书馆，1981：81.

⑤ 何华辉，李龙．市场经济与社会主义宪政建设［M］．武汉：武汉大学出版社，1997：234.

言之，如果没有宪法至上，也就无所谓宪政，当然也就不存在法治。① 在我国的整个社会转型的城市化过程中，由于我们所采取的是自上而下的政府推动方式和自下而上促进相结合的方式，因此政府决策与党的变革政策在社会转型中发挥着十分突出的作用。而且政策所具有的灵活性、适应性、号召力大、执行效应快等特点似乎也更能适合社会改革和城市化的需要，特别是在中国这样一个农业大国，要实现社会顺利转型，推进农村城市化就必须发挥广大地方政府的积极性、主动性、创造性。城市化要求彻底根除过去那种高度集中的计划经济管理体制，允许地方结合本地客观实际制定和采取灵活的政策。在城市化过程中政策与法律的确具有很强的关联性、一致性，但是领导的个人意志、个人偏好看法、地方政策毕竟不是法律，更不是宪法。“政策的治理实质是一种人治”②，是权力的非人格化在法治上的反映。宪政秩序下只能允许一个至上权威力量——宪法。如果过分推崇政策，城市化过程中就会出现各种地方政策优位于宪法，甚至出现地方土政策取代国家宪法与法律，这不仅使宪法失去应有的品格，而且最终会与宪法的至上权威产生严重冲突和对抗，在这个意义上，宪法就会失去对权力的控制。因此，在城市化过程中维护和保障宪法权威至为重要。

从法贵稳当又要灵活内在要求看其困境之一是城市化时期可能出现的社会变革暂时性、过渡性、随意性与宪政秩序的确定性、程序性的矛盾与冲突。

美国当代著名法学家罗斯科·庞德在《法律史解释》一书中指出：法律必须稳定，但又不能静止不变。因此，所有法律思想，都力图使有关稳定性的需要和对变化的需要方面这种相互冲突的要求协调起来。③ 在宪政秩序下，一切国家机关和武装力量，各政党和社会团体，各企业，各事业单位都必须以宪法为根本准则。一切

---

① 参见周叶中．宪法至上：中国法治之路的灵魂［J］．法学评论，1995(6)．

② 蔡定剑．历史与变革［M］．北京：中国政法大学出版社，1999：263.

③ 参见［美］庞德．法律史解释［M］．北京：华夏出版社，1989：1.

行为都必须遵守宪法与法律，不能任意行事，或意气用事。但我国城市化社会经济变迁的历史表明，当社会及传统变革的力量与法律发生冲突时往往是法律付出代价，宪法也不例外。在此方面，前苏联给我们留下了深刻教训。1990 年 3 月 12 日在苏联第三次苏维埃代表大会通过了设立苏联总统职位和修改宪法的决议后不到一年，世界上第一个社会主义国家的宪政秩序最终走向崩溃就是一个典型例子。“治国无法则乱，守法不变则衰。”① 这正是我国处于城市化运动时期所务必记取的。城市化过程中所留下的法律空间或者说真空地带肯定是有的，不管一个时代的法典如何详备，它都不可能把当时所存在的社会生产关系概括无遗，更不用说把诸如城市化现代化进程中动态性、发展型的社会加以系统规定了。因为城市化时期可能出现的暂时性、过渡性、地方政策的主观随意性，与当下宪政的实质精神有着某种内在的必然的纠结，既相矛盾又相统一。这些不仅反映了一个时代法理认识水平的高低，更是透视着当今城市化过程中宪政秩序不容乐观的客观现实。

三、城市化时期构建宪政秩序的突破与创新

诚如美国宪法修正案第 5 条所言，“任何人……非经法律之正当程序，不应受生命、自由或财产之剥夺”。由于长久以来人们对法制的心理要求是“执法严明，信如四时”，城市化时期所凸现的社会特点却是流动性大，政策性宽松，利益冲突明显。不论是执法者，还是守法者都很难做到“信如四时”。因此我们必须认真分析和总结我国近年来城市化过程中的宪政建设实践，用科学的发展观厘析我国这种转型时期的宪政秩序构建方略，大胆突破历史的旧规陈说，创新宪政秩序和相应的制度设计是非常重要的。

法学家李龙教授曾指出，改革开放的事业实际是“变宪”、“变法”的事业，中国目前不宜全面修宪，中国宪法的演进应注重传统的积累，宪法变迁要实现非理性变迁向理性变迁的转化，中国

---

① 《慎子·轶文》。

要重视运用立法变迁、宪法解释、宪法惯例等变迁机制。① 在宪法稳定性与城市化社会变动性关系的处理上，宜采用宪法解释和宪法惯例变迁为主的机制，当然也要辅以其他方式并存的宪法变迁模式。站在法理学的角度进行逻辑分析，构建宪政秩序必然要求宪法的稳定性。但实证分析则又要求宪法还必须具有一定的适应性，否则就会与变革中的城市化现实政治经济生活断链脱落，这也同样会使宪法丧失权威性，更难给人以“信如四时”之感，进而影响宪政秩序的构建。突破这种实证分析上的困境的最佳途径不外是以下六条具体的路径依赖：（1）通过立法的方式使宪法发生变迁；（2）通过宪法修正案方式使宪法发生变迁；（3）以宪法解释的方式使宪法发生变迁；（4）通过惯例变迁宪法；（5）通过全面革新宪法使宪法发生变迁；（6）通过宪法文字的自然变更变迁宪法。② 原因是：

其一，这几种模式已被当代许多宪政国家所采取并收到了较好效果。

其二，我国目前的政策性修宪尽管也能在一定程度上解决这一现实矛盾，但易因宪法的频繁变动而影响宪法的权威性，有较大的负面影响，不宜过多采用。如果修宪不适时、不适情，会导致宪法的不正常变迁。我国宪法从 1975 年到 1982 年短短 7 年间就发生了三次全局性的变动，之所以如此，其原因是多方面的，但修宪的不适时、不适情，也为其中的一个重要原因。③ 亚里士多德曾经说过：“人们倘若习惯于轻率的变革，这不是社会的幸福，要是变革所得的利益不大，则法和政府所包含的一些缺点还是姑且沿袭的好，一经更张，法律和政府的威信总要一度低落。这种变革所得的一些利益也许不足以抵偿更张所受的损失。”④许多国家都不愿轻易

---

① 参见秦前红．宪法变迁论［M］．武汉：武汉大学出版社，2002：序．

② 参见秦前红．宪法变迁论［M］．武汉：武汉大学出版社，2002：137－167.

③ 参见秦前红．宪法变迁论［M］．武汉：武汉大学出版社，2002：134.

④ ［古希腊］亚里士多德．政治学［M］．北京：商务印书馆，1981：81.

运用修宪程序满足社会变革合法性、合宪性的要求，我们应该从中受到启发。

其三，宪法解释不仅弥补了宪法原则性、抽象性、普遍性不足，更重要地在于能够较好地实现宪法稳定性与适用性的统一，所以在宪政国家受到普遍重视，对我国诸如城市化转型时期宪政秩序构造尤为必要。当然，其他方式也有其适用的特定环境和优点，也不能一概弃之不用。

总之，城市化时期的宪政秩序的建构上的突破与创新离不开政治的、经济的、文化的、法律的因素交互作用的结果，其中经济原因是最根本的原因，无论引起宪法变迁和宪政秩序创新的直接原因是政治的、社会的抑或是法律的、思想的、文化的，归根结底都是与这个时期的深刻的经济发展动因有着千丝万缕的内在联系。

一方面，构建宪政秩序必须保证宪法权威至上，但并非完全否定地方法规政策的重要性。在城市化过程中，关键是要形成实践宪法与执行地方政策法规两者之间的正确关系。在中国现代化城市化这样特殊的社会变革转型时期，如果出现变革政策与宪法规定不一致的情况亦属十分正常的，我们既不能轻易修改宪法，也不能简单地非程序性地宣布地方法规政策无效抑或加以取消。因为宪法规范自身也在一定程度上存在缺憾，也容易引起人们理解的歧义和变迁的冲动。但有一点必须强调，那就是在本质和秩序上必须合宪。因为宪法与现实冲突本身就是常态，而在转型时期如果要求完全地合宪，则可能因一味追求合宪而影响改革进程延缓城市化特别是农村城市化的期限，这在本质上对更高层次的宪政秩序的构建是不利的，另一方面，对城市化时期变革政策措施的出台我们应当采取非常慎重的态度，尽可能地减少盲目性、非理性和随意性，为此，我们应当研究城市化经济与社会发展规律，进行政策科学化论证，切实地把决策科学化、民主化纳入法制轨道，在实践中最大限度地实现合宪性与合理性的统一。诚如卢梭所强调的宪政应该反映人民公意，“一个人不论他是谁，擅自发号施令就绝不能成为法律”①。

---

① ［法］卢梭．社会契约论［M］．北京：商务印书馆，1982：51.

将我国古代“司法尚求实”的法制观渗透到城市化时期的宪政秩序保障机制的构建上，无不富有深刻的启示意蕴：“有尺寸，而无臆度”是其一也。为保证城市化过程中相关法规政策推进实施的公正性、客观性、科学性，我们应主张“有尺寸而无臆度”，换言之，就是讲程序，讲游戏规则，丝毫不可掺和个人恩怨和喜怒，而应以法律为准绳。因此，城市化中宜采取程序优先原则。只有程序正义了，才能有实质正义。近年来，宪法学者为我国目前宪政建设提出了许多理论构想，但是，由于现实经济、文化条件、国民素质的制约，希望在城市化建设时期，特别是目前情况下将各种制度构想一步到位是不切实际的幻想，这也就是为什么提出“司法尚求实”即“宪政尚求实”的历史原因。如把西方已发展了一二百年的宪政制度拿到中国来考量和比较，很可能只是形成一种宪法秩序良形的外观而已，而实则难以真正建构合乎本土民俗民情的中华宪政秩序。道格拉斯大法官提出：“正是程序决定了法治与恣意的人治之间的基本区别。”①马克思更是形象地把程序看成是法律的生命形式，是法律生命的表现。因为没有程序法，实体法的实施与维护就无从谈起。作为实体法的宪法同样如此。城市化推进和大力发展时期违宪更易出现。侵犯公民权利及公共权力失范现象更易发生；没有宪法程序，违宪现象就难以处理。但目前我国宪政秩序制度还很不健全，甚至缺位。所以宪政程序法律制度的构建显得尤为迫切。从宪政理论来看，我们长期以来注重国体、政体、权利、义务等实体问题的研究，对宪政程序关注甚少，至今仍有人认为：“中国宪政的关键问题是实体问题而非程序问题。”②所以，宪政程序建设的理论应当加强。江泽民同志曾经指出：“我们要采取更加有力的措施，加强宪法实施有效保障，包括健全宪法实施的具体制度，开展对宪法实施的经常性监督与检查制度，及时纠正违反宪法

① 转引自季卫东．比较程序法［J］．比较法研究，1993(1)．

② 程燎原．关于宪政的几个基本问题［J］．现代法学，1999(4)．

现象，切实把宪法落实到实处。”①很显然，如果没有健全严格的程序制度，上述宪政建设任务的完成就无法得到保证。而在程序制度的构建方式上，宜制定专门性法律或法规而不宜轻启修宪程序。除非是遇到了国家“立宪权调整范围不明确，调整范围大起大落”和“宪法规范自身的缺憾”这两大渊薮，② 否则确实毋庸轻启修宪之门。

第三节　城市化中宪政实施的评价

法律的首要和主要的目的是公共幸福的安排（托马斯·阿奎那语），而制定宪法的目的在于实施，对受法律支配的一切人公正地运用法律，借以保护和救济无辜者。宪法的价值、功能和作用只能在宪法的实施中体现出来，因此，宪法实施就是指宪法规范在现实生活中的运用与体现。③ 而其被运用和体现的过程就是宪政实施的过程，这个过程是一个无限发展的永恒动态的过程。同时，作为政治文明建设的根本目标，宪政又是一种制度体系，也是一种价值体系；它以政治权力的宪法化为逻辑前提，以政治过程的法治化为核心任务，以社会生活的民主化为基本内核，以人的全面发展和充分自由为终极关怀。其中的每一项都可以成为政治文明的基本标志，但是只有其中的每一项都得到实现才构成政治文明建设的目标。④

如果说，人类政治的发展史与整个人类社会的发展史一样，也存在着一个由古代到近代再到现代的渐进过程的话，那么，人类政治从古代过渡到近现代的核心标志，就是近现代宪法的产生。正是

---

① 江泽民同志1999年1月13日，在中共中央召开的党外人士对修宪部分内容座谈会上的讲话［N］．人民日报，1999-02-01.

② 参见秦前红．宪法变迁论［M］．武汉：武汉大学出版社，2002：130－132.

③ 参见李龙．宪法基础理论［M］．武汉：武汉大学出版社，1999：248.

④ 参见周叶中．宪政：政治文明建设的根本目标［J］．江西社会科学，2004(5).

近现代宪法的产生，人类政治才由“权力支配法律”的时代进入到由“法律支配权力”的时代；正是近现代宪法的产生，人之为人所应当享有的不可剥夺的自由和权利才从“自然状态”进化到了“法律状态”；正是近现代宪法的产生，人类曾经引以为自豪的小国寡民式的直接民主才演绎为代议共和式的民主。所以说，自从近现代宪法产生以来，它就成为人类政治的神经枢纽，它的基本精神、基本原则、基本价值和基本规范，便成为人类政治活动所必须遵循的首要法则；从此以后，人类社会的一切政治过程都围绕着宪法而展开。这种以宪法为神经中枢并围绕宪法而展开之政治的充分发育状态，就是国家政治的全面法治化状态、社会生活的普遍民主化状态和人之为人的应有权利或自由的充分现实化状态。正是这几种状态的有机综合，型构了现代政治文明的理想模式，即宪政——也正是在这个意义上说，宪政是现代政治文明建设的根本目标，在当下城市化发展和建设时期，对其实施的现状进行全面考量，设立科学的评价体系，至为重要。

1. 行政权力的宪法化，是城市化过程中宪政建设的基本前提。所谓行政权力的宪法化，就是指将一个国家中所有有一定行政参与或行政执政权力统一纳入到宪法的统辖范围上来的事业，在本质上就是确立宪法作为一个国家所有行政执政权力的唯一合法性来源之地位的过程；其宗旨在于建立起这样一种行政逻辑，那就是：宪法是行政执政权力产生的根据，是一切行政执政权力正当性的唯一基础；并借此从源头上控制在城市化推进和变革中行政权力的滥用和腐败。

根据行政权宪法化所欲建立的执政逻辑，可以说，近现代意义上的政府执政之延伸，是宪法母体之派生物。它是由宪法所设定的，是因宪法存在而存在，因宪法而设定的组织实体；这个实体的全部功能和意义正是在于实现宪法及其所设定的价值。它是人类智慧的产物，是宪政实施的载体。特别是在城市化建设过程中，政府的执政逻辑不可能离开宪法母体，城市化指涉的所有法律法规和地方性政策都不得与宪法实质产生逻辑上的对抗和歧异。

2. 行政过程的法治化，是城市化中宪政建设与实施的中心任务。宪法实施不等于宪法实现，更不等于宪法适用。宪法适用是宪法实施的重要形式。宪法实施包括两个方面，即宪法适用和宪法遵守。人类物质、精神、政治三个文明演进的历史，就是由“权力支配法律”的时代向“法律支配权力”的时代演进的历史。在整个城市化的建设过程中，作为政制规定的执政人员，如果在其具体的行政细节或过程与环节上，法律不能被执行，那就等于宪法未能被实施。简而言之，“就等于没有法律”。借用洛克的话说：一个没有法律的政府，是一种政治上的不可思议的事情，非人类的能力所能想象，而且与人类社会格格不入。①

所谓“法律支配权力”，不外乎就是在权力的获得、权力的运作和权力运作之后果等整个权力过程中，都受到公布周知的法律的有效控制的状态，这样一种状态就是用“法的统治取代人的统治”状态，我们可以称之为政治过程的法治化。政治过程的法治化程度，往往是界定一个国家政治文明发育程度的核心指标，因而也应当成为我们进行社会主义政治文明建设的核心任务。具体可以从如下几个方面来理解：

从权力取得上而言，政治过程法治化的过程就是树立宪法和法律在政治过程中应有权威的过程。这一过程的宗旨在于确保一切政治权力的获得或转移，都必须有法律上的依据。任何不经过法定程序而获得的权力，都是非法的权力；任何与法律相抵触的权力变更或转移，都要受到法律的制裁。从权力运作上而言，宪法为政治权力和政府活动设定了基本路线或轨道，一切政治权力和政府的一切活动，都必须在宪法所设定的轨道上运行；倘若一国政府的政治过程可以任意地脱离宪法的轨道而自行其是，那么政府这趟满载旅客的列车就随时都有倾覆的危险，列车跑得越快，其倾覆的危险也就越大，这是近现代以来人类政治实践过程中所得出来的一条基本经验。所以说，宪法对政治过程的控制效果，在相当的意义上，决定了一个国家政治文明的走向，甚至也决定了宪法本身的走向，因为

---

① 转引自周叶中．宪政：政治文明建设的根本目标［J］．江西社会科学，2004(5)．

在其现实性上，诚如萨托利所说的，宪法不外乎是“用以控制国家权力之运作的种种技术的组合而已”。从权力后果上而言，一切政治运动或过程，都应当根据宪法来对其后果作出预测，这种后果当然地包括政治责任的性质、承担责任的方式以及因为这种后果所可能带来的政治风险等。正是政治后果的可预期性，奠定了现代政治人性化、理性化和责任化的基础。如果宪法不能够为政治过程的后果提供相对稳定的预期，那么政治将会铤而走险，血腥和暴力往往因此而成为不可避免的事；而政治成功者为保持得之不易的权力和地位，也将不择手段地打击任何可能觊觎其权力的政治对手，权力越多，他越感到不安全—— 这就是历史上许多当权者将权柄一直紧紧地握着，至死也不敢须臾放松的根由之所在。人类政治“成王败寇”的历史，更加剧了权力执掌者这种对失去权力之后“不可知命运”的恐惧。

看惯了中外历史上通过流血的宫廷政变而谋取的权力或者说实现的权力代际更替，不难发现通过和平民主的方式实现权力的转换实施是一种最文明的政治和政制革命，也是最合乎民主政治的基本精神的。正是这种精神，在确保政治生活多元化—— 对于胸怀政治抱负的公民而言，民主政治要比君主政体和其他一切政体所可能提供的机会要多得多，而实现这种抱负的代价却要小得多。因为在民主政治下，政治变成了对任何参与者都没有生命危险的“游戏”，它尽管不能保证每一个政治家都能够施展自己的政治抱负，但却可以确保任何人都不会因为参政的失败而失去尊严和自由。

在某种程度上可以说，宪政文明的政治其实就是对话政治，民主政治，公开透明的政治。它要求用对话、谈判、协商的方式来解决政治生活中的歧见与冲突，也包括政府的行政执政的逻辑基础。它相信人人都可以发现真理，它相信在宪政实施问题上人人都有真知灼见。为每一个公民提供评论中国宪政和时弊的机会和场所，便成为在面临社会转型期宪政文明的应有之义。

3. 人本质的全面发展和充分自由，是城市化建设与宪政实践的终极关怀所在。从发展权逻辑的优位性而言，基本人权谱系中的核心权利就是人本质的全面发展。基本人权具有一般人权所具有的共性，又有其对于人的独特的功能，它发挥着一般人权难以起到的全局性、根本性的作用。① 人类之所以需要政治，需要国家，需要政府，需要城市化，需要现代化，需要不断发展，其目的是为了摆脱个人生存的种种恐惧，求得日常生活中一定程度的安全感、舒适感；是为了使人类生活得更美好，而不是更糟糕；是为了使人类的权利得到更好的保障和发展，而不是使之受到更多的侵害和威胁。现在所倡导的构建“和谐”社会的内涵主要就是指这些基本内容。

如同宪法只有走进人民的生活才可以树立权威一样，宪政文明只有真正关怀每一个人的全面发展和充分自由才有意义。因此促进每一个人的全面发展和充分自由，应当成为现代宪政文明的终极关怀，当然也是城市化社会转型时期的社会发展进步的逻辑起点。

城市化的价值取向要求政治文明建设必须以人为本，即把人当作政治文明建设的出发点。一种没有充分体现人本主义关怀的城市化，就不是真正正义的社会主义的新型城市化。城市化人本主义倾向还强调人的全面发展和充分自由必须具备一些前提性的制度安排，特别是这些制度安排预置的法律救济机制和包括精神自由免予侵扰的法制保障机制，以及向所有人提供充分教育的国民教育体制，向城市化过程中的每一地域及个人所提供均等发展权参与机会的可操作性机制等。因为在世界范围内，发展与和平仍然是两大时代主题。“世界正经历着民主化和尊重基本人权的巨大变化。然而，没有繁荣和安宁相伴随，这种愿望就不能实现。没有发展就没有真正的民主化进程。”②

在城市化发展的语境下，社区改造、建筑标志和现代商业与工业文明只能是城市化社会的一面棱镜，其所折射的是人们所受教育程度和对于人的全面发展和充分自由具有决定性的意义的精神市场和精神建筑。即便到处都是高楼大厦，但没有接受充分教育的人和市民，是很难在知识时代有所作为的；更不能在知识经济和全面工

① 参见汪习根．论发展权的法律价值［M］．珞珈法学论坛：第3卷．武汉：武汉大学出版社，2003：27.

② 李林．当代人权理论与实践［M］．长春：吉林人民出版社，1996：249.

业化、城市化、现代化到来的今天，能够有大作为。从宪政文明语境来考量，在一个大多数人缺乏充分教育的社会，是很难建设宪政文明的。因为现代文明是靠教育来支撑的，没有一个向所有人提供充分教育的国民教育体制这样的前提性制度安排，就没有人的全面发展和充分自由，因而也就没有宪政文明。

文明是政治的目的，政治应服从并服务于人类追求文明生活的理想，衡量政治优劣的核心指标就在于它促进文明发展的程度。有鉴于此，作为政治文明建设的根本目标，宪政不仅是一种制度体系，也是一种价值体系；它以政治权力的宪法化为逻辑起点，以政治过程的法治化为核心任务，以社会生活的民主化为基本内核，以人的全面发展和充分自由为终极关怀。其中的每一项都可以成为政治文明的基本标志，但是只有其中的每一项都得到实现才构成政治文明建设的目标。城市化运动的直接目标涵盖在现代化发展的框架下，而现代化的基点之一就是政治的文明，而宪政文明则是政治文明最核心的内容和表现。日本有位著名的历史政治学者曾经深有感悟地说，倘若把宪政比做鹿，那么政治就如同射手，当然射手不止一个人，射法也因人而异，不过他们的目标都是在于射鹿和得鹿。我们的城市化建设，我们的宪政实践，我们的宪政实施，是否可以从中获取应有的历史启示呢?

第四节　城市化宪政的实现：在传统与现代之间

宪政本指一种关于国家权力良性运作的政治思想、状态或者过程。城市化宪政的实现意即在城市化过程中一种关于国家和政府权力良性运作的状态或过程的实现过程，其宪政实现是动态的发展的，非静止、孤立的状态，在思想文化空间上，则介于传统与现代之间。有学者曾专门著文对宪政的实现思想困境和空间问题进行阐释，其中以吉林大学任喜荣《宪政的实现：在传统与现代之间》①

① 参见任喜荣．宪政的实现：在传统与现代之间［J］．吉林大学社会科学学报，2000(5)．

一文颇具代表性。

宪政是人类在千百次试错和纠错之后所创造的一颗璀璨明珠。从国家权力行使入手并试图让人类在国家权力的关照之下一步步走向解放，正是宪政存在的价值基础。① 1999 年 3 月 15 日九届全国人大二次会议对现行宪法进行了第三次修正，明确将“实行依法治国，建设社会主义法治国家”写入宪法。20 世纪中国人民为之奋斗百年的民主宪政，终于在世纪末的钟声行将敲响之际有了长足的进步。但是由于种种原因，“我们国家还没有达到真正意义上宪政的状态，尚处在向宪政的过渡之中，或者说是从低标准、低水平向高标准、高水平宪政的发展之中”②。即作为宪政基本表征的宪法最高权威地位的确立、公民权利的切实保障、公共权力实际受制约在我国目前的城市化社会深刻变革和农村社会转型期还没有真正实现。

在某种意义上说，宪政作为一种理念和政治实务，不仅是一种社会的、法律的现象，而且还是一种极具时代感的精神文明与文化的现象，它的实现至少需要具备如下几个方面的基本要素。首先是观念基础，即由特定的经济环境和民族文化内涵而形成的具有普遍性的个人权利意识和人权观念。观念的改变是成功的开始，正如许多海内外学者普遍注意到并基本达成共识的——西方的法治、宪政的演进，虽然包含有各色各类的政治改革或制度革新，但更主要的是西方社会历史和文化发展的一种自然演进。③ 这种自然演进的一个基本表现就是个人权利意识和人权观念的逐步确立的过程。其次是政治基础，即以限制政治权力的行使为基本主题的政体模式的确立。1789 年法国人权宣言第 16 条宣称的“凡权利无保障和分权未确立的社会，就没有宪法”，乃是这一思想的最经典的表述。这一观念影响世界近代法制进步发展方向达 200 余年，可以说它成为欧

① 参见秦前红，叶海波．论社会主义宪政［J］．国家检察官学院学报，2004(12)．

② 张文显．世纪之交的修宪［J］．法制与社会发展，1999(3)．

③ 参见程燎原．宪政与现代化［J］．现代法学，1999(1)．

洲乃至所有文明国家考量宪政文化的基础与范式。再次，制度基础，以民主、人权、发展权为基本价值追求的宪法制度设计与规范（包括实体性规范和程序性规范）的制定以及宪法至上性的确立，是宪政制度得以确立的规范基础制度性保障。复次是经济基础，城市化的高速发展势必促进商品经济的高度发展，改革开放20多年来最大的经济成果就是确立中国的市场经济体系，而这一不争的历史事实应是中国宪政目标实现的最根本的内在动力。

在城市化进程中"宪政的实现"这一术语的使用，意味着宪政是一种不断发展和进步的动态过程，而"宪政秩序的最终确立"更是从国家政制历史演进的价值追求立言的。这说明前面所述的关于"宪政实现"的诸要素只是一种普遍和抽象的理论概括，要想对一个文明国家宪政实现的程度作出客观的评价的确不是一件一蹴而就的事，还需要建立很多细化具体的指标和评价体系。作为在几千年封建土壤上孕育起来的中国政制，不论近代已降先贤们对中国封建的政治生态及其环境作过怎样大刀阔斧的改造和再造，中国作为宪政"后生外发型"国家，"实在的宪法规范总是被熟视无睹、忽略不计，甚至被无情的冲破"①，宪政的实现程度颇为值得担忧。这样，我们就不得不面对传统与现代的深刻矛盾：宪政作为"西方文明成果徐徐东渐"的政制产物，我们时刻能够感受到在面对城市化这一深刻的社会转型过程中由于中国传统文化的羁绊，这一政治文明的成果（宪政）许多方面被无情消解或变异般的诠释。在民国时期所兴起的"乡村自治"也正是由于乡土中国与现代西方文明社会在价值观念、规范体系、行为模式等方面碰撞，而使时人还普遍陷入在一种历史（或传统）与现代的迷茫和困惑中，还不能真正知解和领悟宪政的真谛。对历史的不同态度常被学者概括为法治保守主义与法治激进主义的不同学术思潮的对立，不管人们的立场如何，实际上都向我们传达了这样一个信息，即中国的法治建设是在巨大的历史阴影下展开的，宪政在中国的百年发展历史中

① 林来梵．规范宪法的条件和宪法规范的变动［J］．法学研究，1999(3)：34.

一直徘徊在传统与现代的复杂交织地带，由是我们便不难发现其最大的实现难题——因传统掣肘而偏离了宪政在中国的价值预设。①

一、法治传统文化——一只看不见的手

早在200年以前，西方经济学的开山鼻祖亚当·斯密已经提出了被世界经济学界称之为“看不见的手的原理”。关于这一原理，亚当·斯密写道：“每人都在力图应用他的资本，来使他的生产品得到最大的价值。一般地说：他并不企图增进公共福利，也不知道他所增进的公共福利为多少。他所追求的仅仅是他个人的安乐，仅仅是他个人的利益。在这样做时，有一只看不见的手引导他去促进一种目标，而这种目标决不是他所追求的东西。由于追逐他自己的利益，他经常促进了社会利益其效果要比他真正促进社会利益时所得到的效果为大。”② 亚当·斯密的“看不见的手的原理”显然是颂扬以私有制度为基础的资本主义市场机制的说法，他虽然表达了这一说法，但却未加以论证，并延伸它的学术领域。而在亚当·斯密之后的包括马歇尔、瓦尔拉斯、萨缪尔森、诺德豪斯在内的著名的经济学家、法学家、社会学家都试图从自己学术的角度来证明这一“原理”。将城市化这一新的社会转型融入“现代主流经济学的新综合”代表着证明该“原理”的最新方式③与法治传统文化的无隙契合。20世纪的中国法制史从文化的意义上讲可以说是一部与经济基础和经济理论相结合的反传统的历史，是对几千年来法治惯性否定的历史。而传统文化和传统法制观念始终伴随着中华民族的成长而成长，其并未因宪政理念引入而蹒跚不前，这不仅因为文化传统自身的延续，而且还在于使文化传统得以存在的社会基础的延续。今天中国的基层社会，尤其是广大的农村仍没有超出费孝通

---

① 参见任喜荣．宪政的实现：在传统与现代之间［J］．吉林大学社会科学学报，2000(5)．

② ［英］亚当·斯密．《国富论》（英文本）：下册［M］．伦敦：伦敦丹特公司，1955：246．

③ 参见［美］保罗·A·萨缪尔森，威廉·D·诺德豪斯．经济学第12版：上册［M］．北京：中国发展出版社，1991：14－15．

先生所分析的乡土中国的特色。自给自足的自然经济形式仍在一定的范围以固定模式延续存在，同时与之相伴生的儒家伦理型文化的影响更是根深蒂固。儒家文化既具有主体意识、入世意识、家国意识、道德意识和自律意识等积极的文化意识，同时又缺乏乃至抵拒排斥科技意识、民主意识、平等意识、法治意识和经济市场意识，前者对中国的现代化建设发挥着积极的推动作用，后者则恰恰阻碍这一进程的发展。在传统文化臂弯中成长起来的中华法文化也就继承了它的一切优缺点，在面对20世纪的现代法治化进程时表现出了明显的儒家伦理特色和严重的不合潮流性。

传统的儒家伦理特别是法治伦理，其核心是强调社会等级和差别的。“物之不齐，物之情也。”儒家认为这种差异性的分配本身就是一种显示公平的义理，荀子说的“斩而齐，枉而顺，不同而一”① 才是公平的秩序。自汉武帝时期董仲舒“罢黜百家，独尊儒术”以来开始的法律与制度安排之儒家思想至隋唐最终完成，尔后的宋、元、明、清仍然沿袭不变，即便是在程朱理学鼎盛时期，其法律与政治制度设计的儒化仍然未有实质性动摇和变迁。儒家文化浸染了立法、司法、执法的封建法制运转的各环节。除了法典的内容已为礼制义理所渗透，已为儒家的伦理思想所支配外，审判决狱受儒家思想的影响也是不争的事实。科举制下步入仕途的儒学举子在为官执印时即负有司法的责权。因为从秦汉时期的“孝廉举荐制”到魏晋时期的“九品中正制”再到影响至深的“科举取仕制”，无不贯穿了政治取仕录用的一根主线——儒家思想文化。中国法律原无律不得为罪的规定，取自由裁量主义，伸缩性极大。这样，儒家思想在法律上一跃而为最高的原则，与法理无异、与天道同在。为了借助家族的力量进行统治，国家的司法权下移，家族在社会管理上承担了重要的执法角色。从唐代以来迅速发展起来的家法族规在中国法制历史上是一个非常明显的例证“家法族规虽非国家的有关立法者或立法机构所订立的《大唐律例》与《大宋律令》有诸多的法律差异，但它们从问世以来几乎一直得到上自朝

① 《荀子·荣辱篇》。

廷下至地方官府和地方宗阀势力的支持和提倡。不可否认的家法族规在我国农村社会进步与稳定的历史上产生过多方面的积极作用。其主要作用之一是在法律法规上补充了国法（即在国法所难以指涉的范围内和内容上），成为官府治理地方、管辖民众的辅助工具。以农村社会为例，中国本来就是一个宗阀势力强劲的国家，其宗阀宗族内容极为广泛，就纠纷的处理而言，众多的家法族规都明文规定，家内族内发生的争端应先在家中、族内处理，对于径自告官者就要予以惩罚。有些地方官府也公开认同这一先告程序。这种做法加强了家族的力量，进一步加强了家族观念。"纠纷先在族内解决"的观念，严重限制了现今中国法治半径的扩大与延伸。儒家文化也造就了民间的基于家族伦理意识的法行为。整个20世纪里的涉法变革，总是显得那么步履艰难。尤其对于20世纪末的中国兴起的农村城镇化，城镇城市化的社会转型中所要求法治现代化而言，以风俗习惯形态存在的民间的伦理法观念以及在其观念影响下而形成的法行为或称"民间法"，与基于现代法治精神而构筑的"国家法"形成不容回避的分庭抗礼之势。可以毫不掩饰地说，在现代法治观念视野下审视，其对中国城市化的建设发展具有极大的滞后性。

首先，以儒、道、法、杂等诸家文化为代表的传统文化，是伴随和生长于小农经济发展的基础之上的，在社会价值取向上便是重社会稳定而轻社会富裕。孔子有所谓："有国有家者，不患寡而患不均，不患贫而患不安。"① 各朝代在这一思想的指导下都相继采取了一系列限制工商业的措施，传统文化缺乏深沉的经济意识和经济思想便不言自明。也正是在这种主流意识的影响下，普通民众普遍认为"耕为衣食之本源，读乃圣贤之根柢"。"学而优则仕"作为一种政治性激励在士农工商四种正业中，"士农为上，工商为下"，"万般皆下品，唯有读书高"长期成为社会主流的共识，当然也变成了考量人才标准的法制化的规范基础。

法的作用在于规范和引导。强调社会法治化、经济现代化是国

---

① 《论语·季氏》。

家现代化的中心和主体，是社会进步的决定性力量。对法治现代化而言，经济现代化是一种基础性的前提条件。易言之，现代法治需要的是以统一大市场为表征的现代商品经济高度发展的经济环境，中国的传统文化不能培育这种经济环境，也就不能自发地认同生长于这种经济环境基础之上的西方法治观念。经济功能性的目标变异了西方法治理念的引入的初衷，在中国这样一个醉心于传统文化或者说建构在传统文化积淀基础之上的法制承传，不论是过去还是现在，总是被一只看不见的手操纵着，只不过有时为呈显形的显规则，有时则为无形的潜规则。

其次，中国自夏商就开始的法制文化，在经过世世代代的王朝更替之后，唯一不变的却是一脉相承的中央集权制度的政体模式，包括打着各种旗号起义的农民政权，都未能逃脱王朝垄断和封建世袭的旧褓和胎盘，这在中国的长期存在绝非偶然，而是社会向其提供了“适当的水土条件”。其中文化因素是极其重要的土壤条件。中国传统法制文化中的等级观念促进了对权力崇拜的普遍化及国家权力严重私化，使得“朕即社稷、江山即朕”的法律表述正常化、法制化。相反，真正进步的对权力进行控制的现代政治理念，科学的国家理念在传统文化中反而显得不具有合理性了。对封建国家权力完善的监督机制和监督理论，在古代中国从未确立过表述过。至今中国法律监督机制难以完善的原因是多方面的，但是“权力私化”即“公权”私用的顽疾则是极重要的原因之一。

复次，“民为国本”、“民水君舟”是古代中国国民与国家关系的最基本的表述之一。所谓“民为贵，社稷次之，君为轻”①，“君者，舟也；庶人者，水也。水则载舟，水则覆舟”②，乃是儒学关乎民生问题不朽的传世名言，一直为当时执政者所倚重。“民本”思想是中国传统政治文化的基本主题之一，然而民本不等于民权，更不等于人权，当代中国宪法学人对此已经达成一致的共识。中国传统文化中的民本概念与西方文化中的民权价值有着质的

---

① 《孟子·尽心下》。

② 《荀子·哀出》。

分别，与人权概念更无瓜葛。在传统法文化中民本主义所倡导的“重民”、“爱民”、“惜民”与君权神授的关系如同一个硬币的两面，在代代相传的“法、术、势”统治真谛的教化中，一方面要求帝王君主施布“仁政”之术，树“爱民如子”和“亲民如父”之世风；而另一方面又要求民众奴隶般的驯化，绝对地遵从和服膺，还要百折不扣的温和、良序、恭谦、俭朴、敬祖、孝忠。① 故而在中国传统法文化和法制中根本无法产生于类似西方文艺复兴时期的“人本主义”和个人主义个性解放张扬的关乎人权本质与发展的观念，因此，在某种意义上说“民权和人权”概念在近代意义引入与转换却因为救亡图存的现实需要和学术研究不知不觉面对实然的国情，发生了历史性的“误解”和程序进程的错位——特别是宪政格局的错位……以至于在这只看不见手的遮蔽下产生诸多误读。

二、宪政—— 一株形式完美的蔷薇花

卢梭在《社会契约论》中有一段名言，“但是如果伟大的统治者都非常稀少，我们又能对伟大的宪法起草者说什么呢？宪法起草者要勾画出一份蓝图，而统治者不过是亦步亦趋而已。宪法起草者是机器的工程师，而统治者是机器的组装操纵人”。孟德斯鸠说，当一个社会诞生的时候，是共和国的领袖建立了机构，其后，是这些机构为共和国产生新的领袖，故而，政治学者说宪政是现代文明的最重要标志。法学家进而说现代文明代表的宪政首先发起并成熟于西方，它是人类千百次试错纠错之后的集大成者。因此西方国家宪政的基本理论和成熟经验就自然成为后生外发型现代化国家宪政建设的楷模和评价标准。但由于西方文明得以酝酿的经济和文化土壤完全不同于东方中国，宪政理论自传入中国起就由于缺乏传统文化中对应力量的支撑，而基本上只具有形式的完美。这不仅造成了理想与现实的矛盾，也刺激了主体行为对法律的规避，因此进一步

① 参见王人博．论民权与人权在近代的转换［J］．现代法学，1996（3）：26.

加强了宪政的表面化倾向或者成为政治集团自励表征的完美隽语。这就犹如一束抱在怀中的蔷薇花，虽然美丽但时时刻刻都有扎在身上的疼痛感。

首先，早期宪政理论在中国的引进，主要彰显的不是法律意义，而是政治意义的思想意蕴，这与国人在那个时代留有的烙印直接相关联：其初期就重形式而轻思想蕴涵——19 世纪末 20 世纪初的先进思想家和革命者首先看到的是宪法、国会、三权分立等法律形式和政体形式的巨大社会作用，其次才在艰难的实践中逐渐认识到这些形式背后还有着更深厚因而也更重要的文化支撑。但由于种种原因，使这一政治思想运动最终成为一部“未完成的民族交响曲”，在中华民族本土未能产生深沉的回响！

客观地说这种早期宪政理论的引进模式，在形式和实质上都存在着较为深刻的理论危机：其一，由于先贤们对民族危亡的理智与情感的双重关注，人们思考的往往不是国家权力是否受约束以及怎样约束，而是国家能否充分行使权力使整个民族迅速强大起来。其二，长久而历史惯性般的封建教化，容易产生对于人权保护不自觉的忽视，也容易造成在法律制度设计中监督法制的不完善和程序保障的根本缺乏，尤其是保障公民权利实现的宪法性程序的缺乏。我们知道，现代西方立宪主义的核心是“正当过程”条款，即强调程序的合宪性。而“公正程序乃是‘正当过程’的首要含义”，在这里援引美国的著名大法官 J. 福兰克弗特的话说就是：“美国自由的历史基本上是奉行程序保障的历史。”① 我国有学者认为，“宪政的关键问题是程序问题。‘依法治国’严格说来应该表述为‘依程序法治国’”。也有人指出，“完备法制的程序要件是中国今后法制建设的一项基本目标”②。程序保障原则对于宪政实现的重要意义已获中外学者的普遍共识。

其次，从城市化与中国现代化历史进程的角度考量，在社会转型变革和人口迁徙等若干因素的制约下，宪政之于城市化由于是以

---

① 转引自季卫东．程序比较论 [J]．比较法研究，1993(1)．

② 季卫东．法律程序的意义 [J]．中国社会科学，1993(1)．

后生外发为特征的，并不是社会历史文化自然演进的结果，因而宪政建设在中国城市化过程中的展开是以政府推进为特征的。这种政府推进型的宪政建设所遇到的最大障碍是如何协调从外部输入的“宪法制成品”与本国本地区间原有经济文化环境的关系，并使之相互适应、相互促进。世界上的宪政模式有很多种，宪法分类亦乏统一标准。但长期以来中国宪法在分类意义上一直属于派生宪法，中华人民共和国成立前后在这一点上基本无变，所不同的只不过中华人民共和国成立前主要输入的是欧美宪法，中华人民共和国成立后借鉴的是苏联的宪法和实践。这种立宪模式，使得条文宪法与实现宪法脱节的可能性加大。宪法的实施过程必须通过政府的大力宣传和倡导，在社会经济条件基本具备的条件下，才能逐渐由理想状态步入现实状态。在这一过程中，宪法的内容尤其是其背后的基本精神与国家的法治实际环境和城市化进度往往具有实体上的差距以及难以想象的空间。

从20世纪80年代开始推行的城市化带动了中国政治、经济、文化生活的深刻变化。虽然在珠江三角洲和长江三角洲的城市化已经达到了中等发达国家水平，但是这些变化远未达到“根本”腾飞的程度。市场经济仍不成熟，市民社会刚刚成长，乡土社会仍是中国基层的主要特征，实现宪政的社会经济条件仍处于成长状态中。近现代中国经济生活是自然经济与商品经济并存的二元经济结构体系。与之相反，我国现有的法律体系总体上是以社会主义商品经济为基础并以促进商品经济的发展为旨归的。这就形成了经济现实与法律制度的深刻矛盾，目前普遍存在并使人深感忧虑的“法治半径过于狭窄”、“国家法与民间法的对立”、“民间自治规范的大量存在”，甚至封建性的家法族规的重新抬头，都根源于此。正是从这个意义上，我们才敢明确地说，中国今天的宪政建设仍处于把宪法所体现的宪政理想现实化的过程中，对普通人而言宪法的形式意义仍大于实质意义。这种“形式”，不是“虚假宪法”的所谓“形式”，即在制定之初就是为了欺骗民众，根本不想实施，而是宪法本身具有应然的最高的法律效力，只是由于内容的超前性，经济的普遍落后性，民族心理的缺乏认同感而使宪法无法达到理论上预设的效果。由于宪法的形式性特点，促成了社会主体规避宪法甚至违背宪法的普遍性，一度颇热的有关"良性违宪"问题的争论，实际上就是这种现象的一种折射。

再则，就现行宪法的具体内容和我国宪政现实而言，因宪政理论引进方式上的弊端而出现的危机，在今天仍未被克服，并继续制约着我国法治现代化的进程。首先，按照周叶中教授的说法，"权利对权力的制约仍是被动和软弱的，国家权力和个人权利之间，国家利益和个人利益之间，在大多数情况下，会不容置疑地偏向前者"。我国的监督法制建设仍处于起步阶段，监督制度极不完善，各类监督以及整个监督系统普遍存在着虚监、弱监、禁监的状况。① 其次，程序性建设非常缓慢，尤其是以宪法诉讼为表征的宪法性程序建设至今仍未启动，对一些宪法性权利的保障出现法律真空。从世界范围来看，对程序价值的承认在大陆法系和英美法系中的表现不一，其中大陆法系的承认在时间上落后于英美法系。不过正当程序过程的思想在德国、法国、日本和其他地方已得到巩固。对程序价值的重视已成为世界潮流，我国与国外相较，差距实在太大，缺位太多太多。国外的宪政犹如蔷薇看起来美丽，可抱起来却刺人。

三、宪政之路——城市化的现实考察

城市化引发的环境问题，发达国家在100多年里陆续出现的环境问题，在中国20多年里集中出现。② 诸如，在中国"过半地面气象观测站曾经搬家"，原因是如果不搬家，气象站已经观测不到天气了，因为不断新建的高楼大厦"水泥森林"已经将地面的观测站团团围住，使适于地面观测的空地面积日益减少，故中国地面气象站不得不经常搬家。实际上气象站观测不准只是城市化出现的

---

① 参见孙富海．社会主义监督体制研究［J］．政治与法律，1996（1）：14.

② 参见《环球时报》第981期，2005年6月8日第9版，［美］奥拉夫·佩特斯文，青木译。

问题之一，目前，中国城市化的人口从1993年占总人口的28%，上升到现在的41.7%。据预测，到2020年，中国城市化的水平将达到50%～60%。由于很多城市管理部门没有认识到城市化的高速发展可能带来的种种问题，特别是日益突出的环境问题，导致环境有渐趋恶化的危险。有专家指出："环境问题处理不好，将成为威胁中国社会协调发展的一颗定时炸弹。"① 从某种上意义说，环境也是中国宪政之肌肤上一块滞胀性的除之不去的肿瘤。

在城市化过程中，城市居民成为环境的最大受害者或受益者。中国国家环保总局公布的数字，说明了城市化带来的环境问题的严重性：由于基础设施薄弱，中国城市化后地区，生活污水处理率平均仅为32%左右，城市社会垃圾无害化处理率平均为58%。作为全球第四大汽车生产国和第三大汽车消费国，目前我国汽车实际保有量高达2 800多万辆，这使得"机动车污染"、空气质量差和水质母体污染日趋严重，直接影响了人们的生活质量，造成的环境压力空前巨大。

从文化层面来加以考察，传统文化对于宪政实现的严重掣肘，说明了中国的宪政之路只能是在充分尊重本土传统基础之上，吸收西方宪政理论和实践的积极有用成果，并尽量寻找两者的契合点，避免出现传统过度排斥，降低宪政价值的现象。在法治现代化及宪政的实现问题上，盲目地追求国际化或本土化都是不科学的态度，在实践上也是行不通的。从经济学角度看，两者都将耗费过高的成本，必将造成法治资源的浪费。然而，什么才是中国宪政之路的真实图景呢？或者说什么才是中西在宪政建设上的契合点呢？中国的宪政实践为我们展开的却是一幅传统文化与现代文明在保留中有扬弃、在吸收中有变革、在发展中有创新的独特画卷。

为了研究城市化中的宪政问题和中国宪政的实际发展情况，吉林大学法学院学者任喜荣，于1998年12月曾组织学生在学校附近的长春市农村进行了一次主题为"我看宪法"的问卷调查活动。

---

① 参见《环球时报》第981期，2005年6月8日第9版，［美］奥拉夫·佩特斯文，青木译。

共发答卷800份，收回答卷647份，其中无效答卷28份。需要特别指出的是，他（她）们所调查的主要是市郊农民，其中大多数是菜农，他们的特点是：（1）与土地相连，具有农民基本特定的思维方式；（2）受城市文明影响较大，在近年城市迅速扩张的影响下，生活方式已发生很大变化；（3）生活较富裕，地区经济较发达。可以说他们是农村改革与城市改革的双重受益者，同时也是受到观念冲击最大的一个群体。以他们为调查对象，研究改革开放20年来农民宪法意识的变迁，对于考察我国的宪政实践，将具有重要的理论和现实意义。通过调查他们得出如下基本结论：①

第一，宪法的形式价值已获普遍认同，但实体内容却被忽视。有51.5%的人同意："宪法是维护公民权利的最具权威的法律形式。"有55%的人认为有必要了解宪法。但是对于涉及宪法在法律体系中的地位及内容方面的一些问题的调查结果则不容乐观。调查显示，半数以上的人对宪法知其然却不知其所以然，人们朦胧地意识到了宪法的权威性，但对这一权威性所传达的全新的社会理念，却知之甚少。这从另一方面印证了宪政在中国的表面化倾向。对宪法价值的科学体认，是建构科学的宪法规范体系和实现宪政秩序的理性基础。宪法的价值包括它的形式价值和实体价值，如果只有少数人认识到了宪法的实体价值，还不能算是对宪法价值的科学体认。

第二，传统的解纷方式萎缩，贱讼意识逐渐改变。贱讼是家族伦理社会的普遍现象，它促进纠纷往往在民间以私人方式解决（私了），中国农村由于发展相对缓慢，伦理特色和乡土特色明显重于城市，贱讼意识的存在也更为普遍。不过当下情况已悄悄发生了改变。对"当你的权利被他人侵犯或受到不公正对待的时候，你通常会怎么办"这个问题，有56.3%的人选择了用法律保护自

---

① 详见任喜荣《宪政的实现：在传统与现代之间》一文，其通过对长春市郊部分农民的，或者说是处于城市化边缘的边缘人的真实调查，比较客观地反映了当下城市化过程中宪政之路的艰难历程。本章节对此的相关论述及数据，直接从任喜荣文中获用，特此致谢。

已。这说明农民的权利意识已大大加强。这是农村20年改革，自然经济日益解体，商品经济日益发展的观念表现，其背后深层的社会根源则在于，经济发展推动了利益的多元化，利益纷争已无法用传统的解纷方式加以解决。商品经济的发展迫使传统观念和民间自治规范逐步改变。

第三，人们的参政意识普遍提高，对选举现实普遍评价过低。民主选举是公民参与国家政治生活的基本渠道，选举权享有的广度和深度，以及选举的现实性程度是国家民主化水平的一个重要标志，因此，他们设计了几个有关选举的问题。对于“你参加过乡人大代表的选举活动吗”这个问题，有31%的人回答参加过，有56.9%的人回答没有参加过。由于统计工作做得不够细致，只把调查对象分为青年、中年、老年三组，而没有严格区分18周岁以上和以下，因此这个统计数字不能科学地反映问题，因为56.9%的没有参加过乡人大代表选举的人当中有多少是因为年龄不够而未参加的无法统计，即使把241名青年调查对象全部刨去，仍剩下61%的人年龄绝对符合法定参选条件，而且根据选举的普遍性要求，他们中的绝大多数也应该至少参加过一次选举，但作出肯定性回答的人却只有31%，远远低于理论预设。对于“你对乡人大的选举活动如何评价”这个问题，只有26.9%的人认为“选举活动组织得严肃认真，对候选人介绍详细，能够选出满意的代表”，其他的绝大多数人都给出了否定性的评价。对于“你对村委会选举的态度如何”这个问题，有38%的人选择了“积极参加，热情参与”，10.2%的人选择了“耽误时间，懒得参加”，37.9%的人选择“选举被乡村干部操纵，无法表达个人意愿”。也就是说有38%的被调查对象肯定了村委会实行选举的必要性，但同时又有37.9%的人对这一选举的公正性提出了质疑，并明确认为主要障碍来自于乡村干部的暗箱操作。

改革开放后的中国农民，已经摆脱或正在摆脱“天高皇帝远”，“日出而作，日落而息”自足自给不问政治的小国寡民的生活模式和心态，维权意识、参政意识逐渐加强。就选举而言，农民的民主意识已在个人意愿上优于现有的选举制度框架所包含的民主精神，对于民主政治的改革要求已从政府的外在宣传转化为内在的迫切需要。但我们同时注意到，农民对选举现实的不满，并没有结合对宪法最高权威性的认识而当然地提出完善选举制度，加强监督和制约的要求。宪政的制度基础仍在人们的视野之外。

农民宪政意识现状所反映出来的传统法文化的变迁告诉我们，在中国由传统型社会向现代型社会转变的过程中，宪政的实现必然是一个突破传统走向现代的过程。对处于现代的我们来说，这已不是一个可能性或应然性的问题，而是一个客观的必然性或实然性的问题。因为现代经济的发展加速了个体的独立进程，个体独立必然在社会意识层面上加速权利意识的扩张和对权利私化的厌恶。观念的变革必然推动体制的变革，观念变革的不彻底性必然决定体制变革的缓慢和保守。这一结论实际上已点明了中西宪政建设的结合点，也就是我国城市化的宪政之路，即经济的发展和观念与制度的变革。我们必须坚持改革开放，发展市场经济，为宪政建设提供最基本的经济动力；必须致力于传统法观念的变革和现代法观念的启蒙，为宪政建设提供最基本的精神动力。当然这需要一个长期的过程。因此我们认为，正视现实，以现有的民情为基础，走有中国特色社会主义宪政建设之路，乃是一种科学的态度。一方面，宪法规范只有是对“现实宪法”的真实反映，才能与亿万中国人的价值、观念、心态以及行为相适应，才能真正被贯彻实施；另一方面，宪政在西方的成长历程，是政治、经济、社会的自然演进，可以说从古希腊罗马算起，已逾千年，而中国的宪政实践才不足百年，且缺乏足够的文化支撑，因此当我们用西方的宪政标准来衡量中国的宪政实践特别是城市化过程中的实践时，巨大差距的存在是必然的。

不过，我们有理由相信，随着我国广大公民宪政意识和宪法意识的提升，在日益城市化的今天，中国老百姓正在成为“良性宪政的捍卫者”和“美好家园的建设者”。

总之，诚如马克思所说，法律是肯定的、明确的、普遍的规范，在这些规范中，自由的存在具有普遍的、不取决于别人的任性的性质，法典就是人民自由的圣经。笔者认为，法典就是中国城市化的圣经，而宪政则是中国城市化的灵魂。

第六章 » 余 论

一切法律所具有或通常应具有的一般目的，是增长社会幸福的总和，因而首先要尽可能排除每一种趋于减损这幸福的东西，亦即排除损害。

——边沁：《道德与立法原理导论》

第一节 城市化中的宪政经济学之我见

从经济学的角度对宪政问题的研究也可以追溯到经济学的鼻祖亚当·斯密、边沁、休谟、穆勒等人，当代的宪政经济学的代表人物有哈耶克、布坎南、诺思等。宪政经济学的发展轨迹，也反映出社会的发展就是一个制度演进、制度竞争、制度借鉴、制度移植和制度创新的历史过程。伴随着我国的城市化进程的加快，城市化进程中的制度问题也已经成为我国学者的一个不敢忘怀的研究课题。但是，目前尚没有学者将城市化和宪政经济学联系起来作讨论。笔者试图从宪政经济学的角度探讨中国城市化进程中的制度问题，以抛砖引玉。

一、宪政经济学思想综述

宪法是关于国家根本制度和国家生活基本原则的法律，它包含着对基本的和不可剥夺的个人权利的肯定，是社会最基本的“游戏规则”。宪政是宪法发展史上的一个重要概念，宪政的根本原则是限政与法治，是对公共权力的法律约束，即国家的权力必须按宪法程序运行，不得与宪法相抵触，由宪法为权力的运行提供合法性基础。对宪法和宪政的经济后果进行分析的经济学就是宪政经济学，西语称 Constitutional Economics。与宪法学相比，宪政经济学是经济学方法在宪法领域的推进和研究半径的延伸，其所侧重的是对宪法规则的经济学分析。对制度的博弈分析表明，一项制度安排要有实际意义，必须是纳什均衡意义上的制度安排；对宪法的经济分析同样表明，当一部宪法不是纳什均衡时，它就只是停留在纸面上的摆设和昭示愿望的宣言书，而纳什均衡意义上的宪法制度就是宪政经济学的基本要义。

宪政是制度中的重中之重，它是生成制度的制度，是规则的规则。

一般来说，宪政经济学讨论集体决策中的两个阶段，即立宪阶段和立宪后阶段。前者属于制定规则的阶段，涉及对规则的选择；后者属于规则制定之后的阶段，涉及规则下的选择。前一阶段实际就是“立宪”阶段，后一阶段则是在立宪达成的一系列规则范围内行动的过程。

从亚当·斯密开始，经济学家们都对宪政中的经济学提出过自己的观点。亚当·斯密对宪政经济学的贡献首先是“看不见的手”理论。① 此外，他还从多方面讨论了宪政意义上的自由与权利、政府的演化、政府的成本和法律与道德及发展价值问题，他首次从宪政的视野考察了政府资本形成的若干问题，诸如政府资本来源与投资效率；政府间资源配置和投资准则等。亚当·斯密在他的《道德情操论》一书中从宪政立场阐述了他关于市场中的政府的一条“棋子”原理，反映了他对国家公权力被滥用应有的警惕和对市场

① 亚当·斯密在《国富论》（1776 年）宣布了“看不见的手”的原理，该原理称“当每个人在追求他自私自利的目标时，他好像被一只看不见的手引导着去实现公共的最好的福利。在这个所有可能的世界中最好的世界里，政府对于自由竞争的任何干预几乎肯定是有害的”。看不见的手的学说是一个概念，旨在解释为什么市场机制的后果看起来是如此的有秩序——笔者识。参见［美］保罗·A. 萨缪尔森．经济学：第 12 版．中国发展出版社，1985：76.

的法律之维的特别关注，他认为："在政府中掌权的人，容易自以为非常聪明能干，并且常常对自己所想象的政治计划的那种虚构的完美迷恋不已，以至不能容忍它的任何一部分稍有偏差。他不断全面地实施这个计划，并且在这个计划的各个部分中，对可能妨碍这个计划实施的重大利益或强烈偏见不作任何考虑。他似乎认为它能够像用手摆布一副棋盘中的各个棋子那样容易地摆布硕大一个社会中的各个成员；他并没有考虑到，棋盘上的棋子除了手摆布时的作用外，不存在别的行动原则，但是，在人类社会这个大棋盘上，每个棋子都有（他她它）自己内在的行动原则。"

哈耶克从基于自由对自发秩序的重要性角度，提出了一个愿意最大限度保护个人自由的政府应当遵守的宪法原则。哈耶克认为法治精神或一切个人及多数或少数的集团对超出其利益之上的规则的尊重是个人自由的基础，也是社会稳定和经济繁荣的基础，而这个规则的核心是哈耶克从"私有产权"改名而来的"分立的财产"。其意思是个人的"财产"完全不能是"私人"的。它必定是人与人之间的关系，它是只有通过人们对"正义规则达成共识才能够予以保护的私人领域的边界"。因此它不能是"私有的"，而只能是"公共的"。

在哈耶克所设计的宪政模型中与哈罗德—多马经济增长模式有着异曲同工之妙。① 20 世纪 40 年代末，英国经济学家哈罗德（R. Harrod）和美国经济学家多马（E. Dormar），根据凯恩斯的收入决定论思想，把凯恩斯理论动态化和长期化，差不多在同时，分别推出极为相似的两种长期经济增长理论，人们合称"哈罗德—

① 哈耶克法律理论的建构及其基本问题的设定是基于"规则"研究的范式的，经由法律理论的构建来回答个人行动确获保障的领域是如何界定的，进而明确何者构成了不正当的强制或"干涉"，并最终界定出维续这种自由私域所需要的规则或法律。他所设想的宪政模型实是一种"法律下的自由"，不论作为组织规则的"公法"（Public），还是经由现代社会中各种制度性安排而对作为自生自发秩序规则的"私法"（Private law），都应统合于法律下自由的宪政下——笔者识。参见邓正来．哈耶克法律哲学的研究［M］．北京：法律出版社，2002：第一编之法律与立法的二元观．

多马模式”。这一经济增长模式的提出不但带来了动态理论（古典经济增长理论）的复归，而且奠定了现代经济增长理论的框架。哈耶克的动态宪政观无疑对法律制度的建设有着奠基性的贡献。他认为长久的法律保障有助于增进自由，进而认为法律为政府权力设置了一个极大障碍。他证明了法律只有独立于政府，才能够阻止政府对个人权利和个人自由的侵犯。如果认为政府是一切法律的制定者，就会造成这样一条铁律：“政府说法律是什么，法律就是什么。”这将是极为恐怖而可怕的事情。

布坎南的宪政经济学是在其公共选择理论基础上发展起来的，布坎南将宪法定义为是一套约束个人追求他们目的与对象的规则。在布坎南的公共选择理论中已包含了宪政经济学的基本要素，但长期以来由于受西方主流经济学的影响，公共选择理论变成了仅仅是在既有的主流经济学范式下的一种应用性发展。布坎南认为公共选择理论分为两个层次：一是研究在既定制度下对公共产品的集体决策；二是研究对于制度本身安排的决策。第一个层次研究在既定制度下对公共产品的集体决策，所要回答的问题是已有的不同制度规则如何影响个人的成本收益计算，进而如何对个人在集体决策中的行为发生影响。第二个层次研究制度规则是如何形成的，研究的是对制度设计本身的决策。因此，只是在第二个层次的研究中，才发展出了随后构成宪政经济学的基本内容的观点。

1. 城市化的概念申论

城市化的实质含义是人类进入工业社会时代，社会经济发展速度加快，农业活动的比重逐渐下降、非农业活动的比重逐步上升这一发展过程。与这种经济结构的变动相适应，乡村人口比重逐渐降低，城镇人口比重稳步上升，居民点的物质面貌和人们的生活方式逐渐向城镇性质不断转化和强化的过程。何谓农村城镇化？何谓城镇城市化？按照著名发展经济学家张培刚教授的观点，可诠释为在中国农村社会中，国民经济一系列主要的生产要素组合方式朝着非农业化连续不断发生变化的动态过程。

不断推进和发展农村城市化是中国经济增长的巨大潜力和希望之所在。国务院发展研究中心陆百甫研究员撰文坦言：中国是一个人口大国，吃饭问题解决之后，就业和收入问题就上升为突出问题。中国的就业问题，关键是解决农村的就业问题。过去吃饭问题没有解决，农村就业问题远没有今天这样尖锐突出。近年来，由于国有经济实施战略性的转移改组，过去经济过热重复建设导致的生产能力过剩，城市职工下岗，高校毕业生就业问题显得特别突出，舆论上一时遮蔽了农村劳动力转移问题的重要性，但事实说明业已形成的体制性障碍和对城市化的认识的偏颇，极大地滞后了中国城市化前进的步伐。因此，只有依托法治的长久支持力，将其纳入宪政的框架下来推进城市化，才是解决目前我们所面临的系列尖锐问题的必然选择。

2. 中国泛城市化存在的经济学困惑

在宪政的视野下来解析世界各国的城市化进程，一般说来可以分为三大类：一类是适度城市化国家，比如美国、德国、日本、法国等，这些国家的城市化与经济发展处于基本相当的水平，城市化和经济、社会的发展相互推动，相得益彰地发展与促进。二类是过度城市化的国家，如印度、巴基斯坦、中东地区诸国，这些国家的城市化水平明显高于其经济发展的真实水平，日趋恶化的城市问题严重制约了国家经济的正常发展与社会和谐、文明、进步。三类是较为低度城市化国家，如中国、朝鲜、贝宁等，这些国家的城市化水平明显低于其经济发展水平，从某种意义上说滞后的城市化已经拖了社会经济生产力发展的后腿，特别是“二元制”体制下，城市与农村人口不能对接流通所造成的城市劳动力短缺而农村劳动力富余的现象，终将使城市与农村社会两大板块人为地矛盾对立化……成为这些国家发展缓慢的或一个难以砸断的锁链。因此，中国的城市化发展中存在的诸多问题中，有许多其实正是宪政经济学中值得深入研究的地方。在现阶段，我国城市化进程中面临的主要问题如下：

（1）我国城市化发展明显滞后于经济发展水平

无论是从城市人口比例为指示器的直接城市化（城镇化）来看，还是从以农村人口生活环境为指示器的间接城市化来看，中国的城市化水平都明显滞后于经济发展水平。

首先，从国内的现实城市化来看，大量的“农民工”（近9 300万人）滞留在各级城镇，这说明经济发展使得城市就业空间迅速拓展，但是由于过紧的城乡户籍管理制度，压抑了城市化建设热情的正常冲动。另外，包括服务业在内的第三产业短缺，尤其是街道社区服务业短缺使中国城市化水平大约要比经济发展水平落后14～26个百分点。目前我国的城市化水平和世界水平相比仍然较低，1998年我国城镇化水平才接近30%，与1995年的接近世界水平45%和中下等收入国家56%相比，仍然处于较低的水平，仅相当于低收入国家的水平（29%）。

其次，根据钱纳里和塞尔昆的研究，1950～1970年发展模型的城市化水平与人均GNP有一定的统计规律。1997年中国人均GNP为860美元（世界银行公布数），大约相当于1964年人均GNP300美元的水平，按照这个参照系，中国现阶段适度的城市化水平应该在43.9%附近，也就是说中国的城市化水平整整落后了世界平均水平14个百分点，于是泛城市化建设热潮和普遍兴起的城市“圈地”运动便在经过了近半个世纪之后复苏了，此时的复苏犹如1998年的特大洪水，冲决了部分法律规制的大坝，造成了对城市周边农民土地的大量侵害、对国有土地资源配置的极大浪费或者说灾难——一窝蜂起的新城扩建、旧城改造、高新技术产业园区、留学生创业园、新经济开发区、外商投资区等，林林总总，变着法子抢圈农民赖以生存的土地。这种泛城市化的发展观无疑给今天科学发展观语境下和谐城市构建、和谐农村建设留下了太多值得检讨和反思的话题与素材。

（2）城市化水平低已经成为一个制约国民经济发展和就业规模扩大的重要因素

近几年来国内需求持续低迷的一个重要结构性因素就是城市化推进速度太慢。1978～1993年我国城市化水平每年平均只提高0.68个百分点，而1996～1998年，城市化水平年均提高也仅为0.45个百分点。此外，农村居民的生活环境还相当传统，在一些地区，自来水、燃料供给系统和下水道设施都有待建设。由于城乡基础设施差距十分明显，使得农村居民消费难以升级，哪怕是在观念上的转变与升级也显得那么艰难。胡鞍钢指出，中国现阶段扩大内需的一个重要的方向就是发展城市化，因为城市化将产生相关产业增长和就业人口增长。如果中国城市化达到世界水平的话，就要使将近3亿的农村人口成为城市人口，相应产生电力消费，城市基础设施在投资，环境保护投资，相关公用设施投资和居民住宅投资，都具有持久的增长潜力。

3. 从宪政经济学之维看中国城市化水平落后的历史原因

宪政经济学强调规则的制定，规则的重要性在于我们承认规则的如下作用：它能够为一个有着既定能力和目标的社会人所组成的共同体，萃取出一种均衡结果或结局。社会中的同一群人之间的互动，能够产生出各种不同的社会结果，这取决于现行规则。但是，只有那些能够在某些制度安排下作为均衡而形成的社会结果，才是最合理的。中国城市化道路中出现的种种问题，都可以归结为规则、政策制定的不科学不合理。

（1）重工轻农、重厂轻城、重城轻市的不均衡政策。在1949~1978年的30年里，我国在诸如“以钢为纲”的重工轻农、重厂轻城的指导思想下，某些领域迅速实现了工业化。由于当时内外经济条件的限制和各种因素的制约，中国选择了优先发展重工业的工业化模式。经济发展中的优先秩序选择上，没有摆正部门发展优先秩序和地区发展优先秩序，因而导致了平衡增长和不平衡增长矛盾的急遽扩大，加上国家权力在经济道路抉择上的主观化、随意化，不可避免地使得我国经济在中华人民共和国成立后的前30年无论是在项目的投入和产出上，还是在政府成本和收益的度量上均居于一个令人难以置信的畸形发展区间。第一个五年计划期间由前苏联援建的156项工程，基本安排在沿海和内地工业基础比较好的地区。众所周知，发展重工业所要求的资本供应量是很大的，由于帝国主义列强在一个世纪内对中国的疯狂掠夺和官僚资本的残酷压榨，中国的工农产业生产没有提供资本积累的能力，根据当时中国的国情，我们只能走内部积累的道路，而内部积累只能依靠占人口90%以上的农民来实现。为此，政府制定并实施了为满足工业化资金需求的农业政策，具体来说是利用工农产品的价格剪刀差集中了农民的全部剩余劳动力和部分必要劳动，每年大约350亿元资金集中于国家财政，投资于基本建设项目。20世纪60年代，国家开始调整生产力布局，通过大规模的“三线建设”，调整沿海和内地工业之间的关系，经济重心建设开始向西部转移，在客观上也带动了西部工业发展和一批新兴城市的建立。但是，当时的指导思想是“备战备荒”，将战争因素放在了工业格局部署优位层面上，重厂建而轻城建，工业发展也是按照“山、散、洞”的战略防御要求进行布局的，工厂建设与城市建设完全脱节，国有企业社会化、福利化的倾向在当时十分严重。无论是城市规模还是新兴城市的增多，都未能使城市功能得到充分发挥。在我国西南、东北山区，城与厂至今还未抹去红色“战备经济”的发展格局所烙下的历史印迹。

可见，中国城市化的过程伴随着社会、历史的变迁，在不同的时期，政策的制定总是为了附和国家内外环境的种种需要，忽视了城市化过程中的均衡发展和均衡增长原则，忽视了部门优先秩序和地区发展优先秩序的全面考量，换句话说，缺乏最基本的科学发展观与经济学思考。

（2）典型的城乡隔离制度，严格限制了农村人口进入城市。二元经济结构下工农根本不可能结合在一起，在铁幕重重的工业化过程中，广大的农村和众多的农民知识青年游离于工业化建设与过程之外，使得大量的农村富余人口进入城市受到严格的制度上的限制，不得不拥挤在狭小而落后的农业生产空间，在高度的计划体制下，按封闭运行的传统工业化模式守候着。在当时城市的发展首要推动力是政治而不是先进的生产力；其采取的是行政手段，是用“抓革命来促生产”而不是其他科学技术。外在推动力固然十分强大，城市化的内部机制却十分薄弱。城市数量的增加和城市规模的扩大，并未能使城市化按其本身固有的规律正常健康地发展。相反，由于这种发展是以牺牲农业基础、牺牲农村环境、剥夺农民廉价劳动力为逻辑起点的，在依靠工业本身的自我循环和自我更新的链条上，城乡差距反而拉大了。工业自动化根本不可能拉动农村的机械化，事实上工业化的内在动力也在不断减弱，原有城市发展速度放慢，城市综合功能下降，农民的非农化收入不是在增长而是在减少，也就是说农民对土地的依赖愈来愈强，这也为以后在城市化推进过程中农村改革过程中的矛盾日益尖锐突出埋下了隐患，这也是当下政府运用公权来解决城市化过程中遗留的问题时不得不采取惠农政策的历史原因之一。

（3）行政权大于司法裁量权，良性违宪现象严重。人人都知道宪法乃法中之母，任何部门法皆不能与之相对抗或抵触。用李龙教授的观点来看，宪法至尊、宪法至圣、宪法至诚、宪法至贵的特质也不能避免被滥用的危险和威胁。经济规则有这样一条悖论：愈是最重要的愈是最容易被忘记，自然也最容易被违背。笔者以为宪法的经济学意义亦可由此而得出合理解释。这是因为，第一，宪法规则比较抽象，不够直观具体；第二，在人类社会的制度设计中，往往缺少针对违宪的可操作程序；第三，也是最重要的一点，恰恰是宪法规则应该约束的主体，即政府各个部门，由于掌握着合法暴力并处于对社会公共资源的垄断地位，社会更难对其进行宪法约束和对其良性违宪后进行违宪审查。

我国城市化建设过程中存在不少宪政问题。政府部门尤其是行政机关往往会因为技术性问题而改变既定规则，比如某城市因节水的原因而关掉经营多年的桑拿浴室，而不顾这些浴室是否依法注册；同样也会因为新经济开发区建设的需要而广征农地，却忽视是否有实际能力在短时期内开发建设和政府职能部门的审批权限，政府所圈留的“红线图”规划用地，导致土地大量闲置，有的地方十年八年仍未启用，结果农民征地后应得的补偿始终无法兑现。又比如另一个城市因为一场火灾而关掉所有网吧，而其中许多网吧是申领了执照合法经营的。之所以如此，就因为技术性问题比宪法直观，人们一般很难预见违反宪法所带来的侵权灾难。

（4）非农化与城市化之间存在一个时间差。改革开放后的农村工业化运动，将一个完整的城市化运动进程划分为两个环节：首先实行职业转换，即人口从农业转向非农业，实现农民经济收入的非农化，农民职业的非农化；然后实施地域转换，户籍转换，即人口从农村进入城市，身份由村民变为市民，牌子由村民小组改为街道居民委员会或社区。上述工作或许在短时间内便可以完成，而农村城市化绝非是“换块牌子、改个本子、搬套房子”这么简单，城市化之关键是农民观念的城市化，劳动技术技能的城市化、现代化。因此，非农化与城市化之间存在一个时间差，在此时间差内“钟摆式”流动的城市化人口就是我国改革开放以来城市化滞后的最直接体现。现在回过头来看看，“进厂不进城，离土不离乡”的发展模式在一定程度上制约了城市化的发展进程。

二、从宪政经济学之维看城市化的发展进路

宪政的演进过程表明，在市场经济体制中，宪政作为一个不可或缺的因素参与了经济发展的进程，经济发展的总体成果与宪政制度的确立及对其价值的尊重是内在统一的。从现代市场经济的发展来看，经济结构中宪政的含量、宪政文化的附加值越来越高，社会的协调发展对宪政的内在要求也在不断提高。宪政安排提供了“政府悖论”的纳什解释，这是宪政经历了长期试错纠错博弈的结果。它要求必须而且只能由宪法为权力的运行提供合法性基础。那么，在宪政的基础上，我国的城市化发展之路应该如何进行呢？

1. 政府制定法律和规则，引导城市化走上可持续发展之路。按照科斯的理论，在产权不明晰，存在正的交易成本的情况下，个人拥有的权利，连同他们的责任和特权，在很大程度上由法律决定。产权作为法律体系的一个结果，将会对经济体系的运行产生深远的影响，并且在某些方面可以说是控制后者。因此权利应该配置给那些能够最富有生产性地使用它们的人，实现最优的配置。可持续发展要建立良性、有机结合的经济环境、社会环境和生态环境，实现城市永续发展的策略。而短期发展主要是以牺牲自然与社会环境为代价的，追求现实利益和短期成效的策略。城市选择什么样的发展路线，从目前来讲，主要依赖于政府，政府自然也要对此负责任。

现实中的问题是，在欠发达的城市中，由于资金、人才、资源等的相对缺乏，选择可持续发展被认为不如选择短期发展更为“现实”。在许多城市政府中，由于官员任期较短（一般为3～5

年），都有尽快赶超兄弟城市的强烈愿望，这也成为“立竿见影”之项目备受“青睐”的原因，短期发展观自然很容易在“科学发展观”的幌子下开小差而被政客误用。那种真正蕴含着科学发展观的思路则很容易被缺少耐心的政府官员所弃用。①

2. 走法治发展之路。在我国，行政部门获得了越来越多的实际法律行使权、解释权，从而边缘性瓦解了宪法。我国宪法没有对行政部门权限进行明确界定，行政部门经常利用一些特殊事件更改宪法规定的基本制度，从而形成了行政部门权力过大的政治局面。例如，有些城市立法机构通过了限制外地人在本地就业的法规。

显然，我们需要一场宪法革命和宪政变革，因为在存在宪政缺陷的社会中，人们恰恰不能进行全体同意的投票，而是由社会中的优势集团和利益集团，如行政部门反过来决定宪政结构。我们现在的宪法革命与宪政革命，就是要把宪法作为“规则的规则”，从而把对立法机构和行政部门的限制写成明确的条文纳入宪法。在城市化过程中，政府和行政部门的角色扮演，应该在宪法规定的范围内开展，杜绝“权大于法”，“行政大于法治”的现象，才会真正有利于城市化的健康发展。

第二节　城市化中的中西宪政趋同与差异

一、城市化中中西宪政过程

作为一种学术的比较，将城市化社会转型与变革中的宪政加以学理考察，的确还是一个创新性的尝试，诚如南开大学魏建馨教授在现行宪法颁布实施20周年学术会上所指出的那样：中国的宪政实践始自20世纪初期，几近百余年的锤炼，依然没有摆脱幼稚状态，尚存在许多的缺憾，宪政的理论与实践需要进一步地发展与完善。而宪政理想状态的达成，决非一朝一夕之事，实在是要受诸多层面因素的影响，从政治体制的安排，社会的结构，传统的法律文

① 参见曾哲．城市化中的宪政经济学分析[J]．党政干部论坛，2005(9)．

化，乃至公民的宪政素养等，这些因素的聚集，构成了整体的宪政实施的环境，只有各个方面的协调，才能产生促进民主宪政的新质状态。①

宪法与宪政原生于西方，是包含西方的人文精神与民主理念的概念，其生存与发展，存在的社会、思想、人文环境与背景与中国都有很大的差异。如何针对中国具体环境，让西方的理念，在中国的土壤上同样发挥出积极效用，这是我们面临的重要课题。②

中西方城市化建设差异是巨大的，宪政理念和宪政实践的差异同样也是巨大的，我们只有在研究差异、正视差异、认可差异的前提下，通过理性的宪政制度设计，才能获得积极的本土化效果。

第一，中西宪政的发轫不同：西方是由内生而发，中国则是由外压而变形。

中国是基于外在压力而不得不进行宪政尝试的国家，这种外在压力，一方面来自于西方列强的欺凌，另一方面则迫于国内激进民主主义者狂热的激情。因此，撇开城市化演进的模式不言，中国宪政主义者在最初追求的宪政模式时具有极大的模仿性和局限性，相对正统的西方宪政含有不可名状的变异。

当然，我们所说的西方宪政的过程具有内生性的特点，也只能是相对于中国宪政而言的。西方宪政表现着西方先贤的大智大慧，其表现形式丰富多样，英国的不成文宪法，法国、美国的成文宪法各有千秋。西方宪政始自于建立在对中世纪欧洲封建教会经济基础上的政治制度设计与安排的深刻反省和检讨。而西方各国则又依据自己的国情选择了适合自身国情的宪政模式和宪政建设道路。

“讲到宪法，资产阶级是先行的。英国也好，法国也好，美国也好，资产阶级都有过革命时期，宪法就是他们在那个时候开始搞

① 参见魏建馨．中西宪政过程的比较[G]//中国法学会宪法研究会．纪念现行宪法颁布实施20周年学术研讨会暨2002年年会论文汇编．2002：52.

② 参见魏建馨．中西宪政过程的比较[G]//中国法学会宪法研究会．纪念现行宪法颁布实施20周年学术研讨会暨2002年年会论文汇编．2002：52.

起的。"① 而西方国家通过宪政革命，开宪政之先河，使宪政体制能在西方国家率先实现。如今宪法与宪政不再是西方文明的范畴，而成为整个人类社会步入政治文明的一个重要标志。西方国家宪政过程的开始，是基于资产阶级政治、经济、思想与法律等各方面的有机契合，也是西方国家工业化城市化的必然结果。因为，实现宪政是商品经济的大力发展、生产力的极大解放、科学技术的现代化再加上民主政治的成熟、公民民主与科学精神的养成等方面发展的必然结果。在这种社会环境下，资产阶级迫切需要对封建等级所有的制度设计与安排进行深刻的反省、积极的抵拒。正是由于发生在16世纪的欧洲文艺复兴运动、宗教改革以及自然法理论的确立过程中，人们对从封建社会法理的种种怀疑的语境中开始转向更加关注人，以及与人密切相关的权利、自由和平等，并进一步认识到人本主义的重要性，人格及人权的社会意义和价值。在这个时期，西方宪政观念的雏形也就基本确立，即以民主代替君主、以人权代替神权、以科学代替愚昧，其核心就是实现人权的解放和自由的充分享有。由此，激发出人们对人本身权利的强烈渴望。这些强烈的内心需求都给资产阶级革命带来巨大的精神动力，也使宪法和宪政成为了某种可能。

第二，中西宪政的文化基础不同：西方是基于个人主义，注重人权；中国是国家主义，希望借助帝王新政的政治体制而达致富国强兵之目的。

宪政的实现不能单靠制定若干法律条文，重要的还是要在社会结构和观念上进行转变。因此，宪政思想的差异，就决定了宪政制度具体设计上的差别。

中国由于长期的封建专制统治，在儒家文化的熏陶下，养成了一套相对完善的思想体系，即儒家的主导地位和伦理政治、伦理教化的支配性影响。强调君主主权，民众的义务本位。在中国，历来不强调个人价值，个人是服从集体、社会和国家的，为它们做牺牲乃天经地义的义务。这种文化氛围，不仅使人们的权利意识淡薄，

① 毛泽东．毛泽东著作选读：下册［M］．北京：人民出版社，1986：708.

而且运用权利的能力也十分有限。

中国宪政过程从一开始并没有把“人权”、“自由”和“平等”放在首要位置上。那些改革家们关注的只是图法自强，认为专制主义是阻碍中国强大的障碍，寄希望于用贤明君主能够立宪制和兴民权，走上富国道路，使清朝政府能够和西方列强并驾齐驱。而对应该享有主权的民众，则认为他们尚处在“民智未开”的状态，在事实上也没有把他们当做是权利的主体来看待。只是在戊戌变法以后，人们才将注意力转移到“兴民权”方面，意识到民族素质和宪政之间的关系，意识到单凭少数仁人志士血性青年不足以完成宪政的宏伟理想。

西方宪政实践的成功首先归功于宪政理论的发展。资产阶级宪政过程一开始就提出了一系列理论来论证资产阶级政治制度的合理性。那些资产阶级启蒙思想家们的“天赋人权”、“人民主权”、“三权分立”、“社会契约论”以及“法治主义”等学说，是制定宪法和实现宪政的重要理论指导。不仅在资产阶级革命中发挥了重要的作用，而且在立宪和宪政过程中也发挥了非常重要的作用。

西方宪政思想的核心就是在个人主义理论的指导下对自由、正义和权利的肯定，并确立了个人与个人、个人与社会、个人与政府的关系法则，以及彼此之间的合法性界限。“人的自由和依照自己的意志来行动的自由，是以他们理性为基础的，理性能够教导他了解他用以支配自己行动的法律，并使他知道对自己的自由意志听从到什么程度。”人权成为西方宪政思想的核心，是有其历史渊源和文化传统的。西方自文艺复兴以来，就已经意识到从人与自然的关系转向对人类、对自己的观察和认识的重要性。于是强调和彰显每个人的价值和作用，强调人与人之间的平等。人人生而自由平等，每个人都有生存、自由和追求幸福的权利的思想一直是其理论不变的主题。在资产阶级革命的时候，只有坚持这个立场，才能摆脱封建的专制性和依附性，才能够最大化的实现资产阶级的利益，促进资本主义工商业的发展。“人进入社会不是要使自己具有的权利比以前更少，而是要让那些权利得到更好的保障。他的天赋权利是他一切公民权利的基础。"① 西方的启蒙思想家们的共识就是——个人是权利的原点，是最基本的，国家权力是经个人权利认可产生的。国家权力不是凌驾于个人权利之上，而是个人权利的守护者。②

第三，中西宪政目标的不同：西方宪政具有目的性，而中国宪政的政治过程更为明显。

从价值取向上看，宪政是商品经济发展的产物，是民主与法治国家的标志，以限制国家权力，保障公民权利为基本精神。宪政是宪法的动态实施过程，是动态政治活动的产物。因此必须有明确的发展方向和最终目标。

中国宪政实践所表达的宪政目标的价值层次是，采纳西方国家的政治体制，君民共主，设立议院通下情，然后而至张国势，强兵富国，纵横四海。显然，在这些启蒙思想家们的观念之中，立宪法、行宪政的目的是基于国家的利益使然，其指导思想非常明确，即"富强为体，宪政为用"。于是，宪政也就"被视为中国富强的必经之路"③。中国宪政过程从一开始，就把立宪，实行宪政定位于政治改良的工具。出于对封建专制统治，在西方列强的炮轰下的失望，而寄希望于通过新的政治体制设计来摆脱这个现实的困境。

从中国宪政的发展过程中可以看出，中国宪政是一些上层人物基于救国的伟大使命而发起和推动的一场政治运动。所以，它是自上而下进行的。而且，就宪政目标来看，始终也没有把公民的权利作为国家权力运作的终极目标来考虑，明显缺乏一定的社会基础，所以它就不可能像西方国家的宪政革命一样，获得下层民众的普遍支持和回应。

西方国家的宪政实践反映了宪政的目标价值层次，是以规制政府的权力范围，国家机关的设立、组织和政权以及各国家机关之间

① 潘恩．潘恩选集［M］．马清槐等，译．北京：商务印书馆，1981：142.

② 参见潘伟杰．现代政治的宪法基础［M］．上海：华东师范大学出版社，2001：105.

③ 王人博．宪法文化与现代中国［M］．北京：法律出版社，1997：63.

的关系为本位，最终目的是保障公民的基本权利。宪政的目的是授予政府行使国家权力的合法性，并告诫政府对公民承担责任。

西方早期实行宪政的几个国家，其宪法内容比较简单，但更为实际。在它们的宪法中，宪政目标的价值取向的逻辑层次体现得极为简洁和明了。例如，1215 年的英国《自由大宪章》，就是在国王和贵族之间进行权利分配；1628 年的《权利请愿书》则限制国王的征税权；1679 年的《人身保护法》确立正当的司法程序；1968 年的《权利法案》对王权进一步限制。美国的 1787 年宪法的正文中有 7 条，均是对国家政权组织和国家机构权限的规定，比较充分地体现了人民主权和有限政府原则。法国 1791 年宪法序言的《人权宣言》更直接宣称，凡权利无保障和分权未确立的社会就没有宪法。所以，宪法首先强调的就是对政府权力的法律限制，以及政府权威与权力同国民权利与自由之间的制衡。因此，在西方的宪政体制中，始终保持了对国家权力及其行使者的高度警觉。正如哈耶克所言“当政府的目的在于行善便民时，经验告之我们更应当葆有谨慎以保护自由。为了自由的人，对于抵抗有恶意的统治者侵犯其自由的行径，自然具有高度的敏感力。然而，对自由最大的危险，则潜藏在那种热心者的诱人但却巨毒的行径之中，潜藏在那些善意却令人无法理解其为何如此的行径之中”①。

二、城市化中中西法律文化传统比较与宪政发展

从城市化的发展视野中来解析中西方法律文化与宪政的发展，实属既古且新的社会学与法学的边缘性课题。② 历史上的城市化过程与宪政形成原因各异，但有一点其一定是建构在本国国情基础和文化格调上的。宪法文化是法律文化的一个方面，而且是根本的方面。在近代民主政治的条件下，宪法文化是法律文化的整体精神和

① ［英］哈耶克．自由秩序原理［M］．邓正来，译．北京：三联书店，1997：3.

② 参见倪正贸．中西法律文化比较与宪政发展趋势［OL］．www.chinaqking.com/.

主体结构最集中的体现。宪法文化以宪政为核心内容。宪政是宪法实施的结果，从外在表现形式来看，宪政以宪法规范政治行为、判断政治行为；从内在规定性来看，宪政是在特定的文化背景下通过制定并实施宪法来体现民主政治价值的。宪法是宪政的前提。① 各国宪政大多是在本国法律文化传统的基础上形成的。比较研究中西法律文化传统，对深入了解中国宪政的发展特点和对预测全球各国宪政的发展趋势，可提供重要的启示。

常见的所谓“东西方文化比较”，其中的“东方”往往仅涉及中国，而自古而今之“东方”地域，是远远大于中国地域的。所以“正名”而作“中西”比较。这里的西方，则专指西欧、北美国家。宪法文化是民族性与普遍性的统一。世界上没有任何一个民族的文化同其他民族的文化完全相同，法律文化当然也不例外。同时，宪法文化体现了以权利——权力结构为基础的精神。西方古代法律文化有一个重要特点就是注重通过体制制度设计来规范权力。近代启蒙学者从古代政治理论中吸取营养，创立了分权与制衡理论。西方多元化要素的存在使得任何政党都无法独宰这个世界。即便是在城市化转型过程中，传统的习惯法、契约关系就已经穿透于王权与贵族之间了，契约观念早已根深蒂固。虽然宪法只是近代历史上发生的事，但任何一种制度文明和政治文明的成果显然不可与自己的历史相割裂。因此，宪法精神文化只能被有效地借鉴和吸收，不可能完全地“移植”，有学者甚至指出宪法的“不可移植性”②。在城市化的社会转型背景下比较中西法律文化传统，可以体察诸多不同点，归纳起来主要有如下两个方面。

---

① 参见胡肖化，肖北庚. 宪法学 [M]. 长沙：湖南大学出版社，2001：170－171.

② 参见邓莉. 是法律移植还是法律模仿——1912 年《中华民国临时约法》反思 [J]. 党政干部论坛，2005(9). 法律移植、法律模仿、法律借鉴、法律吸收、法律引进等法律变迁方式自 20 世纪 80 年代以来就有热论：美国学者 R. B. Seidman 在北京大学讲学时曾经发表的重要观点之一，他强调“法律不能移植的规律”。

1. 中国法律文化长期为人治主义所主宰，西方则较早发育了法治主义

从城市化社会变迁的历史以来观察宪法以及法律文化，并对其进行较为科学的分类本身不是目的，分类的目的只是说明宪法文化之所以是这样而不是那样的一种手段，分类本身就是对形态各异的法文化鲜明特征的一种描绘。诸如，在东方因有人治主义的法律文化传统，所以中国历史上第一部宪法即公然称为“钦定宪法大纲”。《钦定宪法大纲》的第1条规定：“大清皇帝统治大清帝国，万世一系，永世尊载。”第2条规定：“君上神圣尊严，不可侵犯。”根据《钦定宪法大纲》的其他规定，“大清皇帝”有钦定法律、解散议院、发布代“法律之诏令”以及总揽司法大权等权力。甚至还规定：“用人之权，操之君上，议院不得干预。”此后中国有过一系列政治专制下的宪法案发生，或公然宣告一党专政，或虚美之词充斥，或与现实条件相去太远而流为具文。中华人民共和国成立后，先后颁布过四部宪法。其中，1954年和1982年颁布的宪法比较切合中国的国情，在实际生活中发挥了重大的作用。但是从宪政发展的总体来看，诚如郝铁川教授所说：“中央领导人何时重视宪法，宪法的制定工作就做得很好，宪法在实践中就最具有效力。”当领导人不再重视宪法时，宪法的制定工作就粗糙、简单。宪法的最高法律效力就得不到体现。

从城市化的社会转型来看，西方国家则不然，其悠久的历史和文化传统早已铸就了十分坚实的宪法至上理念。诸如美国宪法第6条规定：“本宪法……为全国最高法律。”法国宪法第62条规定，凡宣告为违宪的法规，不得公布或付诸实施。在日本近代化的过程中，特别是城市化急遽转型的过程中，原本忠诚于“大中华”儒家法律体系的日本国，大胆摒弃中华法系中的僵化与糟粕，较为彻底地开始了法理和法律道路上的创新与改革。明治元年三月，天皇召集公卿望族，誓之神明曰：“（1）广开会议，万机决于公论；（2）上下一心，以经理治国是；（3）官民一体，即下至庶民，亦务使各遂其志，以养人心；（4）破除从来之陋习，基于天地之公

道；（5）求知识于世界，以大启皇基。"① 明治维新后，尤其是第二次世界大战前后，日本完全接受了西方法理和法治主义思想。在日本宪法第98条中规定："本宪法为国家的最高法规，与本宪法条款相违反的法律、命令以及有关国务的其他行为的全部或一部，一律无效。"在国际实际与外交事务中，西方国家尊重宪法——成文宪法（Written Constitution）与不成文宪法（Unwritten Constitution）——确实是不争的事实。在英国历史上不同时期颁布的各种制定法（Statutory Enactments）和非制定法（Notstatutory Enactments）即宪法惯例、宪法判例及宪法习惯一律均会受到人们的理解与遵从。②

在经济学上早有结论，制度管理比人情管理更优。在社会转型和社会生活与利益再调整的过程中，毋庸置疑的是法治主义将明显优于人治主义，换句话说就是制度管理将大大优越于人性的主观随意性管理。正是因为人们逐步认识到了这一点，认识到了一国之中宪法最高权威的重要意义，认识到了实行法治的绝对必要性，我国1982年的宪法庄严宣告："本宪法规定了国家的根本制度和根本任务，是国家的根本法，具有最高的法律效力。全国各族人民，一切国家机关和武装力量、各政党和各社会团体、各企业事业组织，都必须以宪法为根本活动准则，并且负有维护宪法尊严、保证宪法实施的职责。"宪法"总纲"第5条进一步规定："国家维护社会主义法制的统一和尊严"；"一切法律、行政法规和地方性法规都不得同宪法相抵触"；"一切国家机关和武装力量、各政党和各社会团体、各企业事业组织都必须遵守宪法和法律。一切违反宪法和法

① 转引自张知本．宪法论［M］．北京：中国方正出版社，2004：75．"日本藉此神明诏告天下，宣告天皇亲政之意旨，以求国民之誉赞，世人所谓明治维新，即从此始。"张知本于1933年写成《宪法论》，张知本为第一届国民党中委，陶希圣赞誉张知本："先生于我国宪政之贡献，如富兰克林之于美国宪政。"——笔者识。

② 参见［英］戴雪．宪法精义［M］．雷宾南，译．北京：中国法制出版社，2001：116－119．

律的行为，必须予以追究”；“任何组织或者个人都不得有超越宪法和法律的特权”。① 同时，“有法可依，有法必依，执法必严，违法必究”在中国已成为家喻户晓的“十六字方针”。现在，虽然在我国的司法实践领域和制度设计方面还有许多的空白和漏洞，或者说短缺与不足，但总体发展态势是良性的、健康的，特别是新一代的中央领导人提出“构建和谐社会”的政治主张，对城市化发展中的宪政建设大计提出更高的更强的内在要求和新的标准。

2. 中国城市化过程中宪法文化传统崇奉义务本位，西方则崇尚权利本位

中国法律文化之义务本位与西方法律文化之权利本位传统是截然不同的，这一法文化传统的区别与差异对东西方各国在宪政发展上造成了极大的影响，或积极、或消极，在不同的时代背景下自然就有不同的宪政方向和宪政努力。诸如晚清时期的《钦定宪法大纲》，虽然是一个外来移植与内圣王道的“爱情结晶”，但它终究还是没有摆脱历史发展在此时段上选择的无奈，倒是成了孙中山先生所说的“谋中央集权，拿宪法做愚民的器具”的典型。该大纲共23条，正文14条，全部为“君上大权”，其余9条作为“附文”则是“臣民权利义务”。其中纳税、当兵、守法等义务规定得明确具体，而言论、著作、集会、结社等私“权利”则均需“依法律之规定”或者“在法律范围内”才得以“享有”或者“准其自由”。北洋政府和国民党政府的一系列宪法同样囿于义务本位和法律文化传统，或仅以规定“民权”的宪法虚文伪饰，或并施以彻底剥夺民权的司法甚至根本将宪法法律弃如敝屣，实行赤裸裸的法西斯专政。在传统意义上，西方宪政思想的突出主题是要设计一些政治制度来最大限度地保护社会成员不受侵犯，华盛顿大学教授丹·莱夫说得更为明了：宪政意指法律化的政治秩序。是它将公民与政府间的权利义务关系进行了制度性的规定。德国著名的社会学家马克斯·韦伯阐释得更为深刻：任何一项事业的背后都存在着某

① 参见周伟．宪法学［M］．成都：四川大学出版社，2002：60.

种决定该事业发展方向和命运的精神力量。① 作为经典名言从另一个层面阐明了西方法律和宪政精神所追求的崇尚权利本位的内在冲动和原始动因。同理，也反证了中国宪法文化之传统崇尚的义利观"先国后家"。即便是时至今日，我们的政府在出台的地方性法规文本中还在倒置"义务——权利"本位。

布莱克顿的一段话发人深省：国王在臣民之上，但在上帝和法律之下（Guod Rexnon debetesses ubhomin, sedsub deoetlege）。② 在英国抑或在西方社会，已经撩开了中世纪法治观宗教神灵的面纱。之后，洛克则说得更为透彻："人民的福利就是最高的法律。"笔者以为，不论是义务本位还是权利本位，其法意的元典精神也应涵盖其中。

第三节　简论宪政文化

中国传统的法文化渊远流长，使我们今天在进行城市化建设推进过程中不得不考虑宪政文化力量的存在。或者说，只有充分考虑到传统法文化因素影响的宪政改革与宪政建设时，才可能使得我们的城市化推动下的社会转型与和谐社会建构走向成功。

一、涉及宪政文化的几组概念厘析

宪法与宪政。要厘清宪法文化首先要弄清宪法与宪政，宪法并不是宪政，两者既有联系又有区别。"宪法"一词在英文中为Constitution 或 Constitutional Law，是源于拉丁文 Constitutio，是指建

---

① 参见［德］马克斯·韦伯．新教伦理与资本主义精神［M］．上海：三联书店，1987：1．转引自汪进元，戴激涛．法理学西方宪政的文化底蕴［J］．武汉大学学报：社会科学版，2003(6)．在该文中作者认为宪政是西方社会特定文化背景下的产物，是西方固有文化的沉淀与结晶。其中，基督教的性恶论是西方宪政的文化根基；社会契约的政治化是西方宪政的逻辑起点；人本主义的崛起是西方宪政的文化内核；法治传统的近代转型是西方宪政理想的实证标志。

② 参见汪进元，戴激涛．法理学西方宪政的文化底蕴［J］．武汉大学学报：社会科学版，2003(6)．

立、组织和构造之意。在西方古代国家中，宪法在某种程度上是自然或习惯的产物，只是从欧洲文艺复兴和马丁路德的宗教改革之后，人们才承认一个国家的人民能够作为一国公民为自己制定和采用宪法。① 用孙中山先生的话说就是，"宪法者，国家之构成法，亦即人民权利之保障书也"。现行最普遍的学术观点则认为宪法是国家的根本大法，具有最高的法律效力，是一切组织和个人的根本活动准则，是一国法的体系的重要组成部分。

宪政是在19世纪中叶以后，作为一种观念和文化传入日本和中国的。日本学者曾把宪政简单地译成［Constitution］，② 不论是1889年的日本《明治宪法》，还是1908年的《钦定宪法大纲》，虽然具有极强的立宪政治色彩，但均未形成一种宪政制度和文化。一般认为宪政是由宪法所确认和规定的民主政治制度及其实现。具体来说，宪政是以宪法为前提，以民主政治为核心，以保障人权为目的的政治形态或政治过程。可见，宪法是宪政的前提，是宪政的基本形式要件，没有宪法就不会有宪政；而宪政是宪法实施的产物，

---

① 参见［英］戴维·沃克. 牛津法律大辞典［M］. 北京：光明日报出版社，1989：201.

② 参见元照英美法辞典［M］. 北京：法律出版社，2003：292－293. 关于"宪政"一词的英文解释"Constitution"，其一是章程、组织制度。社团、政党、工会、公司等组织所制定的组织原则、宗旨规章制度；有时，社团或大学的章程也可称"Charter"，公司章程则用"meno randum and articles of association"。其二是基本的重要的法律。指中世纪及罗马帝国时期的重要法律，尤其在教会法中。如优士丁尼新律［Novel Constitutions of Justinian］，克拉伦敦法［Constitution of Clarendon］。其三是宪法，国家的根本大法或基本法，高于其他法律。其阐明政府的体制、性质和应遵循的基本原则，规定国家元首、行政、立法、司法等机关的组成、权力的分配、行使和相互关系，以及公民的基本权利和基本义务等重大事项。宪法分为成文宪法和不成文宪法。成文宪法形成统一的书面法律文件，又称刚性宪法［Rigid Constitution］，其制定和修改均须通过特定的程序，不能以一般的立法方式变更，如美国宪法，但也得以法院的解释、惯例等为补充。不成文宪法散见于各个制定法、法院的解释、习俗和惯例之中。又称柔性宪法［Flexible Constitution］，如英国宪法。柔性宪法无单独宪法文本，其修订与一般法律的修订程序相同。其四，还有政体的意思。

是宪法的生命。所以有了宪法并不等于就有了宪政。我国宪法学者趋向性的文化心态是"宪政与市场经济存在着某种直接对应的关系"①。

宪政与法治。宪政作为立宪政府在理论和实践层面的最大成就备受西方社会所推崇和接纳。用他们的话说，这一成就不是一个世纪也非一个民族所造就的。② 其文化的影响力非常深远。宪政与法治一样都是为了解决问题而出现的，它们有着内在的急需达成的价值目标。宪政理论是法治理论的高级形态，宪政实践是法治实践的最高层次。宪政是法治的最高层次，它以法律确定国家权力并对国家管理者进行限制，使政治权力受到法律的控制。也就是说，法治以它一系列基本原则体现和支持了宪政的重要价值和精神，并通过宪政得以强化和更准确化。因此，实行法治和建设法治国家的一个重要目标状态和验证标准就是看是否致力于实现宪政，对一个国家实行法治程度的重要评判标准就是要看它实现宪政的程度和依宪治国的水平。宪政存在的根据，就在于所要解决问题的普遍性。在法治语境下，宪政所要回答的问题不外乎有二：其一是宪政是干什么用的？其二是怎样实现宪政的功能？宪政与法治都存在着一个价值问题和事实问题。在这其中，核心的目标就是要保护身为政治人的政治生活中的每个成员，使他们享有真正的自治。宪法旨在维护具有尊严和价值的自我，"宪法的功能也可以被阐释为规定和维护人权"。斯蒂芬·L·埃尔金则说得更为直白："古典的宪政思想传统

---

① 王振民．宪政精神初探[M]//高鸿均．清华法治论衡：第1辑．北京：清华大学出版社，2000：239. 他在该文中认为："宪政就是市场经济原则法律化的产物"。韩大元先生在《亚洲立宪主义研究》一书中指出："立宪主义反映了经济发展的客观要求，经济的前提和条件是决定性的因素。"但他又指出"经济结构的演变并不是揭示立宪主义起源的唯一原因"。而国际宪法协会主席洛森菲尔德先生则认为即便是在诸如城市化深刻的社会转型和变革中，"市场经济与民主宪政之间并不总是一致的，二者之间并不存在必然的伴生关系"。原载于1999年9月16日的中国《法制日报》。

② 参见［美］卡尔·J·弗里德里希．超验正义：宪政的宗教之维［M］．周勇等，译．北京：三联书店，1997：前言．

上关注最大限度的‘保护社会成员彼此不受侵害……同时将政府侵害其公民的机会降至最小程度’。它的目标就是‘避免暴政’。”① 由是，谢维雁在《从宪法到宪政》一书中写道，“宪政是一个极具人文气息的概念，它在本质上应当是个人主义的，它针对每一个生命个体，并力求使每一个个体都获得同等的、最低限度的制度保障。人权保障价值是宪政自身合法性的根据”②。

法治，是一个极为复杂的法意概念。其复杂性在于它既是一种治国的思想体系，又指一套治国的方式、原则和制度，还指通过这种治国的方式、原则和制度的实现而产生一种社会状态。或者说，既有法律意义上的法治，也有社会意义上的法治和价值意义上的法治。作为一种治国思想体系，法治强调“依法治国”、“法律主治”和“取法人际，天道归一”③，作为治国的制度体系，法治的制度化表现在多层面，主要有权力制约制度、议会制度、政党制度、人权保障制度、宪政制度等。法治在西方语义中，表达各异：rule of law、rule by law、government by law、government through law，因此，一个国家、一个民族对宪政的选择，在本质上可以说对法治模式的一种选择，也是一种社会生活品质至高境界的期许和达致。法治与宪政既有联系，又有区别，既有实质上的兼容，又有形式上规则和程序的差异与不同，甚至对抗。

法律文化与宪政文化。从概念与功能涵盖法意范围宽窄上讲，宪政文化当属于法律文化之子集。宪法亦法，法中法，法上法之说，并不是排除其法的属性，而是强调着它的威力与普通法不同。如果从法哲学的逻辑上理解宪政，应然的层面似乎是有了宪法才能

---

① [美] 斯蒂芬·L·埃尔金，卡罗尔·爱德华·索乌坦．新宪政论：为美好的社会设计政治制度 [M]．周叶谦，译．北京：三联书店，1997：7.

② 谢维雁．从宪法到宪政 [M]．济南：山东人民出版社，2004：108－109.

③ 参见 [德] 迪尔克·克斯勒．马克斯·韦伯的生平、著述及影响[M]．郭锋，译．北京：法律出版社，2000. 米健所写当代德国法学名著序言，米健教授认为德国法与中国法似是同一缘起，在乎“取法人际，天道归一”之理念。遵守着亘古至今之一般法则。

有宪政，实际并不然，宪法与宪政并非同语之事，宪法只是表，宪政才是里；宪法是形，宪政是神，所以宪政文化应是一种神形兼具内外双修的高层次的法文化。诚如美国著名学者亨廷顿所言，文化在学术视野下是至今最难界定且又是最为泛滥的概念之一，包含着社会政治、经济、军事、法律、历史、精神生活的方方面面。作为文化下位特定概念之法律文化、宪政文化，则自然成为文化大集中的各个子集。在此子集（或者说子部）的对应中自然就包含了社会生活形态、生活范式、政治制度设计、民族生活态度与行为方式规则等几个方面的重要内容——总是在不停地冲突也在不断地整合。在法律的厘析之中，当充分注意中国本土法文化的资源。本土法律文化资源之潆潆大端莫过于中华法系。① 故而，准确把握中华法系的内容和体系以及交叉学科概念的特质区别，这样更有利于对课题预设问题的研究和解决。宪政文化是法律文化的下位概念，所以宪政文化也就包含了建立一系列的制度，培养人们对宪法发自内心的尊崇，以使宪法规范得以落实，保证宪法最高权威的实现等内容。其中人们对宪法的态度又最为关键。正如梁治平教授所说，如果宪法仅仅被视为政策的一种表达形式，被当做实现特定政治或经济目标的工具；或者，宪法完成之后便被束之高阁，变得可有可无；宪法文本可以被随意变通解释或因为这样那样的理由被轻易绕过，则宪政秩序终究无法实现，宪政文化当失去它应有的灵魂。

二、宪政文化的生成要素

中国宪政文化的生成要义要从法律文化的渊源开始考察。在目前我国法文化学者的视野下，关乎法文化不外存有三种观念：其一是“法律意识形态以及与法律意识形态相适应的法律规范、法律制度以及法律组织机构和法律设施的总和”②。其二是“由社会的经济基础和政治结构决定的，在历史进程中积累下来并不断创新的

---

① 参见俞荣根．文化与法文化［M］．北京：法律出版社，2003：7.

② 公丕祥．法律文化的冲突与融合［M］．北京：中国广播电视出版社，1993：4.

有关法律生活的群体性认知、评价、心态和行为模式的总汇”①。其三是“以人类法律实践活动的总体精神和宏观模式为其主要研究对象”②，总体精神就是支配社会法律实践活动的价值基础；宏观的模式或者说样式应该是指立法、行宪及其他司法实践活动与基本的司法程序了。在近代民主政治条件下，宪法文化是法律文化本相最集中的体现载体，在当下民主政治的背景下，宪法与宪政文化表现出鲜明的时代特征。

第一，宪政文化以宪法文化的发育培植养为前提，以宪法文化的宏观环境为环境。因为宪法文化以宪政为核心内容。从法理论上讲，宪政是宪法实施的结果，从外在表现形式来看，宪政表现为宪法规范政治行为、判断政治行为；而从其内在的规定性来考察，宪政是在特定的文化背景下通过制定并实施宪法来体现民主政治的价值和实现社会管理程序上的正义与实质上的正义。而用托马斯·霍布斯的法律强制理论来看，则是法文化从上帝权威向世俗权威的转变。宪法是宪政的保障与前提，或缺了宪法，宪政将无从谈起。然而，近代以降，无论是欧美，还是东方诸国的民主宪政发展规律表明，有了宪法不一定就能行宪政，犹如有法律就不一定行法治或拥有良好的法治环境一样，更何况处于动态下的宪政本身其内容则不能局限于生成条文的制定，其运行程序与过程，在丰富多彩的社会变革中，理所当然地更应该追求产生民主和实际效果，使宪政成为构建整个中华民族和谐社会的经验与传统，用法治的理性来指导现代化。

第二，宪法文化承载着一个民族的心理与一国之国情，即反映了一个民族与国家在政治、社会经济、法治环境下诸多矛盾的统一与对立。在世界范围内，没有一个国家或民族与其他国家或民族的文化是一致甚至是完全相同的，宪法文化、宪政文化亦不能例外。不论该国家的宪法是移植的还是土生土长的，应该说宪政文化与一

① 张文显．法学基本范畴研究［M］．北京：中国政法大学出版社，1993：223.

② 武树臣．中国传统法律文化［M］．北京：北京大学出版社，1994：34.

国的宪法文化、宪政环境以及这个国家与民族的法治发展道路有着息息相关的联系。英美国家宪政文化传统的形成是伴随着资产阶级革命首先产生的。现代宪政理论将宪政的基本原则概括为人民主权、基本人权、分权与制衡、法治四大原则，这四项原则的生成过程，也就是宪政文化的形成过程，英美等国具有生成这些宪政文化传统的特定要义。自然法学观从“自然状况中”所推衍出的自然权利、社会契约、人民主权、限权政府、公民自由等概念成为资产阶级社会生活中统治阶级重要的理论依据，从而也就自觉承传了宪法文化的最基础的思想底蕴。正如法国著名比较宪法学家达维德所说：“自然学派（这个名称并不恰当）拒绝接受秩序取决于神意与事物性质发展的本身这一古典的概念……法学家从世界主义的理想中得到启发，力求公布一切时代与所有各族人民所共有的不变的、普遍适用的法的正义规定……鼓吹理性和唯意志学说，承认法律具有新的作用，这些都将为制定法典工作铺平道路。”① 我国近代宪法以及与之相伴生的宪法文化和宪政文化皆表现出“法律文化移植”的显性特征，但目前我国所确立的宪法文化与宪政文化只能是具有“主权在民原则、民主原则、法治原则、分权原则”等一般宪法原则的中国特色社会主义的宪法文化。

第三，宪法文化体现了权利—权力结构之宪政要义与精神。中国古代法律文化的一个最重要的特点就是通过皇权和王权来规范等级制度驾驭治权；相反，西方古代法律文化的重要特点则是通过制度安排设计来规范治权。西方近代的启蒙思想家就是从社会的多元结构中吸取养分而创立了经典般的“分权与制衡”理论，使得其在行宪和制宪中任何一种政治力量亦无绝对的统治权。中国古代法文化只是维护着皇家的王权，而从未顾及和考虑民众的最基本的生存权利。由是，作为近代民主宪法文化本义上的宪政精神诉求主要在三个方面：

① ［法］达维德．当代主要法律体系［M］．北京：华夏出版社，1987：44-45. 转引自秦前红．宪法变迁论［M］．武汉：武汉大学出版社，2002：120－121.

一是对个人权利的诉求，使人民主权与基本人权原则得以生成。个人权利诉求是欧洲历史上的古老的人文传统。中世纪时代，日耳曼人进入罗马帝国后，所带来的个人自由、对独立及个性的需要和热爱的精神极大地对抗着当时封建与专制的欧洲教会社会。这种个人权利诉求的传统在欧洲中世纪，尤其是在英国，依托于多元的政治权力的活力获得一定的存活空间并得以曲折发展；同时又借助于上述自然法的观念而得以升华和扩张，在不到一个世纪的时间里成为英国宪法赖以产生的理论依据，以至而后也成为法国，包括北欧诸国竞相引入的法理文化。

二是行政执政权力的多元化，使分权与制衡原则的产生成为历史之必然。其实，我国传统的权力机制是极为专制和寡头的，并不像西方国家具有权力多元化的传统。在法文化的贡献上，古希腊产生了在政治理论发展史上影响巨大的“混合政体”学说和“共和”学说，这一学说包含着以君主、贵族和平民等不同阶层或阶级为基础的权力多元与制衡的因素。即便是古罗马，虽然建立了统一的帝国和中央集权的体制，但罗马社会却蕴涵了许多导致权力多元和制衡的内在因素，这些因素在欧洲中世纪的特殊环境和土壤中便发展成为权力多元和制衡的法律种子。在近代资产阶级革命期间及后所构成英国政治权力格局的阶级基础虽有所变化，但仍然是国王、新贵族和代表平民的资产阶级的三足鼎立的政治格局。我们不难发现在此期间所形成的一系列宪法性文件和惯例仍然是多元政治权力之间斗争和妥协的直接产物。因为美国与大不列颠间特殊的历史渊源，在政治制度设计安排上美国同样继承了英国以多元的利益集团为载体的政治权力多元与制衡的传统，形成了今天这样一个极具对抗性的政治权力多元化建构与制衡的发展态势。而这些执政行政权力多元化的基本因素，不论在英、美，还是在中国及周边地区或国家的国内宪法和宪政中就体现为分权与制约原则了。

三是对宪法至上的信仰，使宪法文化得以养成。《尚书》说，“监于先王成宪”，《国语》则说，“赏善罚奸，国之宪法”，《管子》进一步指出：“有一体之治，故能出号令，明宪法矣。”“正月之朔，百吏在朝，君乃出令部宪于国。宪既部，有行宪者，谓之不从令，罪死不赦。”这些历史的宪法文化信息透射着这样一个重要法理事实：宪法不仅仅是指一般的法律，而是指优于刑法、民法、商法等一般法律的基本法，更是指对法律颁布的严肃性和威严的敬仰。虽然这些古义的宪法有别于近代“立宪法、开议院”实现君主立宪之宪法，① 但在其法律本体和释义上都是统治阶级意志和利益的表现，都是具有国家强制力的行为规范，都是实现其统治和专制的重要工具。因此，这种渊源于法律至上性的信仰，使得宪法在一国诸法中，在内容上显得至贵，在法律效力上显得至圣，在制定和修改程序上显得至严。即使在古代欧洲文明发源地之希腊和雅典，在亚里士多德和西塞罗的著述中，随处可见理性和正义的载明“法应该具有普遍约束力”，无疑这些思想因素对以后欧洲中世纪的传统产生了深刻的影响。从欧洲中世纪日耳曼法中古老的“王在法下”传统下走出的法国《人权宣言》就是最好的说明。

刘宋时期王弘在《刑法议》一文中指出：圣明御世，士人诚不忧至苦，然要须临事论通。上干天德为纷扰，不如近为定科，使轻重有节也。从这里也发现中国古代传统法文化的价值观与近代西方宪政文化的价值观是那么契合。换在现代语境下而使法律至上的观念和原则得以孕育的是“宪法是公民权利保障书”观点的确立。尽管在当时的欧美，宪法作为一国之根本法，治国安邦的总章程已广为理论界所接受，但这一结论主要是就国家管理的角度而言的，因而与宪法的核心价值取向并不完全一致。事实上，宪法最主要、最核心的价值在于，它是“公民权利的保障书”，列宁曾意味深长地指出：宪法就是一张写着人民权利的纸。由此可见，宪法与公民权利之间存在着极为密切的联系。而且这已经从宪法文化发展的历史过程和宪法的基本内容中得到了证明，当然还有其他因素的影响或催化。也正是在这些因素的共同作用和引导下，使宪法和宪政这一伟大的“公器”得到世人的承认和信仰。这一对宪法至圣至诚的信仰，对民主宪政孜孜以求，在社会主义中国以及在资本主义的

① 在中国将“宪法”一词作为国家根本法始于19世纪80年代，而晚清思想家郑观应则在《盛世危言》一书中首次使用“宪法”一词。郑氏所译为Constitutional Law，并指明其由援引拉丁语 Constitution 发展而来，本语义为组织、结构、规定的意思。

英美国家中，皆直接体现为宪法中的法治原则，其标志之一就是用法律控制国家权力。结合到中国目前所面临的深刻社会转型与巨大历史变迁中，就是要用法律控制政府、制约政府，不能政府说“法律是什么就是什么”，否则那便是一个国家的最大悲剧，也是对宪政文化的极大讽刺和亵渎。

第四节 城市化进程中的人权保障与和谐社会

什么是和谐社会？它的基本理念是什么？它与城市化、与宪政、与宪法之人权又有怎样的逻辑联系和理论发展的渊源？对此，武汉大学教授李龙先生有过精辟的论述：“构建和谐社会是全人类的共同理想；构建和谐社会是人类法律思想文化遗产之集大成者，是马克思主义中国化的重大理论创新和实践成果，是前无古人的伟大创举。”① 古往今来，所有的政治家、思想家、法学家都把建构和谐社会作为毕生追求的最高目标，宪典法制，无所不为之。唐贞观之治是为太宗建构和谐社会的鼎盛期，但贞观六年，唐太宗“亲录该杀之不囚，徒者归死罪者二百九十于家，令明年秋末就刑。其后应期毕至，诏悉原之”②。所以，唐宋八大家之一的欧阳修很痛心的说：“该杀之不杀，必患国家。”可见，法治在任何情

---

① 参见李龙教授对武汉大学法学院 2005 级博士研究生的讲座。李先生讲到“和谐”并不否认矛盾，否定差异，而是强调“和”乃“大同小异、和而不同”；和谐社会主要是三个主体关系的协调一致性，即“人与人的关系协和、人与社会的关系协和、人与自然的关系协和”——笔者识。

② 《旧唐书》卷三，《太宗纪下》。对此，唐宋八大家之一的欧阳修曾经撰文《论纵囚》，对唐太宗提出批评，唐律明文规定，每年只行秋斩，贞观年间在京城监狱关押近 296 名死囚犯，正好太宗年终酒后视监，龙心大悦，令其春节回家过年，年后秋前返监。第二年果然这 296 名死囚依约而回，太宗闻报，承兴下诏：尔等已经改造好了，就不必行刑了，从此，这 296 人成了不杀的典范，由此，社会开始大乱。是故，构建和谐社会还是要讲法典，否则，根据皇帝一已之私念，个人之偏好，“该杀之不杀”，必然导致“天下始乱矣”。再则，对该杀者之不杀，就是对不该杀者之人权侵犯或侵害，事实证明了这 296 名重犯出狱后对多少无辜再次造成侵害，至死，太宗亦未能完全明白个中道理——笔者识。

况下都是不可随个人喜怒偏好而弃取，对人之权利的保障即便是君王亦如此。而恰恰相反，对法治正义精神的始终葆有，正是中国社会内部一直处于基本稳定与基本和谐的根本要素之所在。

一、城市化、人权保障与宪政关怀的和谐社会

处于社会转型变革中的中国城市化运动，正是从社会经济生活的不和谐到和谐的一种嬗变，一种让渡，一种革命，一种修复，一种矫正。在中国城市化这场历史性的转型过程中，仍然要将人权关怀放在十分优越的位置。何谓城市化？城市化（Urbanization）是指发展中国家由农业经济形态向现代工业经济形态与现代商业经济形态转变过程。① 就城市化进程中人权保障的宪政价值论之，宪政是以宪法为核心的民主政治，这种民主政治的基本精神，潜移默化为社会大众较为稳定的思想方式、心理结构形式、价值判断标准和道德行为习惯。在这样的氛围下，宪法观念得到普及，宪法精神、宪法制度、宪法规范及其价值在社会生活中得到普遍实现，宪法真正成为国家权力之间、国家权力与公民权利之间相互关系的最高调节机制，违宪行为得到有效制止，真正意义上的政治文明将得以实现。② 这样政治文明的实现，便构成了和谐社会的基础。

城市化之宪政，作为文明社会的一种象征，作为现代社会由农村转向城市过程中的一种合理的政制程序设计，也作为近代西方资产阶级革命的重大经济和生产力解放的产物，首先是深深地根植于西方天赋人权的文化土壤之中的。最早的人权发展理论和城市化的

---

① 西蒙·库兹涅茨在《现代经济增长》一书中指出，伴随着经济增长，经济结构会发生变化，这种变化中最重要的是“产品来源和资源的去处从农业活动转向非农业活动，即工业化的过程；城市和乡村之间的人口分布发生变化，即城市化的过程”。著名发展经济学家张培刚教授在《农业与工业化》一书的观点是城市化是世界性的农村经济发展趋势，是指发展中国家由传统的农业经济形态向工业经济形态转变过程。换句话说，在农村社会中，国民经济一系列基本的生产要素组合方式朝着非农业化连续不断发生变化的过程。

② 参见徐晓刚．城市化中宪政文化的发展与政治文明的实现［J］．政治文明，2003(11)．

理论均能说明这一点。最早将城市化与宪政之人权链接研究的见于古希腊时期思想家色诺芬（Xennophon），是他首先研究了小城市的繁荣发展兴亡与现行政治制度设计安排中的人权保障关系，认为宪政是城市繁荣兴旺的基础，对城市主体“人”的权利尊重和保障是城市化发展的灵魂。到了16世纪，重商主义经济学家威廉田普（William Tempe）和重农主义学家保泰罗（Giovanni Botero）对城市人口发展的规模效益、农业农村人口与城市发展的关系等问题进行了系统研究，并提出了城市发展和规模化研究的思路。① 马克思将古典经济学领域的城市学说研究推向了一个新的高度，除了将该地区该城市化过程中的宪章的执行力灌输度链接外，还精辟地分析了英国工业革命后所出现的现代工业城市与欧洲各国早期的封建城市或城堡存有本质的区别和不同，并站在一种历史的高度提出“现代的历史是乡村城市化的，而不是像古代那样，是城市乡村化”②。因为，由于生产力和生产率的局限，古代社会城市的发展十分缓慢，而且在帝制朝代，出于某种时政性的考虑，还出现了对人的基本权利（生存权、发展权、自主自由权等）践踏性的“重农抑商”政策，甚至还出现了难以置信的“抑商去城——早期逆城市化”发展的异说，远不止一朝一代曾经奉行过“重农抑商”的国策。是故，中国封建的社会生活模式在与早期城市与市场兴起的基本生存权抗辩中，忽悠了两千年。

人权，是指作为一个人所应该享有的权利，是一个人为满足其生存和发展需要而应当享有的权利。人权保障是宪法的基本价值追求，也是宪法思想发展的主线。③ 人权思想和理论的不断丰富发展促进了宪法的丰富与发展。而作为宪法学核心范畴的宪政，“是以实行民主政治和法治原则，以保障人民的权力和公民的权利为目

① 参见吕继红．城市化理论研究与发展动力分析［J］．城市管理，2003（5）：34.

② 转引自吕继红．城市化理论研究与发展动力分析［J］．城市管理，2003（5）：34.

③ 参见秦前红．新宪法学［M］．武汉：武汉大学出版社，2005：30.

的……政治行为运作过程"①。宪政是一株由西方文化传统衍生繁殖出来的自然而美丽的蔷薇花，也是人类政治智慧的辉煌结晶，它不仅反映的是西方文化传统所内生的人权理念，也是中西方各民族长久以来形成的宪法文化传统与道德观念在构建和谐社会层面的一种理性折射；它所仰赖的不是一部形式完美的成文宪法或非成文宪法，而是一个国家、一个民族、一个文明社会对宪法的承认，对现行法治的信仰与崇拜，对国家公权力的警惕与防范，对私权利的尊重与保护等。不论该国家或民族对宪政精神接纳的迟早，但宪政的精神内核却早已根植于各民族的正义、公平、和谐、均衡的理念之中了。从城市化进展和演进的角度论，现代意义上的人权保障评价是该国家社会经济社会综合指标体系的表征之一。城市是生产力发展的产物，也是社会分化、资本分工、资源再配置的产物，同时也是法律制度设计，宪政实施的产物。没有城市，宪法可能会失去实践担纲的最大载体，没有城市化或缓或急的历史进程，也肯定不会有宪法之人权保障原则的发展变迁或多次的修宪发生。这一点，不论在中国还是在欧美和日本，已经被历史所反复证明。

一个国家、一个民族、一个城市对法律的修改或新创，应该是"法随世移、律与时变"，其终极关怀的必然是社会稳定、和平、正义、公正、有序而达致"和谐"，最终归于人权保障与社会正义的实现，社会经济的可持续增长与可持续发展。譬如英国工业革命前后，城市化运动的快速兴起，英国资产阶级颁布的一系列宪法性文件，以及长期形成的宪法惯例构成了英国不成文宪法的文化特色，其英国宪法特色的中心则是建构"大不列颠群岛的和谐"，而1787年费城制宪会议制定的美国联邦宪法则是战争结束后怎样保障人权、保障独立人格和尊严、保障美利坚社会南北和谐的建构与营造。更富有代表性的是1791年法国宪法，以《人和公民的权利宣言》作为序言，在序言部分就开章明义要保障"人和公民的权利"，保障的前提是社会经济的发展，生产力的提高，城市化经济

① 参见许崇德．社会主义宪政不平凡的历程［J］．中国宪法，1994（5）：1.

的积累与支撑，才能有良性的宪政制度上的设计与安排，可以说是卢梭与洛克“和谐理论”和价值观的影响与支持，才开创了西方宪政文化实质性发展的新时期。同样，在列宁领导下苏俄奉行的是联邦“共和主义”。1918年，以《被剥削劳动人民权利宣言》开篇的苏俄宪法是历史上第一部社会主义宪法，它第一次从国家根本法的层面上规定了广大劳动人民当家作主的基本权利和基本义务的给付，认定了只有保障了占绝大多数的劳动人民的根本利益才是国家意义上的稳定器，也才称得上是多民族和谐发展的法律设置，从某种意义上说《被剥削劳动人民权利宣言》的颁行标志着社会主义宪政的开始，此后，1925年宪法、1937年宪法和1978年宪法，是俄罗斯联邦作为苏联组成中加盟共和国时期颁布的宪法。① 即使是欧文、傅立叶、圣西门空想社会主义者对“未来和谐社会”天才般的美妙构想，也终究还远未迸发出类似苏联社会主义宪政的实际火花。

二、人权保障在中国城市化运动中的发展历程

近代以来“人权”保障理论在中国的实践不断遭遇尴尬。先贤为争人权在宪政之路上奋然前行折冲樽俎，几无完卵。由是自清末宪政理念的宣示与初长，从一开始就多少带有些病毒，真正的人权、人权保障机制几无谈起。“弱国无外交”这是国际人权的铁律，在国际政治舞台上，没有永远的朋友，只有永远的利益这同样是国际上人权主义者所主张的理论。

封建专制主义下的不平等非和谐因素则是吾党起而革命的理据和根由，孙中山先生在如何对待西方人权观念和宪政文化侵入晚清与民初时期的看法上是一位极富卓识的先行者，他反对国民党人中“将洗澡水和盆中的婴儿一起倒掉”的武断做法和片面的宪政价值判断，他主张“天下为公”，这个“公”就是儒家传统文化中“大道”与“和谐”、“共和”理想语境的载体，集中涵盖了民族传统文化中“‘公’、‘义’、‘中’、‘和’、‘德’”之五大要义。而这五

① 参见韩大元．外国宪法［M］．北京：中国人民大学出版社，2000：176.

大要义作为中华文化的传统智慧正好与西方宪政文化耦合，成就了而后孙中山五权宪法观的基本内核，带有本土气息的孙中山之宪政观亦成为国民党民主共和思想的最根本的政制原则。遗憾的是这种以中国儒家和谐传统文化和人权理念为主体，兼采西方政治民主共和理论之长的“党国宪政”构想，在解放生产力、提高国民素质、推进系统的民国城市化与农村改造变革的实践中却难以收到应有的绩效。孙中山在辛亥革命后所建构的中华民国临时政府虽奋然践行“新三民主义”的共和理想，但无奈“政府号令，不出百里”，即便是在“军政合一”的广州国民政府时期的“大元帅府”，从宪政视野看孙中山及其属辖的国民党军政府，也只不过是打折扣了的怀着共和理想的“武人政府”，不仅无力控制整个中国的社会局面，就是岭南一隅偏安，已属痴想。武人弄权，政令不出百里，地方军阀迅速做大了“军政合一”而治的“蛋糕”，使得整个中国的城市化建设在民初成为军阀间所谓保障人权、民主共和、新宪政酒幌下的牺牲品。令人十分尴尬的是南北军阀间的角逐较量恰恰是在民权与宪政、民主与共和的幌子下进行，包括系列条文律例文本的出台。笔者一直难以想通的是在西方行之有效的“宪政”，包括在城市化进程中比较大的转型期，是那样富有政治经济绩效，而在中国却结出了军阀割据和“去城市化”之果，这也无意被但丁所言中：民主这东西，在有的地方，播种是龙种，收获却是跳蚤。孙中山后时代的宪政也许就是这种“龙种之跳蚤”吧。

史学家说：“历史有三个追问，一是别人干什么的时候，你在干什么？二是别人干了什么，而你又干了什么？三是别人为什么这样做，而你又为何那样做？回答了这三个追问，历史便豁然了大半。”① 就人权理论与宪政演进、借用、模仿、移植的历史过程而言，笔者殊知很难回答这三个问题，但却能感悟融入悲剧历史岁月和悲情宪政的雷雨。1949 年，中华人民共和国诞生。经过 5 年的城市化推进与社会转型的悲情雷雨，现出雨后春笋般的宪政生机。1954 年我国第一部社会主义宪法颁行，中国宪政的性质发生了实

---

① 参见《史林论丛》，关于“历史的追问”。

质性变化，也产生了质的飞跃。社会主义宪政原则得到积极贯彻，人民主权意识深入人心。但是，我们在发展民主的实践中也遭受了十分严重的曲折。1966 年开始的十年“文化大革命”，便是采取了公然违反宪法精神恣意践踏人权毁弃民主法治手段，使新中国新生的宪法和宪政生机荡然无存，威严的《中华人民共和国宪法》成了空文权力纸，它作为“写在羊皮纸上的人民权利保障书”在“文化大革命”小将的揪斗与焚烧中被撕得粉碎。

党的十一届三中全会后，我国经济建设的重心转移，由单一的计划经济模式转移到多元混合的市场经济模式，桎梏城乡居民的“二元经济体制”得以实质性的打破，农村开始了向着城镇化转变，有了经济基础的夯实积累，才有政治民主意识的升华。法治观念的矫正和新宪政观的确立与发展，使改革开放 20 多年的物质成果、精神成果、政治文明成果都集中载于社会主义宪法良性发展的法治上。值得指出的是，在全面推进城市化，创新和谐社会的建构与积极培育先进的宪政文化的发展观，我们的政府、我们的执政党面临的任务依然十分艰巨。正如历史选择宪政、选择城市化发展道路，在城市化的社会发展进程中，国家宪法对人权的保障原则、宪法规范到底是什么？在社会变革之后、特别是在社会主义新的宪政制度和以和谐社会为主体的科学发展观确立之后，近年来城市化过程中，新增无地、失地农民高达 1.8 亿，而使这些失地、无地的农民处于城市的边缘地带（戏称之“边缘人”），说是城市化后之市民，但不能享有城市市民的社会福利保障，说是农民，则又未能分配到应有土地，而被征用土地的补偿费永远只是一个数字，迟迟得不到补偿，究系孰之过？① 几千年来农民所仰赖的合法土地权利都失去了保障还能保障什么？土地保障之于农民就是最大最现实的人

① 参见中国政务网（www. ccg. org. cn. ）数据资料信息：学者推算出我国无地、失地农民当在 1.8 亿以上。另据国土资源部显示，我国耕地从 1996 年的 19.51 亿亩降至 2002 年的 18.89 亿亩，平均每年减少 885 万亩，按照目前城市化的进程的步伐，今后每年至少征用土地 500 万亩，若按照城郊农地 0.7 亩计算，就意味着每年增加 700 万失地农民，十年后失地农民总数将逾 1.3 亿。而目前失地农民的最基本的保障体系亦未有完善。

权保障!① 这些正是我们必须思考的。

还要指出的是，城市化（包括农村城市化）表象上看是一个经济发展的问题，最多属于一个社会生活转型，农村村民对应转变为市民的社会学问题。而笔者刻意将城市化这个问题导入人权保障与宪政视野下进行研究，确实有着社会主义宪政价值不可或缺的应有之义。因为宪政肩负着人类自由发展的宏伟事业，而城市化则是全体国民共富与共同发展的事业；宪政追求的是“人权、和平、团结、均衡、正义、公平、安定、秩序”的事业，而城市化则是建立在全社会小康富足而全面进步的基础上，谋求的是二元（城市与乡村）社会“和谐、稳定、均衡”的共同增长和可持续发展的事业。由是城市化之宪政建设是社会主义政治文明的核心问题，城市化之人权保障问题又是宪政内核之根本所在。它是对政府执政行政权力的合理配置、规范运作和有效制约的离合器。

三、当下中国城市化中的人权保障与和谐社会

在当下所论的人权保障原则与宪政另一深度文化的启示意蕴——“和谐社会”，涵盖了古代先哲的智慧：儒墨道法杂诸家高论迭出：孔子主“礼之用、和为贵”；孟子倡“天时不如地利，地利不如人和”；管子赞“畜之以道，则民和”；老子曰“合异以为同……人法地，地法天，天法道，道法自然”；墨子用“非攻”、“兼爱”。后者董仲舒究“天人之际，合而为一”。可见，在法文化话语中的和谐观是“人一地一天参合有序的自然和生生之道”。由是，在人权保障与城市化的双重整合下，“和谐文化”所蕴涵的宪政思想极致地包容着传统文化中“公平、正义、和平、和美、和睦、友善、祥和、稳定、均衡、融和等”政治与法律的诸多要义，

① 参见中国政务信息网：www. ccgov. org. cn。所谓无地农民，是指农民依法理应分配到土地，而实际上却没有分配到土地。国内学者组织的一项调查显示，样本地区分到土地人口占总人口的84.5%，据此推算，全国至少有13.7%的农民处于无地状态，而2000年底，我国农村总人口大约为9.3亿左右，则无地农民当为1.2亿左右。农民无地的现状可见一斑，土地权利的非保障性，也是中国农村社会非和谐的一个重要根由。

转致入世的境界则为“和睦相处、和衷共济、政通人和、内和外顺、和平发展、和气生财、合群济众”。而“天人合一”则可能是入世——出世的最高境界。所以说，和谐理念，在我国有着极为普化的，广为群众接受的大众文化背景和悠久的历史承传。借用李瑞环的话说：“人类从来没有像今天这样面临如此众多的共同话题和挑战，也从来没有像今天这样凝聚了越来越多的共识，在这种情况下，保持和谐共存，协调共进更加受到全人类的普遍关注。”① 的确，“和谐”社会的法律价值越来越凸显，宪政文化的历史传承与城市化进程中的构建和谐社会的理想追求恰如其分的契合在一起，也恰好应了《左传》里的一句名言：“如乐之和，无所不谐。”②

正因为不和谐而追求和谐，也正因为非宪政而走向宪政。人权保障语境下的和谐，是以发展为第一要务的。一方面，强调社会的和谐统一和同一，具体表征为稳妥、稳定、均衡、和睦、和平、尊重、友善、创新和可持续发展的价值诉求；另一方面则是承认差距，“和而不同”、存同求异、积极包容、多元主义与自主自由发展的价值观和人生观。中国法律的传统是人治主义，长期以来是“上面说法律是什么，法律就是什么”。使得法律的独立性、至贵性、至上性、至信性难以融入社会生活的主流文化。因此，对当下城市化进程中随意违反宪法原则和宪法精神的行为，社会多数心理视之为自古皆然的法律惯常，对基本人权的否定甚至恶意侵占践踏也见怪不怪，无动于衷，“默认屈从者众，而质疑之声者弱”。不敢对违宪者抑或恶性违宪者说“不”。此种人权觉醒尺度，此种宪政精神，实际上是一种忽视权利本位而以义务本位为显著特征的偏失。由于缺乏宪政正义程序的意识，在当下的城市化和现代化建设中，宪法的至高性权威很难得到应有的尊奉，这样就必然会导致“有宪法之‘口慧’而无宪政之实至”未预期结局，依法治国的和

---

① 李瑞环．和睦相处、和谐共进——在英中贸易协会欢迎宴会上的演讲（摘要）[N]．人民日报，2002-05-30(1)．

② 参见《左传·襄》，原文写道：“八年之中，九合诸侯，如乐之和，无所不谐。”

谐社会自然就永无真正实现之日，难怪有学者多次呼吁“宪法革命论”——宪法至上：中国法治之路的灵魂。①

法律之于人权保障属于全社会的公器。本来，在城市化（主要是农村城市化）进程中，农民失去了土地，又找不到稳定的工作，正在成为城市化新的边缘群体，他们的生存和发展状况直接影响到社会的稳定发展与和谐。在现行土地政策和制度安排下，失地农民已经陷入了一种群体性弱势的困境：说是农民，他们已经无地可耕，说是市民，他们还不能和市民一样公平地享有城市生活之待遇。② 这里直接尖锐地指涉着城市化过程中的人权保障问题。改革开放以来，市场机制发育并不断成熟，使公权与私权之间，私权利与公权力之间的产权保护意识、平等交换意识、契约自由意识、正义公平意识、双赢多赢的互惠意识等一系列现代观念得以转换提升。城市化作为一种有其自身发展规律的经济形态需要在市场全球化背景下成长。一个地区城市化的建设实际上是市场主体经济利益多元化发展的标识。城市化需要在行政主体和行政相对人（Private Party）③ 之间有一个解决利益冲突，自主而和平地表达当事人权利意志的法定程序。城市化市场主体的独立性也必然要求宪法地位上的自主性，从而对宪法在自由和人本权利上提出更高的保障要求。宪政作为市场与政府间的纽带和桥梁，它通过立宪的形式将国家管理经济的权力法制化，并以一些普遍的宪法原则把市民社会与政治

---

① 参见周叶中．宪法至上：中国法治之路的灵魂［J］．法学评论，1995(6)．他提出了中国“宪法革命论”的口号，他积极主张“宪法当革命”。

② 参见陈晓煌．城市化进程中的失地农民问题探析［J］．兰州学刊，2004(2)．作者认为城市化进程中失地农民群体性困境问题有四：一是法定征地补偿不足以解决农民的长远生计。二是失地农民缺乏稳定、可靠的谋生之道，民以食为天，食以地为本，而实际是耕者已无其田。三是失地农民缺乏基本的社会保障。要知道长久以来农村土地承载着农民所有的生老病死之社会保障，农民一旦丧失了土地，就变相失去了保障之一切，所谓“大风吹不倒犁尾巴”即其意。四是失地农民向市民转变需要较长的心理适应过程和磨合期，绝非换个本子，挂块牌子，戴顶城市市民的帽子那么简单。

③ See Ronald M. levin. *Administative Law and Process*. West publishing Co. 1990, p. 242.

国家的界限以根本法的形式固定下来。在细化的城市化过程中，诚如日本学者所指出的那样："行政法律关系中的权利义务主体称为行政法律关系的当事人。这种法律关系中，实施行政的当事人就是行政主体，相对人是普通的私人即国民或居民。"① 当然，也不应忽略社群团体、组织这种形态的行政相对人。我国现行宪法的几次重大修改无不是对市场经济高速发展的所作出的积极回应，城市化运动的出现与发展本质上是市场经济规律的内在要求和必然结果，在法理上则是公民或"私人"（Individual）② 通过某种预设的程序和执行力在经济活动中不断强化的主体意识和权利意识在宪政上的集中反映。

对和谐社会价值孜孜不倦的诉求，是中国当下人权理念与宪政精神开始走向成熟标志的又一里程碑。人们开始将经济团体、政治社群的人权保障与宪政融合在一起，试图组成全球化背景下面向未来宪政的"生命共同体"③。故而，在以宪政文明的实现为价值导向的城市化进程中。宪政作为"生命共同体"发展的基础和追求的目标，重要环节是通过立宪的形式确立公民的独立人格和广泛的人权保护及自由权利，并提供政府权力制衡的范式。即当在城市化过程中，若干个"政治社群"（Political Community）或社群（Community）匹配给最高最广的社群——"城邦"实现某种强烈

---

① ［日］室井力．日本现代行政法［M］．北京：中国政法大学出版社，1995：41．其中谈到相对人的概念，在德国、日本的行政法理论中经常出现。正是在这个意义上，行政相对人被他们称之为"被管理人"或"被管理相对人"。另参见方世荣．行政法与行政诉讼法［M］．北京：中国政法大学出版社，1999：86-87．

② See Mahendra P. Singh. *German Adminstratve Law-In Common Law Perspective*. p. 3.

③ 许继霖．共和、社群与公民：知识分子丛书第 2 辑［M］．南京：江苏人民出版社，2004：127．"生命共同体"的观念在国内甚为流行。但对这个观念的确切意义一直未有深入严谨的研究。这表示"生命共同体"可能只是政治性用语而非法律用语。

的目的“善”（宪政色彩的善），“城邦是追求最高善的最高社群”①，由是，由“社群（人权）—城邦—城市化”这一向着“最高善”的宪政进路，便成为本文的逻辑起点和阶段性归结。

在亚里士多德看来，“城邦是至高而广的政治社群”，虽然现代之城市化与古代之城邦有着太多的差异和区别（本处不作深论），然，无“城”则无“市”可言，无城市则定无城邦可信赖。城市拱卫着社群包括政治社群的某种向心力，凝聚着数千年来民族人权保障心理定势和民族习惯的耐力与张力。建设社会主义民主宪政，建构社会主义和谐社会，人们往往所想到的是城市，是城市经济的发展，城市实力的增长，城市的繁荣与稳定，在一个地区，一个城市定期选举来制衡权力，享受现代民主的祥和阳光，充分满足“人民当家作主”人权形式上的自豪感。但选举风雨之后才发现类似“代议制度”的宪政形式，开出的并非真正民主正义的人权保障之花，而是结出的代表上级领导的个人偏好之果。利用宪政程序而开宪政历史的玩笑这在中国政制上已经是不在少数而且屡试不爽。因此，仅仅依靠这些东西是不可能实现真正的社会主义宪政，更不可能建成真正的和谐社会。“二战”后的苏联，比列宁更加“布尔什维克”化的斯大林时代，按照预制宪制政府形式和建立了几乎完全属于斯大林自己的“民主政府”——斯大林模式的民主宪政实际上是重新复制了沙皇专制，这其中最重要的原因就是忽略了民主程序表面运作背后的实质正义，即宪政对政府立宪行宪机制实质性的正义导入、指引和监督。在现代社会里，社群、社区、经济组织、公民与国家公权部门即政府间的权利义务关系是多元的，既是委托人与代理人的关系，又是消费者与经营者的关系，还是

① Politics, trans. By Carnes Lord, Chicago University Press, 1984. Topics, trans. By W. A. Pichard-Cambridge, in Jonathan Barnes (ed.), The Complete Works of Aristotle: the Revised Oxford Translation, Princeton: Princeton University Press, 1984.

“管理人”与“被管理人”或说“被管理的相对人”之间的关系。① 公民或组织把公共权力委托让渡给政府，政府则为公民提供像“正义、公平、稳定、和谐、平等、秩序、政策”这样相应的社会公共产品，公民或组织又通过购买（缴纳契税）“消费”这种公共产品。在这样的运作过程中，政府往往处于优越的“垄断”地位。而人们又容易混淆布坎南所划分的“规则下选择”与“规则间选择”。政府部门尤其是行政机关经常会因为一个技术性问题而改变规则。之所以如此，原因可能在于具体的技术性问题比较直观，而宪政问题则不那么直观，人们很难预见违反宪政所带来的不良后果或灾难。② 从而，公民要有效地控制政府并监督政府官员正当行使公共权力，仅仅简单地依靠民主程序的力量是行不通的，甚至是无效的。因为，行政部门获得越来越多的“实际立法权”，从而瓦解了宪政基础，瓦解人权的应有价值。虽然我国宪法没有对行政部门权限的明确界定，但行政部门经常利用一些特殊的事件设定行政法规，自我授权设立项目，以政策的名义擅自更改宪法规定的基本权利与义务，从而形成了行政部门权力过大的甚至是垄断的局面。一旦如此，当行政权力过大或恣意膨胀时，人们又普遍希望用立法机构的权力制衡行政部门。这期间，不少人误以为实行行政就是确立立法机关的最高权力地位，从而忽视了立法机构越界侵权的可能性。他们同样也不会意识到立法机构权力过大也会带来损害和产生非正义结果。事实上，近年在我国已经发生了不少“立法违宪”的实例。如城市化推进过程中，有些特区城市的立法机构通过了限制农民工在本地就业的法规。

由于宪政的可操作性问题而直接影响全社会良好宪政意识的形

---

① 参见熊文钊．行政法通论［M］．北京：中国人事出版社，1995：163．熊文钊认为，在由行政活动所形成的行政法律关系中，管理与被管理关系只能是其中内容的一种。而实际上在城市化建设过程中，当两个或两个以上行政主体发生内部行政法律关系时，一方行政主体就是另一方行政主体的“内部行政相对人”——笔者识。

② 参见［澳］布伦南，［美］布坎南．宪政经济学：西方现代思想丛书［M］．冯克利等，译．北京：中国社会科学出版社，2004：序．

成。当下各个行业或领域，侵害人权的违宪行为之所以时有发生，重要原因之一便是即使有宪法存在，也没有实施宪法保障人权的具体方法和手段。显然，我们需要一场宪政革命。问题是我们是否有进行宪政改革的可操作性手段。没有了或缺乏了这种手段，要把宪政引入更深刻更广阔的层面几乎是不可能的。因为在存在着“宪政缺陷”或说“宪法缺陷”的社会中，人们恰恰不能达到人权保障与宪政建设的一致认同和体悟。宪政的核心内容是政治主体的自立意识与契约精神，其不仅需要建立公民的权利保护意识，也需要培养公民的规则美德。不仅看到我国宪政的民主合法性，还要关切宪政之于中国传统的合法性和神圣的合法性。江泽民曾说“共产党执政就是领导和支持人民当家作主，最广泛地动员和组织人民群众依法管理国家和社会事务，管理经济和文化事业，维护和实现人民群众的根本利益……任何组织和个人都不允许有超越宪法和法律的特权”。这时，宪法不仅仅在法律上是至上的，是国家权力的运行规则。一句话，宪政是制度设计中的重中之重，它是生成制度的制度，是规则的规则，那么宪法就是“元制度、元规则”。

值得指出的是，在城市化进程中的宪政边缘，尚存在着理性主义和功利主义的思潮。功利主义的短视和“杀鸡取卵”的做法，十分迎合市场经济条件下的政府卵翼的“数字”干部或说GDP政府，对“代际公平”的无知，对科学发展观的误读，对人权保障理念的肤浅认知，在利害关系中他们尽情舔食着子孙的饭碗，挤占着子孙的生存空间，恣意掠夺或挥霍着本应属于子孙的资源……理性主义仍以利害为基础，当下的民主不见得反映世代人民的长远意愿。“一致同意规则”① 虽然可以在一个社会内部达到最大的效率，却也无法约束该社会侵害其他社会以自利。同时，站在严密的法律思维角度考量，一代人的当下利益也未必与一个社会的长远利益相

---

① “一致同意规则”是布坎南在《宪政经济学》中提出的规范性理论，他提出的宪政改革要经过全体公民的一致同意的主张，实际上在现实社会生活中是一种悖论。因为存在着宪政短缺或不足的社会中，无论在怎样的宪政语境下，要求人们来表态同意或反对“一致同意的投票”是根本不可能的——笔者识。

一致，这已是不争的事实。中国人权保障与宪政建设背景下城市化的哲学殊相和发展的曲折性也就在此。

四、中国城市化进程中和谐社会之实现

和谐社会的政治主张长期以来寓含在“共和主义”理想范式之中。① 亚里士多德早就指出：国家政治生活的最高追求是“善”。“善”的标准是什么？是它（国家）的公平正义性、稳定性、均衡性、长治久安的持久性。要达致上述的稳定、均衡、公平、正义、友爱、诚信、有序、持久的治态，则必须是国体和政体的高度“和谐”，农村与城市社会成员、社会各个阶层、社会各个利益集团间的均衡和谐。胡锦涛创新发展了古代西方和谐理论，他将和谐社会精辟地解读为：“我们所要建设的社会主义和谐社会，应该是民主政治、公平正义、诚信友爱、充满活力、安定有序、人与自然之间和谐相处的社会。”② 归言之，即人与人之间，国家与国家之间，人类与自然界之间的完美统一与友善相处就是和谐社会的最基本的主题和价值诉求。

在胡锦涛对“和谐社会”内涵作经典性的解读中，逻辑上他首先回答的是社会主义和谐社会应该是什么，而不从反面回答“不应该是什么”，这对于构建社会主义“和谐社会”既是治国方略的贡献，又是治国理论的宝贵创新。现代政治文明最终以宪政文明和法治文明的形式表现出来，和谐社会达致则是现代民主政治发

---

① 参见周叶中，戴激涛．共和主义之宪政解读［M］．北京：人民出版社，2005：4-5．该书作者认为：共和主义是一个有生命力的概念。它既内蕴着“对共和原则的拥护与执著”的共和精神，又涵括了共和精神之下的“共和政府与制度”；它既是人类‘和谐相处’的美好理想，又是一种期待共同繁荣的历史实践；它既是一种强调人人热心于公共事业的理念，又是一系列保障公共利益实现的制度体系；它既是一种以反对专制为标志的政体形态，又是一种彰显公意和美德的政治模式；它既是一种审慎周密的公共哲学，又是现代国家一种美好的生活范式。甚至可以说，共和涵括了人类所有（美好一面）的信仰、情感、道德、梦想、希望、眷恋、企盼、向往、期待与憧憬——笔者识。

② 参见 http：//www. China. com. cn. 2005. 02. 20。

展的必然要求和宪政追求的终极目标。百年中国行宪史的屈辱与光荣、苦难与抗争，都在启示我们应该致力于积累与建设中华民族特有的宪政价值观、人权保障观和科学发展观，为全面构建社会主义的和谐社会、实现中华民族伟大的复兴而昼夜不舍。

对人权价值的理解和尊奉，对和谐社会的孜孜诉求是千年来人类共同的目标和理想。胡锦涛对构建社会主义和谐社会的理论贡献概括起来为30个字，而这30个字却涵盖了丰富而深远的治国意蕴和人权价值：民主法治，就是社会主义民主得以充分发扬，依法治国方略得到落实，各方面的积极因素得到广泛调动；公平正义，就是社会各方面的利益关系得到妥善协调，人民内部矛盾和其他矛盾得到妥善处理，社会公平正义得到切实维护和实现；诚信友爱，就是全社会互相帮助，重然诺，守信用，全体人民平等友爱，融洽相处；充满活力，就是使一切有利于社会进步的创造愿望得到尊重，创造活动得到支持，创造才能得到发挥，即对人的创新能力、创造才能、发展权平等人权价值予以肯定和保护；安定有序，就是社会组织机制健全，社会管理完善，社会秩序良好，人民群众安居乐业，社会保持安定团结；人与自然和谐相处，就是生产发展，生活富裕，生态良好，使得人与自然和谐相处。① 胡锦涛主席从“应然”的层面科学而精辟归结了构建中国和谐社会所应知行的五大方面的问题，结论是“构建社会主义和谐社会，同社会主义物质文明、精神文明、政治文明是有机统一的”。

我们归位城市化人权保障之于和谐社会的讨论，在“共和主义”语境下的城邦化和谐社会建构，亚里士多德则是采用“非应然”即“不应该”的逻辑程序进行演绎，其即使沉淀了千年的历史犀语，仍然可以领略亚氏独步的睿智之光：为了体现城邦化“共和”与“和谐”的政治理念，为了消除和化解不和谐因素所引起的社会矛盾与冲突，他贡献了10项富有穿越时空意义的策议，虽然在当时乃至后世未能通过立法形式而定制，但为什么后世乃至

---

① 参见胡锦涛．在省部级主要干部提高构建社会主义和谐社会能力专题研讨班开班仪式上讲话［OL］．www. cctv. com，2005-02-20.

今天的思想家还一直不断地追溯柏拉图和亚里士多德,① 或许他的解读意义就在这里。

亚里士多德在他的《政治学》中对“和谐社会”的“非应然”归结，主要集中在政府、官员、贵族主体上：(1) 政府之官员不得越轨违法；(2) 政府不得欺骗民众（强调政府应该是诚信政府，对国民应该诚实，应是负责任的政府）；(3) 政府官员不断更迭，不得为少数人长期垄断占据（强调政府官员要定期选举换届，人员要更新，特别是重要岗位更不可长期占据，言下是重要岗位亦是最容易滋生腐败的温床）；(4) 不能不提倡爱国主义，不能不做到居安思危（强调只有爱国的人才会真正为自己的祖国着想，也只有做到了居安思危，才会有所作为，有所建树，同样，在亚里士多德时代也有太多的庸官、昏官、不才不德无所作为之官）；(5) 不得不提醒或防止贵族间的争讼内讧（贵族在城邦国家是典型的特权阶层，集中了特权与荣宠，他们的不和谐或争讼内讧，会直接引起国家的震动甚至安宁）；(6) 在财富资源配置和占有上，不得不注意贫富悬殊过大，加强中产阶级，适当照顾弱小阶级（强调资源配置和收入分配要具有合理性，社会成员收入差距拉大，不良后果日益明显，非和谐因素必然增多，造成“葫芦型”的两级分化，即头小尾大）……②亚氏的这些见地富有广阔的视野，深切的人权保障关怀，所论的“非和谐”因素与今天中国的“非和谐”因素有着惊人的相似之处。当然就宪政精神和人权保障原则而论，其不可掩藏的人权保障瑕疵与宪政精神误读同在。

“政治国家与市民社会之间界限的划分是宪法的功能。”③ 综上所述，现代社会的人权本质的重要特征已经不是公民社会对国家权力的完全排除或对抗，而是公民社会对国家权力进行有效监督，对

① 参见［美］乔治·霍兰·萨拜因．政治学说史［M］．刘山等，译．北京，商务印书馆，1986：159.

② 参见［古希腊］亚里士多德．政治学［M］．北京：商务印书馆，1956.

③ 王涌．宪法与私法关系的两个基本问题［M］．北京：中国政法大学出版社，2002：20.

不合法的权力行使进行有序有效的抵制，对不合理的权力行使则是积极推动制度设计上的革命。按照亚里士多德的观点是共和制下的公民社群社会的建设乃是和谐社会的基础，笔者亦认为，其不仅仅是基础，而是城市化进程中构建社会主义和谐社会及中国宪政精神与人权保障研究的最大的、不可或缺的课题。

的确，诚如庞德所言：一个时代的法律精神是这一个时代一切社会制度的价值基础，任何法律制度一旦权威性地形成之后，人们必须以宗教式的虔诚去捍卫它，任何非正统式的否定、修改、曲解法律的行为或动议都是对社会主义的直接危害。

主要参考文献

1. 连玉明主编：《中国城市蓝皮书》，中国时代经济出版社，2003 年版。

2. 陈桂棣、春桃著：《中国农民调查》，人民文学出版社，2004 年版。

3. 邓鸿勋、陆百甫主编：《走出二元结构——农民就业创业研究》，中国发展出版社，2004 年 5 月版。

4. 张庆福、韩大元主编：《1954 年宪法研究》，中国人民公安大学出版社，2005 年 10 月第 1 版。

5. 李德芳著：《民国乡村自治问题研究》，人民出版社，2001 年 12 月第 1 版。

6. 《老百姓关心的 16 个国事难题》，中国戏剧出版社，2003 年 11 月第 1 版。

7. 何泽中著：《当代中国村民自治》，湖南大学出版社，2002 年 9 月第 1 版。

8. 方世荣主编：《行政法与宪政诉讼法》，中国政法大学出版社，1999 年 9 月第 2 版。

9. 唐晓、王为、王春英著：《当代西方国家政治制度》，世界知识出版社，1996 年 9 月第 1 版。

10. 吉利斯、波金斯、罗默、斯诺德格拉斯著：《发展经济学》，中国人民大学出版社，1998 年 9 月第 1 版。

11. 徐大同主编：《西方政治思想史》，天津教育出版社，2002 年 4 月第 3 版。

12. 童之伟著:《法权与宪政》, 山东人民出版社, 2001 年 3 月第 3 版。

13.《法学前沿》编辑委员会:《法学前沿》(第三辑), 法律出版社, 1999 年 6 月第 1 版。

14. 潘伟杰著:《宪法的理念与制度》, 上海人民出版社, 2004 年 8 月第 1 版。

15. 季卫东著:《宪政新论——全球化时代的法与社会变迁》, 北京大学出版社, 2002 年 8 月第 1 版。

16. 叶必丰著:《宪政行为的效力研究》, 中国人民大学出版社, 2002 年 9 月第 1 版。

17. 黄宗智主编:《中国乡村研究》(第二辑), 商务印书馆, 2003 年 12 月第 1 版。

18. 何勤华主编:《外国法制史》, 法律出版社, 2003 年 1 月第 3 版。

19. 刘健清、李振亚主编:《中国近代政治思想史》, 南开大学出版社, 1993 年 12 月第 1 版。

20. [美] 保罗·A·萨缪尔森、[美] 威廉·D·诺德豪斯著:《经济学》第十二版 (上下), 中国发展出版社, 2004 年版。

21. 熊月之著:《中国近代民主思想史》(修订本), 上海社会科学院出版社, 2002 年 10 月第 1 版。

22. 国家宪政学院国际合作交流部编译:《西方国家行政改革述评》, 国家行政学院出版社, 1998 年 3 月第 1 版。

23. 张培刚著:《农业与工业化》, 花千树出版社, 2002 年 8 月版。

24. 赵相林主编:《国际私法》, 中国政法大学出版社, 2000 年 1 月第 1 版。

25. 吕竟胜著:《企业经营中的法律安全研判及对策》, 中国经济出版社, 2003 年 1 月第 1 版。

26. 许崇德主编:《法学基础理论、宪法学》, 法律出版社, 1998 年 7 月第 1 版。

27. 谭崇台主编:《发展经济学》, 山西经济出版社, 2001 年 8

月第 1 版。

28. 沈宗灵著:《比较宪法——对八国宪法的比较研究》，北京大学出版社，2002 年 1 月第 1 版。

29. ［澳］布伦南、［美］布坎南著:《宪政经济学》，中国社会科学出版社，2004 年 1 月第 1 版。

30. 秦前红著:《宪法变迁论》，武汉大学出版社，2002 年 7 月第 1 版。

31. 曾哲、曾伟东著:《深圳龙岗城市化与可持续发展研究》，广东经济出版社，2004 年 5 月第 1 版。

32. ［美］理查德·A·波斯纳著:《正义/司法的经济学》，苏力译，中国政法大学出版社，2002 年 5 月第 1 版。

33. 许知远主编:《评论中国》，机械工业出版社，2003 年 1 月第 1 版。

34. 曾宪义主编:《中国法制史》，北京大学出版社、高等教育出版社，2000 年 7 月第 1 版。

35. 李文良等编著:《中国政府职能转变问题报告》，中国发展出版社，2003 年 1 月第 1 版。

36. 金鑫著:《中国问题报告》，中国社会科学出版社，2000 年 11 月第 1 版。

37. 刘斌、张兆刚、霍功编著:《中国三农问题报告》，中国发展出版社，2004 年 1 月第 1 版。

38. 《中国法学会宪法学研究会 2003 年年会论文集》（上/下），上海交通大学法学院，2003 年 11 月。

39. 彭和平、竹立家等编译:《国外公共行政理论精选》，中共中央党校出版社，1997 年 1 月第 1 版。

40. 韦庆远主编:《中国政治制度史》，中国人民大学出版社，1989 年 5 月第 1 版。

41. 王连昌主编:《行政法学》（修订本），中国政法大学出版社，1999 年 3 月第 1 版。

42. ［英］齐格蒙·鲍曼著:《立法者与阐释者——论现代性、后现代性与知识分子》，上海人民出版社，2000 年 11 月第 1 版。

43. 张知本著，殷啸虎、李莉堪校：《宪法论》，中国方正出版社，2004年8月第1版。

44. 郭宝平、朱国斌著：《探寻宪政之路》，山东人民出版社，2005年1月第1版。

45. 肖北庚著：《宪政法律秩序论》，中国人民公安大学出版社，2002年7月第1版。

46. 谢维雁著：《从宪法到宪政》，山东人民出版社，2004年1月第1版。

47. 《超越与保守——可持续发展视野下的环境法创新》，法律出版社，2003年11月第1版。

48. ［德］迪尔克·克勒斯著：《马克斯·韦伯，著述及影响》，郭丰译，法律出版社，2000年8月版。

49. 许纪霖主编：《共和、社群与公民》，江苏人民出版社，2004年1月第1版。

50. 韩大元主编：《外国宪法》，中国人民大学出版社，2000年7月第1版。

51. 周叶中主编：《宪法》，高等教育出版社、北京大学出版社，2002年版。

52. 胡肖华、肖北庚主编：《宪法学》，湖南人民出版社、湖南大学出版社，2001年8月第1版。

53. 秦前红主编：《新宪法学》，武汉大学出版社，2005年9月第1版。

54. 向德平著：《城市社会学》，武汉大学出版社，2002年版。

55. 武汉大学法学院：《珞珈法律论坛》，武汉大学出版社。

56. 夏勇著：《法治源流——东方与西方》，社会科学文献出版社，2004年11月第1版。

57. ［法］卢梭著：《社会契约论》，杨国政译，陕西人民出版社，2005年5月版。

58. 杨鸿年著：《中国政制史》，武汉大学出版社，2005年8月修订版。

59. 尹晋华主编：《法律的真谛》，中国检察出版社，2006年1

月版。

60. 张伯元主编：《法律文献整理与研究》，北京大学出版社，2005 年 2 月版。

61. ［英］埃德蒙·柏克著：《自由与传统》，商务印书馆，2001 年 1 月版。

62. ［德］拉德布鲁赫著：《法学导论》，中国大百科全书出版社，1997 年 7 月第 1 版。

63. ［英］哈特著：《法律的概念》，中国大百科全书出版社，1996 年 1 月第 1 版。

64. 姜仕林等主编：《世界宪法全书》，青岛出版社，1997 年 1 月第 1 版。

65. ［美］理查德·波纳斯著：《法律的经济分析》（上下），中国大百科全书出版社，1999 年 7 月第 7 版。

66. ［古罗马］优士丁尼著：《法学阶梯》，中国政法大学出版社，2005 年 6 月第 2 版。

67. ［德］鲁道夫·冯·耶林著：《为权利而斗争》，中国法制出版社，2000 年 10 月第 1 版。

跋 一

城市化是人类文明必经的过程。当人类告别了诗意般栖居的田园牧歌时代，随着人口的增长、土地资源的短缺以及对生活图式憧憬的改变，城市化似乎成了人类不可逾越的生命旅程。

城市是一个既具有世界普适性又尤具中国特殊性的问题。当代中国宪法人要直面中国现实，写有中国社会主义特色的宪法文章，就必须认真研究当下中国城市化中的种种问题。现代中国的城市化主要表现为政府公权力的主导，国人在欣欣然于城市化的既有成就时，也在理性地审视城市化本身的种种缺失。城市化的总体设计和制度安排是否应该体现更多的民主参与？城市化能否摆脱更多市长化、政绩化、GDP 数字政府的印迹？城市化能否在传统与现代、自然与人文之间寻求更中道更理性的权衡？城市化能否既珍视历史遗存，又惠及子孙万代，摈斥当代人的傲慢、偏见和自私，树立良性的“代际正义观”？……在法律支配社会生活的当代，这些问题都终极地考问着宪政之维的制度建构。

城乡“二元结构”的分立衍生出中国城市化的诸多艰难和悲情，“三农问题”成为时代流行频度最高的话语之一。与城市化相伴随的是一浪高过一浪的农民工迁徙运动，构成中土大地蔚为壮观的景致。这种运动一路走来，从宪政的视角观之，却应是一个从“自救”到“自醒”到“自尊”的过程。先是农民个体为了改变生存困境、提升生活品质的需要，进城务工获取微薄的非农化的收益；再是农民群体对造成城乡“二元结构”分立制度藩篱的质问和究诘；最后是不满足于小修小补式的制度改造，而诉之以生存权、自由权、人格权、发展权的人文主义平等正义的追求，让每一个农民获得实实在在的国民待遇。应该说在事实与制度的变迁之间，是留有极大缝隙或空间的。我们的法律制度从宪法到具体部门法都对上述变化准备不足。宪法还以苍白的理由不肯确认公民的迁徙自由；户籍制度、身份制度、物权制度、选举制度还在为过时的文本规定辩护其合理性；征用补偿制度、“城中村改造”制度、劳动用工制度还在肆意地蚕食农民兄弟的利益。这些都在警示我们：科学的发展观之于中国的城市化道路任重道远，其行漫漫。

宪政之维的城市化必须重视制度设计的细节之变，细节之变又必须坚持以人为本。比如说：城中村是保留还是改造？如果改造是农民自愿改造还是政府强制改造？农民由村民变为居民后，有关就业保障、失业救济、教育权益、养老保险、公共财政、收入分配平等等如何真正落实，必须有细密的制度安排。否则农民在失去了世世代代赖以谋生的土地和精神家园后，就会陷入“种地无田、就业无岗、低保无分”的窘境。又比如：如何保障农民在征地过程中的知情权和征地收益的支配权？如何改变农民私权与乡镇公权配置失衡的状况，使农民由公共产品的被动消费者成为主动的配置者，也需要进行制度创新和制度完善。

本书是以宪政的视角研究城市化问题的抛砖之作。以笔者的能力恐怕只能有限度地提出与城市化相关的问题，以期引来同仁专家的关注。本书的粗陋错讹是显见的，我真诚地欢迎大家的批评指正。

曾　哲

于2006年3月9日

跋 二

“事到无心皆可乐，人非有品不能闲。”这是宪法学界于2005年10月，由山东大学承办宪法年会后，① 笔者游曲阜孔府时所见的一副竹刻对联，的确，“可乐与能闲”是一种高境界。孔宪培的一副悬挂“成阴乔木天然爽，过雨闲花自在香”② 的对联顿时令笔者的心情变得复杂起来……从法治或宪政的维度看当下中国的社会转型与社会生活的变迁尤为如此，那种“成阴乔木天然爽，过雨闲花自在香”则非人生境界所言状，而是法律规范文本所期待的人与自然的高度和谐与统一。

在武汉大学出版社编审郭园园女士的支持下，《中国城市化研究的宪政之维》一书终于可以杀青付印了，历经两年，但作为本书的撰著者丝毫没有随着城市化高亢脚步走来的时候，变得轻松愉悦——我们所见所闻所想的除了现代化的高楼广宇和隆隆的汽车马达声，还有城市化过程中的农民陷入城市“边缘人”弱势群体困境的痛苦呻吟与对真正市民生活的热切企盼。

中国的城市化可谓是一步创建社会主义和谐社会必走的历史进路，又是浩繁甚巨的民生系统改造与重建的工程，其制度变迁与制度创新所蕴意的法治期许将与宪政精神随之不断变奏而走出中国特色的城市化之路——自然、和谐、均衡、民主、公平、效益、正

① 2005年10月，中国法学会宪法学研究会2005年年会暨成立20周年纪念大会在山东大学召开。

② 该木刻对联悬挂在孔府二堂东间“启事厅”，为孔府七十二代衍圣公孔宪培所书。

义、稳健的可持续发展之路。

本书正是基于充分解构和实证厘析了中国近百年来中国宪政与城市化的试点、发动、推进的发展历史过程，从宪政之维的学理视角所进行的理论探讨，且有不少地方直接援引了学界贤达在这方面的学术成果，有些作了专门说明，有些则未能全识，疏漏之处敢请诸学界达者海涵。

中国城市化理论本身就是一个研究预置有限的领域，虽然近年来关于城市化问题的理论文章见诸媒体者不少（在引言中有说明），但该旨题与国家宪法和国民宪政精神要义有机地统合在一起加以理论性的专题申论可资借鉴的资料还极为有限，且完成此证成者寥寥，因此，笔者本着试错纠错的原则和愿意接受批评的心态而为之，定然留给了读者极大的斧正、批评、抨击之空间。

本书能够在中国城市化过程中指涉愈来愈多的构建和谐社会民生之上的紧要关头出版，实是顺风而呼，声非加疾而闻者远。中国城市化研究中的宪政之维所遇到的构建社会主义和谐社会的目标与任务，遵循原则与战略部署，无一不是当下营造和谐社会所面临的核心难题。城市化与坚持以人为本，坚持科学发展观，坚持改革开放，坚持民主法治，坚持正确处理改革发展稳定的关系，坚持党领导下社会公平正义的宪政之维有着内在的本质的联系。适此，笔者要感谢我尊敬的导师秦前红教授，是他给予了笔者莫大的鼓励与支持，此外还须感谢武汉大学法学院汪自成、陈雅丽、张琪等博士生、硕士生同学以及武汉理工大学高小芹博士，是他们或在审读或资料来源检校上所提供的帮助与付出的劳动，否则难以如期完成书稿。

最后，值得特别感谢的是汕头大学法学院及法学院院长杜钢建先生，汕头大学法学院给予了最实体的支持和荣誉，当然，这已远远不是此寥寥数语所能谢忱！

作为后记或结语，借法学家的话说，救济要走在法律的前面，没有了救济，就没有了权利，中国的城市化如是，中国农民的权利保障如是。然而，基于当下中国城市化的法治环境与可持续发展的宪政之维的学术理论研究，需要救济的东西实在太多太多……因此，笔者只可以把依据于证据的理性和来自于心灵的目的最好的结合起来，作为对《中国城市化研究的宪政之维》课题研究的一段生命感悟与结语。

（附注：本书稿初成于2005年10月25日，修改于2007年4月25日。）

曾 哲

于武汉大学法学院宪法与行政法研究中心